# WIRKUNGSSTÄTTEN VON MAX WELCKER IN AUGSBURG

① Vogeltor, Am Vogeltor

② Wohnhaus, heute Holbeinplatz

③ Bei St. Ursula 2, Mädchenrealschule, bei St. Ursula 5 Klosterkirche

④ Barfüßerkirche, Mittlerer Lech 1

⑤ Kirche St. Anna, Am Annahof 2

⑥ Wohnhaus Lange Gasse 24+26

⑦ Schule St. Georg, Auf dem Kreuz 25, Augsburg (Oberes Kreuz)

⑧ Kirche St. Georg, Georgenstr. 18

⑨ Augsburger Dom, Frauentorstr. 1

⑩ Wohnhaus Weite Gasse 11

⑪ Basilika St. Ulrich und Afra, Ulrichsplatz 19

⑫ Wohnhaus Bäckergasse 11

⑬ Schauspielhaus am Lauterlech, Lauterlech, Nähe St. Jakob

⑭ Stadttheater, Kennedyplatz (und Wohnhaus Theaterstr. 14)

⑮ Alte Musikschule, Jesuitengasse

⑯ Wallstraße (Barthshof, hinterm Königsplatz)

⑰ Leopold Mozart Konservatorium, Maximilianstr. 59

⑱ Rathaus, Rathausplatz 2 (gegenüber stand die Augsburger Börse)

⑲ Probstei, Frauentorstraße 8 (heute Domhotel)

⑳ Kirche und Schule St. Max, Franziskanergasse 4

㉑ Karmeliterplatz (heute Karmelitergasse (?))

㉒ Wohnhaus Vogelmauer 25

㉓ Schule von St. Ulrich, Hallstraße

㉔ Wohnhäuser Herwarthstr. 5 und 9

㉕ Kirche St. Moritz, Moritzplatz

㉖ Wohnhaus Müllerstr. 18

㉗ Musikschule und Kirche Hl. Kreuz, Heilig Kreuz Str. 26

㉘ Konzerte am Schießgraben, Oberer Schießgraben (heute Schießgrabenstr. (?))

㉙ protestantischer Friedhof, Haunstetterstr. 36

㉚ Wittelsbacher Park

㉛ Pestalozzischule (heute Martinschule, Pestalozzistr. 12 (?))

㉜ Wohnhaus Strasser, Mathildenstr. 6

㉝ Wohnhaus Brückenstr. 16

㉞ Augsburger Westfriedhof, Stadtberger Str. 84 b, Augsburg Pfersee

㉟ Dreifaltigkeitskirche, Klausenberg 1, Augsburg-Göggingen

㊱ Kirche St.Anton, Imhofstr. 49

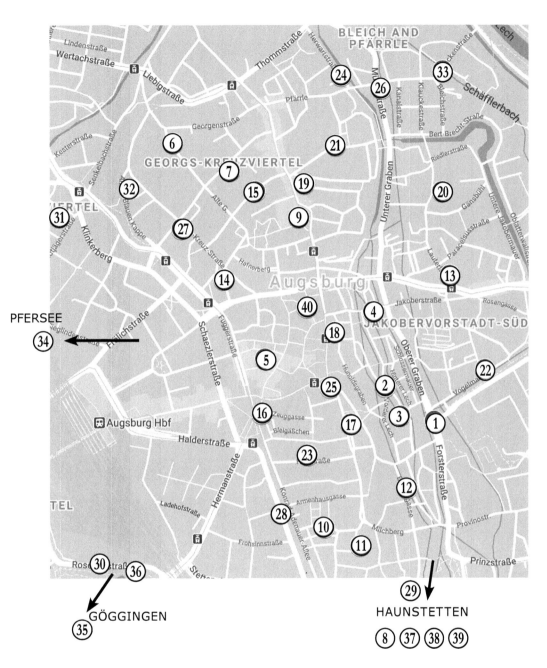

# Rolf Schinzel

## Biografie
# Max Welcker
### 1878 - 1954

RSD Musikproduktion Dresden

Für meinen Vater

# DER AUTOR

Der Pianist Rolf Schinzel, geboren 1963 in Villin-gen-Schwenningen studierte an der staatlichen Hochschule für Musik Heidelberg-Mannheim in den Fächern Klavier, Gesang, Liedbegleitung und Kammermusik. Schon früh sang er in ver-schiedenen Chören, wirkte als Organist und unterrichtete als Musiklehrer an Musikschulen in Baden-Württemberg und Rheinland-Pfalz. 1992 siedelte er nach Dresden um und lehrte hier als Korrepetitor, Klavier- und Gesangspädagoge an der Hochschule für Musik Carl-Maria-von-Weber, der Hochschule für Kirchenmusik und der TU Dresden. Von 2008 bis 2013 war er als Pianist/ musikalischer Leiter am Theater Wechselbad der Gefühle und von 2009 bis 2015 Korrepetitor des Schauspielstudios am Staatsschauspiel Dres-den. Er unterrichtet an verschiedenen Musikschulen im Dresden und Umgebung, konzipiert Kleinkunstprogramme, spielte einige CD's ein und konzertiert seit vier Jahrzehnten im In- und Ausland. 2018 gründete er das Label RSD Musikproduk-tion Dresden und produzierte mit dem Dresdner Gesangsensemble dimuthea e.V. zum 200. Geburtstag des Liedes „Stille Nacht" die Doppel-CD „Lichterglanz vom Himmelszelt", mit unbekannten deutschen Weihnachtsliedern des bisher uner-forschten Augsburger Komponisten Max Welcker. Im gleichen Jahr begann die Recherche zum Werkverzeichnis und zur Biographie von Max Welcker.

www.rolf-schinzel.de

© 2020 RSD Musikproduktion Dresden GbR
Made in Germany - 1. Auflage
Herausgeber: RSD Musikproduktion Dresden GbR
Autor: Rolf Schinzel
Umschlaggestaltung, Illustration: Rolf Schinzel, Uwe Hanicke
Lektorat: Dr. Hubert Kolland, Dr. Dorothea Kolland, Dr. Stephan Reher, Uwe Hanicke
Verlag & Druck: tradition GmbH, Halenreie 40-44, 22359 Hamburg
ISBN: 978-3-347-17546-4 (Paperback)
ISBN: 978-3-347-17547-1 (Hardcover)
ISBN: 978-3-347-17548-8 (e-Book)

Bibliografische Information der Deutschen Nationalbibliothek:
Die Deutsche Nationalbibliothek verzeichnet diese Publikation in der Deutschen National-bibliografie; detaillierte bibliografische Daten sind im Internet über http://dnb.d-nb.de abrufbar.

*Mor Welcker.*

# Inhaltsverzeichnis

# GRUßWORT

Was im schönen Sommer 2018 begann – siehe mein nachfolgendes Grußwort zum Erscheinen der Doppel-CD *Lichterglanz vom Himmelszelt*, hat sich für mich im Laufe des Jahres 2020 regelrecht zu einer Forschungsarbeit ausgeweitet. Zwar wusste ich natürlich um den Welcker-Familien-Nachlass, der zu großen Teilen mit der Auflösung des elterlichen Wohnhauses 2001 in Starnberg ans Mittelschwäbische Heimatmuseum in Krumbach gegeben wurde, denn die verbleibenden Archivkisten und -schachteln waren bei meinen Umzügen 2004 und 2019 mit ihrer physischen Materialität voll präsent, doch mehr als einen groben Überblick hatte ich über die Bestände bis dahin nicht.

Das änderte sich, als mir Rolf Schinzel Ende 2019 die erste Fassung des Max-Welcker-Werk-Verzeichnisses schickte und erklärte, er wolle dazu einen biografischen Abriss verfassen. Der Umfang und die Details des Werkverzeichnisses waren so beeindruckend, dass ich mich an das Schulheft erinnerte, in dem mein Großvater unter der Überschrift „Aus meinem Leben" 1946 sein Leben für mich als frisch geborener Enkel aufgezeichnet hatte. Zwar hatte ich in dieses gelegentlich hinein gesehen, doch der Text war mit Sütterlin-Handschrift notiert, die ich kaum entziffern konnte, so dass ich mir vornahm: „Wenn Du einmal Zeit hast ..."

Dieser Zeitpunkt war jetzt gekommen. Ich machte mich an die Übertragung aller 32 Seiten und damit erhielt ich eine detaillierte Schilderung aus dem Leben meines Goßvaters, das ich bislang nur ungefähr aus den Familienerzählungen kannte. Jetzt galt es die Bilder und Zeitungsartikel etc. nicht nur anzusehen und zu lesen, sondern auszuwerten sowie Briefe und andere handschriftliche Texte ebenfalls zu übertragen. Und es fanden sich Kompositionen, die auch Rolf Schinzel noch nicht kannte - alles in allem Material, dessen Durchforstung sich bis in den Sommer 2020 erstreckte.

Herausgekommen ist nun das ungewöhnliche Buch von Rolf Schinzel, das – weitgehend entlang der Biografie von Max Welcker – vielfältige gesellschaftliche, kultur- und musikgeschichtliche Einblicke in Schwabens Welt der Schulen, Chor-vereinigungen und kirchenmusikalischen Praxisfelder vom Ende des 19. Jahr-hunderts bis in die Zeit nach dem zweiten Weltkrieg gewährt, einschließlich der damit zusammenhängenden theatralen Brauchtumsformen und Geselligkeitkul-turen. Ausgehend von solchen Praxiserfahrungen gelang es Max Welcker auf der Basis soliden musikalisch künstlerischem Handwerks diese so vielfältigen Bedürfnisse zu berücksichtigen, die Sanges- und Musizierlust seiner Chöre und Ensembles zu erreichen und weiter zu entwickeln.

Die Resultate weckten offensichtlich das Interesse vergleichbarer Sanges- und Musiziergemeinschaften, so dass allmählich Netzwerke entstanden: Die Druck-legung der Werke ab 1900 machten Max Welcker zu einem bekannten Namen und immer mehr aufgeführten Komponisten. Oder wie es - 49 Jahre nach Max Wel-ckers Tod – in der Festschrift zum 200jährigen Bestehen ‚seines' Verlages Böhm & Sohn im Jahre 2003, auf Seite 11 heißt:

*Den absoluten Gipfel in der Publikumsgunst erklomm der Lehrer und Chorregent Max Welcker. Unermüdlich schrieb er Couplets, Humoresken, einfache Sätze für kirchliche Gegebenheiten wie Prozessionen, Wallfahrten, Bittgänge, heitere Volks-liedsätze, dann wieder Proprien, Trauerlieder, Heimatliches in schwäbischer wie bayerischer Mundart, alles gleich in mehreren Fassungen für Männer-, Frauen-, gemischte Chöre. Ein Tausendsassa, man mag das beurteilen wie man will: Er war der Star unter seinen berühmten Kollegen, was die Aufführungen und somit die Verkaufszahlen anlangt.*

Durch die von Rolf Schinzel angestoßene Erkundungsarbeit und seine umfang-reiche sich über zwei Jahre erstreckende Forschung in Dutzenden von Archiven, Behörden und Chroniken etc. habe ich sehr viel Neues und vor allem Genaues über meinen Großvater und die damit zusammenhängende Musikkultur und -ge-schichte erfahren: Aus den einstigen Familienerzählungen wurden nun fakten- und quellengestützte Kenntnisse und ein Wissen, das nach meinem Arbeitsleben in anderen Bereichen von Musik und Gesellschaft eine Art Rückerinnerung an meine Anfänge beinhaltet und zu einer neuartigen Wertschätzung meines Groß-vaters führt, einschließlich der Vorfahren bis in den Anfang des 19. Jahrhunderts.

Dafür möchte ich Rolf Schinzel sehr herzlich danken. Möge in diesem Sinne das Buch viele Leser aus der heutigen Welt der populären Chor- und Kirchenmusik erreichen, doch auch Beachtung bei den entsprechenden Fachleuten finden, die hier Einblicke in schwer zugängliche Bereiche der Musik- und Kulturgeschichte nehmen können.

Berlin 5.10.2020 – am Tag der Geburt der dritten Ur-Urenkelin von Max Welcker

Hubert Kolland, Ehrenpräsident des Landesmusikrats Berlin

# GRUßWORT
## ZUR PRÄSENTATION DER CD
## „LICHTERGLANZ VOM HIMMELSZELT"
## MIT „STILLE NACHT" IN DEN
## KOMPOSITIONEN VON MAX WELCKER

Als ich im so warmen und schönen vergangenen Sommer den Anruf eines Musikers aus Dresden erhielt, er beabsichtige noch vor Weihnachten eine Doppel-CD mit Stille-Nacht-Vertonungen meines Großvaters herauszubringen, traute ich meinen Ohren nicht: Es war der Anruf wie aus einer anderen Welt, die mir in Berlin längst vergangen schien.

Natürlich wusste ich, dass mein Großvater Max Welcker vor allem viel Chormusik weltlicher, geistlicher oder humoristischer Art komponiert hatte und darunter auch verschiedene Stille-Nacht-Fassungen. Doch dass es so viele sind, wusste ich nicht.

Als mein Großvater 1954 starb, war ich 9 Jahre alt. Über meine Mutter – seine Tochter – erfuhr ich, wie im Laufe der Nachkriegs- und Wirtschaftswunderzeit das Interesse an seinen über 500 Werken allmählich nachließ und sich die Musikkultur in vielerlei Hinsicht gewaltig veränderte. Und ich gestehe: Als ich 1969 meine bayerische Heimat nach dem Schulmusikexamen in München verließ, um in West-Berlin Musikwissenschaft, Musikethnologie und Geschichte weiter zu studieren, verlagerte sich mein Blick und Interesse in die große weite Welt in Vergangenheit, Gegenwart und Zukunft, und auch die Musik meines Großvaters geriet mir aus dem Blick- und Klangfeld – obwohl ich im einstmals heimatlichen Kirchenchor von St. Ulrich in Starnberg seine Messe „Gloria tibi Domine" auf der Orgel begleitet und dirigiert hatte.

Dass nun mit Rolf Schinzel ein Musiker aus dem Schwarzwald, der in der traditionsreichen Doppelstadt Villingen-Schwenningen aufgewachsen und seit Jahrzehnten Wahl-Dresdener geworden ist, bei der Erforschung seiner musikalischen Kindheitserinnerungen auf Musik meines Großvaters gestoßen ist, erscheint mir kein Zufall zu sein, denn die kulturell regionalen Heimaten von Rolf Schinzel im Nordschwarzwald und Max Welcker in Bayrisch Schwaben zwischen Augsburg, Dillingen und Krumbach ähneln sich bei allen Unterschieden bis in Dialekt-Elemente.

So möge denn zum Jubiläum von 200 Jahre Stille Nacht von Dresden aus ein neugieriges Ohr auf die Musik von Max Welcker gerichtet werden, sozusagen als musikalische Ergänzung zum berühmten Stollen aus der Elbestadt: Ich wünsche Rolf Schinzel und seinem Team viel Erfolg und Belohnung durch zahlreiche und bewegte Zuhörerschaft.


Hubert Kolland
Enkel von Max Welcker / Ehrenpräsident des Landesmusikrats Berlin

# VORGESCHICHTE

Max Welcker: Wer war dieser heute weitgehend aus dem Blickfeld und Bewusst-sein des Musiklebens und seiner Aufführungspraxis vergessene Komponist von 610 Werken der Chormusik? Was veranlasst ausgerechnet einen Pianisten dazu, seine Biographie zu schreiben und ein umfassendes Werkverzeichnis herauszu-geben?

Als Musikpädagoge und Pianist, der in den vergangenen Jahrzehnten als Korre-petitor und Liedbegleiter bevorzugt mit Sängern gearbeitet und konzertiert hat, stelle ich mir - genau so, wie ich meine Schüler dazu anleite - bei der Erarbeitung musikalischer Werke immer wieder gern viele Fragen nach den Komponisten, Textautoren, der zeitgeschichtlichen Epoche, der musikwissenschaftlichen Ein-ordnung und noch vieles andere mehr.

Ich empfinde es als unerlässlich die Auseinandersetzung mit diesen Themen zu führen und zu den erarbeiteten Werken Fakten zusammenzutragen. Durch die-ses Wissen ändert sich mein Blickwinkel und die erweiterte Perspektive führt zu schlüssigeren Ergebnissen bei der Interpretation musikalischen Werke als das bloße Spielen oder Singen des Notentextes.

Dabei begebe ich mich nicht grundlos auf die Suche nach Antworten, denn sie ist zeitaufwendig aber auch interessant, lehrreich und spannend. Sehr oft erschließt sich ein Kosmos unendlich vieler Möglichkeiten.

Dies gilt auch für die im Zeitraum der letzten drei Jahre entstandene Biographie über den schwäbischen spätromantisch-volkstümlichen Komponisten, Chorleiter Organisten und Volksschullehrer Max Welcker, die ich zusammen mit dem zeit-gleich erscheinenden Max-Welcker-Werkverzeichnis MWWV vorlegen kann.

Der Auslöser für meine intensive Beschäftigung mit dem Leben und Werk des Kom-ponisten war eine zufällige Begegnung mit einer Konzertbesucherin nach einer Ad-ventsmusik im Museum für Sächsische Volkskunst in Dresden am 2. Dezember 2017.

Wie seit vielen Jahren waren meine beiden Sängerkolleginnen Anna Piontkovsky, Sopran, Elisabeth Letocha, Alt und ich an diesem Samstagvormittag mit unserem Programm „Ein Licht blüht auf im Kerzenschein" im „Jägerhof" zu Gast und trugen kleine Advents- und Weihnachtsgeschichten, Gedichte und weihnachtliche Musik verschiedener Zeitepochen und Genres vor.

In der zweiten Programmhälfte sang ich das Lied „Lichterglanz vom Himmelszelt", mich selbst am Klavier begleitend und die beiden Sängerinnen sangen „Stille Nacht" dazu. Dieses Liedarrangement kenne ich seit meiner Kindheit und die Melodie ist für mich untrennbar verbunden mit der Erinnerung an meinen Vater, der im Jahr 2007 verstarb. Mein Vater lernte dieses Lied nach dem Zweiten Weltkrieg und der Vertreibung aus dem Sudetenland in den 1950er Jahren in Norddeutschland kennen. Es hatte ihn sofort begeistert und so haben wir es in der Familie jedes Jahr am Heiligen Abend und in der Weihnachtszeit zu Hause im Schwarzwald gesungen. Er stimmte „Lichterglanz" an und die Familie sang „Stille Nacht" als zweite Melodie dazu. Erst mit diesem Lied begann für ihn Weihnachten und ohne dieses Lied war für ihn Weihnachten nicht vorstellbar.

Woher es stammte wusste er nicht und auch für mich stellte sich die Frage nach dem Komponisten und Urheber dieses Liedes zunächst nicht. Ich verstand und behandelte diese Melodie genauso wie mein Vater als Volkslied und skizzierte im Jahr 2015 Melodie und Text nach meiner Erinnerung.

Bei unzähligen Aufführungen des Liedes gab es immer wieder Nachfragen von Konzertbesuchern nach der Herkunft dieser Komposition auf die ich keine Antwort geben konnte. Natürlich versuchte ich immer wieder den Komponisten von „Lichterglanz vom Himmelszelt" in Erfahrung zu bringen, doch erst vor einigen Jahren konnte ich herausfinden, dass es sich um die Komposition „Weihnacht" op. 113.3 von Max Welcker handelt. Dabei umspielt die Solovioline mit einer kunstvollen Variation der Melodie von „Stille Nacht" die von einem vierstimmigen gemischten Chor a capella gesungene Melodie von „Lichterglanz vom Himmelszelt." Das Ergebnis meiner damaligen Recherche überraschte und enttäuschte mich zugleich denn ich fand die zweistimmig gesungene Version des Liedes, so wie ich sie von meinem Vater gelernt hatte, viel interessanter und betrieb keine weiteren Nachforschungen.

Nach unserer Matinee im Volkskundemuseum Dresden kam eine sehr begeisterte und charmante ältere Dame, die aus Celle stammt und als Organisatorin von Seniorenreisen in Dresden weilte, auf mich zu und befragte mich zu „Lichterglanz vom Himmelszelt". Daraufhin erzählte ich ihr die wenigen Dinge die ich über Max Welcker wusste. Wir kamen ins Gespräch und sie teilte mir beiläufig mit, dass sie vor einigen Tagen Teilnehmerin des internationalen „Stille-Nacht-Kongress" in Wien gewesen war. Auf dem Kongress, im Vorfeld des 200. Geburtstages von „Stille Nacht", hatte sie die neuesten Informationen zum Forschungsstand über „Stille

Nacht" erfahren, aber der Komponist Max Welcker und das zauberhafte Lied, welches sie gerade von uns gehört hatte, wären dabei nicht erwähnt worden.

Was ich im Gespräch erfahren hatte ging mir nicht aus dem Sinn und ließ mir keine Ruhe. Einige Tage später informierte ich mich über „Stille Nacht" und Max Welcker und suchte vergeblich nach möglichen Verbindungen. Über Max Welcker fand ich online nur wenige Informationen aber seine Werke lagen in der Bayerische Staatsbibliothek in München. Im Bibliotheksverzeichnis waren über 600 Einträge zu Max Welcker gelistet und beim Durchsuchen fand ich viele weihnachtliche Kompositionen. Ich traf eine willkürliche Auswahl und bestellte mir 29 Werke zur Ansicht. In den Schulferien im Februar 2018 fuhr ich nach München, sah mir die ausgeliehenen Noten an und staunte: Unter den zufällig ausgewählten Kompositionen von Max Welcker befanden sich noch weitere Lieder in denen er „Stille Nacht" auf einzigartige Weise verarbeitet hat.

Auf der Rückfahrt von München nach Dresden reifte der Plan, diese „Stille Nacht" Verarbeitungen und weitere Weihnachtslieder von Max Welcker auf einer CD zu veröffentlichen. Mit dem Dresdner Vokalensemble Dimuthea e.V. unter seinem künstlerischen Leiter Prof. Reinhart Gröschel, das ich seit 2016 kenne, war der notwendige Chor schnell gefunden und nach kurzem Plädoyer für eine gemeinsame CD-Produktion begann die Probenarbeit im März 2018. Von Ende Mai bis Anfang September wurden an mehreren Aufnahmetagen bei hochsommerlichen Temperaturen insgesamt 22 Weihnachtslieder von Max Welcker und 5 kleine Weihnachtsgeschichten von Stephan Reher und Karolina Borowski für diese CD geschrieben, als deutsche Erstaufnahmen eingespielt. Es entstand die Doppel-CD „Lichterglanz vom Himmelszelt", veröffentlicht am 17.11.2018 zum 200. Geburtstag von „Stille Nacht", zum 140. Geburtstag von Max Welcker und zum 10jährigen Bestehen des Dresdner Vokalensembles dimuthea e. V. Die erstmalige öffentliche Präsentation fand am Sonntag, den 02.12.2018 um 16.00 Uhr im Kulturrathaus in Dresden im Rahmen eines Weihnachtskonzertes statt und wurde vom zahlreich erschienenen Publikum mit Interesse gehört und begeistert aufgenommen.

Während der Produktionszeit der CD fuhr ich mehrfach nach Augsburg und Krumbach/Schwaben, den beiden Wirkungsstätten von Max Welcker und konnte bei diesen Recherchereisen erste wichtige Unterlagen zu Leben und Werk des Komponisten zusammentragen. Ich sichtete den Nachlass des Komponisten im Mittelschwäbischen Heimatmuseum Krumbach und sprach mit dem Zeitzeugen Georg Hofmeister, der Max Welcker als Lehrer in der Volksschule Krumbach erlebte. Danach besuchte ich den Musikverlag Anton Böhm & Sohn, das Stadtarchiv, das Universitätsarchiv und die Stadt- und Staatsbibliothek Augsburg.

Durch immer weiter wachsendes Detailwissen entstand dabei die Idee die Lebensgeschichte und die Kompositionen von Max Welcker in einer Biographie mit Werkverzeichnis zu dokumentieren. Im Sommer 2018 nahm ich erstmals Kontakt zu Max Welckers Enkel Dr. Hubert Kolland in Berlin auf, informierte ihn über die laufende CD-Produktion und er zeigte sich überrascht und erfreut.

Nach Fertigstellung und Veröffentlichung der CD-Aufnahmen intensivierte sich meine Recherche. Bei weiteren Besuchen von Stadtverwaltungen, Archiven und Bibliotheken auf meinen Reisen nach Schwaben, Bayern und Thüringen in den Jahren 2019 und 2020 gelang es mir durch eine Fülle von weiteren Unterlagen die Lebensgeschichte des Komponisten Max Welcker, seines familiären und beruflichen Umfeldes und die zeitgeschichtlichen Dimensionen immer detaillierter zu erfassen und zu begreifen.

Die Beschaffung notwendiger Quellen gestaltete sich manchmal schwierig oder war unmöglich. Viele Unterlagen aus der Zeit vor dem Zweiten Weltkrieg wurden beispielsweise in Augsburg durch Kriegsgeschehnisse vernichtet oder gingen verloren. So weist die Lebensgeschichte des Komponisten Max Welcker immer wieder Lücken auf Grund fehlender Quellenlagen auf. Auch Max Welcker hinterließ zu manchen Themen, wie beispielsweise seiner politischen Einstellung, seinem Lehrerberuf oder Weihnachten, keine verwertbaren oder nur bruchstückhafte Informationen. So blieb manche Frage offen und einige Themen konnten nicht so vertieft werden wie ich es mir gewünscht hätte.

Andererseits erlebte ich auch immer wieder positive Überraschungen durch die tatkräftige Unterstützung von Max Welckers Enkel Dr. Hubert Kolland sowie engagierter Archivare und Bibliotheksmitarbeiter*innen, Chorvorstände, Ordensleute oder Heimatvereine, die mich immer wieder mit ergänzenden Quellen, Unterlagen und ihrem Detailwissen unterstützten.

# Max Welcker
# Geboren und Aufgewachsen
# in Augsburg

In der kreisfreien Fuggerstadt Augsburg wurde am 4. Dezember 1878 Max Welcker geboren. Seine Geburtsstadt ist Bischofssitz der römisch-katholischen Diözese Augsburg, Teil des 1821 neu errichtetem Erzbistum München-Freising und war im ausgehenden 19. Jahrhundert zu über 60% katholisch geprägt. Max Welckers Elternhaus stand in der Straße Am Vorderen Lech 15 (Litera A 475, heute Holbeinplatz).[1]

Das Lechviertel war ein von einfachen Leuten - Angestellten, Handwerkern und Fabrikarbeitern - bewohnter Teil der Oberen Stadt mit Zugehörigkeit zur katholischen Pfarrei St. Moritz. Es befand sich nicht weit vom Vogeltor, dem südlichen Einlass in die Jakobervorstadt. Das Vogeltor stand an der Straße Am Oberen Graben zwischen der katholischen Klosterkirche Sankt Ursula im Westen und der protestantischen Barfüßerkirche im Osten und lag an einem der drei Lechkanäle. Diese dienten einst der Energiegewinnung für die vielen mittelalterlichen Handwerksbetriebe, die mit Hilfe von Wasserrädern ihre Maschinen antrieben.[2]

Jahrhunderte lang wurde der Stadtteil durch das blühende Handwerk geprägt. Hier waren neben Webern, Gerbern und Feilenhauern auch die Gold- und Silberschmiede ansässig, die bis ins 18. Jahrhundert unter anderem das berühmte Augsburger Tafelsilber herstellten. Nach dem Verlust der Reichsfreiheit und der Eingliederung nach Bayern entwickelte sich das Lechviertel als Teil der Jakobervorstadt zum Wohnviertel für die sozial schwächere Bevölkerung. Laut Volkszählung 1880 hatte die Stadt Augsburg insgesamt 61.416 Einwohner (1875 waren es 57.213 gewesen). Im Lechviertel wohnten 9.351 und in der Jakobervorstadt 10.400 Menschen.

---

[1] Das Literasystem wurde 1781 in Augsburg eingeführt. Es teilte das Stadtgebiet in 8 Bezirke von A-H. Die Bezeichnungen entsprachen etwa folgenden Stadtvierteln: A=Lechviertel, B=Oberstadt, C+D=Mittlere Stadt (mit ehemaliger Bischofsstadt), E+F=Frauenvorstadt, G+H=Jakobervorstadt. Litera J bezeichnete zunächst das Gebiet außerhalb des Befestigungsgürtels und wurde 1879 aufgehoben. Mit Wirkung vom 1.4.1938 wurden die Literabezeichnungen A-H im Gebiet der Altstadt von Augsburg aufgehoben und die neue Hausnummerierung fortlaufend nach Straßen eingeführt.

[2] Das mittelalterliche Wasserkraftsystem Augsburgs wurde soeben zum Weltkulturerbe erklärt.

*Abb.2: Das Vogeltor in Augs-burg um 1850. Früher diente der überwiegend schmucklo-se Torturm als Einlass in die Jakobervorstadt und ist Teil der ehemaligen südöstlichen Stadtmauer. Es steht auf der Straße Oberer Graben nahe der abzweigenden Straße Vo-gelmauer. Westlich befindet sich das im Lechviertel lie-gende Dominikanerkloster St. Ursula, östlich des Torturms beginnt die Jakobervorstadt. Der hochmittelalterliche, goti-sche Backsteinbau wurde 1445 im Auftrag des Bürgermeisters Konrad Vögelin erbaut und er-setzte den Vorgängerbau an gleicher Stelle. Dieser stammte von 1374/75 und war zusammen mit einer Zugbrücke errichtet worden, die über den vor der Stadtmauer fließenden Stadtgraben führte. 1880 wurde die Zugbrücke entfernt und der Stadtgraben wurde eingeebnet.*

Das Geburtshaus Max Welckers ist nicht erhalten, es wurde im Zweiten Weltkrieg zerstört. In diesem geschichtsträchtigen Gebäude hatte von 1841 bis 1844 der deutsche Nationalökonom Friedrich List gewohnt, der hier den ersten Teil seines berühmten Werkes „Das nationale System der politischen Ökonomie" verfasste. Gegenüber befindet sich das „Holbein-Haus" (Vorderer Lech 20, heute nach Zer-störung wieder aufgebaut), der ehemalige Wohnsitz der Künstlerfamilie Holbein. Vor allem durch den Maler und Zeichner Hans Holbein d.Ä. wurde Augsburg zum europäischen Kunstzentrum im Übergang von der Spätgotik zur Renaissance. Deshalb pilgerten Holbein-Freunde bis vor dem Zweiten Weltkrieg zu diesem kul-turell bedeutsamen Ort.

Max Welcker wurde als einziges Kind in eine musikalisch sehr aktive Familie hin-eingeboren. Sein Vater Robert Welcker, geboren am 22. Februar 1850 in Meusel-witz, Sachsen-Altenburg, spielte im Städtischen Orchester als 1. Geiger und un-terrichtete Violine am protestantischen Collegium bei St. Anna (St. Annastraße, Litera D 221). Seine Mutter Amalie Welcker, geborene Mayer wurde am 4. August 1856 im von Augsburg ca. 40 km entfernten Thannhausen an der Mindel geboren und sang als Altistin im Stadttheaterchor, im Kirchenchor der katholischen Pfar-rei St. Moritz und im Synagogenchor.

Die Voraussetzungen waren also nicht die schlechtesten, denn Max Welcker *„brauchte nur in die Fußstapfen der Eltern zu treten, um den richtigen Weg einzu-schlagen, der ihn zu einem der volkstümlichsten Komponisten Bayerns machte". (Schwäbische Landeszeitung vom 26.11.1948)*

*Abb.3: Haus Vorderer Lech 15 (heute Holbeinplatz, ca. 400 m vom Vogeltor entfernt), hier wurde Max Welcker am 4. Dezember 1878 geboren. Im Erdgeschoss befand sich ein Kolonialwarengeschäft.*

FRIEDRICH LIST

*Abb.4 und 5: An der Fassade des im Zweiten Weltkrieg zerstörten Gebäudes erinnerte damals über dem Schaufenster eine Gedenktafel an Daniel Friedrich List (1789 in Reutlingen - 1846 in Kufstein), einen der bedeutendsten deutschen Nationalökonomen und Wirtschaftstheoretiker des 19. Jahrhunderts. Er wohnte hier zwischen 1841 und 1844. Friedrich List entwickelte sich schon früh zum Vordenker im Verwaltungs-, Verkehrs- und Transportwesen und trat bereits 1819 für die Aufhebung der Zollgrenzen ein, forderte politische Reformen und mahnte die bessere Nutzung natürlicher Ressourcen an. Dies führte in Augsburg u.a. dazu, dass wenige Jahre später das Kraft-*

*potenzial des natürlichen Wassergefälles der Flüsse besser genutzt wurde, was der Textilindustrie der Stadt zum Aufschwung verhalf. Die Tafelinschrift am Holbeinplatz erinnert daran, dass Friedrich List hier den ersten Teil seines berühmten Werkes „Das nationale System der politischen Oekonomie" verfasste.*

Bedingt durch die umfangreiche Berufstätigkeit seiner Eltern verlebte der kleine Max seine ersten Lebensjahre liebevoll umsorgt und behütet bei seinen Großeltern mütterlicherseits. Sein Großvater Joseph Mayer (1824-1894) war ursprünglich Gerber und später Malermeister. Großmutter Augusta[3] - eine kleine, liebe, stille Frau - verwöhnte ihren einzigen Enkel und schenkte ihm in seinen späteren

---

[3] Offenbar die zweite Frau von Joseph Mayer, denn die erste Anna Maria war bereits 1861 verstorben.

Kinderjahren, wenn er zu Besuch kam, jedes Mal 3 oder 5 Pfennige, von denen er dann eine Semmel, ein Butterhörnchen, oder ein Stück „Gau Obert" kaufte, aber nie Schleckereien (1)[4].

1882/83 zog die Familie ungefähr einen Kilometer nach Norden in die Untere Stadt, Lange Gasse 24 (Litera F.246) um. Laut Adressbuch von 1896 gehörte das Gebäude in der Frauenvorstadt dem Kaufmann Johann Wassermann. Er betrieb in diesem Haus eine „Material-, Colonial- und Farbwarenhandlung" und wohnte im 1. Stock. Die anderen Mieter waren der Kaufmann Heinrich Unsinn sowie der Buchhalter Ludwig Wassermann. Das 2. Stockwerk, es war sicherlich das Dachgeschoß, bewohnte Robert Welcker mit seiner Familie.

Der 4 bis 5 jährige Max kam nun *in die Obhut seiner Großmutter väterlicherseits,* die mit der Familie in der Wohnung lebte. Karoline Welcker, geb. Winkler (1810-1892) stammte

*Abb.6: Der junge Max Welcker.*

aus Netzschkau in Sachsen. Sie war seit 1849 mit dem Zeugmacher Johann Friedrich Welcker (1802 Schnauderhainichen bei Altenburg in Thüringen - 1878 Meuselwitz) verheiratet gewesen und nun seit 4 Jahren verwitwet. Karoline war streng evangelisch erzogen worden und *las jeden Sonntag in ihrem Kämmerlein in „ihrer Bibel".* Sie hatte ein *Fußleiden, welches sie jahrelang ans Zimmer fesselte.* Trotz dieser körperlichen Einschränkung war sie jedoch für den kleinen Max eine *liebe Spielgenossin,* die *viel Geduld* hatte. Sie besaß aber auch ein *strenges Gerechtigkeitsgefühl* und beschwerte sich zum Beispiel beim Essen über seine *Unfolgsamkeit oder sonstiges ungehöriges Verhalten.* Abends führte Max ihr dann sein *„Kasperletheater"* vor, oder sie spielte mit ihm geduldig und *unverdrossen Domino.*(2)

Ein weiterer Spielkamerad für ihn wohnte im Haus nebenan. Er hieß Bernhard Lieblich, war jüdischen Glaubens und 2 Jahre jünger als Max. Die Familie Lieblich wohnte im 1. Stock der Langen Gasse 26 (Litera F.245) über dem Geschäft des Vaters. Wolf Lieblich betrieb einen Laden für „Meerschaumwaren und Zigarren".

---

[4] Kursive Wörter bzw. Textteile sind Zitate aus „Max Welcker: Aus meinem Leben. Erinnerungen für Hubert vom Opa, Weihnachten 1946", aufgeschrieben für seinen Enkel Hubert Kolland. Das Typoskript befindet sich im Mittelschwäbischen Heimatmuseum Krumbach. Die nach den Zitaten in Klammer angefügte Ziffer gibt die jeweilige Seitenzahl an.

*Abb.7: Die Lange Gasse um 1900. Die abgebildeten Häuser beginnen mit Litera F.259 (Lange Gasse 4). Litera F.246 (Lange Gasse 24) steht in der Häuserreihe weit unten. In diesem kleinbürgerlichen Wohnumfeld wuchs Max Welcker in der Langen Gasse auf. Die Wege zur alten Schule von St. Georg und zur Städtischen Musikschule waren nicht weit. Die Eislaufbahn und die Rodelbahn im Schleifgraben lagen als Freizeitmöglichkeiten für Kinder in der Nähe. Heute hat der Musikverlag Anton Böhm & Sohn Augsburg seine Verlagsräume im Nachbarhaus in der Langen Gasse 26.*

Auch dieses Haus gehörte dem Kaufmann Johann Wassermann. Es war ein Stockwerk höher als das Haus F.246 und hier wohnten sechs Mietparteien.

Bald darauf kam der kleine Max auf die katholische Schule von St. Georg. Er hatte es nicht weit, denn die Schule lag 300m entfernt um die Ecke in der Straße Oberes Kreuz F 217 *(der späteren Hilfsschule).* Und so *marschierte er stolz, paarweise mit*

*allen anderen Schülern,* zum Unterricht beim späteren Schulrat Joseph Müller, *die Lange Gasse herauf,* während ihm *die Großmutter vom Fenster aus immer zuwinkte.* Obwohl die Großmutter *streng evangelisch war,* bestand sie darauf, dass er auch *wochentags in die Schulmesse* (2) der katholischen Kirche von St. Georg ging.

Als Max in der Schule in die 3. Klasse kam, versuchte der Vater seinem achtjährigen Sohn das Violine spielen zu vermitteln. Allerdings gestaltete sich der Unterricht problematisch, denn Vater Robert war streng. Er hatte wenig Geduld und sein Sohn zeigte wenig Lerneifer. Die Stunden fanden für gewöhnlich mittwochs und am Sonntagnachmittag statt. Danach hatte der Vater in der Regel Orchesterproben am Theater. Fast

*Abb.8: Max Welcker als Schüler.*

jedes Mal gab es Tränen und vom Vater gab es manchmal Ohrfeigen für den Sohn. Max war deshalb besonders froh, wenn sein Vater die Stunden abkürzen musste oder wenn sie ganz ausfielen. *Einmal befriedigte meine Leistung wie oftmals wieder nicht, da schlug der Vater im Ärger über mich seinen grauen Sonnenschirm an mir ab, den ich „freudigen Herzens" sofort zu Hattler am Katzenstedel zum Machen tragen musste. Wenn erst mein seliger Vater je erfahren hätte, dass ich öfters eine Violinsaite auf der Geige „abschnitt", um nicht üben zu müssen. Denn „aufziehen" durfte ich nie eine Saite! Unverzeihliche „dumme Jungen-Streiche!"* (3)

Trotz der anfänglichen Probleme im Violinunterricht schätzte Max seinen Vater und dessen Fähigkeiten sehr. Die Strenge des Vaters führte auch nicht dazu, daß Max das Geige spielen aufgab. Das Instrument begleitete ihn in seiner späteren Ausbildung weiter und er spielte später sogar einmal in einem kleinen Orchester.

Im Alter von 10 Jahren wechselte Max auf die Domschule (heute Gymnasium bei St. Stephan). Er begann nun auch mit dem Unterricht auf dem Klavier und hatte sehr viel mehr Spaß und Freude beim Erlernen dieses Instrumentes. Der Unterricht wurde von Lehrer Johann Baptist Gebele (geb. 1860) erteilt, der eine Etage tiefer im Haus der Eltern wohnte. Da stand Max *oft minutenlang vor Beginn der Stunde an dessen Wohnungstür und wartete auf den Glocken-schlag zum* Eintritt (3). Gebele unterrichtete an der katholischen Schule von St. Georg, hatte das Schul-lehrerseminar 1878 beendet, fing als Hilfslehrer 1881 an und hatte die Anstellungsprüfung 1882 gemacht. Danach war er ab 1883 Schulverweser und wurde am 1.1.1886 als Lehrer in Augsburg angestellt.[5]

Der eifrige Klavierschüler machte in den nächsten zwei Jahren gute Fortschritte und Kapellmeister Paul Radig[6] übernahm den Klavierunterricht später für einige Monate.

Als sein Klavierspiel immer besser wurde, musste Max seinen strengen Vater schon *mit 11 und 12 Jahren* bei *diversen Violinstücken, Potpourris etc. auf dem Klavier begleiten.* Später spielte er mit ihm auch *Sonaten u.s.w., da hieß es auch immer „sehr aufpassen!"* (8)

*Abb.9: Der junge Max Welcker und sein Vater Robert mit ihren Violinen.*

[5] Amtliches Verzeichnis der Volksschulen und städt. Schulen Augsburg 1914 bis 1961. Verzeichnis der städtischen Schulen in Augsburg im Schuljahre 1907 bis 1913.

[6] Paul Radig wirkte ab 1894 in Heidelberg als Städtischer Musikdirektor des Heidelberger Stadtor-chesters (heute Philharmonisches Orchester der Stadt Heidelberg). Er schrieb einen Festmarsch für Orchester, der 1890 erschien und widmete ihn dem Großherzog Friedrich I. von Baden).

Im Sommer 1888 durfte Max seine erste große Reise mit seiner Mutter in die Schweiz machen. Sie fuhren nach Ragaz in den Kanton St. Gallen. *In dem berühmten Schweizer Badeort war Papa Mitglied der Kurkapelle und Leiter des Sextetts im nahen Bad Pfäfers.[7] Der erstmalige Anblick des Bodensees bei Lindau, die Fahrt über die 555 m lange Brücke auf die Inselstadt machte auf mich, den Schüler der 5. Klasse, einen gewaltigen Eindruck: In Sargans erwartete uns Papa freudestrahlend mit den Worten: „Da seid Ihr ja!" 5 bis 6 Wochen hielten wir uns bei ihm im „Veltiner Hof" auf, täglich wohnten wir einem der Kurkonzerte bei und ich war nicht wenig stolz, meinen Papa mitspielen zu sehen. Die herrliche Gebirgswelt ringsumher, der mit Alpenveilchen übersäte Steigerwald, der rauschende Rhein und die wildromantische Taminaschlucht etc. sind mir von damals her in bester Erinnerung.* (32a)

Ein besonderes Erlebnis war für Max der Besuch der Schwimmhalle im Alten Dorfbad von Ragaz (entstanden um 1868). Er wollte das Schwimmen im 28 Grad warmen Heilwasser erlernen und geriet dabei in *„Lebensgefahr": Des Schwimmens damals noch unkundig kletterte ich an den seitlichen Stangen der Leiter entlang. Plötzlich glitt ich mit der Hand aus und versank in die Tiefe, ohne auf den Grund zu kommen. Nur durch energisches Strampeln mit Beinen und Armen kam ich wieder über Wasser und konnte mich wieder an den seitlichen Stangen des Schwimmbeckens anklammern. Mein Vater hatte von dem Vorgang nichts bemerkt.* (32b)

*Abb.10: Bleistift-Zeichnung des Alten Dorfbades in Ragaz aus der Entstehungszeit um 1869 von Johann Jakob Rietmann, Kulturstiftung Altes Rathaus.*

Ein Jahr später verbrachte Max den Sommer mit den Eltern noch einmal in Ragaz. Weitere Reisen, die jeweils 8 bis 14 Tage in den großen Ferien stattfanden, sollten während seiner Schulzeit noch folgen. Ein erster mehrtägiger Urlaubsaufenthalt mit den Eltern führte beispielsweise im Sommer 1893 in die süddeutschen Gebirge vom Bodensee bis nach Salzburg und weiter bis zum Salzkammergut im Osten und Tirol im Süden. Seine Eltern wanderten mit ihm durch die Natur und Bergwelt. Die dabei gemachten Reiseerlebnisse und Eindrücke prägten und faszinierten den jungen Max und inspirierten ihn später auch zum Komponieren. Im Laufe seines Lebens sollten deshalb noch viele weitere Reisen durch Deutschland und Europa folgen.

# MUTTER AMALIE
# UND DAS
# STADTTHEATER AUGSBURG

*Abb.11: Amalie Welcker, geb. Mayer, ca. 1910*
*(4.8.1856 Thannhausen an der Mindel - 7.11.1933).*

Die Mutter Amalie Welcker, geb. Mayer war eine erfolgreiche, vielbeschäftigte und gefragte Sängerin. Sie stammte aus dem zwischen Augsburg und Memmingen gelegenen Thannhausen an der Mindel im Mindeltal.

Der Ort wurde ab ca. 400 n. Chr. besiedelt, war von Handwerkern geprägt und gehörte seit 1818 zum Königreich Bayern. Von hier stammte der katholische Pfarrer und Kirchenliederkomponist Albert Höfer (1802-1857). Er erhielt seinen ersten Musikunterricht von seinem Vater, lernte Klavier und Orgelspielen und erwies sich schon früh als hochbegabt. Zusammen mit seinem Vater schuf er Melodien für das Thannhauser Laudate nach Texten von Christoph von Schmid, der ab 1776 als Schuldirektor in Thannhausen tätig war. Höfer erhielt 1839 den Titel Bischhöflicher Geistlicher Rat und wurde 1849 zum Dekan berufen. Zwei Jahre nach seinem Tod erschien 1859 das Augsburger Diözesangebet- und Gesangbuch

„Laudate", für das er entscheidende Vorarbeit geleistet hatte. Es enthielt neun Melodien die von ihm stammten und war 100 Jahre lang bis 1959 in Gebrauch.

Amalies Vorfahren waren katholisch und seit dem Jahr 1800 in Thannhausen ansässig. Ihre Eltern Joseph (Josef) Mayer (1824-1894) und Maria Anna Mayer, geb. Stadler (1828-1861) heirateten 1851. Viereinhalb Jahre später wurde Amalie am 4.8.1856 geboren. Sie erlebte harte Jugendjahre und wuchs zusammen mit ihren beiden Brüdern in *ärmlichsten Verhältnissen* auf (17). Im Alter von 5 Jahren verlor Amalie früh ihre Mutter, denn sie verstarb, erst 33 Jahre alt, am 2.12.1861.

Ihr Vater Joseph hatte zunächst, genauso wie ihr Großvater Peter Mayer (1800-1896), den Beruf des Webers ergriffen, wurde aber später Malermeister. Nach dem Tod seiner Frau 1861 zog der nun alleinerziehende Vater mit seinen drei Kindern von Thannhausen ins etwa 40 km entfernte Augsburg und wohnte 1866 nachweislich in der Weiten Gasse 11 (Litera B.61) in Augsburgs Oberstadt. Später zog er ins Lechviertel in die Bäckergasse 11 (Litera A.338). Beide Adressen gehörten zur katholischen Pfarrei St. Ulrich.

*Abb.12: Weite Gasse 11: Bürgerhaus, im Kern aus dem 16./17. Jahrhundert stammend. Es handelt sich um einen dreigeschossigen Satteldachbau mit geschweiftem Giebel und barocker Sterntür und war die erste Wohnadresse von Joseph Mayer und seinen drei Kindern in Augsburg.*

Amalies Kindheit war bedingt durch den frühen Tod der Mutter nicht leicht. Aber im Hause Mayer wurde oft gesungen, denn Amalies Vater war neben seinem Hauptberuf als Maler auch ausübender Sänger. Nach dem Ende der damals üblichen siebenjährigen Pflichtschulzeit an der Volksschule stellte er sich mit seiner 14jährigen Tochter am Schauspielhaus am Lauterlech vor. Beide wurden zu Beginn der Spielzeit 1870/71 in das Ensemble aufgenommen. Joseph Mayer wurde Mitglied des Chores und sang von 1870 bis 1875 als Bass. Amalie erhielt ihr erstes Engagement für die Spielzeit 1870/71 zunächst für Kinderrollen. In der darauffolgenden Spielzeit begann sie auch im Chor als Sopran zu singen.

Das Schauspielhaus am Lauterlech befand sich in der Jakobervorstadt in der Nähe der Kirche St. Jakob. Der Volksmund bezeichnete dieses alte Augsburger Stadttheater oft als „Komödienstadel". Es war 1776 an der Stelle des 1665 erbauten

Abb.13: Die sehr junge Amalie Mayer.

hölzernen Meistersingerstadels, dem ersten Theaterbau Augsburgs, errichtet worden. Der massive Steinbau war in seinem Äußeren ein eher schlichtes Haus mit vier Eingangstüren. Der Zuschauerraum war jedoch nicht beheizbar. Er fasste im Parterre maximal 393 Personen. Es gab 146 Sperrsitze und 49 Plätze in den Parterrelogen. Über dem Parkett gab es zwei Rangreihen mit Logen und eine Galerie. Der 1. Rang fasste 84, der 2. Rang 92, die Galerie 369 Personen. Die Maximalauslastung des Hauses lag bei 1.131 Zuschauern. Zur besonderen Ausstattung gehörten ein schönes Deckengemälde und der gemalte Vorhang.

Friedrich A. Witz schreibt in seinem „Versuch einer Geschichte der theatralischen Vorstellungen in Augsburg: von den frühesten Zeiten bis 1876":

*Dieses Schauspielhaus hat 3 Stockwerke, deren zwei zu Logen 30 an der Zahl dienen, das höchste aber zur Galerie bestimmt ist. Das Parterre, worin zu beiden Seiten zunächst der Bühne auch zwei Logen angebracht sind, ist in der Mitte abgetheilt und bildet das sogenannte Parquet und den zweiten Platz.*

Das Theater erlebte eine wechselvolle Geschichte und wurde anfangs von renommierten Theatergesellschaften bespielt. Dazu wurde das für die damalige Zeit repräsentative Haus von der Stadt Augsburg an die entsprechenden Theaterdi-

Abb.14: Das alte Theater am Lauterlech vor 1876 (Bildmitte links) gegenüber der Kirche St. Jakob. Im Volksmund in Augsburg oft als „Komödienstadel" bezeichnet.

Abb.15: Rückseite des Gebäudes (links im Bild).

rektoren auf deren eigenes Risiko verpachtet. Dies führte dazu, dass nahezu jedes Jahr die Ensembles und deren Leitung wechselten. Zwischen 1762 und 1858 gab es insgesamt 48 verschiedene Direktoren, die mit ihren Schauspieltruppen natürlich nicht für Kontinuität im Theaterspielplan sorgen konnten.

Beispielsweise hatte der Schauspieler, Sänger, Musiker, Komponist und Librettist der „Zauberflöte" Johann Joseph Emanuel Schikaneder (1751-1812) von 1778 bis 1779 und 1786 bis 1787 die Leitung des Augsburger Theaters inne. Schikaneder verdiente seinen Lebensunterhalt als umherziehender Musiker und ab 1773 auch als Schauspieler in Wandertruppen. 1775 bis 1777 war er Mitglied in der Theatertruppe des österreichischen Theaterprinzipals Andreas Joseph Schöpf (1743-1813), der möglicherweise der erste Bearbeiter des Textes der Zauberflöte war. Schöpfs Truppe spielte vom 16.10.1776 bis 11.2.1777 in Augsburg 64 Vorstellungen. Zum Ensemble gehörte auch die Schauspielerin und Sängerin Maria Magdalena Arth, die genauso wie er ab 1775 Mitglied der Theatertruppe war. Er verliebte sich in sie und heiratete sie unter dem Namen Eleonore. Die Hochzeit wurde 1777 im Augsburger Dom gefeiert. Das Ehepaar Schikaneder trat bald darauf zu Ostern in die Theatertruppe von Franz Josef Moser (ca. 1717-1792) ein. Schickaneder, der das deutsche Singspiel forcierte, übernahm ab 1778 die Leitung des Ensembles und wurde sein Direktor. Vom 17.9.1778 bis 16.2.1779 spielte er mit seinem 34köpfigen Ensemble, zu dem auch zwei Kinder gehörten, 75 Stücke im Augsburger Theater. Seine Frau und er galten als Universalgenies. Sie war 1. Sängerin und spielte tragische und komische Rollen, gab aber auch die Königin oder das naive Bauernmädchen und konnte tanzen. Er war 1. Sänger, 1. Liebhaber, spielte Helden- und hochkomische Rollen und tanzte auch. Bei einem Gastspiel seines Ensembles 1780 in Salzburg lernte er Leopold Mozart (geboren am 1719 in Augsburg) und seinen Sohn Wolfgang kennen. Wolfgang Amadeus Mozart besuchte das Augsburger Theater bereits im Oktober 1777. Seine Oper Don Giovanni wurde hier 10 Jahre später bereits im Uraufführungsjahr 1787 gespielt. Die Augsburger Erstaufführung der Zauberflöte fand am 21. Januar 1793 knapp 1½ Jahre nach der Uraufführung in Wien statt.

Im 19. Jahrhundert gab es am Theater am Lauterlech trotz aller Schwierigkeiten künstlerische Ereignisse von hoher Bedeutung. Die Mitwirkenden wurden oft stürmisch und mit enthusiastischem Beifall gefeiert. Im Jahr 1854 erlebte Richard Wagners Oper „Tannhäuser" seine Premiere, genauso wie Giuseppe Verdis „Ernani".

Von 1858 bis 1864 wurde das Theater dann von Anton Bömly (1808-1874) geführt. Er war ein erfolgreicher deutscher Tenor (Debüt 1834) und Theaterdirektor mit einer eigenen Schauspieltruppe. Sein Augsburger Ensemble war 67 bis 96 Mitglieder stark. In den von ihm geleiteten sechs Spielzeiten wurden 141 Stücke erstmals aufgeführt. Darunter waren Werke von Meyerbeer, Offenbach, Spohr, Verdi und Shakespeare. Die Spielzeiten begannen Anfang September und endeten Mitte April bis Mitte Mai. Bevor er nach Augsburg kam leitete er das Herzogliche Hoftheater Bamberg, sowie die Theater in Bayreuth, Meiningen, Dessau, Passau und das Kurtheater in Bad Kissingen.

Von 1864 bis 1868 wurde das Haus von Karl Böckel geführt, dann übernahm Louis Ubrich (geb.1806) von 1868 bis 1875 die Leitung des Theaters. Er propagierte und förderte das Musiktheater. Bereits in seiner zweiten Spielzeit 1869/70 sah er sich dem Vorwurf der Begünstigung von Opern auf Kosten des Schauspiels ausgesetzt. Die Auslastung des Theaters zeigte jedoch, dass die Opernaufführungen trotz höherer Preise stets gut besucht waren, während das Schauspiel an Wochentagen häufig leer blieb. Und so stand neben vielen Possen und Komödien mit Gesang in jeder Spielzeit mindestens eine Oper/Operette auf seinem Spielplan:

- 1870/71 Werke von Albert Lortzing und Richard Wagner (Lohengrin)

- 1871/72 Werke von Friedrich v. Flotow (Martha), W.A.Mozart (Zauberflöte) und Franz v. Suppé (Flotte Bursche)

- 1872/73 Werke von Giacomo Meyerbeer und Louis Spohr (Jessonda)

- 1873/74 Werke von Carl Maria v. Weber (Freischütz), Richard Wagner und Jacques Offenbach (Die schöne Helena)

- 1874/75 Aida von Giuseppe Verdi

Louis Ubrich debütierte am 1823 als 17jähriger Schauspielstudent am Augsburger Theater, feierte 1848 sein 25. und 1873 sein 50. Bühnenjubiläum als Schauspieler an der Bühne und wurde im gleichen Jahr zu seinem 67. Geburtstag mit der goldenen Medaille für Kunst und Wissenschaft, verliehen von König Ludwig II. von Bayern, ausgezeichnet.

Die Tabelle auf Seite 30 zeigt eine Übersicht über seine sieben Spielzeiten am Augsburger Theater von 1868 bis 1875. Amtsjahr, Spielzeitdauer, Anzahl des Theaterpersonals, Anzahl der neu in den Spielplan aufgenommenen Stücke, die Stückautoren und die Anzahl der Gäste sind vermerkt.

In diese über fast 100 Jahre bestehende vielfältige Theaterkultur wuchs Amalie Mayer hinein, als sie 14jährig im Herbst des Jahres 1870 am Augsburger Theater zu spielen und zu singen begann. Theaterleiter Louis Ubrich vermerkte dazu in seinen Aufzeichnungen:

*„Frl. Mayer, Amalie: Kinderrollen bis 1871, dann Ch[or], Sopran, Kl[eine] Rollen und P[artien] bis 1875."* [8]

---

[8] Versuch einer Geschichte der theatralischen Vorstellungen in Augsburg. Von den frühesten Zeiten bis 1876 von F. A. Witz. Als Jubiläumsausgabe für den 100sten Gedächtnistag der Eröffnung des Stadt-Theaters am Lauterlech 16.Oktober 1776. Erstveröffentlichung 1877, Selbstverlag Augsburg, S. 256

| Amts Jahr | Spielzeit | Dauer | Personal | Neue Stücke | Autoren |
|---|---|---|---|---|---|
| 1 | 1868/69 | 16.09.1868-18.04.1869 | 70 Mitglieder 2 Kinder | 25 | Benedir [sic!][9], Girndt, Görner, Laube, Mosenthal, Offenbach, Putlitz, Rosen |
| 2 | 1869/70 | 16.09.1869-09.04.1870 | 60 Mitglieder 2 Kinder | 20 | Brachvogel, Görner, Hebbel, Offenbach, Rosen, Shakespeare |
| 3 | 1870/71 | 16.09.1870-25.04.1871 | 62 Mitglieder 3 Kinder | 25 | Benedir [sic!], Lortzing, Moser, Wilbrandt, Rosen, Richard Wagner |
| 4 | 1871/72 | 14.09.1871-21.04.1872 | 62 Mitglieder +2 Kinder | 16 | Bauernfeld, Görner, Flotow, Moser, Putlitz, Rosen |
| 5 | 1872/73 | 15 09.1872-14.04.1873 | 56 Mitglieder +1 Kind | 22 | Girndt, Meyerbeer, Moser, Offenbach, Wilbrandt, Rosen |
| 6 | 1873/74 | 14.09.1873-31.03.1874 | 65 Mitglieder +2 Kinder | 14 | Görner, Lindau, Moser, Rosen, Richard Wagner |
| 7 | 1874/75 | 16.09.1874-23.03.1875 | 64 Mitglieder +2 Kinder | 10+ 4 neue Ballette | Grillparzer, Kleist, Lindau, Moser, Verdi (Aida) |

Aus Amalie Mayers Anfangszeit am Augsburger Stadttheater sind einige Plakate erhalten geblieben. Die meisten Archivbestände gingen im 2. Weltkrieg verloren. In welchen Produktionen/Stücken sie mitwirkte konnte jedoch aus folgenden Gründen nicht zweifelsfrei ermittelt werden:

1.) In der damaligen Zeit war es durchaus üblich den Nachnamen einer Person in unterschiedlicher Weise zu schreiben (Mayer=Meier, Mayr, Meyer, Maier).

2.) Der Vorname wurde oftmals weggelassen.

3.) Es gab mehrere Mitglieder im festen Ensemble mit dem gleichen Nachnamen Mayer: M. Mayer (Kinderrolle 1872/73), Mayer (Zweite Rolle, Vertraute, Kammermädchen 1874/75), Mayer (Sopran 1 von 1872-1874), R. Mayer und P. Mayer (Sopran 1 von 1874-1876).

4.) Unter den am Theater in den Spielzeiten 1870/71-1874/75 engagierten Gästen gab es mindestens drei Vertreterinnen gleichen Namens: Frl. Johanna Meyer (1870-1872), Frl. Marie Meyer (1871/72), Frl. M. Mayer (1874/75).

Hinzu kommt, dass Amalie Mayer zunächst Kinderrollen spielte, dann im Chor sang und am Anfang eine Sopranstimme hatte, die später zur Altstimme mutierte. Nur

---

[9] Es handelt sich um den aus Leipzig stammenden deutschen Komödiendichter, Schauspieler und Theaterdirektor Roderich Julius Benedix (1811-1873).

*Abb.16: Die junge Amalie Mayer im Theaterkostüm.*

ein einziges Mal taucht ihr vollständiger Name auf einem der Vorstellungsplakate auf. Sie spielte nachweislich am 8. Februar 1872 um 15.30 Uhr in der Vorstellung von E. A. Görners Komödie für Kinder „Die drei Haulemännerchen" in der Rolle des Nachbar Geiz mit.

In folgender Tabelle sind die Produktionen aufgelistet, in denen Fräulein Amalie Mayer mitgespielt haben könnte.

Nach seiner 7jährigen Amtszeit von 1868 bis 1875 zog Ubrich Bilanz: Er hatte wohlausgestattete Offenbachiaden und erfolgreiche Kindermärchen (u.a. Aschenbrödel) zur Aufführung gebracht. Je eine große Oper von Flotow, Lortzing, Meyerbeer, Verdi und Richard Wagner waren fester Bestandteil in seinem Spielplan. In seiner persönlichen Leistungsbilanz als Darsteller hatte er in seiner Augsburger Zeit zwischen 1823 und 1875 an insgesamt 5.491 Abenden auf der Bühne gestanden, 1.704 Rollen neu gelernt und 5.826 Rollen gespielt. In seiner letzten Spielzeit forderte er von der Stadt Augsburg die Ausweitung auf sechs Spieltage pro Woche. Dies wurde jedoch vom Magistrat der Stadt abgelehnt und so bewarb sich der 68jährige im November 1874 um die Direktion des Stadttheaters Aachen, die er auch erhielt.

| Datum | Titel | Autor | Genre | Rolle | Name |
|---|---|---|---|---|---|
| 08.02.1872 | Die drei Haulemännerchen | E.A. Görner [sic!] | Komödie für Kinder | Nachbar Geiz | Amalie Meier |
| 12.02.1872 | Zu ebener Erde und erster Stock | Igor Nestroy | Posse mit Gesang | Köchin Aspick | Fräulein Meier |
| 13.02.1872 | Lumpacivagabundus | Igor Nestroy | Zauberposse mit Gesang | Kellnerin Sepherl | Fräulein Meyer |
| 22.02.1872 | Lohengrin | Richard Wagner | Oper | Vierter Edelknabe, Alt, kl. P | Fräulein Meier |

| Datum | Titel | Autor | Genre | Rolle | Name |
|---|---|---|---|---|---|
| 04.03.1872 | Die Zauberflöte | W.A. Mozart | Oper | Dritter Knabe Alt, mittl. P | Fräulein Meier |
| 21.03.1872 | Die Erzählungen der Königin von Navarra | Scribe und Legouvé | Lustspiel | Ein Page | Fräulein Meier |
| 24.03.1872 | Der Meineidbauer | L. Gruber | Volksstück mit Gesang | Magd Gretel | Fräulein Meier |
| 23.09.1872 01.01.1873 19.12.1873 | Der Goldonkel | Emil Pohl | Posse mit Gesang | Ein Schuster-junge | Fräulein Meier |
| 27.09.1872 | Martha | Friedrich v. Flotow | Oper | Erste Magd, Sopran, kl. P. | Fräulein Meyer |
| 07.10.1872 | Flotte Bursche | Franz v. Suppé | Komische Operette | Student Honig | Fräulein Meyer |
| 14.10.1872 | Pech=Schulze | H. Salingré | Posse mit Gesang | Ein Sekundaner | Fräulein Meyer |
| 16.10.1872 | Faust | J.W. von Goethe | Tragödie | Ein Bürger-mädchen | Fräulein Meyer |
| 04.11.1872 22.12.1873 25.12.1873 30.12.1873 02.01.1874 22.01.1874 31.01.1874 10.02.1874 23.02.1874 03.03.1874 19.03.1874 28.03.1874 | Aschenbrödel | Rod. Benedir [sic!] | Lustspiel | Schülerin Bertha | Fräulein Meyer |
| 18.11.1872 | Einer von unsere Leut' | Dr. Kalisch | Posse mit Gesang | Ein Lehrjunge | Fräulein Meyer |
| 24.11.1872 16.01.1873 | Ein geadelter Kaufmann | E. A. Görner [sic!] | Lustspiel | Eine Magd | Fräulein Meyer |
| 02.12.1872 | Ein Mann von Charakter | Julius Findeisen | Volksstück mit Gesang | Dienst-mädchen Wettl | Fräulein Meyer |
| 16.12.1872 23.01.1873 13.02.1873 | Jessonda | Louis Spohr | Romantische Oper | Zweite Bajadere, Sopran | Fräulein Meyer |
| 23.12.1872 | Ein Fuchs | C. Juin | Posse mit Gesang | Kammer-mädchen Marianne | Fräulein Meyer |
| 14.02.1873 18.02.1873 | Der Registrator auf Reisen | Adolph L'Aronge | Posse mit Gesang | Sohn Peter | Fräulein Meyer |
| 24.03.1873 | Der Verschwender | Ferdinand Raimund | Zauber-märchen mit Gesang | Kind Lise | Fräulein Meyer |

| Datum | Titel | Autor | Genre | Rolle | Name |
|---|---|---|---|---|---|
| 07.04.1873 | Der Alpenkönig | Ferdinand Raimund | Zauberspiel mit Gesang | Kind Andreas | Fräulein Meyer |
| 15.09.1873 | Therese Krones | Carl Haffner | Genrebild mit Gesang | Hermine, Thekla Theatermitglieder | Fräulein Meier |
| 18.09.1873 09.11.1873 | Der Freischütz | C. M. v. Weber | Romantische Oper | Zweite Brautjungfer, Sopran | Fräulein Meier |
| 19.09.1873 23.12.1873 | Bürgerlich und romantisch | Bauernfeld | Lustspiel | Dienstmädchen Babette | Fräulein Meier |
| 22.09.1873 | Graf Esser | Heinrich Laube | Trauerspiel | Ein Page der Königin | Fräulein Meier |
| 26.09.1873 | Die Dienstboten | Rod. Benedir [sic!] | Genrebild | Bäckerjunge Andreas | Fräulein Meier |
| 23.10.1873 | Der Kaufmann von Venedig | Shakespeare | Schauspiel | Balthasar | Fräulein Mayer |
| 28.10.1873 | Ein Teufel | Julius Rosen | Schwank | Köchin Bärbchen | Fräulein Mayer |
| 06.11.1873 | Testament des großen Kurfürsten | G. zu Putlitz | Schauspiel | Ein Page | Fräulein Mayer |
| 01.12.1873 | Der Verschwender | Ferdinand Raimund | Zaubermärchen mit Gesang | Kind Peppi | Maier |
| 05.12.1873 | Die Grille | Charlotte Birch-Pfeiffer | Ländliches Charakter Gemälde | Bäuerin Mariette | Fräulein Mayer |
| 15.12.1873 | Muttersegen | G. Lemoine v. Friedrich | Schauspiel mit Gesang | Savoyarde Charlott | Fräulein Mayer |
| 03.01.1874 | Die Harfenschule | A. C. Brachvogel | Schauspiel | Gehülfe, Quinett, stumme Rolle | Fräulein Mayer |
| 08.02.1874 | Doctor Faust's Haus-Käppchen | F. Hopp | Posse mit Gesang | Tochter Stanzerl | Fräulein Mayer |
| 16.02.1874 | Einen Jux will er sich machen | Nestroy | Posse mit Gesang | Putzmacherin Philippine | Fräulein Mayer |
| 17.03.1874 20.03.1874 | Die schöne Helena | Jacques Offenbach | Opera buffa | Leaena, Gespielin des Sopran | Fräulein Mayer |
| 25.03.1874 | Don Carlos | Friedrich von Schiller | Trauerspiel | Ein Page der Königin | Fräulein Mayer |
| 26.03.1874 | Ein glücklicher Familienvater | E. A. Görner [sic!] | Lustspiel | Kindermädchen Guste | Fräulein Mayer |
| 30.03.1874 | Von Stufe zu Stufe | Hugo Müller | Lebensbild mit Gesang | Harfenistin Laura | Fräulein Mayer |

Amalie Meier!
(vergleiche Seite 31)

*Abb.17: Plakat Augsburger Stadttheater vom 8. Februar 1872: „Die drei Haulemänner-chen oder Das gute Liesel und's böse Gretel" von Karl August Görner (1806-1884, beachte Schreibweise E. A. Görner [sic!] auf Plakat und in Tabellen). Bearbeitet nach dem Märchen: „Die drei Männlein im Walde" aus den Kinder- und Hausmärchen der Brüder Grimm. Hand-lung: Die wieder verheiratete Frau eines Witwers behandelt ihre Stieftochter schlecht und befiehlt ihr im Winter in einem Kleid aus Papier Erdbeeren zu suchen. Im Wald begegnet sie drei Haulemännerchen die ihr helfen, weil sie freundlich zu ihnen ist. Sie findet Erdbeeren und wird mit wachsender Schönheit, Gold und mit der Prophezeiung belohnt, dass sie eines Tages den König heiraten wird. Nach ihrer Rückkehr will die neidische Stiefschwester Glei-ches tun. Da sie aber böse ist, wird sie mit wachsender Hässlichkeit und der Vorhersage eines unglücklichen Todes beschenkt.*

Die letzte Spielzeit 1875/76 (213 Tage/209 Vorstellungen) im „Komödienstadel"
am Lauterlech wurde geleitet von Moritz Krüger (1833-1886).

| Amts-jahr | Spielzeit | Dauer | Personal | Neue Stücke | Autoren |
|---|---|---|---|---|---|
| 1 | 1875/1876 | 12.09.1875-12.04.1876 | 61 Mitglieder 2 Kinder | 33 | Björnson, Goethe, Lindau, Moser, Rosen, Shakespeare, Strauß |

Am 16.10.1876 feierte das alte Theater am Lauterlech seinen 100. Geburtstag.
In den Jahren von 1823 bis 1876 spielten in den verschiedenen Theatertruppen
insgesamt 2.370 Darsteller (1.099 Männer, 738 Frauen) als „feste" Ensemblemit-
glieder am Augsburger Stadttheater. Darüber hinaus wurden 274 Männer und 259
Frauen als Gäste engagiert. Auf den Spielplänen standen insgesamt 8.325 Stücke.

Seit September 1870 gehörte nun
auch die junge Amalie Mayer zu dieser
großen Theaterfamilie an diesem geschichtsträchtigen Haus und sie dürfte
in ihren ersten Theaterjahren viel zu tun
gehabt haben. Es wurde ein umfangreiches Programm gepflegt. Komödien,
Märchen für Kinder, Ballett, Opern und
Operetten gehörten zum Spielplan des
Hauses. Das Schauspiel, die deutschen
Klassiker und Shakespeare wurden auf
der alten Bühne in der Jakobervorstadt
gespielt und es war absehbar, dass das
veraltete Haus den Aufgaben nicht mehr
lange gewachsen sein würde.

Schon Mitte des 19. Jahrhunderts wurde das Vorhaben für die Notwendigkeit
eines modernen Theaterneubaus in
Augsburg diskutiert. Es gab viele Be-
fürworter für einen anderen, repräsen-
tativeren Standort in der Stadt, aber
auch ablehnende Stimmen, die auf die

*Abb.18: Das Gemälde (Maße 48,5 x 38,5 cm) zeigt Amalie Mayer. Gemäß Familienüberlieferung Welcker-Kolland wurde das Gemälde von einem Fugger in Auftrag gegeben und von einem Fugger-Maler ausgeführt.*

zu erwartenden hohen Kosten verwiesen. Schließlich beschleunigte ein Zufall
Anfang des Jahres 1876 die Entscheidung für einen Neubau.

Das alte Stadttheater wurde mit Gaslampen beleuchtet und der Theaterdiener
entzündete die Gasflammen vor jeder Vorstellung. Über den offenen Gasflammen waren gläserne Schutzglocken angebracht. Ausgerechnet in der Loge des

liberalen 1. Bürgermeisters Ludwig von Fischer (1866-1890) war diese zerbrochen. Nach der Vorstellung wurde Brandgeruch bemerkt, denn die Hitze der offenen Gasflamme hatte bereits die Decke erreicht und angegriffen. Glücklicherweise konnte die alarmierte Feuerwehr den entstandenen Schwelbrand schnell eindämmen.

Dieser „kleine Logenbrand" gab den Anstoß, dass sich Bürgerschaft und Stadtverwaltung schnell einig wurden. Entscheidend war neben der Frage der Sicherheit aber auch die Tatsache, dass sich die Qualität der Aufführungen verbessert und dadurch das Publikumsinteresse im Laufe der Jahre gesteigert hatte. Das alte Haus konnte häufiger die Anzahl der Schaulustigen nicht mehr fassen. Noch im gleichen Jahr wurde der Entschluss gefasst, auf dem Platz des ehemaligen alten Salzstadels für 1.350.000 Mark einen repräsentativen Theaterneubau zu errichten. Die Abbrucharbeiten am alten Gebäude begannen im Juni 1876.

Bereits am 26. November 1877 wurde das „Neue Stadttheater" unter seinem ersten Theaterleiter Moritz Krüger (1833-1886, er leitete das Haus von 1877 bis 1881) eröffnet. Nach der Jubelouvertüre von Carl Maria v. Weber wurde der selbstverfasste Prolog vom damals weitbekannten königlich bayerischen Hoftheater-Oberregisseur Ernst Possart gesprochen. Danach hob sich im neuen Großen Haus der Vorhang für Ludwig van Beethovens Oper „Fidelio".

*Abb.19 und 20: Das neue Stadttheater Augsburg 1876/77, Vorderansicht 1880, Zuschauerraum 1890. Es wurde errichtet nach Entwürfen der Wiener Theaterarchitekten Ferdinand Fellner und Edmund Helmer. Die Bauleitung, unter der Oberleitung des Städtischen Baurats Leybold, lag in den Händen von Architekt Anton Eysen. Das Hauptgebäude (Länge 68m, Breite 41m, Höhe 20m) erhielt einen Portalvorbau mit drei sich an der Vorderseite der Loggia wiederholenden Rundbogen-Eingängen. Im Zuschauerraum mit drei Rängen fanden 1.400 Besucher Platz.*

Das neue Stadttheater war in jeder Hinsicht ein Fortschritt, denn es bereicherte das Stadtbild ganz erheblich. Für das Publikum ergaben sich enorme Verbesserungen. In einem damaligen Zeitungsartikel war zu lesen:

*„Selbst erbitterte Gegner des Neubaues, welche der Schluß- und der Eröffnungsvorstellung beiwohnten, konnten sich der Überzeugung nicht verschließen, daß abgesehen von allem anderen, schon vom Standpunkte der Sanität aus, die Beibehaltung des alten Theaters mit seiner dumpfen, brustbeengenden und lungen-*

*vergiftenden Luft eine Unmöglichkeit geworden war, während im neuen Theater die Ventilation eine so vortreffliche ist, daß, obschon erst am Eröffnungstage die Anstrich- und Firnisarbeiten vollendet wurden, die Besucher sich von den in allen Neubauten herrschenden Gerüchen und Ausdünstungen wenig belästigt fühlten."*

Die Spielzeit 1881/82 übernahm der deutsche Theaterleiter und Intendant August Grosse (1825-1902). Er trat die Nachfolge von Moritz Krüger an, mit dem er befreundet war. Er hatte u.a. die Theater in Basel und Posen eröffnet und brachte seine Erfahrungen von den Theatern Görlitz (7 Jahre), Chemnitz (4 Jahre), Neustrelitz, Sondershausen und Rudolstadt mit.

Ihm folgte für die Spielzeit 1882/83 der deutsche Opernsänger Louis Ucko (1838 -1897). Der erfolgreiche Heldentenor erfreute sich als Künstler großer Beliebtheit. Er hatte an hervorragenden Bühnen gastiert (u.a. Mainz, Stettin, Breslau, Hamburg (1870-1873), Stuttgart (1871-1881).

Von 1883 bis 1886 übernahm noch einmal August Grosse die Leitung. Auf ihn folgte für die nächste Spielzeit von 1886 bis 1887 der österreichische Theaterschauspieler und Intendant Franz Deutschmann (1834-1908). Er hatte in Riga debütiert und war an den Theatern Würzburg, Bremen, Leipzig (1864-1871), Homburg (1871-1872), Rostock (1872-1876) und Mainz (1876-1880) als Charakterspieler gewesen.

Zwischen 1880 und 1882 nahm die Operette am neuen Stadttheater immer größeren Raum ein. Im Januar 1883 wurden Meyerbeers „Hugenotten", im April 1883 Bizets Oper „Carmen" aufgeführt und am 8. Dezember 1883 erlebte „Der Bettelstudent" von Millöcker seine Augsburger Erstaufführung. In der Spielzeit 1886/87 gab es an Opern-Neuheiten Webers „Silvana" (Das Waldmädchen), die Erstaufführung von Flotows „Indra" und Johann Strauß' Operette „Der Zigeunerbaron."

Das neue Stadttheater war nun 10 Jahre alt und nach den wechselnden Intendanzen übernahm noch einmal der inzwischen 80jährige Louis Ubrich das Theater. Er führte es erfolgreich von 1887 bis 1896 und war der erste Direktor des neuen Hauses, der länger als fünf Jahre regierte. Für die nächsten neun Spielzeiten entwickelte er einen kontinuierlichen Spielplan. Von 1888 bis 1893 brachte er u.a. Richard Wagners Tetralogie „Der Ring des Nibelungen" heraus. Weitere Opern-Neuheiten, die auch heute noch auf dem Spielplan der Augsburger Bühne stehen, waren Mascagnis „Cavalleria rusticana", Leoncavallos „Bajazzo" und Humperdincks „Hänsel und Gretel". 1896 endete die Amtszeit des nun 89jährigen Louis Ubrich und er nahm endgültig Abschied vom Theaterleben. Sein Nachfolger wurde Karl Schröder, der das Haus bis 1903 führte.

In all diesen Jahren sang Amalie Welcker, geb. Mayer als bewährte Solistin und als Mitglied des Chores in unzähligen Produktionen mit. Mit zunehmendem Alter veränderte sich ihre Stimme und ihr Sopran reifte zum Alt. In den Jahren 1895 und 1900 war sie definitiv als Solistin für Altpartien engagiert. Darüber hinaus wurde sie zur geschätzten Chorführerin der Altistinnen des Theaterchores. Im Jahr 1899 bestand der Chor aus 28 Personen: 5 erste Tenöre, 3 zweite Tenöre, 5 erste Bässe, 3 zweite Bässe, 5 erste Soprane, 5 zweite Soprane und 2 Altistinnen. Zusammen mit ihrer Kollegin Marie Hoermann sang Amalie im Alt.

Nach 30 Bühnenjahren sagte sie dem Theater Lebewohl und beendete im Jahr 1900 ihre Laufbahn als Sängerin am Stadttheater Augsburg. Unter dem für sie wohl wichtigsten Theaterleiter Ubrich hatte sie als Darstellerin und Sängerin in jungen Jahren zusammen mit ihrem Vater am alten „Komödienstadel" begonnen. Unter fünf weiteren Theaterleitern des neuen Hauses sang und spielte sie als erfolgreiche Solistin und Mitglied des Ensembles in unzähligen Produktionen. Sie war nun 44 Jahre alt und erzählte später allzu gern von ihren Streichen am Theater (von denen dann ihre Enkelin Maria Kolland, geb. Welcker noch ihrem Urenkel Hubert Kolland berichtete). Sie besaß als sangestüchtige und sangesfreudige Choristin einen guten Humor, der nie zu versiegen schien. Auch in späteren Jahren übertrug man ihr kleinere Solopartien. So gestaltete sie u.a. die Ines (Sopran, kleine Partie) in Verdis „Troubadour", die Zigeunerin Mercédès (lyrischer Mezzo, mittlere Partie) in Bizets „Carmen" und die Mutter Luzie (dramatischer Alt, Spielalt, kleine Partie) in Mascagnis „Cavalleria rusticana". Aus dieser kleinen Aufzählung erschließt sich, dass sie stimmlich und spielerisch sehr wandelbar war.

Ihr Humor, ihre Wandelbarkeit und Sangesfreude waren offenbar Jahre zuvor auch dem 1. Geiger des Theaterorchesters Robert Welcker aufgefallen, der diese hübsche, tüchtige und temperamentvolle Sängerin bei den Proben und Aufführungen im Theater immer wieder sah und die ihm wohl nicht mehr aus dem Sinn ging. So kam es augenscheinlich zu einer Theater-Love-Story: Als Amalie 22 Jahre, Robert 28 Jahre alt waren kündigte sich Nachwuchs an.

Am 4. Dezember 1878 erblickte ihr Sohn Max vorehelich das Licht der Welt, denn geheiratet wurde, wahr-

*Abb.21: Amalie Mayer (links im Bild) als Altistin.*

scheinlich aus konfessionellen Gründen (Amalie war katholisch, Robert evangelisch) erst 4 Jahre später. Dies war für die damalige Zeit eher ungewöhnlich,
insofern waren sie ein durchaus modernes Ehepaar. Schließlich fand am 21. September 1882 die Hochzeit in Augsburg statt.

*Abb.22: Amalie Welcker, geb. Mayer in großer Abendrobe.*

# Vater Robert Welcker
# und seine Lehrjahre bei
# Karl Heinrich Welcker
# in Altenburg

*Abb.23: Robert Welcker (22.2.1850-5.1.1928) im Jahr 1912.*

Robert Welcker stammte aus dem Dorf Meuselwitz, 35 km südlich von Leipzig. Es liegt im thüringischen Altenburger Land und gehörte ab 1826 zum Herzogtum Sachsen-Altenburg. Der Ort wurde vom Majoratsherrn und Dichterjuristen Alfred Freiherr von Seckendorff-Gudent (1796-1876) verwaltet. Ursprünglich war der Ort hauptsächlich von Handwerkern bewohnt, doch ab 1834 wuchs die Textilindustrie und hier wurden Stoffe produziert. Um 1850 zählte der Ort 1.800 Einwohner. Nach 1860 wurden mehrere große Braunkohlevorkommen nördlich des Dorfes gefunden und erschlossen. Bis 1880 stieg die Einwohnerzahl durch den Kohlebergbau auf 3.400. Auch im 3 km nordwestlich von Meuselwitz gelegenen Schnauderhainichen wurde 1858 südlich des Ortes die Tiefbaugrube „Zum Fortschritt 1" eröffnet. Im nur 5 km entfernten Falkenhain wurde der Klavierbauer Julius Ferdinand Blüthner (1824-1910) geboren. Er begründete 1853 in der aufstrebenden Handels- und Industriestadt Leipzig die Pianofortefabrik Blüthner. Allein von 1854 bis 1862 produzierte er mit drei Arbeitern in zunächst angemieteten Räumen 500 Instrumente.

Robert Welcker wurde am 22. Februar 1850 als Sohn des Zeugmachers Johann Friedrich Welcker (1802 Schnauderhainichen - 1878 Meuselwitz) geboren. Dieser war seit dem 7.1.1849 mit Karoline Welcker, geb. Winkler (1810 Netschkau/Sachsen - 1892 Augsburg) verheiratet und Obermeister der Zeugmacherinnung (seit 1860/61). Robert hatte eine jüngere Schwester, Marie Luise (1840-1873), die im Alter von 33 Jahren starb. Seine Vorfahren stammten aus dem von Meuselwitz ca. 2 km entfernten, schmucklosen Dorf Schnauderhainichen und waren Woll-

*Abb.24: Der Markt in Meuselwitz 1854.*   *Abb.25: Der Markt in Meuselwitz vor 1907.*

kämmer[10] und Zeugmacher[11]. Die familiäre Linie lässt sich über drei Generationen bis zu seinem Ururgroßvater Christoph Welcker (1698-1760) zurückverfolgen.

Roberts musikalische Begabung zeigte sich schon früh und sein Vater schickte ihn bald zur Ausbildung ins 13 km entfernte Altenburg/Thüringen zu seinem Onkel Musikdirektor Karl (Carl) Heinrich Welcker (1827 Meuselwitz - 1903 Altenburg). Dessen Vater Johann Gottlieb Welcker war Obermeister der Zeugmacherzunft (1844) und verheiratet mit Christiane Eleonore Seidel (keine Lebensdaten bekannt). Er stammte aus einer großen Familie und hatte vier Geschwister: Friedrich Wilhelm (Obermeister der Zeugmacherinnung 1838-1859), Ernst Heinrich (1830-1905), Maria und Eleonore Theresia. Karl Heinrich war zweimal verheiratet. Seine erste Frau hieß Marie Therese Hübschmann (keine Lebensdaten bekannt). Die Hochzeit fand 1853 in Meuselwitz statt und ihre gemeinsame Tochter Therese Amanda Welcker wurde 1854 in Leipzig geboren. In zweiter Ehe war er mit Johanna Rosette Hering verheiratet. Sie schenkte in Leipzig zwei Söhnen das Leben. Der Jüngere, Alfred Welcker (geb. 1887), wurde Ober-Postkassenbuchhalter und zeigte 1903 den Tod seines Vaters Karl Heinrich in Altenburg an. Der ältere Sohn war Karl Hermann Felix Welcker (1858 Leipzig - 1943 Frankfurt/Main). Er wurde von seinem Vater musikalisch ausgebildet und verbrachte die Jahre seiner Kindheit mit dem acht Jahre älteren Robert Welcker. Von ihm wird später noch zu reden sein, denn er hielt sein ganzes Leben lang Kontakt zur Familie Max Welcker in Augsburg.

Karl Heinrich Welcker war im Alter von 20 Jahren zunächst als Geiger im Chemnitzer Orchester engagiert, mit dem er auch solistisch auftrat. Er wird in einer Rezension der Zeitschrift „Signale für die musikalische Welt" vom September

---

[10] Wollkämmer bereiten Rohwolle durch Kämmen oder Kardieren zum Spinnen vor. Durch das Kämmen werden alle Unreinheiten in der Rohwolle entfernt. Diese gekämmte Wolle wird dann zu hochwertigem Kammgarn versponnen. Die Wollkämmer waren in Zünften organisiert und das Zunftrecht gab an, dass nur Meister, nicht aber Gesellen das Werk ausübten.

[11] Zeugmacher: alte Berufsbezeichnung eines Tuchmachers, der ausschließlich aus ein, oder zweimal gekämmter Schafswolle leichte naturfarbene Wollstoffe herstellte.

*Abb.26: Karl Heinrich Welcker (19.1.1827-10.2.1903), Stadtmusikdirektor des Stadtmusikcorps von 1864-1892, Onkel von Robert Welcker.*

1847 erwähnt, die über ein Abonnementskonzert des Musikdirektors Mejo in Chemnitz berichtete: „Ein Orchestermitglied, Herr Welcker spielte den ersten Satz aus dem ganz neuen ersten Concert von Beriot. Abgesehen von der Wahl, wäre es sehr wünschenswerth gewesen, daß Herr Welcker mit ‚gewaschenen Fingern' gespielt hätte, oder uns mit seinen Übungen verschonte."[12]

Zwei Jahre später ging Karl Heinrich Welcker nach Leipzig und wurde Mitglied des Gewandhausorchesters. Es gilt als das älteste bürgerliche Konzertorchester im deutschsprachigen Raum, dessen historische Wurzeln bis ins Jahr 1479 zurückreichen.

1743 gründeten 16 Leipziger Kaufleute die Konzertgesellschaft „Das Große Concert", die ab dieser Zeit die Konzerte des Orchesters veranstaltete. Der Name Großes Konzert wurde geläufig und so sind auch heute noch die Konzerte des Gewandhausorchesters benannt. Mit dem Umzug in das Messehaus der Tuchwarenhändler 1781 erhielt das Orchester den Namen Gewandhausorchester. 1840 wurde das Gewandhausorchester von der Stadt Leipzig als Stadtorchester anerkannt und fungiert seitdem als Opernorchester, Konzertorchester und als kirchenmusikalisches Orchester u.a.zur Begleitung des Thomanerchores.

1856 zählte das Orchester 56 Mitglieder und stand unter der Leitung von Julius Rietz (1848-1860). Nach ihm übernahm Carl Reinicke (1860-1895) die Leitung. Hier spielte Karl Heinrich Welcker von 1849 bis 1863 als erster Geiger im Konzert.[13] Später war er auch als Konzertmeister für den Leipziger Musikverein „Euterpe" (Liebhaber-Orchester-Musikvereinigung, heute Sinfonischer Musikverein Leipzig) tätig. Die Konzerte des Musikvereins „Euterpe" fanden von 1838 bis 1866 in der Leipziger Buchhändlerbörse statt. Im Jahr 1858 spielte Karl Heinrich Welcker die obligate Violinbegleitung bei einer Arie von Mozart im 7. Konzert.[14]

[12] Zeitschrift Signale für die musikalische Welt, Leipzig Nr. 37 vom September 1847.

[13] Hans R. Jung, Claudius Böhm: Das Gewandhaus-Orchester, seine Mitglieder und seine Geschichte seit 1743, Verlag Faber+Faber GmbH 2006.

[14] R.Schumann: Neue Zeitschrift für Musik Bd. 48 S. 85, Januar-Juni 1858, Verlag Schott Mainz.

*Abb.27 oben: Blick in den Konzertsaal des Alten Gewandhauses um 1895 mit einigen Musikern und Konzertbesuchern, Aquarell über Feder, Stadtgeschichtliches Museum Leipzig Inv.Nr. 1781.*

*Abb.28 links: Das erste Gewandhaus von 1781 bis 1884, ganz aus Holz gebaut mit hervorragender Akustik für 500 Zuhörer (hinter dem Torbogen hinten rechts ein zwei Fenster breiter Teil des Konzertsaals), Aquarell von Felix Mendelssohn-Bartholdy, einem der bedeutendsten Dirigenten des Gewandhausorchesters.*

Im Privatleben galt er als umgänglich, als Musiker und Dirigent war er ein höchst strenger Mann. Er verstand das Instrumentieren, arrangierte Musikstücke und verfügte über ein hervorragendes eigenes Musikcorps.

So war Karl Heinrich Welcker am Festprogramm des Schillerfestes, das anlässlich von Friedrich Schillers 100. Geburtstag und der 10jährigen Wiederkehr der 1848/49er Revolution vom 9. bis 11. November 1859 in Leipzig stattfand, beteiligt.

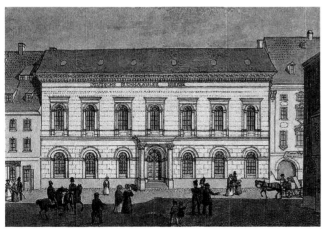

*Abb.29: Die Buchhändlerbörse Leipzig um 1840, Fotograf unbekannt, Stadtgeschichtliches Museum Leipzig Inv. Nr. 2173. Die Leipziger Buchhändlerbörse war von 1836-1888 Sitz des Börsenvereins der Deutschen Buchhändler (gegr. 1825). Das spätklassizistische Gebäude stand am Nikolaikirchhof in der Ritterstraße 12. Der Hauptsaal im Obergeschoss war gegliedert durch hohe korinthische Säulen, hatte rechts und links Tribünen und prachtvoll gerahmte Türen und Fenster.*

1861 dirigierte er ein Konzert mit Werken von Reinisch, Bergsohn, J. Strauss, Suppé, Bach, Rossini, E. Elssig und C.M.v. Weber. Darüber hinaus standen auf dem Programm zwei seiner Kompositionen: Der „Omnibusgalopp" und „Deutschlands Erwachen". Dieses Tongemälde beschreibt in 28 Volksweisen die politische Entwicklung in Deutschland von den Befreiungskriegen Preußens gegen Napoleon 1813 bis 1815 bis zu den Einheitsbestrebungen Deutschlands nach 1859. Der Ablauf der Komposition wurde auf der Rückseite des Konzertprogramms veröffentlicht:

**Deutschlands Erwachen.**

Tongemälde in Volksweisen von C. Welcker

**Das Volk ermannt sich, um das Vaterland vom Druck der französischen Herrschaft zu befreien.** - *Introduction Nr.1* Der Ritter muß zum blut' gen Kampf hinaus; *Th. Körner, gedichtet 1813 zu Döllingen bei Wien - Nr.2* Das Volk steht auf, der Sturm bricht los; *Th. Körner 17. August 1813 - Nr.3* Schwertlied. Das Schwert in meiner Linken; *Th. Körner, gedichtet am 26. Aug. 1813, wenige Stunden vor seinem Tode.* - **Schlacht bei Leipzig. Sturm auf die Stadt.** - *Nr.4* Kriegstroubel, Knattern des Gewehrfeuers, Kanonendonner - *Nr.5* Gebet während der Schlacht: „Vater ich rufe dich!" *Th. Körner 1813 - Nr.6* Lützow's wilde Jagd; *Th. Körner, gedichtet am 24. April 1813 auf dem Schneckenberge zu Leipzig* - **Flucht der Franzosen.** - *Nr.7* Siegesmarsch - *Nr.8* Heil dir im Siegeskranz - **Die drei verbündeten Monarchen danken Gott für den verliehenen Sieg am Hügel bei Probstheida.** - *Nr.9* Nun danket alle Gott. - **Verfolgung der Franzosen über den Rhein.** - *Nr.10* Was blasen die Trompeten, Husaren hinaus? *Arndt 1814 - Nr.11* Wo Muth und Kraft in deutschen Seelen flammen. *Hinkel 1816 - Nr.12* O, du Deutschland! Ich muss marschiren *Arndt 1815* - **Das Volk sieht sich in seinen Hoffnungen getäuscht.** - *Nr.13* Nur immer langsam voran - **und sucht sich zu zerstreuen.** - *Nr.14* Fröhlich und wohlgemuth – **Reformationsjubiläum.** - *Nr.15* Der Papst lebt herrlich in der Welt - *Nr.16* Ein' feste Burg ist unser Gott - **Französische Rheingelüste.** - *Nr.17* Am Rhein, am Rhein, da wachsen unsre Reben - *Nr.18* Marseillaise - *Nr.19* Sie sollen ihn nicht haben. *Becker 1840* - **Deutsches Parlament 1848.** - *Nr.20* Ein freies Leben führen wir - *Nr.21* Schleswig-Holstein meerumschlungen - *Nr.22* Wer will unter die Soldaten - *Nr.23* Mein Österreich - **Schillerfest am 10. November 1859.** - *Nr.24* Freude schöner Götterfunken - **Deutschlands Einheitsbestrebungen.** - *Nr.25* Die deutsche Tricolore von Herzog Ernst II. von Gotha - *Nr.26* Turnermarsch - *Nr.27* Frisch auf lust'ge Compagnie - *Nr.28* Arndt's Vaterlandslied [15]

Karl Heinrich Welcker war Mitglied des Bruderbundes der „Picknicker" in Leipzig. Als er die Stadt verließ, um nach Altenburg zu gehen, überreichten ihm die Brüder des Bundes am 15. März 1864 eine Gedächtnisurkunde.

---

[15] Rückseite eines Programmzettels für ein Konzert von Musikdirektor Carl Welcker 1861, Objekt Z0059209, InventarNr. MT/843/2007 Stadtgeschichtliches Museum Leipzig.

In Altenburg war Karl Heinrich Welcker zu Beginn des Jahres 1864 zum Stadt-musikdirektor berufen worden. Er kam in eine wohlhabende Stadt, in der ein beachtliches musikalisches Niveau gepflegt wurde und übernahm die Leitung der Stadtkapelle. Sie wurde seit ihrer Gründung im Jahr 1838 vom Komponisten, Gei-ger und Dirigenten Christian Gottlieb Müller (1800-1863) zum Orchester auf- und ausgebaut (sie bestand anfangs aus zwei Musikern) und er führte sie bis zu sei-nem Tod. In der Beschreibung der Residenzstadt Altenburg und ihrer Umgebung von 1841 heißt es hierzu:

*„Die Stadtmusik, vorher unter vier Herren, seit 1838 unter einem Director ste-hend; das Corps musiciret wöchentlich dreimal von dem Balcon des Rathauses und wirkt Sonntags bei der Aufführung der Kirchenmusiken in der Amtskirche; giebt außerdem inner- und außerhalb der Stadt, auf den benachbarten Vergnü-gungsorten [...] häufig Concerte."[16]*

C. G. Müller war selbst Schüler von Carl Maria von Weber, unterrichtete später Richard Wagner in Harmonielehre und Dirigieren und hatte auch zeitweise die Lei-tung der Altenburger Hofkapelle inne (1840-1849). Er komponierte mehrere Sym-phonien und führte seine größten Werke „Rübezahl" (romantische Zauberoper, Uraufführung 1840), die Oper „Oleando" (Erstaufführung 1859) und das Oratorium „Christus am Kreuz" (1853) mit 140 Mitwirkenden in der Brüderkirche in Altenburg auf. Bevor er nach Altenburg kam war der glühende Verehrer Beethovens von 1831 bis 1838 Musikdirektor des Musikvereins „Euterpe" in Leipzig (Der Musikverein führte zahlreiche Werke von ihm auf und ernannte ihn 1839 zum Ehrenmitglied. Zu diesen zählten u.a. auch Mendelssohn, Schumann, Reissiger und Spohr.)

Nachdem Stadtmusikdirektor Müller verstorben war, beriet der Bürgervorstand der Stadt Altenburg in einer Sitzung am 6. Oktober 1863 über die Wiederbeset-zung der vakanten Stelle und ordnete gleichzeitig Organisation und Zuständig-keiten neu.

Folgende Punkte wurden beschlossen:

1. Das städt. Musikcorps muss beibehalten und ein tüchtiger Musikdirektor ge-wonnen werde.

2. Die Verteilung der Veranstaltungen von Konzertmusik zwischen Hoforchester, Militärmusikcorps und Stadtmusikcorps bleibt wie bisher.

3. Die Ballmusik an öffentlichen Orten bleibt dem Stadtmusikcorps vorbehalten, mit Ausnahme der Feierlichkeiten am Hof des Herzogs, der selbstverständlich die Musik nach seinem Geschmack frei bestimmen kann.

---

[16] Beschreibung der Residenzstadt Altenburg und ihrer Umgebung: mit durchgängiger Berücksichti-gung der Vergangenheit, für Freunde und Einheimische, mit einem Grundriss von Altenburg und dem Laufe der Eisenbahn von Leipzig über Altenburg, Plauen nach Hof; Verlag Schnuphase, Altenburg 1841, S.72.

4. Die Ballmusik in Privathäusern und geschlossenen Gesellschaften bleibt frei-gegeben.

5. Die Begräbnismusik bleibt dem Stadtmusikcorps vorbehalten, mit Ausnahme von Begräbnissen fürstlicher Personen, Militär und höherer Hofbeamten.

Zur Besetzung der vakanten Stadtmusikdirektorstelle wurde festgelegt:

1. Einstellung des neuen Stadtmusikdirektors zum 1.Januar 1864 als Nachfolger von C. G. Müller.

2. Die Anstellung erfolgt über den Stadtrat.

3. Die Jahresbesoldung beträgt 300 Thlr., ausgezahlt in vierteljährlichen Raten.

4. Die Probezeit beträgt ein Jahr, ohne Anspruch auf Pension.

5. Es gibt kein Wohnungsäquivalent.

6. Die Erlaubnis zum Musikmachen an öffentlichen Orten in hiesiger Stadt wird un-ter Vorbehalt erteilt. Das Abblasen vom Turm wird beschränkt und erleichtert.

Die Stellenausschreibung wurde am 11. November 1863 im „Herzogl. Sachsen-Altenburgischen Amts- und Nachrichtenblatt" publiziert, Bewerbungsschluss war der 15. Dezember. Am 24. November gab Musikdirektor Karl Welcker aus Leipzig ein Konzert im Concordiasaal in Altenburg. Zum Programm gehörten die Men-delssohn-Ouvertüre „Meeresstille und glückliche Fahrt" und die Symphonie A-Dur von Ludwig van Beethoven. Musikkritiker Schoff schrieb von einer überaus gelungenen Aufführung und über Welckers *„wirklich hervorragendes Direktions-talent; wer mit so viel Ruhe und Sicherheit dirigirt, kann dies nur in Folge eines tiefen Verständnisses der musikalischen Aufgabe [...] Aber auch als Solospieler auf der Violine leistete Herr Welcker Ungewöhnliches, er behandelte sein Instrument mit einer Sauberkeit und Feinheit, die mich an die liebliche Vortragsweise Davids in Leipzig erinnerte und zeigte dabei in beiden Piecen eben soviel Fertigkeit als Leichtigkeit in Ueberwindung von technischen Schwierigkeiten, so aber auch hier sich als ächter Künstler [...] so ward der ganze Konzertabend zu einem wirklich ge-nußreichen und man kann nur wünschen, daß der Konzertgeber den musikalischen Elementen Altenburgs einverleibt werden möchte, zumal er auch in Leipzig durch seine Garten- und Salon-Unterhaltungen gar sehr akkreditirt ist."*[17]

Auf die vakante Stelle gab es fünf Bewerbungen. Der Stadtrat entschied sich mit-tels Stimmenmehrheit für Musikdirektor Karl Welcker aus Leipzig, der fortan das Stadtmusikcorps Altenburg für die nächsten 28 Jahren leiten sollte.

---

[17] Altenburger Zeitung für Stadt und Land, Nr.140, Freitag, 27.November 1863, Konzertkritik Schoff.

Abb.30: Der Hauptmarkt in Altenburg um 1850.

Abb.31: Altenburg um 1860.

In der Neuen Zeitschrift für Musik vom 15. April 1864 hieß es:

*Musikdir. Carl Welcker, bisher auch Concertmeister des Musikvereins „Euterpe" in Leipzig, ist zum Stadtmusikdirektor in Altenburg ernannt worden."* [18]

Am 1. Januar 1864 trat Karl Welcker seinen Dienst als neuer Stadtmusikdirektor in der mittelalterlichen Residenzstadt Altenburg an. Altenburg zählte nach 1850 über 16.000 Einwohner und hatte seinen wirtschaftlichen Aufschwung in der ersten Hälfte des 19. Jahrhunderts neben der Produktion von Spielkarten (ab 1832) dem Textil- und Ledergewerbe zu verdanken. Die Stadt gehörte zum Herzogtum Sachsen-Altenburg und wurde von Herzog Ernst I. (1826-1908) von 1853 bis 1908 regiert. Unter seiner Herrschaft entwickelte sich Altenburg zu einer bedeutenden Industriestadt in der nach 1850 vor allem Metall-, Chemie- und Druckereibetriebe vorherrschend waren. Außerdem war die Stadt führend in der Produktion von Nähmaschinen.

Darüber hinaus stand Altenburg im 19. Jahrhundert als musikalisches Zentrum mit an der Spitze der deutschen Städte. Diesen Ruf verdankte die Stadt in aller erster Linie der berühmten Altenburger Hofkapelle, deren Anfänge bis zum Jahr 1456 zurückreichen und die ab 1826 in der Regierungszeit von Herzog Friedrich von Sachsen-Altenburg (1763-1834) ihren Aufschwung nahm.

Der gebürtige Altenburger Cellist und Komponist Ernst Otto Toller (1820-1897, ein Schüler Christian Gottlieb Müllers) war 1848 Direktor der Militärmusik geworden und von 1855 bis 1860 Leiter der Altenburger Hofkapelle. Das Orchester bestand aus Kammer- und Hofmusikern und versah seinen Dienst am Hof der Herzöge Georg (1796-1853) und Ernst I. von Sachsen-Altenburg sowie am Theater. Toller begründete und leitete die Abonnementkonzerte, die im Saal der

---

[18] Neue Zeitschrift für Musik, Leipzig vom 15.April 1864.

Gesellschaft Concordia (1808-1945, seit 1950 römisch-katholische Pfarrkirche „Erscheinung des Herrn") stattfanden.

Die Kapelle unter der Leitung von Hoforganist Karl August Reichardt (gest. 1859) muss ein beachtliches Niveau gehabt haben, denn von 1857 bis 1860 standen u.a. Sinfonien von Beethoven, Mozart und Haydn, Schumanns Klavierkonzert a-Moll, Klavierwerke von Liszt und Werke von Spohr, Mendelssohn und Wagner auf den Programmen. Darüber hinaus spielte das Orchester am Altenburger Theater.

In der Stadt gab es das Komödienhaus (Pauritzer Gasse 1783/1842), welches von den Bürgern von einer Scheune in ein „Städtisches Theater" umgebaut worden war. Es zählte ca. 700 Plätze und die Aufführungen auf dieser Bühne waren für die Altenburger Musikgeschichte von hoher Bedeutung. Dazu zählten im 19. Jahrhundert u.a. Mozarts „Zauberflöte" (1812), Webers „Freischütz" (1822), Rossinis „Barbier von Sevilla", Webers „Oberon" (18259 und Lortzings Spielopern „Zar und Zimmermann" und „Der Wildschütz" (1843) unter der Leitung des Komponisten.

Es gab private Gesellschaften, wie beispielsweise den Konzertverein, der ab 1784 wichtige Beiträge zum kulturellen Leben beisteuerte.

Die Nachfolge Tollers als Hoforganist und Konzertmeister trat am 1. Juli 1860 Wilhelm Stade (1817-1902) an. Er wurde zum Kollegen von Karl Heinrich Welcker, stieg 1863 zum Hofkapellmeister auf und leitete die Hofkapelle bis 1888. Stade hob nochmals das künstlerische Niveau, sodass Altenburg musikalisch zur Spitze der deutschen Städte gehörte. Er gründete die Singakademie als Institut für Choraufführungen und leitete ab 1871 alle Opernaufführungen. In seiner Amtszeit führte er 154 größere Werke von Bach, Händel, Haydn, Mozart, Beethoven, Schumann, Mendelssohn, Liszt, Berlioz und Wagner auf. Dafür standen ihm die insgesamt 700 Mitglieder des Gesangverein Orpheus (gegr. 1838), der Altenburger Liedertafel (gegr. 1843), die Gesangsvereine Harmonie und Arion (gegr. 1850) und der Altenburger Männergesangverein (gegr. 1863) zur Verfügung.

Das herausragende Niveau der musikalischen Aufführungen führte dazu, dass der Allgemeine Deutsche Tonkünstlerverband seine Hauptversammlungen in den Jahren 1868 und 1876 nach Altenburg verlegte. Bei den veranstalteten Musikfesten kamen 1868 das „Vorspiel zu Tristan" und das „Liebesmahl der Apostel" von Wagner sowie die „Symphonie phantastique" und das „Requiem" von Berlioz zur Aufführung. 1876 spielte man Liszts sinfonische Dichtungen „Der entfesselte Prometheus" und „Die Hunnenschlacht" sowie Berlioz' „Romeo und Julia".

Bei beiden Musikfesten und weiteren Konzerten wirkte auch Stadtmusikdirektor Welcker mit seiner Stadtmusikkapelle mit. Darüber hinaus spielte er solistisch, so zum Beispiel am 27. Februar 1866 im 5. Abonnementkonzert bei der Arie mit obligater Violine aus dem „Zweikampf" von Herold, gesungen von Frl. Susanny, ferner im 3. Abonnementkonzert am 7. Dezember 1869 den Violinpart in der Sinfonie Concertante für Violine und Viola von Mozart.

Neben seiner Tätigkeit als Stadtmusikdirektor komponierte und orchestrierte Carl Heinrich Welcker eine ganze Reihe von Werken, die leider nicht erhalten geblieben sind. Sie erschienen beim Verlag Kahnt in Leipzig (1855-1862), der Hofmusikalienhandlung A. Gerstenberger in Altenburg (1864-1869)[19] und im Verlag Julius Hainauer, Königliche Hofmusikalienhandlung in Breslau (1872):

- 1855: Amade-Redowa, Tanz für Pianoforte
- 1859: Vergissmeinnicht-Galopp über das beliebte Thüringer Volkslied: Ach wie ist's möglich dann, für Pianoforte
- Festpolonaise op. 24 für Klavier; erschienen im Leipziger Tanzalbum
- 1862: Omnibus-Galopp,Tanz für Pianoforte
- F. Laudas: op. 1 Rheinländer Polka und op. 4 Glöckchen Polka, für Orchester instrumentiert von K. Welcker
- 1864: Treue Liebe, Polka-Mazurka für Pianoforte
- Glück auf! Gruß an Altenburg, Marsch für Pianoforte
- 1865: Erinnerung an die Heimath, Walzer für Pianoforte
- 1867 Tyrolienne aus Klein Geld für Pianoforte
- 1869 Fest Marsch zum 5. Sächs. Schützenfest in Altenburg (mit untergelegtem Text)
- 1872 Lieb und Treu, Polka für Klavier
- Carl Faust op. 211 Um Lieb und Treu, instrumentiert von C. Welcker
- Terpsichore-Quadrille
- Schiller-Fest-Marsch für Piano (Orchester)
- Elisen-Tyrolienne [20]

Nach einem erfüllten Musiker- und Dirigentenleben bat Karl Heinrich Welcker um seine Pensionierung zum 1. Juli 1891. Er begründete seine Bitte mit fortschreitendem Alter und mehrfacher Krankheit, die die Erfüllung seiner Tätigkeit

---

[19] Die Musikalienhandlung A. Gerstenberger, Altenburg wurde 1855 durch das ehemalige Mitglied des Altenburger Hautboisten-Corps Wilhelm August Ferdinand Gerstenberger (1815-1907) gegründet. 1862 wurde ihm das Herzogliche Prädikat „ Hof-Musikalienhändler" verliehen. Gute Kunden waren Hof- und Militärkapellen. Eine Musikalien-Leihbibliothek war seinem Geschäft angegliedert. Aus: Geschichte der Altenburger Buchhändler, Gustav Wolf Altenburg 2000,S.56

[20] Alle Werkeinträge sind zu finden in den Musikalischen Monatsberichten über neue Musikalien, musikalische Schriften und Abbildungen, herausgegeben von Adolph Hofmeister, Leipzig vom Januar/ Mai 1855, Januar/Juli 1859, September/Dezember 1862, April/August 1864, November/Dezember1865, November 1867, September 1869, November/Dezember 1872

erschwere. Der Stadtrat war nicht abgeneigt, den 64jährigen zu entlassen und beschloss für den Fall des Rücktritts ihm eine Pension von 450 Mark (=die Hälfte seines bisherigen Jahresgehaltes von 900 Mark) zu gewähren. Er blieb jedoch zunächst im Amt und ging erst am 1. Januar 1893 in den Ruhestand. Musikdirektor Heimbürger aus Naumburg wurde sein Nachfolger im Amt des Stadtmusikdirektors. 10 Jahre später starb der inzwischen verwitwete Karl Heinrich Welcker im Alter von 76 Jahren am 10. Februar 1903 um 4.30 Uhr in seiner Altenburger Wohnung.

In diesem bedeutendem musikalischen Umfeld verbrachte sein Neffe Robert Welcker die Jahre seiner Jugend in Altenburg. Sein Onkel förderte sein Violin- und Klavierspiel und unterwies ihn in Kontrapunkt, Musik- und Harmonielehre. Er dürfte hier die Grundlagen für seine späteren Kompositionen genauso erlernt haben wie die Kunst des Arrangierens von musikalischen Werken, für die ihn später sein Sohn Max Welcker zeitlebens bewunderte.

# VATER ROBERT WELCKER
# UND
# DAS AUGSBURGER ORCHESTER

Nach der musikalischen Lehrzeit bei seinem Onkel in Altenburg ging Robert Welcker einige Jahre später nach Augsburg und begann seine musikalische Laufbahn im Alter von 19 Jahren als 1. Geiger im dortigen Orchester in der Spielzeit 1869/70.

Das Augsburger Orchester bestand seit vier Jahren und war am 9.9.1865 als städtische Einrichtung gegründet worden. Schon lange vor diesem Gründungsdatum hatte es in Augsburg immer wieder Bestrebungen für die Einrichtung eines dauerhaft bestehenden städtischen Konzert- und Theaterorchesters mit festangestellten Musikern gegeben. Der Magistrat der Stadt lehnte jedoch immer wieder ab, da die Durchführung eines solchen Planes von der Kommune Augsburg aus seiner Sicht zu große finanzielle Opfer verlangte.

Erst als Johannes Rösle (1813-1892 Kaufmann und Lehrer, Gründer der Augsburger Liedertafel 1834) und Johannes Schürer begannen, sich um die „Stadtmusik" zu bemühen, kam Bewegung in die Sache. Seit Gründung der Liedertafel wirkte das Orchester mit seinen besten Kräften bei den Aufführungen mit. Am 18.3.1846 führte die Liedertafel als erstes großes Chorwerk seit ihrer Gründung die „Antigone" von Felix Mendelssohn-Bartholdy auf. Dies geschah im Rahmen eines Wohltätigkeitskonzert zum Besten der Witwen- und Waisenkasse. Das Konzert wurde zum Erfolg und am 12.4.1846 zugunsten der finanziellen Ausstattung des Orchesters wiederholt.

Johannes Rösle und Johannes Schürer wurden 1857 mit einer ausführlichen Eingabe beim Magistrat der Stadt vorstellig. Sie forderten vehement dem Orchesterverein einen jährlichen Zuschuss von 2.000 Gulden aus kommunalen Mitteln zu bewilligen. Diese Initiative für die künstlerische und soziale Anerkennung des Orchesters beflügelte einzelne Musiker. Dies zeigte sich in intensiviertem Üben, sowohl allein als auch gemeinsam. Sie *„hielten sich selbst an ihren berufsfreien Abenden viele Jahre lang von den Bierbänken fern, kamen mit brüderlicher Ge-*

*sinnung in einem Privathaus bei einem ihrer Kollegen zusammen, unterhielten sich mit und über die Musik und vereinigten dadurch die Herzen und Leistungen aller Orchestermitglieder zu einem einmütigen Familienkreise".*[21]

Die Beantwortung von Rösles Gesuch wurde durch den Magistrat hinausgezögert, aber die beiden Herren von der Liedertafel ließen sich nicht einschüchtern. Immer wieder bemühten sie sich mit unzähligen Eingaben, Besoldungsplänen und dergleichen. Im Jahre 1864 war es dann endlich soweit: Die definitiven Verhandlungen über die Bildung eines städtischen Orchesters wurden aufgenommen:

*„Am 17.12. reichte das vorläufige Komitee auf Grund eines Beschlusses der städtischen Kollegien, jährlich 3.000 Gulden für das Orchester zu gewähren, einen großzügigen Plan für die Gründung ein". In diesem Gründungsetat waren die einzelnen Positionen für die Unternehmensfinanzierung wie folgt angegeben:*

Ausgaben

a) *Besoldungen für ein vollständiges aus 34 Mitgliedern bestehendes Orchester 10.510,- Gulden*

b) *Honorar des technischen Dirigenten (Kapellmeisters) 800,- Gulden*

c) *Remuneration des Orchesterdieners 120,- Gulden gesamt 11.430,- Gulden*

Einnahmen

a) *Abfindung des Theaterdirektors, welchem das Orchester während der 7 Wintermonate für die herkömmlichen Vorstellungen und Proben zu dienen hat, mit jährlich 5.400,- Gulden*

b) *der in Aussicht gestellte Kommunalzuschuss mit jährlich 3.000,-Gulden gesamt 8.400,- Gulden*[22]

Um das verbleibende Defizit von jährlich 3.030,-Gulden auszugleichen, sollten im Winter 14 Abonnementkonzerte und im Sommer eine Anzahl von Gartenkonzerten gegeben werden. Dieser Plan wurde durch den Magistrat der Stadt wohlwollend aufgenommen. Der bedeutende Augsburger Bürgermeister Ludwig von Fischer (1832-1900) forderte noch weitere Vorschläge ein. Am 15. Juli 1865 wurde das Orchester seitens des Komitees formiert. Als erster Kapellmeister sollte Musikmeister Koch die Leitung übernehmen.

Nachdem die entsprechenden Mittel in den Kommunaletat aufgenommen waren, konnten die nötigen Spitzenkräfte für das Orchester gewonnen werden. Rösle stellte klar, dass man die 3.000,- Gulden hauptsächlich dafür verwenden soll-

---

[21] 1865-1965 100 Jahre Städtisches Orchester Augsburg, Festschrift zum 100jährigen Bestehen des Städtischen Orchesters Augsburg, herausgegeben vom Kulturreferat der Stadt Augsburg, S.7

[22]ebenda S. 8

te, die Musiker in Augsburg zu halten, vor allem während des theaterspielfreien Sommers. Ihm kam es darauf an, dass Augsburg endlich ganzjährig ein ständiges Orchester haben solle. Am 9. September 1865 wurden die Statuten des städtischen Orchestervereins vom Komitee und dem Orchester unterschrieben, am 21. November vom Magistrat und am 5. Dezember von den Kollegien genehmigt. Augsburg hatte nun endlich sein anerkanntes und auf rechtlicher Basis ruhendes Städtisches Orchester.

Abb.32: Der junge Robert Welcker.

Vier Jahre später, 1869 nahm Robert Welcker seinen Dienst als Erster Geiger im Orchester auf. Einer der Gründe, die ihn nach Augsburg geführt haben, dürfte sicherlich die ganzjährige Bezahlung als Musiker und damit ein sicheres Einkommen gewesen sein, welches zu dieser Zeit eher die Ausnahme als die Regel war. Jedoch war die Bezahlung nicht so üppig, dass es den Musikern vergönnt gewesen wäre ohne lebensnotwendige Nebenverdienste durch Unterrichten oder kleinere musikalische Nebengeschäfte auszukommen. Auch Robert Welcker war nebenbei als Kantor und Organist tätig und spielte bei Beerdigungen auf dem protestantischen Friedhof, oder gab häufig Violinstunden als Musiklehrer am St. Anna Kolleg. Bei Kirchenkonzerten des Domchores übernahm er später wie im Orchester die 1.Violine. In den theaterspielfreien Sommermonaten führten Robert Welckers Verpflichtungen manchmal auch ins Ausland,so zum Beispiel 1888 als Mitglied der Kurkapelle in den berühmten Schweizer Badeort Ragaz.

Wie aus den Aufzeichnungen von Theaterdirektor Louis Ubrich hervorgeht, erhielt das Orchester in den jeweils 7 Monate dauernden Spielzeiten:

1871/1872 monatlich 1.000,-Gulden ( 7.000,-Gulden insgesamt)

1872/1873 monatlich 1.200,-Gulden ( 8.400,-Gulden insgesamt)

1874/1875 monatlich 1.358,-Gulden ( 9.506,-Gulden insgesamt)

Das Orchester hatte nahezu ausschließlich die Aufgabe, als Theaterorchester zu fungieren. Der Stadt und vor allem ihrem fortschrittlichen und berühmten Bürgermeister Fischer ging es hauptsächlich darum erfolgreiche Opern auf die Bühne zu bringen, die das Theater füllten und es rentabel machten. Die Hoffnung, das Theaterorchester als Konzertorchester weiter zu entwickeln, erfüllte sich zunächst nicht. Da das Städtische Orchester den Anforderungen eines Sinfonieorchesters nicht gewachsen war, wurden zumeist auswärtige Orchester verpflichtet. Ein weiterer Punkt war die Umstellung des Orchesters auf die sogenannte Pariser Stimmung. Es wurde zunehmend schwierig, Sänger zu finden, die mit dem Augsburger Orchester in seiner alten Stimmung zusammen musizieren wollten. Daher mussten die Musiker teilweise mit neuen Instrumenten ausgestattet werden.

Ab 1868 gehörte Dr. Hans Michael Schletterer dem Orchesterkomitee an. Schletterer hatte 10 Jahre vorher die Nachfolge von Karl Ludwig Drobisch als Kapellmeister an den protestantischen Kirchen der Stadt angetreten. Er sollte dem Augsburger Musikleben bis 1892 maßgebliche Impulse geben. 1866 gründete er den Oratorienverein, der zunächst in direkter Konkurrenz zur Liedertafel stand. 1969 aber vereinigten sich die beiden Chöre nach 539 Konzerten des Oratorienvereins zum heutigen Philharmonischen Chor Augsburg. 1873 folgte die Gründung der Augsburger Musikschule durch Schletterer.

Die ersten Berufsjahre des jungen Robert Welcker waren ausgefüllt mit umfangreichem Orchesterdienst im Theater. Neben seiner Arbeit in den unzähligen Aufführungen und Proben zeigte er ein ausgesprochen großes Talent im Bearbeiten von Orchesterwerken aller Art. Für das Städtische Orchester schrieb er zahlreiche selbst komponierte Orchesterstücke in Form von Märschen, Tänzen oder Zwischenaktmusiken für das Theater oder Konzert. Ebenso bearbeitete er Opern- und Operettenteile für großes und kleines Orchester in gefälliger Weise.Dabei kam ihm zu Gute, dass er nicht nur Harmonielehre, Kontrapunkt und Satzkunst beherrschte. Er spielte auch mehrere Instrumente und war mit deren Umgang, Funktionsweise und ihren Einsatzmöglichkeiten bestens vertraut.

Einige seiner Werke wurden bei verschiedenen Verlagen gedruckt. Im September 1886 erschien bei der Internationalen Agentur Vevey in der Schweiz „Der lustige Hans", eine Polka mit Orchester, in der Sammlung „Der Xylophonist, Sammlung beliebter Piècen f. Xylophon. " Im Oktober 1887 erschien „Augusta vindelicorum, Festmarsch für Pianoforte" beim Verlag Maillinger in Augsburg. Ein Exemplar kostete 1,50 Mark.

Zwischen 1887 und 1900 wurden durch den Augsburger Verlag Anton Böhm & Sohn nachfolgende Werke verlegt:

- November 1887: Hessing-Marsch (Ed. Nr. 4431) für Pianoforte, Mk 0,60

Abb.33 und 34: Robert Welcker: Hessing-Marsch für Klavier, verlegt im November 1887 unter der Editionsnummer 4431. Erschien auch in einem Marsch-Album für Pianoforte, herausgegeben von Alban Lipp im Januar 1899. Damit würdigte er Leben und Werk von Friedrich von Hessing (1838-1918), der als Orgelbauer in Augsburg ab 1866 tätig war und in Göggingen bei Augsburg ab 1868 als „Wunderdoktor" in seiner eigenen Heilanstalt sehr erfolgreich mit mechanischen Hilfsmitteln (u.a. Hessingkorsett, Schienenhülsenapparat) Gebrechen wie Verkrümmungen und Verkürzungen des Rumpfes, oder der Extremitäten behandelte.

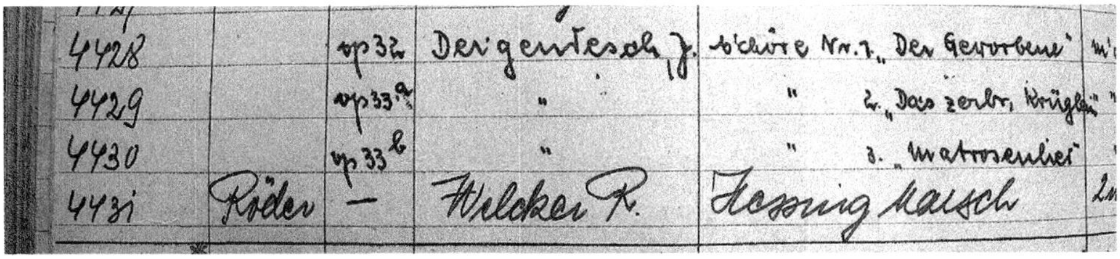

Abb. 35: zeigt den Eintrag im handschriftlich geführten Verlagsverzeichnis vom Musikverlag Anton Böhm & Sohn Augsburg.

- September 1888: „Schlummerlied für Violine mit Pianoforte". Es blieb Eigentum des Komponisten und wurde beim Verlag in Commission für 0.80 Mark verkauft.

*Abb.36 und 37: Robert Welcker: „Schlummerlied für Violine und Pianoforte", erschienen im September 1888.*

- November 1892: Robert Welcker arrangiert den „Mussinan-Marsch von C. Carl" für Pianoforte und für Pianoforte zu 4 Händen.

- Mai 1897: „Heiterer Marsch op. 55" von Karl Deigendesch für 4stimmigen Männerchor und Orchester, instrumentiert von Robert Welcker.

- März 1898: „Turner-Marsch für Pianoforte", Mk 0,80

- Januar 1899: Turner-Marsch und Hessing-Marsch von **Robert Welcker** erschienen auch in einem „Marschalbum für Pianoforte", herausgegeben von Alban Lipp, zusammen mit Märschen von **C. Carl**: Mussinan-Marsch, Matrosen-Marsch, Fürst Fugger-Marsch, Seuffert-Marsch, **Cyrill Kistler**: Deutschland hoch, **Langfellner**: Prinz Ludwig Marsch, **Schönemann**: Prinz Ludwig Ferdinand Marsch, **Neudel**: Graf Bothmer-Marsch, **Lipp**: Gruss an den Ammersee, Fest-Marsch, **Deigendesch**: Carnevalsmarsch, **W. Marr**: Königs-Chevaulegers-Marsch, **Kraus**: Erinnerung an Sedan, Jubiläums-Marsch, **Rauch**: Maritana-Marsch, **L. Schönemann**: Kronprinz Rudolf-Marsch, **Leitner**: Hoch Friedberg, **Kammerlander**: Festmarsch.

- Januar 1900: „Mei Büaberl für Zither mit Text" (Ed. Nr 4795) arrangiert von Hermann Franz, 0,60 Mk.

Abb.38 (links): Robert Welcker „Mei Büa-berl für Zither, mit Text" (Ed. Nr. 4795), verlegt im Januar 1900. Das im schwäbi-schen Dialekt verfasste volkstümliche Ge-dicht stammt von C. Klopper dem Robert Welcker seine Komposition widmete.

Abb.39 (unten): zeigt den Eintrag im hand-schriftlich geführten Verlagsverzeich-nis vom Musikverlag Anton Böhm & Sohn Augsburg.

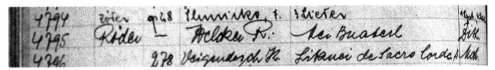

Im Januar 1900 erscheint gleichfalls „Mei Buaberl: A wunderliabs Buaberl", für eine Singstimme mit Pianoforte zum Preis von Mk 1.

- ohne Datierung: „Festmarsch."

Weitere Werke für Xylophon und Piano/Orchester von Robert Welcker erschienen im Verlag Foetisch Lausanne/Schweiz:

- „Artiste sur bois et paille" (Der Holz und Stroh-Künstler), Polka-Mazurka für Xylophon und Orchester, August 1897

- „Galop de bravoure", für Xylophon und Piano, Xylophon und Orchester September 1903

- „Je an qui rit", Polka, für Xylophon und Piano

- „Joyeux paysan", für Xylophon und Orchester

Dass Robert Welckers Kompositionen und Arrangements u.a. im Augsburger Mu-sikverlag Anton Böhm & Sohn erschienen sind, leuchtet unmittelbar ein; doch dass 1886 der Schweizer Verlag der Internationalen Agentur Vevey/Schweiz den Anfang machte, hat vermutlich mit Roberts Schweizer Sommerauftritten mit der Kurkapelle in Bad Ragaz und den damit zusammenhängenden Verbindungen zu tun. Betrachtet man ferner die persönlichen Konstellationen beim zweiten Schweizer Verlag Foetisch, so finden sich u.a. Verbindungen nach Sachsen-An-halt und Sachsen.

Der Kontrabassist Charles Théodore Louis Foetisch (1838 Ballenstedt/Anhalt -1918 Pully bei Lausanne/Schweiz) war elsässischer Abstammung und gründete

1862 mit vier weiteren deutschen Musikern die Chapelle de Saint-Gall. Sie spielte bevorzugt in Hotels und Cafés von Lausanne und Umgebung und er leitete vom Bass seine Musikkapelle. 1863 wechselte das Ensemble den Namen und nannte sich fortan Orchestre de Beau Rivage.[23] Der erste Dirigent hieß Hugo von Senger (Franz Ludwig Hugo de Senger (1835 Nördlingen - 1892 Genf/Schweiz). Er hatte in München und Leipzig zunächst Jura und anschließend Klavier und Komposition am Konservatorium Leipzig studiert. Danach wurde er Dirigent an den Stadttheatern St. Gallen (1861-1865) und Zürich (1865-1866), bevor er die Leitung des Orchestre de la Ville und des Beau Rivage von 1866 bis 1869 übernahm (seit 1903 Lausanne Symphony Orchester).[24] Charles Foetisch stand nun dem Orchesterkomitee vor und kümmerte sich um die finanziellen und organisatorischen Angelegenheiten. Im Jahr 1867 stieg die Mitgliederzahl der Kapelle von 10 auf 25 an und sie musizierte weitere 10 Jahre bis 1877. Neben seiner musikalischen Tätigkeit, die er zeitlebens fortführte, eröffnete Foetisch im Jahr 1865 zusätzlich ein Musikgeschäft, das sich zum wichtigsten Fachhandel in Lausanne und zum größten im Kanton Waadt entwickelte.

Foetisch expandierte weiter und kaufte 1877 den umfangreichen Verlag Demartines-Delavaux-Martinet und übernahm die bedeutende Musikalienhandlung Hoffmann. 1890 begann er selbst damit Musik zu verlegen und einige Jahre später übergab er sein Geschäft an seine vier Söhne aus erster Ehe. Sie schufen 1907 die Editions Foetisch Frères, an denen sich der Vater beteiligte. In den Editions Foetisch wurden rund 8000 Chorwerke und mehr als 400 Werke populärer Komponisten veröffentlicht. Zu ihnen zählte u.a. auch der Schweizer Komponist Arthur Honegger (Pacific 231, Le Roi David).[25]

Nachdem Robert Welckers Frau Amalie ihre Dienstzeit am Städtischen Theater 1900 beendet hatte, leistete ihr Ehemann noch viele weitere Jahre seinen Dienst als Konzertmeister des Orchesters. In dem 33köpfigen Klangkörper war er einer von sieben Mitgliedern in der gewerkschaftlichen Genossenschaft. Nach Louis Ubrich und Karl Schröder übernahm Carl Häusler von 1903 bis 1928 die Intendanz des Theaters und entwickelte das Repertoire des Hauses kontinuierlich weiter. 1897 erschienen Kienzls „Evangelimann", 1902 Puccinis „La Boheme" erstmals auf der Bühne des Stadttheaters. Neue Operetten waren Ziehrers „Landstreicher", „Wiener Blut" von Johann Strauß und Nicolais „Die lustigen Weiber von Windsor".

Neben den Hauptwerken Mozarts, Wagners, Verdis und der Romantiker wurden auch alle wichtigen Neuerscheinungen jener Jahre gespielt. Dazu gehörten „Die neugierigen Frauen" von Wolf-Ferrari, Eugen d`Alberts „Tiefland" (1906/07), Puc-

---

[23] Charles Théodore Louis Foetisch, MGG online.

[24] Hugo von Senger, Theaterlexikon der Schweiz.

[25] Charles Foetisch, Historisches Lexikon der Schweiz.

cinis „Madame Butterfly" und „Tosca" (1909/10). Die Neuheiten"Salome" und "Der Rosenkavalier" von Richard Strauß standen ebenso auf dem Spielplan und im Zuge der Gluck Renaissance auch „Die Maienkönigin" (1912) und „Orpheus und Eurydike" (1913). In der Zeit vor dem Ersten Weltkrieg erfreute sich das Publikum zunehmend an der Operette und so gehörten selbstverständlich die klassischen Walzer-Operetten des 19. Jahrhunderts von Millöcker, Lanner, Strauß, Ziehrer, Suppé und Offenbach zum Programm.

Robert Welcker hat in seiner Orchesterlaufbahn unter namhaften Dirigenten gespielt. Dazu zählten die Leiter der Augsburger Liedertafel Johannes Rösle (bis 1880), der Komponist und Domkapellmeister Karl Kammerlander (1880-1892), Karl Eggert (1892-1905) und Wilhelm Gößler (1905-1921). Ferner die Dirigenten des Oratorienvereins Dr. Hans Michael Schletterer (1866-1892) und Prof. Wilhelm Weber (1892-1918). Letztgenannter knüpfte auch erste Kontakte zum Münchner Kaim-Orchester (den heutigen Münchner Philharmonikern) und holte u.a. berühmte Gastdirigenten wie Richard Strauß, Felix Weingartner, Bruno Walter, Fritz Cortolezis, Karl Ehrenberg, Hugo Reichenberger oder Hans v. Bülow (der beim zweiten schwäbischen Musikfest zu Pfingsten 1892 Beethovens „Eroica" dirigierte) und Siegfried Wagner (1899) nach Augsburg. Prof. Wilhelm Weber war es auch, der sich dafür einsetzte, dass man das Städtische Orchester zunehmend zur Pflege der sinfonischen Musik heranziehen sollte.

Sein Anliegen scheiterte jedoch, da das Orchester in seiner damaligen Verfassung noch ein reines Theaterorchester war und qualitativ als auch besetzungstechnisch nicht in der Lage war, große Sinfoniekonzerte zu bestreiten. Sein Vorstoß führte aber dazu, dass der städtische Zuschuss bis zum Jahr 1900 auf 15.000,- Mark erhöht wurde und bis 1919 auf 115.000,- Mark stieg.

Zwischen 1910 und 1913 wurde unter der Regie des Oratorienvereins der Versuch unternommen Volkssinfoniekonzerte anzubieten. Dieses Vorhaben war jedoch mit hohen Defiziten verbunden und wurde nach drei Jahren aufgegeben, weil keine Mittel mehr dafür genehmigt wurden. Die Konzerte fanden unter anderem in der „Sängerhalle" im Stadtgarten (heute Wittelsbacher Park) statt.

Im Stadtgarten stand ebenfalls auch die gleichfalls hölzerne Konzerthalle. Sie war 1889 von der Stadt nach Plänen von Jean Keller errichtet worden und hatte 2.000 Sitzplätze. Am Abend des 20. September 1910 fand ein Konzert des Städtischen Orchesters statt und Robert Welcker spielte, wie jeden Abend, auf seiner 1763 von Nicolaus Albani in Mantua gefertigten Violine. Willibald Leo Freiherr von Lütgendorff schrieb 1904 über diesen Geigenbauer:

*Nicola Albani, 1770 Mantua, könnte mit Paolo Albani (1630-1670) verwandt gewesen sein. Er soll einen Sohn, dessen Name nicht feststeht gehabt haben. Er*

Die Sängerhalle, eine ehemaligen Münchner Maschinenhalle, wurde von der Stadt Augsburg erworben und im Stadtgarten für das Schwäbisch-Bayerische Sängerbundfest im Jahr 1900 für bis zu 6.000 Menschen errichtet.
Abb.40 (oben links): zeigt die Nordostfassade der Festhalle Richtung Rosenaustraße 1910.
Abb.41 (oben rechts): Innenansicht.

Abb.42: Stadtgarten Concerthalle 1897.

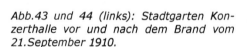

Abb.43 und 44 (links): Stadtgarten Konzerthalle vor und nach dem Brand vom 21.September 1910.

könnte ein Schüler Nicolo Amatis sein. Geigen von ihm zeigen gewöhnlich ein großes flaches Patron und haben einen sehr schönen rötlichen Lack, aber nicht immer gut gewähltes Holz. Ihres starken, oft sehr edlen Tons wegen dürfen sie als vorzügliche Orchesterinstrumente gelten.[26]

Robert Welcker ließ sein kostbares Instrument an diesem Abend in der Konzerthalle, nicht ahnend, dass er seine geliebte Violine nie wieder spielen sollte.

[26] Die Geigen und Lautenmacher vom Mittelalter bis zur Gegenwart; Willibald Leo Freiherr von Lütgendorff, Verlag Heinrich Keller 1904 Frankfurt am Main, S.11

*„Am 21.September, nachts ½ 2 Uhr verbrannte in der Concerthalle im Stadtgarten meine Albani Violine, das schönste Instrument des Meisters, wofür ich 600 M(ark) Entschädigung von der Versicherung respektive vom Orchestercomite erhielt. Augsburg, d.12.Nov.1910, Robert Welcker".*

Dieser Text findet sich auf der Rückseite einer Fotografie, die am 22. September 1910, morgens 8.00 Uhr am Brandplatz aufgenommen wurde. Sie zeigt Robert Welcker inmitten der noch rauchenden Trümmer.

Trotz dieses für ihn herben Verlustes, erlebte er während seiner 44jährigen Dienstzeit als Erster Geiger eine fortwährende positive Entwicklung des Städtischen Orchesters. Anfangs gehörten 34 Musiker zur Orchesterbesetzung. Bis zu seinem Ausscheiden 1914 wuchs die Orchesterstärke auf 40 Musiker an. Obwohl ein umfangreicher Theaterspielplan zu bewältigen war, wurde das Orchester zunehmend auch auf sinfonische Musik ausgerichtet, was eine qualitative Verbesserung bedeutete.

Sein Verdienst stieg im Laufe der Jahre und betrug anfänglich 100,- bis 110,- Mark im Monat, seine Frau Amalie verdiente 120,- Mark im Monat, ohne ihre Nebenverdienste. *Meine Eltern mussten eben allzu sehr ihrem Verdienst nachgehen* (1), schrieb Max Welcker in seinen Lebenserinnerungen von 1946.

Das Vorbild der Eltern, ihre Fähigkeiten, die vielfältige Berufstätigkeit, ihre Liebe zur Musik und die liebevolle familiäre Betreuung durch die Großeltern, prägten Max Welcker in Kindheit und Jugend nachhaltig. Sie formten sein Bewusstsein für den Glauben an sich selbst und seine Fähigkeiten. Sie lebten ihm vor, wie kostbar und wichtig eine intakte Familie, die tief verwurzelt in ihrer eigenen religiösen Weltanschauung war. Dieses Vorbild sollte ihm auf seinem weiteren Lebensweg in Ausbildung und Berufsleben immer wieder wichtige Dienste leisten und neue Impulse geben.

# Max Welcker
## in Präparandenschule
## Mindelheim und
## Lehrerseminar in Lauingen

Nach 6 Jahren Grundvolksschule in Augsburg wurde Max von seinen Eltern im Alter von 12 Jahren ins 60 km entfernte Mindelheim geschickt. Er besuchte dort die 1866 beschlossene und 1867 feierlich eingeweihte Königliche Präparandenschule, denn er sollte Lehrer werden. Die katholische Präparandenschule war zusammmen mit der städtischen Tagesfortbildungsschule und dem Bezirskkom-

*Abb.45: Der ehemalige Salzstadel in Mindelheim ca.1900. Hier waren das Bezirkskommando der Landwehr, die städtische Tagesfortbildungsschule und die Präparandenschule untergebracht.*

*Abb.46: Heutige Ansicht des ehemaligen Salzstadels an der Krumbacher/Landsberger Straße mit Blick auf das Obere Tor.*

*Abb.47: Die mittelalterlich geprägte Innenstadt von Mindelheim. Die Stadt wurde vermutlich im späten 12. Jahrhundert zusammmen mit der südwestlich der Stadt liegenden Mindelburg zum Schutz der Salzstraße von München an den Bodensee angelegt. Auf der Mindelburg wurde 1473 der „Vater der Landsknechte" Georg I. von Frundsberg geboren. In der Stadt stehen das 1456 gegründete Franziskanerkloster „Heilig Kreuz", die Sylvesterkirche (heute Turmuhrenmuseum), die 1409 errichtete gotische Pfarrkirche St. Stephan und die spätbarocke Jesuitenkirche Mariä Verkündigung, einer der bedeutendsten Sakralbauten Schwabens.*

mando der königlichen Landwehr im ehemaligen größeren Salzstadel vor dem Oberen Tor untergebracht. Hier begann Max Welckers Ausbildung zum Lehrer mit dem Schuljahr 1891/92 im September 1891.

Die Königliche Präparandenschule in Mindelheim war dem Lehrerseminar in Lauingen ab 1866/67 als dreiklassige Schule vorgeschaltet. Sie war unter dem aus Unterfranken stammenden Dr. Mauritius Moritz, der das Lehrerseminar von 1854 bis 1868 leitete, zunächst als Seminarschule eingerichtet worden. Unterrichtet wurde im damaligen Königreich Bayern nach dem „Normativ über die Bildung der Schullehrer" von 1866, in welchem eine neue Richtung in der Lehrerbildung eingeschlagen wurde. Man war davon überzeugt, *„dass Charakter- und Gesinnungsbildung mit Wissen, Können und intellektueller Schulung"* zusammen gehörten. Bereits in der Einleitung dieses Normativs, dass fast ein Jahrhundert lang bis 1954 die Rechtsgrundlage der Lehrerbildung in Bayern bildete und mit dem der eigentliche Aufstieg der Lehrerbildung und des Volksschullehrers begann, wurde den Lehrern eine Doppelaufgabe zugewiesen. Sie sollten ihre Schüler einerseits für das Leben nach den fortgeschrittenen Zeitverhältnissen ausbilden und hatten sie ebenso religiös und sittlich zu erziehen. Gleichfalls sollten sie das ihnen vorgelebte Beispiel der Unterrichtsmethodik ihrer Seminarlehrer aufnehmen und weitergeben

und es *„als Muster einer einfachen, klaren, bestimmten und der Fassungskraft der Lernenden ganz anpassenden Mitteilungsweise"* [27] verwirklichen.

Als Max seine Ausbildung an der Präparandenschule begann wurde er zeitlebens von seinem Onkel Kebi (Spitzname eines Bruders seiner Mutter) beneidet, da dieser selbst den Lehrerberuf ergreifen wollte. Er lebte gleichfalls in Mindelheim, musste die Ausbildung aber aufgeben, als seine Eltern heirateten, da sein *Großvater nicht in der Lage war, die Kosten für die berufliche Ausbildung zu tragen. Obwohl Onkel Kebi, so intelligent er war, sich wegen „Stotterns" nicht zum Lehrerberuf geeignet hätte, dafür als Maler (und Zeichner) Vorzügliches leistete, beneidete er mich zeitlebens, daß ich Lehrer wurde und war.*(3/4)

*Abb.48: Der junge Max Welcker.*

[27] Werner Sacher: „Die schulpraktische Ausbildung an den bayrischen Lehrerseminaren von 1809 bis 1934", S.166, 167; in: „Regionale Schulentwicklung im 19. und 20. Jahrhundert", Schriftenreihe zum Bayrischen Schulmuseum Ichenhausen, Band 2, Hrsg.: Bayrisches Nationalmuseum: Lenz Kriss-Rettenbeck, Max Liedtke, Verlag Julius Klinkhardt, Bad Heilbrunn/ OBB 1984.

*In Mindelheim wohnte* Max Welcker *von 1891 bis 1894 mit noch 4 Kameraden bei Präp. Lehrer* Christoph Johann *Dürr[28] in der Frundsbergstraße zu ebener Erde, mit großem, gepflegten Garten und prächtigem Gartenhause vor unserem Fenster, wo wir bei gutem Wetter immer studierten.(4)* Max Welcker erhielt seine Ausbildung im zweiten Kurs, zusammen mit dem gleichaltrigen Paul Kuen (1878-1963) aus Villenbach, der später Ehrenmusikdirektor des Allgäu-Schwäbischen Musikbundes wurde und als „Vater" der schwäbischen Blasmusik gilt.

Dem ersten Kurs, der 22 Schüler umfasste, gehörte unter anderem Joseph Haas (1879-1960) an, welcher später als Komponist als ein „Joseph Haydn des 20. Jahrhunderts" bezeichnet wurde.

Nach seiner Ausbildung für den Lehrberuf, die er mit hervorragenden Noten abschloss, arbeitete Joseph Haas selbst von 1897 bis 1904 an der Lehrerbildungsanstalt in Lauingen. 1904 lernte er Max Reger kennen und folgte ihm nach Leipzig zum Musikstudium. Er wurde 1911 Kompositionslehrer am Konservatorium in Stuttgart, seine Ernennung zum Professor erfolgte 1916. Zusammen mit Paul Hindemith und Heinrich Burkard gründete er 1921 die Donaueschinger Internationalen Kammermusikfeste für Neue Musik. Von 1924 bis 1950 lehrte er an der Akademie für Tonkunst München (die heutige Hochschule für Musik und Theater München), deren Leitung er nach dem zweiten Weltkrieg innehatte. Sein Werk pflegt eine tonale, harmonisch reiche Tonsprache, ist jedoch im Vergleich zu seinem Mentor Reger auf leichtere Fasslichkeit und formale Klarheit ausgerichtet und weist einen oft volkstümlichen und humoristischen Tonfall auf. Zu seiner Zeit war er als Komponist von Kammermusik, Orchester-, Klavier- und Orgelwerken erfolgreich und angesehen. Der Schwerpunkt seines kompositorischen Schaffens lag auf der Vokalmusik. Er schrieb Lieder sowie geistliche und weltliche Chorwerke. Zu seinen Schülern zählten unter anderem die Komponisten Karl Amadeus Hartmann und Cesar Bresgen sowie die Dirigenten Eugen Jochum und Wolfgang Sawallisch. Seit seinem Tod werden seine Werke leider nicht mehr häufig gespielt. Joseph Haas schrieb später einmal über die Musikpädagogen in Mindelheim und Lauingen und ehrte sie damit posthum:

*Ich muß meinen Musiklehrern nachrühmen, daß sie der Entfaltung meiner Begabung nicht im Wege standen. Vor allem schenkten sie mir ein handwerklich gediegenes Kantoren-Rüstzeug.[29]*

---

[28] Christoph Johann Dürr (1857 Nabburg - 1915 Mindelheim), verfasste u.a. drei kleinere Schriften anlässlich der feierlichen Enthüllung des Erzstandbildes Georg I. von Frundsberg im Rahmen eines Kinderfestes im Jahr 1903. Darunter befand sich die Komposition „Mindelheimer Schützenmarsch" für Klavier, in Ehrfurcht gewidmet Seiner Königlichen Hoheit Prinz Ludwig von Bayern.

[29] Der Daniel: Nordschwaben, Zeitschrift für Landschaft, Geschichte, Kultur und Zeitgeschehen, Heft 1/1979; Hrsg: Fränkisch-schwäbischer Heimatverlag, Konrad Theiss Verlag, Stuttgart und Aalen, darin: Joseph Haas und seine schwäbische Heimat; Dr. Adolf Layer.

An der Präparandenschule Mindelheim begann jedes Schuljahr mit einem Anfangsgottesdienst. Danach wurden die Disziplinar-Vorschriften verlesen und der Stundenplan bekannt gegeben. Es folgte die Verteilung der Übungsstunden für Klavier und Orgel und die Aufzeichnung der nötigen Lehrmittel. Am zweiten Tag begann der regelmäßige Unterricht, der, außer durch die vorschriftsmäßige Festlegung der Ferienzeiten, keinerlei Unterbrechung erfuhr. Die vier Unterrichtszimmer befanden sich im 1. Stockwerk, Bibliothek und Klavierzimmer im 2. Stockwerk, das Sammlungszimmer unter dem Dach und der Musiksaal im Erdgeschoss des Gebäudes. Die Tagesabläufe waren straff organisiert, es herrschte eine strenge Ordnung. Zweimal in der Woche hatten die Schüler an Werktagen die Schulmesse zu besuchen. An Sonn- und Feiertagen hatten sie am Gottesdienst in der Mindelheimer Stadtpfarrkirche teilzunehmen. Besonders musikalisch Befähigte durften im Chor mitwirken.

Viermal im Jahr war für die Schüler der Empfang der Buß- und Altarsakramente angeordnet, außerdem waren sie verpflichtet, sich an der kirchlichen Feier der Geburts- und Namensfeste des bayerischen Königshauses zu beteiligen.

Nach dem Lehrplan in Musik hatten die Schüler in jedem der drei Kurse in Mindelheim zwei Unterrichtsstunden Gesang in der Woche bei Ludwig Kiechle, der dieses Fach von 1876 bis 1898 an der Schule unterrichtete. Gleichfalls wurden sie auf der Violine und dem Klavier unterwiesen und erhielten Orgelunterricht. 1892/93 leitete der überaus strenge Hauptlehrer Guido Angerer (seit 1869 Lehrer an der Präparandenschule) die Anstalt. Guido Angerer war ein sehr guter Organist *vor dessen Zorn und übler Laune wir oft genug zitterten, besonders in der Sprachlehrstunde, die häufig und zu Unrecht mit „Nachsitzen" endete, wenngleich ich ehrlich meine Aufgabe gelernt hatte, aber vor Angst oft nichts antworten konnte. Freilich lernte man viel bei ihm, aber er war ein Tyrann. Dafür musste ich ihn (mit 14 Jahren) bei seinem Geigenspiel auf dem Klavier in der Schule begleiten und wir spielten zusammen Beethoven und andere Sonaten.*(4)

Den Unterricht auf der Violine bei Lehrer Christoph Johann Dürr hingegen besuchte Max Welcker gern. Er befasste sich u.a. mit naturwissenschaftlichen Studien zusammen mit mehreren anderen Lehrkräften und legte zudem einen botanischen Garten an. Mancher alte Baum steht noch heute an der alten Landwirtschaftsschule in Mindelheim und zeugt von der ehemaligen Existenz dieses Gartens. Ein weiterer wichtiger Pädagoge war Präparandenlehrer Anton Högg. Er unterrichtete seit dem 1.12.1872 als dritter Lehrer in Mindelheim, galt als vorzüglicher Musiker und erteilte Harmonielehre. Gesangsunterricht gab er in den Schuljahren 1876/77, von 1883/84 bis 1893/94 und von 1896/97 bis 1899/1900. Er wurde 1907/08 in den Ruhestand versetzt. Anlässlich seines 25jährigen Wirkens an der Schule wurde ein Festakt veranstaltet. Anton Högg stammte aus Schwabmünchen und Max war sein Lieblingsschüler, denn er spielte gut Klavier.

Schon früh *leitete* Max *auch den Schüler-Gesangschor bei öffentlichen Auftritten in der Faschingszeit (in einem Gasthaus, oder auch* zum Beispiel *beim Maiausflug.* (4) Im 3. Präparandenkurs bekam Max Unterricht im Cellospielen. Er erlernte zwar das Instrument, hatte aber keinen besonderen Erfolg. Größeres Vergnügen bereitete ihm der Orgeldienst. *Bei der Schulmesse spielte ich in der Jesuiten-(Mariä Verkündigung) Kirche oft die Orgel und sonntags durfte ich beim Amt* in der Mindelheimer Stadtpfarrkirche in den Messen des Stadtpfarrers Franz Xaver Schuster, welcher der Schule als Königlicher Inspektor vorstand, *die 2. Violine mitspielen.(5)* Als Höhepunkte der Schulzeit an der Präparandenschule galten die Tagesausflüge. Sie führten 1893 und 1894 nach Memmingen und zum prächtigen Kloster nach Ottobeuren.

Die vorgeschriebene Jahresvisitation (=Prüfung) fand in der Regel Anfang Mai statt und wurde vom Schullehrer-Seminar-Inspektor Joachim Königbauer vorgenommen. Königbauer war ein hochbegabter Pädagoge und Lehrbuchverfasser. Er wurde begleitet von dem Seminarlehrer, Komponisten und Organisten Karl Deigendesch aus Lauingen. Dieser war zuständig für die Prüfung in den Musikfächern und prägte mit seinem Wissen und seiner musikalischen Kompetenz eine ganze Generation von Lehrern, Musikern und Komponisten.

Am 14.Juli 1892 erhielt Max Welcker sein erstes Jahreszeugnis der Königlichen Präparandenschule Mindelheim als Seminarist des 1. Kurses, unterschrieben vom Stadtpfarrer und dem königlichen Hauptlehrer Guido Angerer.

Für das erste Schuljahr 1891/92 konnte er sich mit seinen Noten durchaus sehen lassen. In den allgemeinbildenden Fächern zeigte er gute Leistungen mit Ausnahme des Faches Geschichte. Sehr gut schnitt er in den Musikfächern ab. In der schriftlichen Beurteilung hieß es:

*„Dieser Schüler ist mittelmäßig begabt, sehr artig und freundlich. In seinem Fleisse müßte er öfter zu größerer Regsamkeit angehalten werden."*

Nach dem zweiten Schuljahr 1892/93 erhielt er sein Jahreszeugnis für den zweiten Kurs am 14. Juli.1893. Erneut unterschrieben der königliche Inspector Stadtpfarrer A. H. Schuster und der königliche Hauptlehrer G. Angerer. Die Benotung seiner Leistungen änderte sich nur geringfügig. In Deutsch (Note 2,5), Rechnen (Note 3) und Zeichnen (Note 1,5) wurde er jeweils eine halbe Note schlechter beurteilt, als im vorangegangenen Schuljahr. Dafür verbesserte er sich im Fach Gesang von Note 1,5 auf Note 1. In der Beurteilung hieß es:

*„Dieser Schüler ist von mittlerer geistiger Veranlagung und dementsprechend sind auch seine Leistungen öfter dürftig, obwohl er im Ganzen viel Eifer zeigte. Verhältnismäßig am tiefsten stehen seine Kenntnisse im Deutschen, wozu er wenig Lust verrät. In seinem Benehmen ist er sehr freundlich und höflich."*

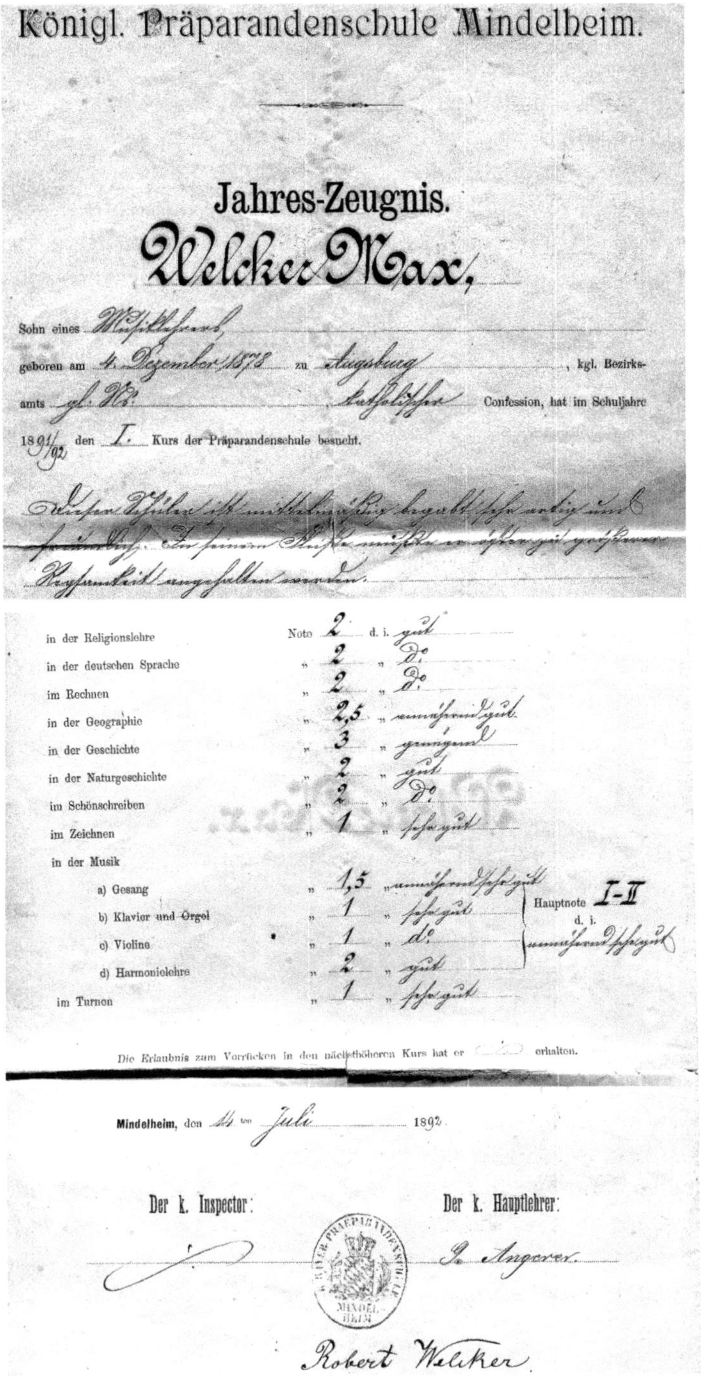

Königl. Präparandenschule Mindelheim.

Jahres-Zeugnis.

Welcker Max,

Sohn eines Musiklehrers

geboren am 4. Dezember 1878 zu Augsburg, kgl. Bezirksamts [illegible] katholischer Confession, hat im Schuljahre 1891/92 den I. Kurs der Präparandenschule besucht.

Dieser Schüler ist mittelmäßig begabt, sehr artig und [illegible]. [illegible]

| | | | |
|---|---|---|---|
| in der Religionslehre | Note | 2 | d. i. gut |
| in der deutschen Sprache | " | 2 | " do. |
| im Rechnen | " | 2 | " do. |
| in der Geographie | " | 2,5 | " ziemlich gut |
| in der Geschichte | " | 3 | " genügend |
| in der Naturgeschichte | " | 2 | " gut |
| im Schönschreiben | " | 2 | " do. |
| im Zeichnen | " | 1 | " sehr gut |
| in der Musik | | | |
| a) Gesang | " | 1,5 | " ziemlich sehr gut |
| b) Klavier ~~und Orgel~~ | " | 1 | " sehr gut |
| c) Violine | " | 1 | " do. |
| d) Harmonielehre | " | 2 | " gut |
| im Turnen | " | 1 | " sehr gut |

Hauptnote I–II d. i. ziemlich sehr gut

Die Erlaubnis zum Vorrücken in den nächsthöheren Kurs hat er erhalten.

Mindelheim, den 14ten Juli 1892.

Der k. Inspector: [illegible]

Der k. Hauptlehrer: G. Angerer.

Robert Welcker

*Abb.49 und 50: Das Jahreszeugnis von Max Welcker nach Abschluss des ersten Kursjahres an der Königlichen Präparandenschule Mindelheim, ausgestellt am 14. Juli 1892.*

Wie ein Jahr zuvor quittierte sein Vater den Erhalt des Zeugnisses und bezahlte 60,- Mark Unterstützung.

Am Ende des dritten Schuljahres 1893/94 erhielt Max Welcker sein Jahreszeugnis am 14. Juli 1894. Nur im Fach Turnen verschlechterte sich seine Leistung von Note 1 auf Note 2. Ansonsten weist sein Zeugnis Verbesserungen um jeweils eine halbe Note in Geographie (Note 2) und Naturgeschichte (Note 1,5) auf. In den Fächern Schönschreiben (Note 1) und Harmonielehre (Note 1) verbesserte er sich im Vergleich zum vorangegangenen Schuljahr sogar um eine ganze Note.

In der Beurteilung hieß es diesmal: *„Dieser Schüler besitzt nur für die Musik gute Anlagen, in welcher er es deshalb zu schönen Leistungen brachte. Für die Lehrfächer erweist er sich schwächer veranlagt u. sind deshalb seine Erfolge hierin geringer, obgleich er sehr fleissig war. Er bekundete ein sehr entgegenkommendes Verhalten."*

Mit diesem Jahreszeugnis des dritten Kurses war der Besuch der Präparandenschule in Mindelheim für Max Welcker im Juli 1894 beendet. Sein Vater bezahlte diesmal 90,- Mark Unterstützung. Nach den Sommerferien setzte Max seine weitere Ausbildung von September 1894 bis Juli 1896 im von Mindelheim 70 km entfernten Königlichen Schullehrerseminar in Lauingen fort. Das Schuljahr 1894/95 begann für ihn am 18. September 1894.

*Das Lehrerseminar Lauingen wurde im ehemaligen Augustiner-Kloster untergebracht.*

*Abb.52: Ansicht auf einer (im Original farbigen) Postkarte um 1900.*

*Abb.51: Ansicht nach einem barocken Stich.*

Die Lehrerbildungsanstalt in Lauingen wurde von Joachim Königbauer geleitet. *„Königbauer war ein reifer, hochgebildeter Geist, ein starkgewachsener Charakter, ein verantwortungsbewusster Jugenderzieher, gleichmäßig in seiner Haltung, sachlich, streng, gerecht abwägend, abgeklärt."* [30]

Diese Zeilen schrieb Rupert Egenberger (1877-1959), ein Freund und Mitschüler von Joseph Haas. Königbauer leitete und prägte die Schule von 1887 bis 1900

[30] Nach J. St. Rauschmayr, Festschrift:100 Jahre Schwäbische Lehrerbildungsanstalt Lauingen, 1925

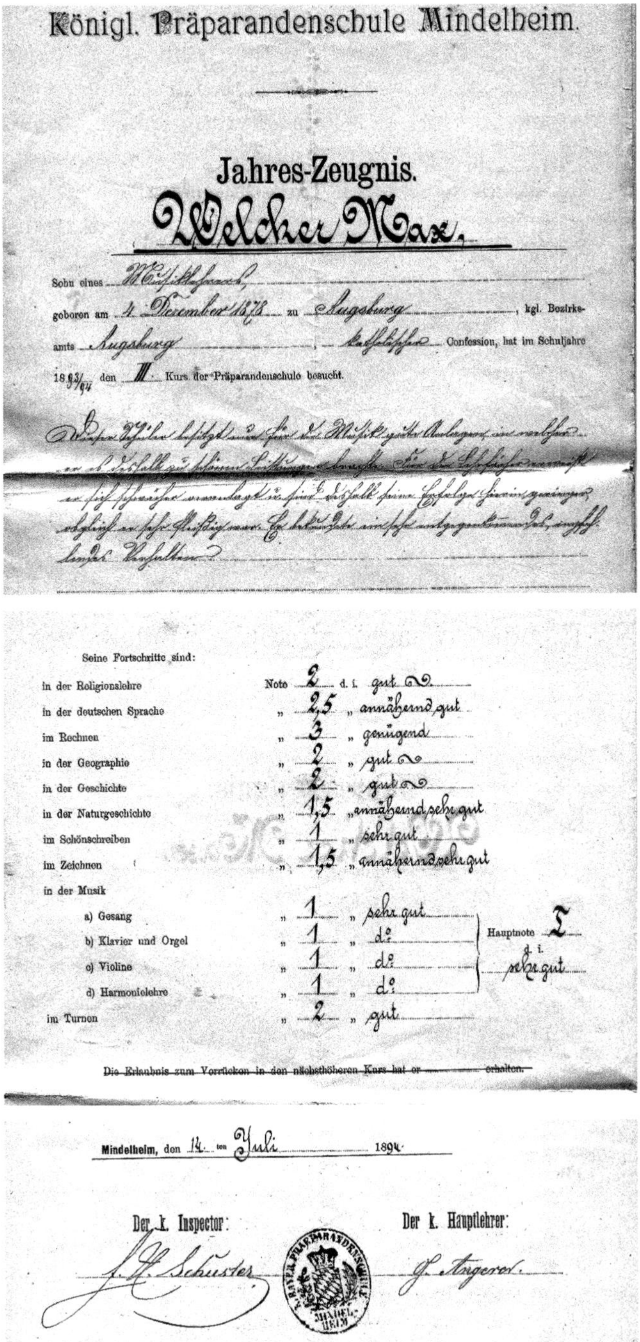

Königl. Präparandenschule Mindelheim.

**Jahres-Zeugnis.**

Welcher Max.

Sohn eines Musiklehrers, geboren am 4 Dezember 1878 zu Augsburg, kgl. Bezirksamts Augsburg, katholischer Confession, hat im Schuljahre 1893/94 den III. Kurs der Präparandenschule besucht.

Seine Fortschritte sind:

| | | | |
|---|---|---|---|
| in der Religionslehre | Note 2 | d. i. | gut |
| in der deutschen Sprache | „ 2,5 | „ | annähernd gut |
| im Rechnen | „ 3 | „ | genügend |
| in der Geographie | „ 2 | „ | gut |
| in der Geschichte | „ 2 | „ | gut |
| in der Naturgeschichte | „ 1,5 | „ | annähernd sehr gut |
| im Schönschreiben | „ 1 | „ | sehr gut |
| im Zeichnen | „ 1,5 | „ | annähernd sehr gut |
| in der Musik | | | |
| a) Gesang | „ 1 | „ | sehr gut |
| b) Klavier und Orgel | „ 1 | „ | do. |
| c) Violine | „ 1 | „ | do. |
| d) Harmonielehre | „ 1 | „ | do. |
| im Turnen | „ 2 | „ | gut |

Hauptnote I d. i. sehr gut

Die Erlaubnis zum Vorrücken in den nächsthöheren Kurs hat er — erhalten.

Mindelheim, den 14. ten Juli 1894.

Der k. Inspector: J. H. Schuster

Der k. Hauptlehrer: J. Angerer

*Abb.53 und 54: Das Jahreszeugnis von Max Welcker nach Abschluss des dritten Kursjahres an der Königlichen Präparandenschule Mindelheim, ausgestellt am 14. Juli 1894.*

nachhaltig und wurde 1898 zum Seminardirektor berufen. Er setzte sich intensiv mit der Frage auseinander, wie die Seminaristen am erfolgreichsten in die Unterrichtspraxis einzuführen wären. In der in seiner Lauinger Zeit entstandenen Schrift „Die Interessensphären" entwickelte er Gedanken, die in die Richtung der später modern gewordenen Forderung nach dem Gesamtunterricht führten. Unter seiner Leitung wandelte sich das Internatsleben. Es wurde beispielsweise mehr Geselligkeit gepflegt. Dafür diente die 1891 errichtete Gartenhalle mit Kegelbahn. Der Grundbesitz des Seminars wurde erweitert und für Sport und Spiel und auch gärtnerisch genutzt. Außerdem legte Königbauer großen Wert auf ein eigenes Schultheater.

Das im Normativ von 1866 festgesetzte Ziel des weltoffenen Lehrers wurde in Lauingen konsequent umgesetzt. 1876 wurde der Kreislehrplan in Schwaben eingeführt. An den Präparandenschulen waren ab 1880, statt der jährlich stattfindenden Abschlussprüfung, außerordentliche Visitationen vorgesehen. Am 22.11.1890 wurden die Weihnachtsferien (Dauer vom 23.12. bis 02.01.) eingeführt und am 27.4.1891 wurde auf königliche Anweisung die Aufnahmeprüfung ins Lehrerseminar durch eine 6-wöchige Probezeit ersetzt. Die Allgemeinbildung der Seminaristen wurde gestärkt und die im Vorbereitungsunterricht erlernten Inhalte wurden weitergeführt und vertieft.

Der Fächerkanon und die Stundenanzahl im 1. und 2. Kurs sahen wie folgt aus:

| Schulfächer | Stundenzahl 1. Kurs | Stundenzahl 2. Kurs |
|---|---|---|
| Religionslehre | 3 | 3 |
| Deutsche Sprache | 4 | 4 |
| Arithmetik und Mathematik | 3 | 3 |
| Geographie | 1 | 1 |
| Geschichte | 2 | 2 |
| Naturkunde ( und Biologie) | 2 | 2 |
| Naturlehre (=Physik und Chemie) *Landwirtschaft | 2 | 2 * |
| Erziehungs– und Unterrichtskunde | 5 | 4 |
| Zeichnen | 2 | 2 |
| Musik | 6 | 6 |
| Gemeindeschreiberei, Stenographie* | 1 * | 1 |
| Niederer Kirchendienst | | 1 |
| Turnen | 2 | 2 |

Zu den Unterrichtsinhalten sei beispielhaft vermerkt,dass in Arithmetik und Mathematik nun auch Algebra auftauchte und die Geometrie eingeschlossen war. Im Fach Geschichte wurde die allgemeine Weltgeschichte und die Geschichte des Altertums vermittelt. In Erziehungskunde behandelte man auch die Geschichte der Pädagogik und Methodik anhand von Biographien hervorragender Pädagogen. Zum Fach Erziehungs- und Unterrichtskunde gehörte auch das praktische Unterrichten. Der Inhalt des Religionsunterrichtes war auf die zukünftige Aufgabe, als Kantor und Organist zu wirken, abgestimmt. Zu den Musikfächern gehörten: Klavier und Orgel, Gesang, Violine und Harmonielehre. Genauso wie in Mindelheim wurde der Unterricht von ausgezeichneten Lehrermusikern erteilt. Zum Lehrkörper im Jahr 1894 gehörten:

Dr. Morgott, Otto Zeitlmann, der Musiker Karl Deigendesch, Josef Fischer, A. Emmerich, A. Rösch, J. Rauschmayr, A. Ledermann und J. Gutensohn.

In der musikalischen Ausbildung wurden verschiedenste ein- und mehrstimmige Gesänge studiert und eingeübt. Den Figuralgesang pflegte man theoretisch und praktisch, wobei es neben der Treffsicherheit auf richtige und gute Auffassung der Werke ankam. Man legte viel Wert auf einen verständnisvollen Vortrag. Bei Bedarf wurden Informationen über Tonbildung, Aussprache und Pflege der Singstimme gegeben. Dieses Wissen wurde verknüpft mit den entsprechenden Stimmübungen zur Gewinnung eines schönen Tones und auch zur Erweiterung des Stimmumfanges. Im 1. Kurs Choralgesang wurde die Theorie des gregorianischen Kirchengesanges (Notensystem, Schlüssel, Rhythmus, Aussprache, Vortrag etc.), die Kenntnis der Kirchentonarten und das Einüben von Psalmtönen, Marianische Antiphonen und Choralmessen gelehrt. Im 2. Kurs standen Choralmessen und Vespern, letztere teilweise als Falsibordoni-Sätze, Litaneien, Gesänge aus dem Graduale Romanum und Vesperale (Antiphonen und Hymnen) sowie die kirchlichen Offizien (besonders hebdomadae sanctae) auf dem Lehrplan.

Der Unterricht im Fach Klavier diente zum Teil dazu, die auf der Orgel vorzutragenden Werke vorzubereiten. Andererseits wurden aber auch Etüden, Sonaten, Variationen und vier- bis achthändige Klavierstücke studiert und trainiert. Zum ersten Kurs des Orgelunterrichtes gehörten Spielen verschiedener Kadenzen, das Trainieren des in der Harmonielehre erlernten Akkordmaterials sowie die Erarbeitung von Präludien, Versetten und Choralmessen. Im zweiten Kurs erlernten die Schüler schwierigere Werke, zum Beispiel nach dem Präludienbuch des an der Schule wirkenden Komponisten Karl Deigendesch. Darüber hinaus wurden Messen und sonstige kirchliche Gesänge aus Cantica, Laudate und Jubilate (von Mohr), Antiphonen und Psalmtöne studiert und eingeübt.

Der Unterricht auf der Violine sah für die schwächeren Schüler das Spielen von leichteren Etüden, Duetten, Terzetten oder Quartetten vor. Die besseren Schüler studierten und übten ihre Werke nicht nur in den wöchentlichen Unterrichtsstunden, sondern trugen ihre einstudierte Literatur auch namentlich öffentlich vor und spielten während der sonn- und feiertäglichen Orchesterstunden neben verschiedenen Streichquartetten, Quintetten und Oktetten auch Ouvertüren, Sinfonien, Messen und andere Orchesterstücke, u.a. von Haydn, Mozart, Beethoven, Schubert, Mendelssohn, Boccherini.

In der Harmonielehre wurde der im dritten Kurs der Präparandenschule erlernte Stoff zunächst wiederholt. Durch Vertiefung und Erweiterung wurde die Bildung von Kadenzen mit kleineren Tonsätzen erlernt. Leichte vorgegebene Melodien wurden mit einfacher Akkordbegleitung versehen. Die Lehre von den Vorhalten und leichtere Modulationen gehörten gleichfalls zum Unterrichtsinhalt. Bis zum Ende der Ausbildung gehörten erweiterte Kadenzen, vielfältige Modulationen, der Nonakkord, der Orgelpunkt, das Aussetzen bezifferter Bässe, Kadenzen in den Kirchentonarten sowie die Orgel und ihr Bau zum Unterrichtsinhalt in Harmonielehre.

Darüber hinaus gab es in jedem Schuljahr Musikproduktionen, mit denen beispielsweise die Geburtstage des Königshauses oder Jubiläen musikalisch gefeiert wurden. Für die Schuljahre 1894/95 bis 1895/96 waren fünf Musikproduktionen verzeichnet:

**Schuljahr 1894/95**

- **07.01.1895**     Patriotische Feier zum 50. Geburtstag des Prinzen Luitpold von Bayern
- **Fastnachtsunterhaltung** (ohne Datum)

    K. Deigendesch: Marsch Polka für Orchester und Männerchor, Text: J. Fischer

    K. Deigendesch: Raimund. Der Bauer als Millionär, romantisches Schauspiel mit Gesang

- **10.03.1895** Feier anlässlich des 25jährigen Dienstjubiläum von Ludwig Kiechle.

    W. Tschirch:     Zum Jubiläum, gemischter Chor

    K. A. Mangold:     Mein Vaterland, gemischter Chor

- **Schlusskonzert** (ohne Datum)

    Franz Mair:     Auf dem Schlachtfelde, Männerchor und Klavier, Text: W. Cappilleri

    W. Tschirch:     Die Kaiserglocke für Männerchor und Solo, Text: G. Hermann

    Friedrich Hegar: Totenvolk für Männerchor, Text: Viktor Widman

    C. Reinthaler:     Der 91. Psalm für Männerchor, Soli und Klavier

**Schuljahr 1895/96**

- **29.01.1896**  „Für das 25jährige Seminarlehrerjubiläum des kgl. Seminar-
lehrers K. Deigendesch"

Karl Götze:      Jubiläumshymne

Martin Luther:   Frau Musika

A. André:        „Das Blümlein der Freude, Duett für Singstimmen und Klavier

trad.:           „Noch ist die blühende, goldene Zeit" Volkslied für Männerchor

trad.:           Königshymne

Zum religiösen Leben an der Schule gehörte der tägliche Besuch der Messe. An Sonn- und Feiertagen gab es außerdem einen Nachmittagsgottesdienst und an jedem zweiten Sonntag eine Predigt. Im Mai fanden an den Samstagen während der Messe und an den Sonn- und Feiertagen nachmittags Maiandachten statt, an denen die Seminaristen genauso teilzunehmen hatten, wie an der jährlich statt-findenden Fronleichnamsprozession. Und genauso, wie in Mindelheim, waren die Seminaristen verpflichtet bei den sonn- und feiertäglichen Gottesdiensten in der Seminarkirche, der ehemaligen Klosterkirche der Augustinereremiten in Lauin-gen, mitzuwirken.

Zur Aufführung kamen liturgische Choralgesänge und Messen für zwei-, drei- und vierstimmigen Männerchor, mit oder ohne Orgelbegleitung. Größere und kleinere Chöre oder deutsche Gesänge erklangen gleichfalls, wenn es die Liturgie gestat-tete. Der Kirchenchor wurde von Seminarlehrer Karl Deigendesch dirigiert, den Max Welcker genauso wie Joseph Haas bereits von den jährlichen Konsultationen in Mindelheim kannte. Die Orgel der Seminarkirche spielte der Musiklehrer Otto Zeitlmann. Diese beiden Musiklehrer beeinflussten und beeindruckten die beiden Seminaristen Welcker und Haas im Laufe ihrer Ausbildung in Lauingen nachhal-tig, jeder auf seine Weise.

Otto Zeitlmann (1833-1915), Gerichtstierarztsohn aus Nördlingen, hatte im Al-ter von 17 Jahren seine Ausbildung in Lauingen 1850/51 begonnen. Er wurde als Bass geführt und legte seinen Abschluss mit vorzüglichen Noten ab. Man bescheinigte ihm Fleiß, Bescheidenheit, Ordnungsliebe und „gute Sitte". Sofort nach seinem Examen wurde er am Lehrerseminar angestellt, was eher unge-wöhnlich war und er arbeitete von 1853 bis 1857/58 als Schreiber und Hilfslehrer. Er beaufsichtigte die Zöglinge, unterstützte den Musikunterricht und überwachte freiwillig den Turnunterricht.

Als der Komponist Friedrich Kempter[31] am 16.12.1864 starb, wurde Zeitlmann bereits acht Tage später zu seinem Nachfolger im Amt des Seminarmusiklehrers berufen.

Von 1883 bis 1888 erteilte er Gesangsunterricht. In den Schuljahren 1892 bis 1894 und 1896/97 war er zuständig für den Kirchenchordienst bzw. die Kirchenchoraufsicht. Von 1896 bis 1898 gab er Choralunterricht im 1. Kurs. Aus Anlass seines 25jährigen Wirkens als Seminarlehrer wurde er am 25.1.1890 im Rahmen einer Feier als „höchst liebenswerter und diensteifriger Kollege" gewürdigt. Er wurde auch beschrieben als „nicht so sehr schöpferischer Musiker", aber seine Konzertprogramme wurden als bahnbrechend gewürdigt. Der Opernkomponist und Musikschriftsteller Cyrill Kistler (1848-1907; Seminarist in Lauingen von 1865-1867) bezeichnete Otto Zeitlmann in seinen Erinnerungen als „massigen, modernen Harmoniker" und lobte seinen ausgezeichneten Musikunterricht, der ihn mächtig gefördert habe. Er galt als *„ein Lehrer von außerordentlich disziplinierender Kraft, hervorragend in feinsinniger musikalischer Ziselierarbeit."*[32]

Karl Deigendesch (1839 in Violau - 1911 in Lauingen) wirkte von 1866 bis 1909 in Lauingen. An der Schule leitete er den Chor, gab Klavier-, Orgel- und ab 1888 auch 2 Stunden Gesangsunterricht und zusätzlich eine Choralstunde. In dieser fand die Vorbereitung der Kirchenmusik statt, die bei den regelmäßig stattfindenden Gottesdiensten mit dem Chor aufgeführt wurde. Als Komponist, Organist und hochgeachteter Orgelimprovisator begeisterte er eine ganze Generation von Lehrern, Organisten, Chorleitern und Sängern durch sein musikalisches Können. Der oben schon zitierte Chronist des Lauinger Lehrerseminars, Studienprofessor J. St. Rauschmayr schrieb über ihn:

*Deigendesch, ein fruchtbarer Musiker, ein geistreicher Kopf, der durch die Lebhaftigkeit seines Temperamentes wie durch den ernstesten Erzieherwillen in frischester Erinnerung der Anstalt wie der schwäbischen Lehrerwelt lebt; abgesehen von vielen geistlichen und weltlichen Gelegenheitskompositionen haben ihm seine „Gemischten Chöre" den Ehrentitel eines schwäbischen Mendelssohn eingetragen.*[33]

Er war klein von Gestalt und ein Meister des Wortes und der Töne. Professor Franz Huber, Seminarist in Lauingen von 1903 bis 1905, schrieb in seiner Selbstbiographie „Schullehrers Franz" über ihn:

*Als Komponist und Organist hatte er seinerzeit einen Namen; er verstand es, im Anschluss an Gesänge aus dem Stehgreif [sic!] zu präludieren, Vor-, Zwischen-*

---

[31] Friedrich Kempter (1810 Limpach-1864); er schrieb u.a. die „Materialien zur Erlernung eines soliden Orgelspiels", ein Hilfsbuch für den Orgelunterricht an Präparandenschulen in 3 Bänden.

[32] J. St. Rauschmayr, 100 Jahre Schwäbische Lehrerbildungsanstalt Lauingen 1925, S. 64.

[33] Dr. Adolf Layer :Prof. Joseph Haas und Lauingen; Der Heimatfreund, 11. Jahrgang Nr.2, 1960

*und Nachspiele gleichsam aus dem Ärmel zu schütteln und schwebte da in höheren Sphären und fast über der Orgelbank, weil er mit seinen kurzen Beinen das Pedal kaum erreichen konnte. In seinen Postludien zu Liedern eigener Komposition schuf er religiös-musikalische Klanggebilde, die die Kirche nur langsam leeren ließen.[34]*

Deigendesch schrieb ein Präludienbuch für Orgel das zur damaligen Zeit weit verbreitet war. Er schrieb Motetten, kirchliche und profane Lieder. Regensburger und Augsburger Musikverlage (darunter Anton Böhm & Sohn) druckten zwischen 1880 und 1913 immer wieder zahlreiche Kompositionen von ihm. Unter dem Titel „So zwischadrei a Liedle" erschienen volkstümliche Lieder, die durch zahlreiche Aufführungen von Schulchören und Gesangsvereinen populär wurden. Die von ihm vertonten Liedtexte hatte sein Berufskollege Josef Fischer (1836-1896) geschrieben, der ab 1872 in Lauingen das Hauptlehramt für deutsche Sprache inne hatte. Daneben unterrichtete er Stenographie, Musiklehre und Gemeindeschreiberei. Unter seinem Pseudonym Hyazinth Wäckerle wurde er als schwäbischer Mundartdichter bekannt.

Zu Deigendeschs Schülern gehörten u.a. Albert Greiner (später Direktor der Augsburger Singschule), Otto Jochum (er erhielt 1932 für sein Oratorium „Der jüngste Tag" den ersten deutschen Staatspreis für Komposition und übernahm ab 1933 als Nachfolger von Albert Greiner die Leitung der Augsburger Singschule), der Kaufmannssohn Wilhelm Gößler (Dirigent der Liedertafel Augsburg, er genoss als erster Chormeister des Schwäbisch-Bayerischen Sängerbundes hohes Ansehen) und natürlich der Komponist Joseph Haas, dessen Kompositionen weiteste Verbreitung fanden ( er absolvierte alle musikalischen Fächer in Lauingen mit der Note 1!). Sie alle sollten auch im weiteren Leben von Max Welcker noch eine Rolle spielen. Bei seinen Schülern genoss ihr „Deigele", wie sie ihn liebevoll nannten, große Verehrung, auch wenn er sich manchmal heftig über ihre falschen Töne auf der Geige ärgerte.

Max Welcker jedenfalls fiel den beiden Musiklehrern bald durch seine musikalischen Kenntnisse und organisatorischen Fähigkeiten auf. Er wurde zum sogenannten Musikwärter ernannt und hatte als solcher die Einhaltung der Musikübungsstunden der Seminaristen zu überwachen und auf dem Orgelchor Dienst zu leisten. Darüber hinaus hatte er die Musikalien zu verwalten und den Chor der Seminaristen in der Kirche und bei verschiedenen Veranstaltungen oder Ausflügen zu dirigieren. Das angeeignete Wissen und die im Seminar gemachten musikalischen Erfahrungen, sicherlich beeinflusst durch seine vorbildhaften Musiklehrer, führten dazu, dass Max Welcker anfing erste eigene Werke zu schreiben. *Was meine kompositorische Tätigkeit anbelangt, so reicht diese bis in die*

---

[34] Georg Albrecht: Die Seminarschule-selten gewürdigt und doch wesentlicher Bestandteil der Lehrerbildungsanstalt; Festschrift Albertus-Gymnasium Lauingen (Donau) 1990/91, S .111

*Seminarzeit zurück. Das „erste" Opus, ein Haec dies für 4stimmigen gemischten Chor mit Orgel und 4 Marien-Antiphonen, wurde zwar seinerzeit bei St. Moritz „uraufgeführt" - welche Frechheit! - erblickte aber glücklicherweise nicht das Licht der Welt, ebenso wenig eine Anzahl „Vesperhymnen" (24) - das heißt, sie wurden zwar aufgeführt, erschienen jedoch nicht im Druck.*

Max lernte, übte und trainierte fleißig weiter. Seine Leistungen in den allgemeinen Schulfächern blieben trotzdem durchschnittlich. In den für einen späteren Musiker, Chorleiter und Komponisten wichtigen musikalischen Fächern jedoch verstetigten sich seine guten Leistungen. Sein Zwischenzeugnis nach dem 1. Kurs des Schuljahres 1894/95 erbrachte folgende Ergebnisse[35]:

| Unterrichtsfach | | Note | Hauptnote |
|---|---|---|---|
| Religionslehre | | | I-II |
| Deutsche Sprache | Schriftl. Vortrag | 2 | |
| | Mündl. Vortrag | 2 | |
| | | | II |
| Arithmetik und Mathematik | | | II |
| Geographie | | | II-III |
| Geschichte | | | II |
| Naturkunde | | | III |
| Landwirtschaft (Naturlehre) | | | III |
| Erziehungs- und Unterrichtskunde | Erziehungslehre | 2,5 | |
| | Praktisches Schulhalten | 3 | |
| | | | III |
| Zeichnen | | | I-II |
| Musik | Gesang | 1 | |
| | Klavier und Orgel | 1 | |
| | Violine | 2 | |
| | Harmonielehre | 1,5 | |
| | | | I |
| Turnen | | | III |

---

[35] Zeugnisbogen von Max Welcker von 1895 und 1896, Universitätsarchiv Augsburg.

Das nächste Schuljahr 1895/96 war gleichzeitig auch das letzte Jahr am Königlichen Schullehrerseminar in Lauingen für den nun 17jährigen Max Welcker. Am Ende dieses Schuljahres fanden die Abschlussprüfungen für die Zöglinge des 2. Kurses statt. Sie wurden vom 17. bis 22. Juni und vom 30. Juni bis 6. Juli 1896 abgehalten. Geprüft wurde er in den Fächern Religionslehre, Deutsch (mündlich), Arithmetik und Mathematik, Erziehungs– und Unterrichtskunde, Musik (Gesang, Klavier, Orgel, Violine, Harmonielehre) und Turnen. Er erreichte folgende Ergebnisse[35]:

| Unterrichtsfach | | Note | | Note |
|---|---|---|---|---|
| Religionslehre | Systematischer Unterricht | 1,5 | Geschichtlicher Unterricht | 2 |
| Deutsche Sprache | | | Mündlicher Vortrag | 3 |
| Arithmetik und Mathematik | | | mündlich | 2 |
| Erziehungs-und Unterrichtskunde | Unterrichtslehre | 2 | Praktisches Schulhalten | 2,5 |
| Gesang | | | | 1 |
| Klavier und Orgel | | | | 1 |
| Violine | | | | 1,5 |
| Harmonielehre | | | | 1 |
| Turnen | Systematik und Methodik | 2 | Eigene Turnfähigkeit | 2 |
| | | | Praktische Lehrbefähigung | 3 |

Einen Tag nach Abschluss der Prüfungen erhielt Max Welcker am 7.Juli 1896 sein Abschlusszeugnis. Fünf Jahre Ausbildung zum Volkschullehrer an der Königlichen Präparandenschule in Mindelheim und dem Königlichen Schullehrerseminar in Lauingen waren nun vorüber. Sein Schluss-Zeugnis war unterschrieben vom königlichen Regierungskommissär Artur Berger und dem königlichen Seminarinspektor Königbauer, aus dessen Händen er es auch erhielt. In der handschriftlichen Beurteilung war zu lesen:

*Dieser Schüler ist geistig ziemlich gut begabt, bekundete aber nicht in allen Unterrichtsgegenständen einen sehr großen Fleiß, weshalb auch seine Leistungen in den verschiedenen Fächern nicht gleich gute sind. Sein Betragen war jederzeit sehr lobenswürdig. Beim praktischen Schulhalten erfasste er seine Aufgabe im*

---

[35] Zeugnisbogen von Max Welcker von 1895 und 1896, Universitätsarchiv Augsburg.

*allgemeinen richtig u. erzielte auch einen ziemlich guten Unterrichtserfolg. Neu auftretende Begriffe hätte er besser entwickeln, seinen Lehrton frischer gestalten dürfen; auch kamen einzelne fachliche Unrichtigkeiten vor.*

Ausgerüstet mit seinem guten Abschlusszeugnis und der abschließenden Beurteilung, verließ Max Welcker die Lehrerbildungsanstalt Lauingen im Juli 1896. Er hatte seine Selbständigkeit und Zielstrebigkeit weiterentwickelt und erste Führungsqualitäten erworben. Er kam gut mit sich allein zurecht, hatte aber auch musikalische und organisatorische Erfahrungen als Mitglied von Ensembles gemacht und gelernt Kontakte zu knüpfen und zu pflegen. Mit all seinem erworbenen Wissen, den an der Schule erlernten und trainierten Fähigkeiten und der Prägung durch seine Musiklehrer machte er sich nun auf, um ein tüchtiger Volksschullehrer, Musiker, Chorleiter und Komponist zu werden.

Seine Kenntnisse und Fertigkeiten lassen sich nach den bei der Schlussprüfung und im II. Seminar-

Kurse gegebenen Proben folgendermassen bezeichnen:

| | | | | |
|---|---|---|---|---|
| in der Religionslehre | Note | *II,* d. i. | *gut,* | |
| in der deutschen Sprache | „ | *III,* „ | *mittelmäßig,* | |
| in der Arithmetik und Raumlehre | „ | *I,* „ | *gut,* | |
| in der Geographie | „ | *I,* „ | *gut,* | |
| in der Geschichte | „ | *III,* „ | *mittelmäßig,* | |
| in der Naturkunde | „ | *III,* „ | *mittelmäßig,* | |
| in der Landwirtschaft | „ | *III,* „ | *mittelmäßig,* | |

in der Unterrichts- und Erziehungskunde

| | | | | |
|---|---|---|---|---|
| a) Theoretischer ⎫ Teil | „ | *2,* „ | *gut,* | Hauptnote *I,* |
| b) Praktischer ⎭ | „ | *2,5* „ | *gut u. mittelmäß,* | d. i. *gut* |
| im Zeichnen | „ | *II,* „ | *gut,* | |

in der Musik

| | | | | |
|---|---|---|---|---|
| a) Gesang | „ | *1,* „ | *sehr gut,* | |
| b) Klavier und Orgel | „ | *1,* „ | | Hauptnote *I* |
| c) Violine | „ | *1,5* | *sehr gut zu gut,* | d. i. *sehr gut,* |
| d) Harmonielehre | „ | *1,* „ | *sehr gut,* | |

im Turnen

| | | | | |
|---|---|---|---|---|
| a) Systematik und Methodik | „ | *2,* „ | *gut,* | Hauptnote *II,* |
| b) eigene Turnfertigkeit | „ | *2,* „ | *gut,* | d. i. *gut* |
| c) praktische Lehrbefähigung | „ | *3,* „ | *mittelmäßig,* | |
| in der Gemeindeschreiberei | „ | *III,* „ | *mittelmäßig,* | |
| im Kirchendienst | „ | *II,* „ | *gut,* | |

Bemerkungen: _____

_____

Lauingen, den ........ *7. Juli* ........ 1896.

**Der k. Regierungskommissär:**

**Der k. Seminarinspektor:**

*Königbauer*

Abb. 55 und 56 (Seite 80 und 81):
Das Abschlusszeugnis der Königlichen Präparandenschule von Max Welcker vom 7. Juli 1896.

# WANDERJAHRE
## ALS
### SCHULLEHRER

Bald führte ihn sein Weg nach Hagneubach bei Welden. Dort war er zwei Tage als Aushilfe [36] beschäftigt, *wofür ich der Regierung eine Rechnung von 18 Mark präsentierte mit Aufrechnung jedes gekauften Stückchens Brot, was später Reg.-Schulrat Britschmayr nicht für notwendig hielt.* Anschließend musste er sechs Wochen bei Hauptlehrer Schwaiger in Welden „praktizieren." Welden liegt 24 km südöstlich von Lauingen, gehörte seit 1862 zum Bezirksamt Zusmarshausen und ist das Zentrum des Holzwinkels im Naturpark Augsburg - Westliche Wälder, dem einzigen Naturpark in Mittelschwaben. Dort fühlte er sich wohl, da er *bei Verwandten aß und es sehr gemütlich hatte* (5).

*Dann mußte ich ab September 1896 ein Jahr in Augsburg praktizieren, wobei ich in 25 Schulklassen auch Aushilfe leistete (und zugleich die Musikschule besuchte).* Diese Zeit nutzte Max Welcker auch, um weiteren Klavierunterricht zu nehmen. *Im September 1897 bekam ich eine 6wöchentliche Aushilfe für einen zur militärischen Übung eingerückten Lehrer in Oberreute bei Simmerberg im Allgäu.* Der Ort im Westallgäu ist 150 km von Augsburg entfernt und liegt idyllisch im Dreiländereck zwischen Deutschland, Österreich und der Schweiz im beschaulichen Tal der Rothach. Er wohnte nun bei einem *recht netten Prinzipal (Fackler, einer dessen Söhne war vor Jahren Stadtpfarrer bei St. Ulrich). Von meinem Bett im Zimmer aus sah ich den Gau bis Altmann.* Die Allgäuer und Vorarlberger Berge lagen für ihn in erreichbarer Nähe und so machte er an seinen freien Donnerstagen Ausflüge in die Umgebung. Welcker war bereits oft mit seinen Eltern gewandert. Er war gern in den Bergen und so führte ihn sein Weg ins sechs km entfernte Sulzberg oder ins 13 km entfernte Möggers (Österreich). Oberstaufen (8 km), Weiler (4 Km), Lindenberg (8 km) besuchte er auf seinen Wandertouren ebenso wie den 22 km entfernten und 1064 m hohen Pfänder bei Bregenz am Bodensee.

[36] Die erste Zeit eines Junglehrers auf der Suche nach einer festen Lehrerstelle galt als Vorbereitungsdienst,der mit Praktika bei verschiedenen Lehrern geleistet werden musste. Dabei hatten die Berufsanfänger keinerlei Ansprüche auf finanzielle Zuwendungen und waren auf die Unterstützung durch Angehörige angewiesen.

*Auf 1. November 1897 erhielt ich für 1 Monat Anweisung als unständiger Ver-*
*weser nach Hainhofen. Am 31. Oktober traf ich dort* aus dem 9 km entfernten
Augsburg kommend *ein, Oberlehrer Köhler war gerade im Umzug nach Hoppach*
*begriffen. Im leeren Schulhause bewohnte ich ein Zimmer, Bett, Tisch und Stuhl*
*waren meine ganze Einrichtung* in den nächsten vier Wochen (6).

Der ortsansässige *Pfarrer Joachim lud mich sofort ein für seinen alten Vater beim*
*morgigen Amt die Chorleitung bzw. die Orgel zu übernehmen und auch bei der*
*Totenmesse mitzuwirken, was ich freimütig machte. Auch als Mesner hatte ich*
*Dienst zu leisten. Wir verstanden uns bald so gut, daß Pfarrer Joachim mich als*
*Hilfslehrer nach Hainhofen bringen wollte, daß sein Kirchenchor auf längere Zeit*
*gut versorgt sei. Pfarrer Joachim selbst ging zum Referenten in die Regierung*
nach Augsburg *und bat für mich um feste Anstellung in Hainhofen, was ihm auch*
*zugesagt wurde. Noch spät abends klopfte Pfarrer Joachim von Augsburg zurück-*
*kehrend an meinen Fensterladen und rief: „Genehmigt!, drum geht man gleich*
*zum Schmied und nicht lang zum Schmiedle."* (7)

Schon nach wenigen Tagen erhielt Max Welcker das feste Anstellungsdekret als
Hilfslehrer[37] durch die Schulbehörde in Augsburg. Doch als er den Brief geöffnet
hatte, las er zu seiner *Überraschung,* dass er seine erste feste Lehrerstelle *nicht*
in *Hainhofen, sondern* im 160 km entfernten *Hergensweiler bei Lindau* antreten
sollte. Er wollte jedoch unbedingt in Hainhofen bleiben, denn die räumliche Nähe
zu Augsburg hatte es ihm ermöglicht, die Musikschule weiterhin zu besuchen und
daran war ihm sehr gelegen. Also besuchte er seinerseits die Regierung in Augsburg, sprach vor und begründete sein Anliegen, in Hainhofen bleiben zu dürfen.
Der entscheidende *Kreisschulrat Sch.* revidierte seine Entscheidung jedoch nicht
und sagte zu ihm: *"Seien sie froh nach Hergensweiler zu kommen. Es ist einer der*
*nettesten Hilfslehrerposten in Schwaben."* Das traf auch zu (7).

Max Welcker musste also von Hainhofen Abschied nehmen und fuhr mit dem
Zug von Augsburg über Lindau am Bodensee bis ins 560 m hoch gelegene Hergensweiler, das seit 1887 über eine Bahnhaltestelle verfügte. Der Ort gilt als die
schmalste Gemeinde Bayerns (nur 2 Km breit) und liegt am Rand des Westall-
gäus eingebettet in einer lieblichen Landschaft mit leicht geschwungenen Hügeln
in Sichtweite der Glarner und Appenzeller Alpen.

*Die meisten Bauernhöfe in der Gemeinde, umgeben von gut gepflegten Obst-*
*gärten, machen einen stattlichen, sehr sauberen Eindruck. Die Fenstersimse der*
*Wohnungen sind meistens mit prächtigen Blumen geschmückt. Abgesehen von*
*den Gewerbetreibenden beschäftigen sich die meisten Einwohner mit Milchwirt-*
*schaft, Vieh-, und Schweinezucht, teilweise auch mit Obstbau und Bienenzucht.*

[37] Ein Hilfslehrer wurde zeitlich befristet zugeteilt und war dem zuständigen Schulmeister unterstellt.
Er bezog einen Unterhaltszuschuß,mit dem er die Kosten für Unterkunft und Verpflegung bestreiten
musste.

*Die Bewohner der freundlichen Bauernhäuser arbeiten fleißig und fortschrittlich in ihren Betrieben und wissen ihren Grund und Boden aufs Beste zu bewirtschaften. Die peinlichste Ordnung und Sauberkeit herrscht auch in ihren Viehställen. Ihre Obstgärten pflegen sie aufs Sorgfältigste."[38]*

*Am 1. Dezember 1897 trat ich meinen Posten an. Hergensweiler Bahnstation, 3. Station von Lindau, hübsch gelegen zwischen Obstgärten, Aussicht auf den Pfänder, auf den Bodensee und Bregenz, sauberes Dorf mit 13 Filialen (die weitest entfernten Schulkinder hatten eine Stunde in die Schule!), ziemlich wohlhabende Leute, intelligente Schüler (mit wenigen Ausnahmen) also eine gute Klasse (1. bis 3.Schuljahr).*(7) Beeindruckt von seiner neuen Wirkungsstätte hatte er allen Grund sich auf seine Zeit und Lehrtätigkeit in diesem Dorf zu freuen.

Abb.57: Dorfansicht von Hergensweiler zwischen 1908 und 1911 nach einem Gemälde des Hergensweiler Kunstmalers Meinrad Heim (1886-1959).

Abb.58: Hergensweiler 1899, links oben die 1889 aufgestockte Schule, daneben das Wohnhaus Alois Schneider, Haltestelle (1887) und Bahnhofsrestauration, die Kirche St. Ambrosius (1712) und das Kriegerdenkmal (1883). Postkarte gelaufen, Stempel 14.8.99.

Er unterrichtete in einem Gebäude,das 1782 als einstöckiges Schulhaus durch die Gemeinde errichtet worden war und nicht weit von der Kirche entfernt lag. Nach 1888 war die Schülerzahl auf 125 gestiegen, so dass das Schulhaus 1889 ein weiteres Stockwerk mit einem neuen Schulsaal bekam. Neben dem Schulsaal war ein Zimmer, als Unterkunft für den kommenden Hilfslehrer entstanden. Darin bezog er sein Quartier. Es war ein *helles Zimmer, mit oft rauchendem Ofen.*(8)

Der untere Schulsaal war 9,6 Meter lang, 6,7 Meter breit und 2,6 Meter hoch und war etwas dunkel, denn der Raum hatte durch die Erweiterung des Hauses einen Teil seiner insgesamt 10 Fenster verloren. Seine Ausstattung war erneuerungsbedürftig, genauso wie der Anbau aus Holz, in dem sich der unzureichende und unpraktische Abort für Schüler und Lehrkräfte befand. Der Lehrkörper bestand aus dem Hauptlehrer, einer Lehrerin (für die unteren Abteilungen) und Max Welcker, der als Hilfslehrer an die Volksschule in der Gemeinde kam.

---

[38] Geschichte der Gemeinde Hergensweiler, verfasst von August Schäffler, Oberlehrer a. D. und Ehrenbürger der Gemeinde Hergensweiler, 1. November 1938, S. 35,36

Neben dem Schulhaus befand sich das Lehrerhaus in dem der Oberlehrer und musikalische Prinzipal wohnte. Er hieß August Schäffler und war ein *brutaler Lebemann, der täglich bis tief in die Nacht im Wirtshaus bei Bier (oder Wein) saß* und bei den Leuten *nicht allzu beliebt war*. Er war verheiratet und *die Frau Lehrer, eine stille „Dulderin" mit Kindern Jahr für Jahr, die wie die Orgelpfeifen neben mir beim Essen saßen*.(8) August Schäffler war als staatlich angestellter Lehrer seit 1. September 1886 an der Schule in Hergensweiler angestellt und übte dieses Amt 39 Jahre lang bis 1925 aus. Darüber hinaus war er in der Gemeinde Kassier im Kampfgenossenverein (von 1866), gründete 1888 den Schützenverein, war dessen Schützenmeister von 1888 bis 1903 und spielte obendrein im 1888 gegründeten Orchesterverein Violoncello. Er wurde später zum Ehrenbürger der Gemeinde Hergensweiler ernannt und schrieb im Jahr 1938 die Ortschronik.

In der katholischen Pfarrkirche St. Ambrosius, mit dreiseitig geschlossenem Chor und Langhaus, gebaut im Jahre 1712 wirkte Gemeindepfarrer Norbert Thalhofer (1839-1925), ein gemütlicher, alter Herr, *geborener Augsburger, dem ich auch Mesmerdienste zu leisten hatte. (Herr Pfarrer freute sich immer besonders, wenn ich ihn an Werktagen in der Sakristei „anzog", statt Scheffler [sic!])*. Der Pfarrer mochte Schäffler überhaupt nicht. Max Welcker hingegen war ihm sympathisch und so war er *an Festtagen bei ihm immer zu Gaste geladen*.(8)

Die Arbeit des jungen Hilfslehrers *in Schule und Kirche (Orgel) ward sehr geschätzt und bei den Leuten galt ich zum Ärger Schefflers [sic!][...]sehr viel mehr,*

*Abb.59: Die römisch-katholische Pfarrkirche St. Ambrosius Hergensweiler (Dorfstr. 13). Kirchenpatron ist der heilige Ambrosius von Mailand. Die Barockkirche stammt von 1712 und ihre Innenausstattung mit dreiseitig geschlossenem Chor, prachtvollen Stuckmarmoraltären fast vollständig erhalten. Die Saalkirche zählt zu den am besten erhaltenden des Kreises Lindau. Historische Aufnahme, undatiert.*

*Abb.60: Innenaufnahme der Pfarrkirche St. Ambrosius. Franz Schmuzer (1676-1741) schuf den Hochaltar und die Kanzel. Die Seitenaltäre stammen von Abraham Baader (1694-1748). Das herrliche Deckenfresco wurde 1897 bei der Restaurierung der Kirche durch Professor Gerhard Fugel,München gemalt. Es zeigt Bischof Ambrosius, der Kaiser Theodorius I. den Zugang zum Mailänder Dom verwehrt, als Buße für das Massaker in Thessaloniki im Jahr 390. Historische Aufnahme, undatiert.*

Abb.61, 62, 63: Prospekt und Spieltisch der Orgel. Die Orgel stammt aus der schwäbischen Orgelbauwerkstatt von Balthasar Pröbst (1830-1895) in Füssen, der 150 Orgelwerke baute, von denen noch etwa ein Viertel erhalten sind. Die Orgel hat 12 Register verteilt auf 2 Manuale und Pedal. Sie wurde am 27. Juni 1880 aufgestellt. Die Orgelprobe wurde vom staatlichen Kommissär, Lehrer und Organisten Dollkopf aus Lindau am 3. Juli vorgenommen. „Dieser sprach seine vollste Zufriedenheit über das schöne, vorzügliche Instrument aus. Die Orgel kostete die Gemeinde 3.300 Mark." [39]

besonders, als ich auch im Schützenverein öfters theatralisch auftrat und so mit den Einwohnern immer mehr in Fühlung trat. Sicherlich war Max Welcker auch beim Hergensweiler Fest, das seit Jahrhunderten alljährlich am ersten Augustwochenende stattfindet, als Schullehrer mit musikalischen Beiträgen aktiv. Nebenbei gab ich noch Nachhilfe und Klavierstunden und wenn Max Welcker durchs Dorf oder einen der Ortsteile ging, wurde er in die Häuser gebeten und mit Speis und Trank bewirtet. Kurz gesagt: Ich führte ein herrliches Leben und machte in den Schulferien donnerstags regelmäßig Ausflüge beispielsweise nach Lindau, Vorarlberg, Württemberg und in die Schweiz usw.(8)

Obwohl er seinen musikalischen Prinzipal Schäffler nicht besonders mochte, begleitete er ihn wiederholt bei seinen Gesangsvorträgen im Hause, denn Schäffler besaß eine schöne Baritonstimme. Öfter traten die beiden Lehrer in Gasthäusern von Hergensweiler auf oder musizierten beim Wein, in der zu Fuß knapp 45 Minuten entfernten Gmündmühle, einem Gasthaus von 1743, das kurz hinter der bayerisch-österreichischen Grenze lag. Mehrfach gaben die beiden Konzerte in Lindenberg und Wangen (Württemberg), wobei wir auch den Kapellmeister A. Neudel als Soloviolinist mitnahmen. Max Welcker trat natürlich auch als Pianist solistisch auf. Welche Kühnheit von mir dem kaum 19jährigen „pianistisch" aufzutreten!! und was spielte ich-stürmisch „gefeiert"! Erwachen des Löwen von Konski, „Klosterglocken" und andere Salonstücke!! Außerdem spielte er im Orchesterverein mit, der sich zu einem 17 Mitglieder zählenden stattlichen Orchester erweitert

[39] Geschichte der Gemeinde Hergensweiler, verfasst von August Schäffler, Oberlehrer a. D. und Ehrenbürger der Gemeinde Hergensweiler, 1. November 1938, S. 18.

hatte. Die Musikgesellschaft bestand aus 2 Violinen (Andreas Schneider & Max Welcker), 2 Violas, 2 Violoncelli (u.a. August Schäffler), Kontrabass, Flöte, 2 Klarinetten, 2 Hörner, 2 Trompeten, Flügelhorn, Posaune und Pauke. Geleitet wurde der Klangkörper von Hauptlehrer August Schäffler und man gab nach gründlicher Vorbereitung erfolgreich Konzerte. Besonders der alljährlich zur Fasnachtszeit stattfindende Orchesterball übte dabei auf die Tanzbegeisterten aus der Gemeinde und der Umgebung eine besondere Anziehungskraft aus.

Am 1. Juni 1899 erlebte Max Welcker die Eröffnung der ersten Postagentur im Gasthaus Schweinberger und im Sommer besuchten ihn überraschend seine Eltern für einige Tage und ihre *Anwesenheit* traf ihn *wie ein Blitz aus heiterem Himmel*. Sie überreichten ihm ein amtliches Schreiben. In diesem Dekret der Schulbehörde in Augsburg wurde ihm mitgeteilt, dass er *ab 1. September 1899 zum Verweser nach Haunstetten befördert sei. Also hieß es nach 21 monatlichem Aufenthalt* in Hergensweiler *weiter zu wandern. Der Abschied fiel mir nicht leicht, besonders deshalb, weil ich Aussicht hatte in Lindau angestellt zu werden, aber die Regierung meinte es mir mit der „Nähe Augsburgs" wieder gut u. so mußte ich abziehen."* (9) Also packte Max Welcker seine Koffer und verließ das Dorf Hergensweiler, in dem er sich so wohl gefühlt hatte.

Im 6 km südlich vom Augsburger Stadtzentrum entfernten Dorf Haunstetten fühlte sich Max Welcker nach kurzer Zeit auch bald sehr wohl. Der Ort kann auf eine reichhaltige Geschichte zurückblicken,denn bereits zur Zeit des römischen

*Abb.64: Das Käß Palais, ehemaliges Rathaus von Haunstetten (Tattenbachstraße), benannt nach dem Kommerzienrat und Gutsbesitzer Johann Georg Käß (1823 Schussenried - 1903 Augsburg-Haunstetten). Das Gebäude geht ursprünglich zurück auf einen Getreidekasten (Kastenhaus, wohl zur Aufbewahrung von Getreide) der sich im Besitz des Reichstiftes St. Ulrich und Afra Augsburg befand. 1832 kaufte der Kaufmann Clemens Martini das Haus und eine Leinwandbleiche und gründete in Haunstetten und Augsburg eine Textilveredlungsfirma, die bald zu den führenden ihrer Art in Deutschland zählte. Johann Georg Käß, ein entfernter Verwandter von Clemens Martini, lebte seit 1844 in Haunstetten. Er wurde 1847 Teilhaber der Haunstetter Bleiche. 1860 wurde eine Besitztrennung vollzogen und Haus und Bleiche gingen in seinen Besitz über. Käß war bekannt für sein soziales Engagement. Er gründete beispielsweise die Stiftung zur „Errichtung eines Armen- und Krankenhauses und einer Kleinkinder-Bewahranstalt". Durch seine großzügige Spende über 100.000 Mark im Mai 1890 war es der Gemeinde möglich, ein Grundstück zu erwerben und ein Krankenhaus zu bauen (heute Klinikum Augsburg-Süd).Testamentarisch bedachte er das Armen- und Krankenhaus mit 500.000 Mark. Im Jahr 1953 erwarb die Stadt das Palais von seinen Erben und baute es 1955 zum Rathaus um. Seit 1972 dient das Haus als Verwaltungsgebäude.*

Reiches verlief durch Haunstetten die berühmte Kaiser-Augustus-Straße (Via Clau-
dia Augusta von Augsburg über Füssen und Bozen nach Rom, angelegt 47-46 v.
Chr.). Nach der erstmaligen urkundlichen Erwähnung im Jahre 919 kam der Ort ab
1012 in den Besitz des Benediktinerklosters St. Ulrich und Afra bis zur Säkularisation im Jahre 1803. Zu Beginn der Industrialisierung im 19. Jahrhundert siedelten
sich Bleichen und auch Weißbleichen an, in denen die unerwünschten Färbungen
und Verunreinigungen aus den textilen Naturfasern entfernt wurden. Diese Pro-
zesse dauerten wochenlang und waren arbeitsintensiv. Nach der Erfindung der
Schnellbleiche überlebte nur der Betrieb der Familie Martini, die ihre Bleiche später
zu einem Textilveredelungsunternehmen umwandelte. Im nördlichen Teil des Ortes ließ sich zur gleichen Zeit die Spinnerei und Weberei Haunstetten nieder und
Anfang des 20. Jahrhunderts wurde hier eine Produktionsstätte der Bayrischen
Flugzeugwerke (später Messerschmittwerke) ortsansässig.

*Abb.65: Das dritte Schulhaus von
Haunstetten. Errichtet im Jahr 1888 in
der Amtszeit von Bürgermeister Karl
Seethaler. Das Gebäude stand nördlich
der Schulstraße und hatte zu Beginn
vier Schulsäle. Hier wurden 260 Kinder
von zwei Lehrern und einem Hilfslehrer unterrichtet. Im Laufe der nächsten
Jahre stiegen die Schülerzahlen weiter
an. Mit Unterstützung durch Kommerzienrat Georg Käß, der eine Spende von
50.000 Mark leistete, plante und baute
die Gemeinde eine neue Schule (heute
Eichendorffgrundschule am Georg-Käß-
Platz), die im Jahr 1904 eingeweiht wur-*
*de. Nach diesem Schulneubau wurde die Schule von 1888 zur Kinderbewahranstalt. Tes-
tamentarisch hatte Kommerzienrat Georg Käß auch für dieses Vorhaben 200.000 Mark zur
Verfügung gestellt. Die gemeindliche Kinderbewahranstalt wurde im Juni 1906 unter der
Leitung von Schwestern des Augsburger Klosters Maria Stern eröffnet. Sie führten die Anstalt - mit Ausnahme der Zeit des Nationalsozialismus - bis 1974. Heute befindet sich hier
die Städtische Kindertagesstätte und der Schulkindergarten Dudenstraße Augsburg, der
2006 seinen 100. Geburtstag feierte.*

Die Schule, an der er zu unterrichten hatte, stand nördlich der Schulstraße (heute Dudenstraße) nur ein paar Schritte von der Pfarrkirche St. Georg entfernt und
war der dritte Schulneubau in Haunstetten im 19. Jahrhundert. Das erste Schulhaus war im Jahr 1851 südlich neben der Pfarrkirche errichtet worden, nachdem
der Vorgängerbau an der gleichen Stelle (zu Beginn des 17. Jahrhundert eingeweiht durch das Augsburger Kloster St. Ulrich und Afra) im Jahr 1842 völlig ab-
gebrannt war. Nach dem Wiederaufbau unterrichteten hier zwei Lehrer ca. 100
Schüler. Durch die Industrialisierung wuchs die Schülerzahl, sodass im Jahr 1885
die zweite Schule errichtet wurde. Die im Jahre 1888 in der Amtszeit von Bürgermeister Karl Seethaler errichtete dritte Schule sollte den stetig steigenden
Bedarf an Unterrichtsräumen zunächst befriedigen, bis sie 1904 durch einen wei-

teren Neubau abgelöst wurde. Das Gebäude hatte zu Beginn vier Schulsäle. Hier unterrichteten zwei Lehrer und ein Hilfslehrer ca. 260 Kinder. Um 1900 gab es in Haunstetten schon ca. 335 Schüler, die in sechs Klassen unterrichtet wurden. Die meisten Schüler waren Kinder von Fabrikarbeitern aus Textilarbeiterfamilien die als Weber ab Mitte des 19. Jahrhundert aus Oberfranken und Sachsen zugewandert waren. Sie hatten sich in Haunstetten angesiedelt, um in den ansässigen Spinnereien und Webereien zu arbeiten.

Im Unterschied zu den ländlich geprägten Kindern in Hergensweiler bekam Max Welcker jetzt als Lehrer eine sehr viel größere *Klasse mit 108 Schülern, einen 4. und halben 5. Kurs, meist Fabrikkinder.*(9) Zu seinen Lehrerkollegen im Jahr 1901 gehörten Schulverweserin Marie Rößner, Cölestine Specht, G. Greisbacher und Blasius Riedele. Sein Lehrergehalt war karg. Er verdiente 26 Mark und einige Pfennige im Monat und hatte zusätzlich freie Kost seitens seines Prinzipals. Er lebte sparsam und leistete sich in beiden Jahren [...] *je einen neuen Anzug à 53 Mark.*(3)

Die Gemeinde Haunstetten stellte, im Gegensatz zu vielen anderen Gemeinden, ihren angestellten Lehrkräften Lehrerwohnungen zur Verfügung. Und so *bewohnte* Max Welcker in diesem industriell geprägten Augsburger Vorort *ein ziemlich kaltes Zimmer nach Norden, mit Aussicht auf die ganze Stadt.* Die Nähe zu Augsburg gestattete ihm *aber beliebig oft in einer ¾ Stunde in die Stadt* zu *spazieren,* um das Theater oder auch Konzerte zu besuchen. Er konnte so den Vater spielen sehen und seine Eltern oft besuchen, die in der Theaterstraße 14 (Litera D 200/II) wohnten. Den einen, oder anderen Weg dürfte er dabei mit der vom Haunstetter Bahnhof an der Krankenhausstraße nach Augsburg verkehrenden Lokalbahn zurückgelegt haben. Sie war im November 1900 zunächst für den Güterverkehr eingerichtet worden. Der Betrieb des Personenverkehrs wurde ein halbes Jahr später am 1.5.1901 aufgenommen und erst am 28.10.1927 wieder eingestellt, nachdem die Straßenbahnlinie 4 von Augsburg bis zum Georg-Käß-Platz in Haunstetten verlängert wurde.

Nach Aufnahme seiner Lehrtätigkeit in Haunstetten meldete sich Max Welcker im Herbst des Jahres 1899 ein weiteres Mal an der Augsburger Musikschule an, um sein Klavierspiel und seine musikalischen Kenntnisse zu vertiefen. Die Musikschule war von Hans Michael Schletterer 1873 gegründet worden und wurde nach seinem Tod 1893 von seinem Nachfolger Prof. Wilhelm Weber zusammen mit dem Geiger und Komponisten Johann Slunicko (1852-1923) geleitet. Sie befand sich seit 1889 in einem Rückgebäude der Jesuitengasse. Durch die räumliche Nähe zu Augsburg konnte er *auch die Musikschule wieder besuchen, wo ich noch mehrere Jahre bei Fritz Spindler hervorragenden Unterricht im Klavier genoß.* (10)

Mit der ersten Volkschullehrerstelle an der Schule von Haunstetten war auch das Amt des Organisten in der katholischen Pfarrkirche St. Georg verbunden. Max

Welcker versah den Dienst als Organist und spielte auf der im Jahre 1888 neu gebauten Orgel beim sonntäglichen Gottesdienst. *Werktags sangen mein Chef Rückerle (ein gewaltiger Bassist) und ich zweistimmig Requiems.*

*Abb.66: Die Pfarrkirche St. Georg in Haunstetten, erstmals 1501 in der Erneuerung der Inkorporation der Pfarrkirche in das Reichskloster St. Ulrich und Afra urkundlich erwähnt. Die gründliche Renovierung und Barockisierung erfolgte 1729/30 durch den baufreudigen Abt Willibald Popp. In der zweiten Hälfte des 19.Jahrhundert wurde sie unter Pfarrer Eberhard Spiekermann nach Plänen des Königlichen Bauamtsassessors August Immler umgestaltet. Dabei wurde die barocke Innenausstattung fast vollständig entfernt und die Kirche um fast 10 Meter mit 2 Fensterreihen nach Westen verlängert. Für die Verlängerung der Kirche schenkte Kommerzienrat Georg Käß der Kirchgemeinde 52.000 Mark. Die Orgel stammt vom Augsburger Orgelbauer Offner und wurde im Jahr 1888 in die Kirche eingebaut. Das neubarocke Gehäuse schuf der Augsburger Kunsthändler Carl Port.*

Darüber hinaus übernahm er bald als Chormeister die Sängergesellschaft „Einigkeit", die sich 1858 während des Industrialisierungsprozesses in Haunstetten in der damaligen Spinnerei und Weberei gegründet hatte. Die Gründung erfolgte in der Hausmeisterei durch einen Weber namens Zöll der dabei von seinem Chef Fabrikdirektor Keller tatkräftig unterstützt wurde. Diesem Männerchor schlossen sich zunächst vorwiegend einheimische, aber auch zugewanderte Arbeiter der angesiedelten Fabriken an. Bei der Gründung der Sängergesellschaft stand der 1849 gegründete Augsburger Männerchor „Concordia" Pate, um „durch die einigende Macht des Gesanges und Pflege schöner Geselligkeit die Menschen einander näher zu bringen."

Innerhalb kürzester Zeit entwickelte sich die Sängergesellschaft „Einigkeit" zu einem stattlichen Verein. Das zunehmende Interesse der ortsansässigen Bevölkerung an den Aktivitäten des Chores und freundschaftliche Kontakte zu benachbarten Männerchören führten im Jahr 1882 zur Gründung eines Gauverbandes mit Inningen, Göggingen, Pfersee, Kriegshaber und Oberhausen. Im Jahr 1883 feierte man das 25jährige Gründungsfest, zu dem eine stattliche Anzahl von Gesangsvereinen erschien. Weitere zwei Jahre später wurde dann die erste Vereinsfahne geweiht, die von Mitgliedern und Gönnern gestiftet worden war. Erneut wurde die Patenschaft durch die „Concordia Augsburg" übernommen. Von 1888 bis 1902 leitete Vorstand Georg Wassner die Geschäfte des Chores. In seiner Amtszeit wurde eine Unterstützungskasse durch den Verein eingerichtet. Sie trug von 1895 bis zum Ende der Inflation 1923 die Verantwortung für die kranken und arbeitslosen Mitglieder und die Witwen verstorbener Sänger.

Von 1899 bis 1901 leitete Max Welcker den *Gesangverein „Einigkeit", mit dem ich wiederholt Konzerte gab und Theater spielte, wobei ich meist in einer komischen Rolle „mitwürgte" zum Entzücken des Publikums.*(10) Auch in späteren Jahren gab es immer wieder Theater- oder Operettenaufführungen. Besonders in Faschingszeiten in den Jahren vor dem zweiten Weltkrieg war die „Einigkeit" mit ihren lustvollen Schwänken im stets mit phantastischen Dekorationen geschmückten Ballsaal des „Jägerhaus" in aller Munde.

1908 wurde das 50jährige Bestehen und 1958 der 100. Geburtstag gefeiert. Dieser stand unter dem damaligen Sängerspruch: „Einigkeit in Lied und Wort, Einigkeit an jedem Ort, Einigkeit mit Herz und Hand, einig für das Vaterland". Im Jahr 2008 fand die Feier zum 150jährigen Bestehen des Chores statt. Der Männerchor bestand aus 42 aktiven Sängern. Dem Verein gehörten außerdem 111 passive und fördernde Mitglieder an. Gefeiert wurde unter dem Motto: „Einigkeit in Lied und Wort, Einigkeit an jedem Ort, Einigkeit bei Wein und Sang, Einigkeit ein Leben lang". 2013 endete die Geschichte dieses kulturell bedeutsamsten und ältesten Haunstetter Vereins und die Sängergesellschaft Einigkeit Haunstetten e.V. wurde nach 164 Jahren wegen Nachwuchsmangel offiziell aufgelöst.

Abb.67: Undatierte Photographie der Sängergesellschaft Einigkeit Haunstetten.

Abb.68: Vereinsfahne der Sängergesellschaft Einigkeit Haunstetten, gestiftet von Mitgliedern und Gönnern. Die Fahnenweihe fand im Jahre 1885 statt.

Abb.69: Postkarte vom 50. Gründungsfest und Fahnenweihe vom 12. Juli 1908.

Max Welckers erstes Jahr in Haunstetten war *schwer mit ernster Arbeit aus-gefüllt*. Denn neben seiner beruflichen Tätigkeit als Schulverweser, Organist und Chorleiter *galt es doch sich auf den Staatskonkurs* [abschließendes Staats-examen] *zu rüsten, auf den ich mich genau ein Jahr vorher vorzubereiten anfing. Aufgrund meiner gut bestandenen sogenannten Anstellungsprüfung,* die im *Ok-tober 1900* in Augsburg stattfand (ich war der „6." von 44 Prüfungskandidaten), wurde ich genau nach 2 jähriger Tätigkeit in Haunstetten auf *September 1901* als *Verweser*[40] *berufen.* Die sogenannte Anstellungsprüfung war die wichtigste Prüfung für die Lehrer zur damaligen Zeit, denn damit erfolgte die eigentliche Aufnahme in den Schuldienst und der Bewährungsaufstieg begann. *So kam ich ganz wieder zurück ins elterliche Haus, nachdem ich 2 Jahre „Gasthausküche" genossen hatte.*(10)

*Abb.70: Robert, Amalie und Max Welcker um 1900.*

[40] War eine Schulstelle vakant, wurde sie zunächst mit einem Schulverweser (Verwalter) besetzt. Die-ser hatte voll verantwortlich die Aufgaben eines Lehrers wahrzunehmen, allerdings mit weniger Gehalt und ohne gesicherte Anstellung.

# Start in Augsburg als Lehrer und komponierender Chorleiter

Mit dem Umzug nach Augsburg begann für den 23jährigen Max Welcker ein neuer Lebensabschnitt. Seine Wanderjahre waren vorüber, die ersten Berufserfahrungen als Musiker, Chorleiter und Lehrer gemacht. Er kehrte dauerhaft nach Augsburg zurück, wurde sesshaft und strukturierte sein Leben neu. Er war wieder in seiner Geburtsstadt, die sich in der Amtszeit von Bürgermeisters Ludwig Fischer (1866-1900) zu einer modernen Großstadt entwickelt hatte, deren Bevölkerung von etwa 50.000 im Jahre 1866 bis 1909 auf über 100.000 Einwohner stieg. Die Wirtschaft florierte, denn dem Augsburger Unternehmertum war es gelungen, sich in der zweiten Hälfte des 19. Jahrhunderts geradezu mühelos an die Spitze der Industrialisierung in Süddeutschland zu stellen. Man war Marktführer in der Textilindustrie und Zentrum des Maschinenbaus (u.a. entwickelte Rudolf Diesel bei der Maschinenfabrik Augsburg-Nürnberg MAN in Augsburg von 1893 bis 1897 den Dieselmotor). Das Stadtbild hatte sich durch den Aufbau einer zeitgemäßen Infrastruktur mit neuen Verkehrswegen (1895 fuhr das erste Auto, 1898 die erste elektrische Straßenbahn) verändert. Das Schulwesen wurde auch mit weiterführenden Schulen gut ausgebaut. Kirchliche und weltliche Musikpflege blickten auf eine reichhaltige Geschichte zurück und fußten auf bedeutsamen musikalischen Traditionen. Neben den musikhistorisch bedeutsamen katholischen Kirchenmusikzentren des Doms und des Stiftes St. Ulrich und Afra sowie der Kantorei der evangelischen Hauptkirche St. Anna, gab es zahlreiche auch überregional tätige Männerchöre wie die Augsburger Liedertafel und den Oratorienverein sowie das Städtische Theater und Orchester. Die Bedingungen für einen jungen Lehrer, Chorleiter, Organisten und angehenden Komponisten waren somit interessant und vielfältig.

Die nächsten Jahre wohnte Max Welcker bei seinen Eltern in der Mittleren Stadt in der Theaterstraße (Litera D.200/ II) im 2. Stock. Im Jahr 1902 zog er mit ihnen in die Wallstraße um (Litera B.194/1; Barthshof hinter dem Königsplatz). Beide Adressen waren der Pfarrei St. Moritz zugeordnet.

Den Klavier- und Orgelunterricht an der Musikschule bei Prof. Spindler besuchte er weiterhin und bei Prof. Wilhelm Weber, der die Schule leitete, erweiterte und vervollkommnete er seine Kenntnisse in den Fächern Kontrapunkt und Musiktheorie. Die Musikschule in Augsburg war in dieser Zeit noch eine private Schule und so musste Welcker seine Unterrichtsstunden selbst bezahlen. (Erst im Jahre 1922 wurde die private Musikschule von der Stadt übernommen und heißt seit 1948 bis heute „Leopold-Mozart-Konservatorium der Stadt Augsburg".)

Seit Gründung der Musikschule 1873 fanden regelmäßig sogenannte „Musikalische Unterhaltungen" statt. Diese Schülerkonzerte dienten dem Erlernen, Kennenlernen und Ausprobieren musikalischer Literatur und boten die Möglichkeit für die angehenden Künstler, das Erlernte vor Publikum zu präsentieren. Dazu gehörten auch Prüfungskonzerte.

Die Konzertveranstaltungen der Schule waren von Beginn an durchnummeriert. In den ersten 25 Jahren nach Gründung der Schule, fanden insgesamt 390 „Musikalische Unterhaltungen" statt. Dafür wurde ab 1876 der schöne Saal der Augsburger Börse genutzt.

*Abb.71: Die Augsburger Börse um 1900. Das repräsentative Gebäude wurde 1828 bis 1830 gegenüber dem Rathaus der Stadt errichtet. Der zweistöckige Saal in den Obergeschossen wurde 1876 zum Konzertsaal umgebaut. Er war fast 70 Jahre lang ein fester Begriff im Augsburger Kulturleben. 1934 bezog der Schwabensender der Reichs-Rundfunk-Gesellschaft hier sein Quartier und übertrug ab Januar 1935 Livekonzerte aus dem Saal. Das Gebäude wurde 1944 schwer beschädigt, 1949 bis auf das Erdgeschoss abgetragen und 1960 endgültig abgerissen. Heute findet auf dem freien Platz der Christkindlesmarkt statt.*

Auf erhalten gebliebenen Programmzetteln ist Max Welckers Name zwischen 1901 und 1905 insgesamt sechs Mal verzeichnet. *Das Klavierstudium betrieb ich eifriger denn je und trat jedes Jahr bei den Prüfungskonzerten der Musikschule im Börsensaal auf* (11). Er spielte als Pianist solistisch und trat als Klavierpartner mit Instrumentalisten und Sängern oder Chor auf (aufgeführt sind in den Konzertprogrammen nur die Programmpunkte, bei denen Max Welcker beteiligt war).

Konzert Nr. 425:    Samstag, 29. Juni 1901, Börsensaal,
                    Zweites Prüfungskonzert
                    Fr. Chopin: Walzer Es-Dur op.18
                    Herr Max Welcker, Klavier

Konzert Nr. 437:   Samstag, 28. Juni 1902, Börsensaal, Erstes Prüfungskonzert
L. v. Beethoven: Sonate op. 14. Nr. 1 E-Dur
Herr Max Welcker, Klavier

Konzert Nr. 462:   Samstag, 25. Juni 1904, abends 7 Uhr, Börsensaal
Zweites Prüfungskonzert
Chorlieder:
     a) Über die hellen, funkelnden Wellen (L. Spohr)
     b) Frühling, komm wieder (Th. Köhler)
     c) Der Mond (W. Taubert op . 140. 5)
Elementarchorgesangsklasse, Lehrer: Herr E. Martini
Klavierbegleitung: Herr Max Welcker
Gesänge für Bariton:
     a) Siegfrieds Schwert (M. Plüddemann)
     b) Mein müdes Auge flieht der Schlaf (Gg. Henschel)
Herr Anton Zvonar Lehrer: Herr E. Martini
Klavierbegleitung: Herr Max Welcker

Konzert Nr. 463:   Samstag, 2. Juli 1904, abends 7 Uhr im Börsensaale
Drittes Prüfungskonzert
Zweite Abteilung
Nr.9) Airs russes variés für Violoncello von S. Lee op. 58
Herr Karl Griesbauer Lehrer: Herr A. Deppe
Klavierbegleitung: Herr Max Welcker

Konzert Nr. 475:   Samstag, 1.Juli 1905, abends 7 Uhr, Börsensaal
Zweites Prüfungskonzert
Chorlieder:
     Frühlingssehnsucht (Volkslied)
     Im Wald (A. Becker)
     Wie es in der Mühle aussieht (K. Reinecke)
     O hätt ich Jubals Harf, aus Josua G. F. Händel
Duette für Mezzo und Bariton:
     Auf dem Berge op.121.4. (F. Hiller)
     Am Morgen op.84.6 (M. Stange)
Lieder für Bariton:
     Winternacht (E. Hildach)
     Mit deinen blauen Augen (Ed. Lassen)
Gesangsklasse Martini
Klavierbegleitung: Herr Max Welcker

Konzert Nr. 476:   Samstag, 8. Juli 1905, abends 7 Uhr, Börsensaal
Drittes Prüfungskonzert
Konzert für Klavier g - Moll op. 25 F. Mendelssohn-Bartholdy
1. Satz: molto allegro
Herr Max Welcker, Klavier
Herr Fritz Spindler, Klavier

In seinen Lebenserinnerungen von 1946 schrieb Welcker: *Im letzten meiner mit-gemachten Prüfungskonzerte spielte ich den „Feuerzauber" aus der Walküre, arrangiert von Brassin. Eine weitere meiner „Glanzleistungen" war die Es-Dur Polonaise von Liszt."* (12) (Dieser Programmzettel hat sich leider nicht erhalten).

Er blieb in diesen Jahren *bei Spindler in der Klavierausbildung, der mich als Künstler und Freund noch immer mehr begeistern wollte und meinte, mich ganz der Musik (Klavier) widmen und den Schuldienst aufgeben zu sollen.*(11) Doch Max Welcker entschied sich dafür seinen beruflichen Weg als Volksschullehrer weiter zu verfolgen.

Trotz seines Umzugs nach Augsburg behielt er seine Chorleitertätigkeit bei der „Einigkeit" in Haunstetten noch bei *und übernahm in Augsburg sofort auch das „Sängerkränzchen" des kath. Kasinos.* Der Männerchor des katholischen Kasinos gehörte zum gleichnamigen eingetragenen Verein, dessen Zielsetzung die Pflege und Förderung katholischer Interessen war. 1872 erwarb der Verein die ehemali-ge Probstei in der Frauentorstr. 8 (Litera C.57; heute Dom Hotel) und richtete im rückwärtigen Gebäudetrakt die Gastwirtschaft „Zur Goldenen Glocke" ein. Der Chor probte in den Räumlichkeiten des Anwesens, zu dem auch ein prächtiger Kastaniengarten mit Kegelbahn und Musikpodium gehörte.

*Abb.72 und 73: Dieses Haus war die Domprobstei (Frauentorstraße 8), neu erbaut im Jahr 1508 durch den Kardinal Matthäus Lang. Hier pflegten während ihres Aufenthaltes in Augsburg der Kaiser Maximilian I. und seine Gemahlin Bianca Maria zu wohnen. (Postkarte gelaufen, vom 23.06.1901) Im Jahr 1872 erwarb der Verein „Katholisches Kasino" die ehemalige Dom-probstei und richtete im rückwärtigen Gebäudetrakt die Gastwirtschaft „Zur Goldenen Glocke" ein. Hier probte Max Welcker mit dem Männerchor „Sängerkränzchen" und führte im Garten seine erste Komposition im Mai 1902 auf. Das 1944 zerbombte Hotel wurde 1946 wieder auf-gebaut und 1972 in „Dom Hotel" umbenannt. Der idyllische Garten ist erhalten geblieben.*

Als neuer Chorleiter studierte Max Welcker mit dem „Sängerkränzchen" ziemlich schnell seine erste eigene Komposition ein. Die Aufführung fand im Mai 1902 statt. Es handelte sich dabei um das Marienlied „O heiligste der Frauen, Maria sei gegrüßt.", gewidmet dem „Sängerkränzchen des Kath. Kasino Augsburg", ein Lied mit drei Strophen (Andante sostenuto, quasi Allegretto, im 6/8 Takt) für vierstimmigen Männerchor in F-Dur. Diese Komposition wurde auf Wunsch des

Prokuristen Herrn H. Balig vom Musikverlag Anton Böhm & Sohn als erste Komposition von Max Welcker in der Sammlung Marienblumen als Nr. 19 unter der Editionsnummer 5109 veröffentlicht. Die Rechte an der Komposition musste er aber an den Verlag abtreten. In der gleichnamigen Sammlung erschien von ihm außerdem als Nr. 17 unter der Editionsnummer 5010 ein zweites Marienlied „Zur Himmelkönigin" (O laßt ein Lied erklingen) für Männerchor mit Orgelbegleitung.

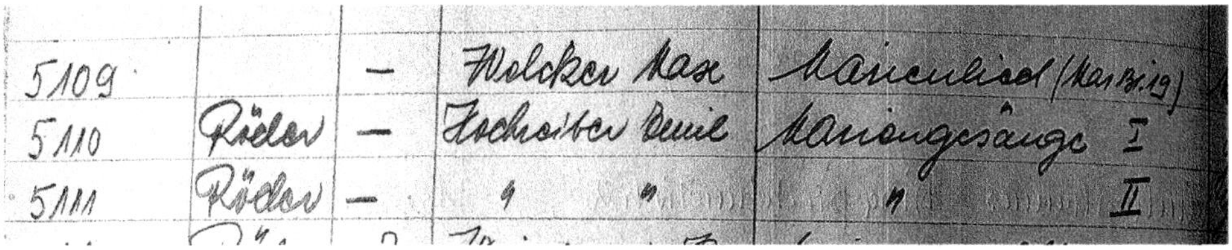

Abb.74: Der erste Eintrag unter Nr. 5109 eines Werkes von Max Welcker im handschriftlich geführten Editionsnummernverzeichnis des Musikverlages Anton Böhm & Sohn Augsburg.

Mit dieser Veröffentlichung im Jahre 1902 begann die Zusammenarbeit zwischen dem 24jährigen Komponisten Max Welcker und dem Musikverlag Anton Böhm & Sohn, einem der ältesten Musikverlage Deutschlands (gegründet 1803) und diese Zusammenarbeit sollte ein Leben lang andauern.

Zum Verlagsangebot gehörten Werke von berühmten Komponisten (u.a. J. Chr. Bach, Gluck, Händel, Joseph und Michael Haydn, Leopold und W. A. Mozart, Rheinberger, Reger, Silcher, Franz Abt, Zelter und viele andere mehr), aber auch schwäbische und Augsburger Komponisten wie Karl Deigendesch, Hans Michael Schletterer oder Johann Slunicko.

Der Musikverlag förderte immer wieder gezielt junge Tonkünstler (u.a. Otto Jochum) und mit Max Welcker gestaltete sich die Zu-

Abb.75: Das Marienlied „O heiligste der Frauen, Maria sei gegrüßt", gewidmet dem „Sängerkränzchen des Kath. Kasino Augsburg". Max Welckers erste Komposition, veröffentlicht beim Verlag Anton Böhm & Sohn Augsburg unter der Editionsnummer 5109 als Nr. 19 in der Sammlung „Marienblumen".

sammenarbeit äußerst produktiv und erfolgreich. Im Laufe der Jahre erschienen insgesamt 496 Werke beim Verlag, die zum Teil auch heute noch nachgefragt werden. Kurz darauf wurden 1902 unter den Editionsnummern 5152 und 5153 noch zwei vierstimmige Männerchöre „Sonnaschei" und „Gretele" und etwas später „s'Tonele" (vierstimmiger gemischter Chor) unter der Editionsnummer 5261 gedruckt und veröffentlicht. Seinen *ersten „weltlichen Werklein" „Sonnaschei", „Gretele" und „s'Tonele" waren schwäbische Texte unterlegt, davon die beiden ersten Eigendichtungen.*(24)

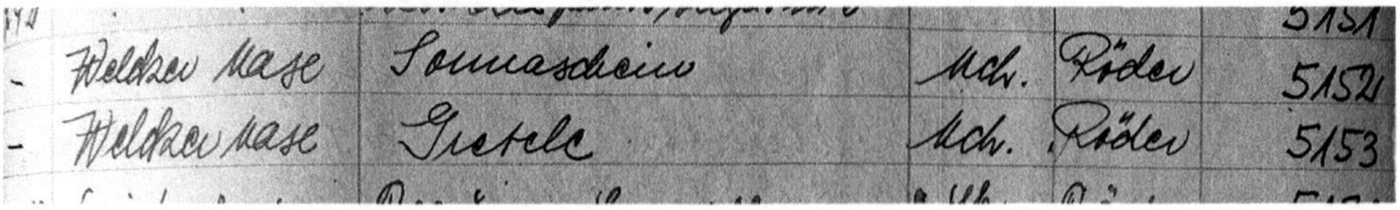

*Abb.76: Der zweite Eintrag der Werke Max Welckers unter den Editionsnummern 5152 Sonnaschei und 5153 Gretele.*

*Abb.77: Die erste Notenseite der Komposition Sonnaschei'.*

Der Text des dreistrophigen Liedes auf Schwäbisch lautet:

### *Sonnaschei*

1. *Sonnaschei', Sonnaschei' ! d' Welt könnt it schöner sei.*
   *' s Herzle möcht' fast mir, ja fast mir zerspringa.*
   *Sonnaschei', Sonnaschei' ! Wer könnt' dau traurig sei?*
   *Dau muass ma' jauchza, ja jauchza und singa.*
   *s' Lerchle in aller Fruah fliagt scho' sei' m Schöpfer zua.*
   *Glöckle vom naha Wald läutet, dass' s schallt.*
   *Horch, wia dös Glöckle klingt' s Lerchle singt*
   *dirili, dirili, wit, wit, wit, diridirili,*
   *dirili, dirili, wit, wit, dirili.*

2. *Sonnaschei',Sonnaschei'! Könnt i' der Herrgott sei',*
   *d' Sonna dürft gar nia, ja gar nia versinka!*
   *Sonnaschei',Sonnaschei' ! Dös wär für d' Schenkwirt fei',*
   *dau könnt' n d' Leut it gnua, gar nit gnua trinka.*
   *Sitzt ma' so drau beim Bier, glei singat drei und vier.*
   *Singa und trinka Leut, dös gibt a Schneid!*
   *Also a Liadle raus' , Bäss voraus!*
   *Dideldum, dideldum dididi, dideldideldum,*
   *dideldum, dideldum, dididideldum, dum.*

3. *Sonnaschei' , Sonnaschei' ! Könnt i' doch bei dir sei',*
   *droba bei all, ja bei all deana Steara!*
   *Sonnaschei' , Sonnaschei' ! I' ging in Himmel nei*
   *und tät a Engele herzig nett weara.*
   *Dass ma' mi' neilau tät, säng i' von früah bis spät,*
   *bis ma' macht endli' drauf d' Himmelstür auf.*
   *Nau gäng i' lustig nei, säng dabei.*
   *Dulije, dulije, hi, hi, hi, dulidulije,*
   *dulije, dulije, dulije, hi, hi, dulije. (Juhschrei!)*

Vor allem die Eigendichtung von „Sonnaschei", dem ersten Lied, *verdankt seine Entstehung dem eigenartigen Umstand, daß ich, mit meinen Eltern im Zillertale in der Sommerfrische weilend, 1 Paar seitens meiner Mutter gestrickten Socken (die sie vergessen hatte, nach Lannersbach [6 km entfernt] mitzunehmen), holen mußte, als wir bereits in Hintertux angelangt waren. Der nette Weg an einem schmalen Bächlein (Tuxbach) entlang - 1 Stunde Gehzeit - hat es mir angetan, die Melodien obigen Chörchens zu spinnen.*(24)

Viel später legte er die beiden volkstümlichen Lieder seinem ehemaligen Seminarmusiklehrer Karl Deigendesch zur Begutachtung vor. Dieser meinte: *„Ganz nett, aber nicht empfehlenswert zum Druck",* während Seminar-Musiklehrer *Weinberger*[41] *aus Würzburg schrieb: „2 reizende Sächelchen! Note 1."* (25)

Seine Unterrichtstätigkeit als Schullehrer begann am 15. September 1901 in der Pestalozzischule. Sie lag links der Wertach in der Straße 23 Nr. 12 im Norden der Stadt, in der um 1870 als Neubaugebiet entstandenen Wertachvorstadt. An der Schule wurden katholische Mädchen und Knaben in getrennten Klassen unterrichtet. Seinen Schulweg legte er sicherlich mit der Straßenbahn zurück, die als Pferdetrambahn bereits seit 1881 in die Wertachvorstadt fuhr.

*Abb.78: Die Pestalozzischule in der Augsburger Wertachvorstadt. Benannt nach dem Schweizer Pädagogen, Philosophen und Sozialreformer Johann Heinrich Pestalozzi (1746-1827), der als Wegbereiter einer allgemeinen Bildung für alle Menschen gilt. Seine Maxime der harmonischen Bildung des heranwachsenden Menschen – Kopf, Herz und Mund - ist weitgehend unbestritten und prägt bis heute Bildungspläne und Unterrichtspraxis vieler Schulen. Im Jahr 1889 erwarb die Stadt Augsburg das 85 x 71 m große Grundstück. Von August 1889 bis Mai 1893 wurden zwei nahezu gleich große Schulhäuser und eine Turnhalle gebaut. Die Baukosten betrugen 292.291,- Mark. Die 23 Klassenzimmer waren 7 m lang, 11 m breit und 4,10 m hoch und mit vier-, bzw. zweisitzigen Bänken ausgestattet. Die Schule besuchten 1.104 Schülerinnen und Schüler.*

Zu Beginn seiner Lehrertätigkeit in Augsburg befand sich das Schulsystem in einer Phase des Umbruchs, der zu einer Reihe von wichtigen Veränderungen führte. Die Zeit um die Jahrhundertwende war geprägt durch die in der zweiten Hälfte des 19. Jahrhunderts bestimmende pädagogische Theorie des Herbartianismus mit seiner Formalstufentheorie. Die daraus entstandene Lernschule, in der das rein „mechanische" Lernen im Vordergrund stand, erreichte im Gleichschritt mit dem materiellen Aufschwung in Deutschland im Jahr 1901 ihre Hochblüte. Aufgrund wissenschaftlicher Forschung wurde der Schulbetrieb nach und nach einem Wandel unterzogen. Dieser sollte dazu führen, dass sich die Entwicklung immer mehr hin zur „Seele des Kindes" und den Bedürfnissen der Kinder verlagerte. Reformpädagogische Bewegungen förderten die Einsicht, dass Charakter- und Gesinnungsbildung einerseits und intellektuelle Schulung andererseits einander

[41] Es dürfte sich um den Komponisten, Organisten und Domkapellmeister Karl Friedrich Weinberger (1853 Wallerstein-1908 Würzburg) handeln. Er komponierte kirchenmusikalische Chorwerke und weltliche Lieder. Ab 1881 war er königlicher Seminaroberlehrer für Musik am Schullehrerseminar Würzburg.

nicht ausschließen. Somit wurde der Übergang von der herkömmlichen Lern- und Stoffschule zur neuen Volksschule eingeleitet.

In den nächsten 25 Jahren verschwanden mit der Zeit die alten Winkelschulen in der Augsburger Innenstadt und wurden durch Neu- oder Erweiterungsbauten ersetzt. Einrichtungen für sonderbegabte Kinder wurden geschaffen (u.a. Hilfsschule für Schwerbefähigte und Einführung von Sprachheilkursen 1902, Errichtung der Singschule 1905) und die zeitgemäße Gestaltung der Pflichtschulen wurde eingeleitet. In der rasch durch die Industrialisierung gewachsenen Stadt Augsburg gab es zu dieser Zeit in den Volksschulen 9.365 Schulkinder in 177 Klassen. Sie wurden von 197 Lehrern unterrichtet. Durchschnittlich gingen 53 Schüler in eine Klasse, also etwa halbsoviel wie zuvor in Haunstetten.

Im Jahr 1903 begann Max Welcker in der Pfarrei St. Max zu arbeiten, wo er *seit 6.1.03 auf dem Kirchenchor auch als Tenorist und später als Organist verpflichtet war und auch der dortigen Kirchenverwaltung als Mitglied angehörte.*(15)

*Abb.79: Stadtkirche St. Maximilian, Blick von Nordwesten um 1880.*

Als Organist von St. Max spielte Welcker zunächst auf dem in der Kirche vorhandenen alten Instrument. Die Orgel stammte von 1866 und war 1899 ausgebessert worden. 1933/34 wurde die neue Orgel auf 29 Register durch die Orgelbaufirma Max Dreher erweitert, mit einem neuen Gehäuse aufgestellt und im Februar 1934 geweiht. Der Entwurf stammte vom vielbeschäftigten Kirchenarchitekten Michael Kurz (1876-1957). Das Gehäuse war schlicht und moderat modern, nach oben hin offen und folgte dem damaligen Zeitgeschmack. In einer Festschrift von 1934 wurde, bezeichnend für die damalige Zeit, vermerkt, dass das Instrument „von deutschen Arbeitern und soweit möglich mit deutschem Material gefertigt" war. Leider lässt sich die Zeit Welckers als Organist von St. Max von 1903 bis 1943 nicht dokumentieren, da die Kirche St. Max, ihre Orgel und sämtliche Archivalien im Februar 1944 im Feuersturm von Augsburg vernichtet wurden.

Abb.80: Der Chorraum der Stadtkirche St. Maximilian um 1920. Die katholische Stadtpfarrkirche St. Maximilian in der Franziskanergasse 4. Sie steht auf einem Grundstück, das die Fugger dem Franziskanerorden schenkten. Der Orden ließ die Kirche 1611 direkt neben ihrem soeben gegründeten Kloster „Zum Heiligen Grab" errichten. Das kirchliche Baurecht und Patrozinium stammte von einer Kapelle aus der ersten Hälfte des 12. Jahrhunderts, die dem „Heiligen Grab" geweiht war (1608 abgetragen wegen Baufälligkeit) und wurde übertragen. Gebaut wurde nach Plänen, die wohl von Esaias Holl, einem Bruder von Elias Holl, stammten. 1613 wurde die Kirche vom Augsburger Bischof Heinrich von Knöringen geweiht. 1674 wurden Kirche und Kloster barockisiert. 1805 wurde das Franziskanerkloster mit der Säkularisation aufgehoben. Nach der vollständigen Räumung bis 1808 diente die Kirche zeitweise als Salzlager und das Kloster als Kaserne. König Maximilian I. Joseph erhob die ehemalige Klosterkirche am 19.2.1809 zur Pfarrkirche der Jakobervorstadt. Ein Jahr später stiftete der König eine Figur des hl. Maximilian und die Kirche wurde unter das neue Patrozinium des Bischofs Maximilian von Celeia gestellt.

Abb.81: Innenansicht der Kirche St. Max mit Orgelempore 1940.

Abb.82: Der Kirchenchor von St. Max 1928. In der hinteren Reihe ist Max Welcker (7. von links) zu sehen. Rechts daneben steht seine Frau Leopoldine. Rechts neben ihr stehen Tante Wilhelmine und Onkel Max Holl.

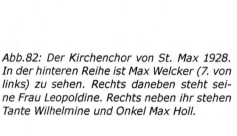

Im Jahr 1903 zog er mit seinen Eltern in die Frauenvorstadt an den Karmeliterplatz Litera E.173/I um. Der Umzug brachte ihm einen kürzeren Schulweg. Bis zur Pestalozzischule war er nun nur eine reichliche Viertelstunde unterwegs. In den nächsten Jahren stand neben seiner Lehrtätigkeit vermehrt das Reisen im Vordergrund. Zu Ostern 1904 unternahm er mit Freunden und Kollegen eine erste große Italienreise nach Venedig und an den Gardasee. Im Herbst wurde er am 15. September vom Schulverweser zum „definitiven" Lehrer ernannt. Mit dieser Beförderung veränderte sich sein gesellschaftlicher Status, denn er wurde Beamter auf Lebenszeit. Im Schuljahr 1905/06 unterrichtete er den Kurs VI b, 47 Mädchen, jeweils montags von 10 bis 11 Uhr und donnerstags von 3 bis 4 Uhr als Turnlehrer und die Klasse VI b, die aus 49 Mädchen bestand.

Zu Ostern 1905 fuhr er noch einmal nach Venedig, denn die Stadt mit ihren vielen Kirchen und Klöstern hatte es ihm angetan. Danach reiste er nach Mailand und an die oberitalienischen Seen weiter. Im Sommer des gleichen Jahres führte ihn seine Reiselust nach Hamburg, Helgoland und Kiel. Im Schuljahr 1906/07 unterrichtete er die Klasse V b, die aus 46 Knaben bestand. Die Urlaubspläne des Jahres 1906 führten ihn zu Ostern zum dritten Mal nach Italien. Diesmal standen Genua und die Riviera auf dem Programm und es ging zum ersten Mal nach Frankreich bis nach Nizza. Salzburg und Tirol besuchte er im Sommer 1906. Im Schuljahr 1907/08 war seine Klasse erstmals kleiner. Es war die VI c, bestehend aus 35 Knaben. Auch in diesen beiden Jahren unterrichtete er zusätzlich als Turnlehrer.

Seine vierte Italienreise machte er zu Ostern 1907. Die Städte Rom und Neapel standen auf der Reiseliste. Er besuchte sie mit seinem Freund Ruppert Dischl (1878-1960), Pfarrer im 36 km nordöstlich von Augsburg gelegenen Schiltberg. (Dischl wurde später als Dekan zum Geistlichen Rat berufen und trat am 20. Oktober 1926 seine Pfarrstelle an der St. Michaelskirche im nahe Augsburg gelegenen Ort Mering an. 1952 wurde er zum Ehrenbürger ernannt und eine Straße wurde nach ihm benannt.)

Aber das Schuljahr 1907/08 sollte für den 29jährigen Welcker noch zu einem ganz besonderen Jahr werden. Nachdem er im Sommer die gesamte Schweiz mit einem Generalabonnement für 40 Schweizer Franken mit der Eisenbahn erkundet hatte, sollte er eine neue Schulverweserin, die als Lehrerin in die Stadt kam (September 1907), auf Wunsch von OL. Leo Fischer freilich in die städtischen Schulverhältnisse „einweisen und betreuen".(12)

Sie war als ältestes von acht Geschwistern am 1. Mai 1881 in Krumbach in die Familie des Gerbereibesitzers Leopold Straßer (1848-1933) hineingeboren worden. Dieser war seit 1879 mit Maria Straßer (1859-1909 geb. Herzog) verheiratet. Seine Vorfahren waren Färber und stammten ursprünglich aus Erkheim (Memmingen). Leopoldine sollte Lehrerin werden und so schickten die Eltern ihre äl-

*Abb.83: Die junge Leopoldine Straßer (1. Mai 1881 - 6. März 1939).*

teste Tochter zur Ausbildung an das Lehrerinnenseminar des Dominikanerinnenklosters „Zur hl. Rosenkranzkönigin" im von Krumbach 20 km entfernten Wettenhausen. Diese Bildungsstätte für Lehrerinnen in Schwaben genoss einen hervorragenden Ruf weit über die Landesgrenzen hinaus. Leopoldine wohnte im Internat des Klosters zusammen mit anderen bürgerlichen Zöglingen und absolvierte dort ihre Ausbildung zur Lehrerin. Drei Schwestern des Dominikanerinnenordens erteilten den Unterricht in den Fächern Deutsch, Handarbeiten und Musik.

Im Jahr 1899 beendete Leopoldine das Seminar in Wettenhausen. Danach bekam sie ihre erste Anstellung als Lehrerin im 25 km entfernten südwestlich gelegenen Grafertshofen. Ihre Anstellungsprüfung bestand sie 1903 und wechselte von der Landschule in Genderkingen ins 50 km entfernte großstädtische Augsburg. Sie wurde am 1. Oktober 1907 Schulverweserin in Augsburg und bezog ihre Wohnung in der Mathildenstraße 6.0.

*Abb.84: Das Kloster der Dominikanerinnen „Zur hl. Rosenkranzkönigin" in Wettenhausen. Idyllisch im Kammeltal auf 462 m ca. 20 km nördlich von Krumbach/Schwaben gelegen. 1130 erstmals urkundlich erwähnt und bis 1802 Augustiner Chorherrenstift. 1864 erhielten die Dominikanerinnen von St. Ursula in Augsburg die Klosteranlage, die sich in schlechtem Zustand befand. Sie übernahmen die Mädchenvolksschule, begründeten ein Kloster und bauten mitten auf dem Land ein schulisches Zentrum auf. 1883 zählte das Kloster 52 Chorschwestern und 25 Laienschwestern. Auch ein Waisenheim wurde eingerichtet, in dem jeweils zwölf Kinder auf Kosten des Klosters leben konnten. Diese Waisenanstalt wurde 1905 in die neu gegründete Filiale Lohhof bei Mindelheim verlegt.*

*Abb.85: Innenansicht der im 12. Jahrhundert entstandenen ehemaligen Stiftskirche Mariä Himmelfahrt, die zum Konvent gehörte. Sie wurde im 17.Jahrhundert im barocken Stil umgebaut und ist heute die Pfarrkirche der Gemeinde Kammeltal.*

*Abb. 86: Max Welcker und Leopoldine Straßer als junges Paar.*

So lernten sich Max Welcker und die zwei Jahre jüngere Leopoldine Straßer an der Pestalozzischule kennen. Welcker gefiel die hübsche Frau und er bemerkte schnell, wie selbständig, gewandt und hilfsbereit Leopoldine war. Er bewunderte ihre Religiosität und Gewissenhaftigkeit, alles Eigenschaften, die er selbst besaß und an sich schätzte. Und so hatte seine „Betreuung" Folgen, denn sehr schnell verliebten sie sich ineinander. Bereits 3 Monate später feierten Max und Leopoldine an Weihnachten 1907 ihre Verlobung bei seinen zukünftigen Schwiegereltern Leopold und Maria Straßer im knapp 50 km entfernten Krumbach.

Anfang des Jahres 1908 schrieb Max Welcker am 5.1.08 von 10.00 bis 12.00 Uhr und am 6.1.08 von 8.00 bis 9.00 Uhr das nachfolgende humorvolle Gedicht über ihre Liebesgeschichte. Wann genau und wie es zum Vortrag kam ist leider nicht überliefert.

### Auch eine „schwäbische Kunde"!

Als Dini Straßer lobesam zur Pestalozzischule kam,
da wußt sie mit dem dummen Herr gar nicht was anzufangen wär.
Daselbst erhob sich große Plag; viel Arbeit gab es Tag für Tag
Und manches Fräulein, noch so g'sund, käm' da gar baldigst auf den Hund.
Der Lehrplan lag ihr tief im Magen - ihr Nachbar half die Bürde tragen.
Der Herr war auch aus Schwabenland, v. hohem Wuchs u. sehr galant;
Dess' Herze war „auch" krank u. schwach, seit er sie sah, die von – Krumbach;
Er hätt sie nimmer aufgegeben u. wollt sie lieb'n für's ganze Leben.
So blieb mit ihm sie oft ein Stück um 12 Uhr hinter den andern zurück.
Er half im Zeichnen ihr oft sehr, im Korrigieren gar noch mehr;
Tat alles, um sie zu erfreuen; gab alle Hefte ihr zu leihen.
Die „schönste Birn" aus ihrem Garten, sie kam damit, ihm aufzuwarten.
Die „hübsche" Maid, die forcht sich nit, ging oft auch ins Theater mit,
ließ sich den Hof nur zu gern machen u. tat recht lieblich um sich lachen,
Bis endlich ihm die Zeit zu lang er ihr ein „Heiratsliedchen" sang.
Da wallt ihr nun erst recht das Blut, 2 Täg darauf sie heim fahr'n tut,
Lacht wie verrückt, erzählt sogleich, was sie will tun für einen Streich.
Als sie dann alles vorgebracht, ward auch sie nicht mehr ausgelacht.
Man wollte seh'n den armen Tropf, dem sie verdrehte seinen Kopf!
Der fuhr da bald in Straßer's Haus, das „Jawort" gab man ihm da draus.
Zum Schulrat geht sie, er zum Fischer u. täglich wurde sie nun frischer!!
Es dauert' nicht ¼ Jahr, da war das Schulehalten gar;
Verlobung wurde nun gehalten! Wie freuten sich da auch die Alten!
drauf kam die Mutter mit der Frag, was sie erspart wohl haben mag;
von dieser hat's der Vater vernommen, der ließ die „Schöne" zu sich kommen

- - - - - - - - - - - - - - - - - - - - - - - - - - - - - - - -

Er sprach: „Sag' an, mein Fräulein wert, wer hat die Geldbörs' so geleert?
Was, 15 Pf. hast du noch u. 70 Meter Schulden doch??!"
Die Maid bedacht' sich nicht zu lang: „O mir ist trotzdem gar nicht bang!
Ein neues Kleid! der Ring! der Wein!!!! Ja kann es da noch anders sein??!!"

- - - - - - - - - - - - - - - - - - - - - - - - -

### Nachschrift!

Und nun mein lieber Vater Straßer,
sei doch ja kein Menschenhasser!
Denk', d' Moral von dieser G' schicht:
Verlaß di' auf a Lehrerin nicht!

*Nach kaum 6 monatlicher Tätigkeit (an der Pestalozzischule) in Augsburg ent-*
*sagte meine Braut dem Lehrerberuf, um sich zu Hause bei der sorgenden Mutter*
*weiter im Haushalte auszubilden.(11)*

*Abb.87: Die Schwiegermutter*
*Maria Straßer, geb. Herzog (1859-1909).*

*Abb.88: Der Schwiegervater*
*Leopold Straßer (1848-1933), Gerberei-*
*besitzer in Krumbach. Er war von 1879 bis*
*1909 mit Maria Straßer (geb. Herzog) ver-*
*heiratet.*

Max Welcker beendete das Schuljahr 1907/08 und wurde zum neuen Schuljahr an
die Schule von St. Ulrich in der Hallstraße versetzt. In den Sommerferien 1908
erkundete er im Urlaub hauptsächlich Österreich. Die Reise führte über Linz,
Wien, Semmering, Graz, den Brenner und Arlberg, nach Lindau und Rettenberg
am Grünten. Ob Leopoldine ihn auf dieser Reise begleitet hat ist nicht vermerkt.

Wahrscheinlich bezog das verlobte Paar auch noch in den Ferien die erste eigene
Wohnung, denn Max Welcker wechselte die Schule und die Hochzeit wurde geplant. Die neue Wohnungsadresse in der Jakobervorstadt lautete: Vogelmauer
25 (Litera G.142/½). Die Hochzeit von Max und Leopoldine fand am Montag, dem
12. Oktober 1908 um 11.00 Uhr in der katholischen Stadtpfarrkirche St. Michael
in Krumbach statt.

*Abb.89: Max Welcker und Leopoldine Welcker (geb. Straßer) als Ehepaar.*

Zu Ehren des Brautpaares sang Welckers Mutter Amalie zwei von ihm komponierte Lieder. Es könnte sich dabei um die beiden Trauungslieder „An ein Brautpaar: Ein Bund wird heut geschlossen" (Text: F. Schellhorn) und „Trauungslied: Wie sich erhebt ein Maientag" (Text:_B. Weigert) gehandelt haben, die um 1905/06 im Musikverlag Anton Böhm & Sohn Augsburg unter den Ed.Nr. 5262 und 5263 veröffentlicht worden waren. Auf der Orgel wurde sie von Hermann Mayer (Doktor und Studienprofessor a.D. in Landshut), einem Cousin von Max Welcker begleitet.

Sein Freund Dischl (Welckers Religionslehrer in der Pastoralschule) nahm die Trauung vor. Die anschließende Hochzeitsfeier fand im Saal des Gasthauses „Krone" in Krumbach statt. *Noch am gleichen Tage fuhren wir auf die Hochzeitsreise (München – Starnberger-See, ich hatte ja nur 3 Tage Urlaub), wo wir im überfüllten Zuge ab Günzburg gleich wieder „getrennt" wurden. Meine Frau saß mit Hermann in einem andern Zugabteil wie Dischl und ich.*(13/14) Freund Dischl fuhr zurück ins 90 km entfernte Schiltberg und sein Cousin Hermann Mayer zurück nach Landshut. Nachdem beide aus dem Zug gestiegen waren hatte das frisch vermählte Paar endlich Zeit für sich allein, um die kurze Hochzeitsreise zu genießen.

*Abb.90: Die katholische Stadtpfarrkirche St. Michael in Krumbach/Schwaben, erbaut 1751/52.*

*Abb.91: Innenansicht,die Decken- und Emporengemälde, sowie die Kreuzwegstationen (al fresco) wurden von Franz Martin Kuen (1719-1771) einem der Hauptmeister des schwäbischen Rokoko geschaffen. Der Hochaltar stammt von 1775.*

# DIE ERSTEN JAHRE ALS MITGLIED DER AUGSBURGER LIEDERTAFEL

Kurz vor oder nach seinem Dienstantritt als Lehrer an der Pestalozzischule im September 1901 trat Max Welcker in die Liedertafel Augsburg (heute Philharmonischer Chor Augsburg) ein. Um in den Chor aufgenommen zu werden, wurde eine Stimmprüfung durchgeführt. Diese fand bei Chormeister und Direktor Karl Eggert zuhause in der Karmelitergasse statt. Im erhalten gebliebenen Gedenkbuch der Liedertafel ist der Ablauf einer solchen Stimmprüfung aus dem Jahr 1895 überliefert:

*Sein Weib Mari öffnete die Tür. Sie: Wollen's zu meinem Mann? Ich: Ja, ich komm zur Stimmprüfung. Sie: Er wartet scho, gehen's no nei! Braucht aber net so lang, er will zum Frühschoppa ins Weiß Lamm. Schüchtern trat ich ins Zimmer. Am Flügel saß der jugendliche Weißkopf „Meister Karl" und phantasierte. Er sah mich von der Seite an und es entwickelte sich folgendes Gespräch: Er: Wer sind's denn? Ich: Hilfslehrer im Waisenhaus. Er: Also probirn mers halt. -Was singens denn? Ich: 2. Tenor! Er: So, jetzt singens mir einmal verschiedene Dur- und Molltonleitern. Ich sang sie. Er: Jetzt nehmens das deutsche Liederbuch, schlagens Nr. 7 auf und singen den 2. Tenor, ich spiel den Klaviersatz. Es war der Chor: Dir möchte ich diese Lieder weihen. Nach seiner Meinung sang ich ohne Fehler und er sagte: Net schlecht! Jetzt schlag ich ihnen an Ton an und von dem aus singens die Intervall, die ich Ihnen sag. Auch das machte ich - Schluß. Er: Am Mittwoch ist immer Prob. Kommens fei fleißig! Pfü' a Gott.*[42]

So, oder so ähnlich dürfte es auch Max Welcker erlebt haben. Er wurde aufgenommen und sang fortan bis 1943 im 2. Tenor mit. Neben den musikalischen Aufgaben, die es zu bewältigen galt, war die Mitgliedschaft in diesem Chor auch von gesellschaftlicher Bedeutung. Als Welcker eintrat, stellte die Liedertafel eine bereits 58 Jahre alte Institution in Augsburg dar und viele Repräsentanten des Bürgertums waren Mitglieder des Chores. Bei Proben und Konzerten traf der junge

---

[42] Text eines unbekannten Autors aus dem Gedenkbuch der Liedertafel, Stadtarchiv Augsburg.

Welcker neben einigen Schullehrerkollegen, wie beispielsweise Adam Rauh, auch auf Verwaltungsbeamte, Studenten, Chorleiter, Handwerker oder Fabrikanten.

Im 1. Tenor sang unter anderem der Fabrikdirektor Berthold Friedrich Brecht mit (1869 Achern (Baden) – 1939, ab 1883 Angestellter der Haindl' schen Papierfabriken, ab 1917 kaufmännischer Direktor des Unternehmens). Brecht war 1895, sechs Jahre vor Welcker, in den Chor eingetreten und besuchte die Sängertreffen der Liedertafel regelmäßig. Er war der Vater von Bertold Brecht (1898 als Eugen Berthold Friedrich Brecht geboren - 1956 Ost-Berlin), der, wie sein Vater auch öfter an den Proben des Chores teilgenommen haben soll und bis zu seiner Emigration nach Dänemark 1933 jedes Jahr mehrere Wochen in Augsburg verbrachte.

Somit bot die Mitgliedschaft in diesem Ensemble auch die Möglichkeit gesellschaftliche Kontakte oder berufliche Netzwerke zu knüpfen und Freundschaften aufzubauen, was Max Welcker im Laufe der nächsten Jahre auch tat.

Die Proben fanden seit dem 22.11.1876 im Vereinslokal Café Kernstock in der Steingasse statt. Der Saal dieses „Sängerheims" war mit einem Flügel ausgestattet und groß genug für den zahlenmäßig starken Männerchor. Hier waren auch die beiden Archive der Liedertafel und des Schwäbisch-Bayerischen Sängerbundes untergebracht.

*Abb.92: zeigt den Billardsaal, der zum Café Kernstock ebenso gehörte wie der Probesaal der Liedertafel.*

*Abb.93: Der Vorhänger des Café Kernstock in der Steinstraße 8.*

Der 1843 gegründete Männerchor prägte und beeinflusste das Augsburger Musikleben und seine Entwicklung seit seiner Gründung bis heute ganz entscheidend mit (siehe S. 27ff). Ludwig Pflanz, Vorstand der Liedertafel ab 1925 formulierte die Ziele des Gründers Johannes Rösle in der 1933 erschienenen Festschrift folgendermaßen:

*Vier Grundpfeiler sind es vor allem, auf die der Gründer Johannes Rösle das Vereinsleben aufgebaut hat. Der wichtigste ist die Begeisterung für Lied und Musik. Diese Begeisterung ist auch heute im Zeitalter der Mechanisierung der Musik [!] noch nicht ausgestorben [...] Der 2. Pfeiler ist die Pflege edler und vornehmer Geselligkeit. Auch wenn dabei der Humor sich in Ausgelassenheit frei und ungebunden bewegt, dann wahrt er immer noch jene Grenze, die der gebildete Mensch sich selbst setzt. Zum 3. Grundpfeiler hat Johannes Rösle die Freundschaft gemacht, die sich im Chor um Alt und Jung, über alle Gegensätze des Berufes und Standes hinweg als einigendes Band schließt. Der 4. Pfeiler ist die Liebe zur Heimat, die sich in der Pflege der Muttersprache und des Volksliedes gerade in einer Chorgemeinschaft verwirklichen soll.*[43]

Schon bis zum eigentlichen Gründungsfest am 22. November 1843, dem Fest der Hl. Cäcilia, war die Mitgliederzahl auf 150 Sänger angestiegen. Die Mitglieder, Lehrer, Handwerker, Verwaltungsbeamte, Geschäftsleute, kamen vor allem aus der Mittelschicht. Rösle leitete den Chor 37 Jahre lang als Vereinsvorstand und Chorleiter in einer Person und arbeitete zeitlebens ehrenamtlich. Und so wurden auch die Konzerte als Wohltätigkeitskonzerte gegeben. Doch manchmal war die Beschaffung des Notenmaterials schwierig.

1846 sollte die „Antigone" von Mendelssohn in einem Konzert für wohltätige Zwecke zur Aufführung kommen. Da das Notenmaterial nicht zu beschaffen war, wandte sich Rösle in einem Brief an Felix Mendelssohn-Bartholdy mit der Bitte um Überlassung der Partitur. Der Komponist antwortete in einem liebenswürdigen Brief vom 24.November 1845 und stellte sein persönliches Manuskript unentgeltlich unter der einzigen Bedingung zur Verfügung, dass die noch anzufertigende Kopie ausschließlich für die Aufführungen der Liedertafel benutzt werde. Gleichzeitig entschuldigte sich Mendelssohn für den Umstand, dass fertige Abschriften der Partitur und der Orchesterstimmen zwar vorhanden waren, aber von den Theatern in Berlin und Dresden nicht aus den Händen gegeben würden.

Da das Notenmaterial für den Chor zunächst sehr begrenzt war und geeignete Männerchorliteratur fehlte, waren komponierende oder dichtende Mitglieder hochwillkommen. Auf diese Weise entstanden nach Vorbild der Silcherschen

---

[43] Walter Weidmann: Der Philharmonische Chor Augsburg, Wunsch und Werden in 150 Jahren, Festschrift 150 Jahre Augsburger Liedertafel 1993. Ob Ludwig Pflanz die Ziele des Gründers Johannes Rösle unverändert formulierte oder 1933 bereits einer ideologischen Vereinnahmung unterlag konnte nicht ermittelt werden.

Volksliederhefte in den Gründerjahren in kurzer Zeit vier gedruckte Bände „Gesänge der Augsburger Liedertafel", in denen zahlreiche Kompositionen Augsburger Komponisten (u.a. Karl Ludwig Drobisch, Karl Kammerlander, Karl Kempter,
Donat Müller) beim Verlag Anton Böhm veröffentlicht wurden.

Um die Auswahl an geeigneter Männerchorliteratur weiter zu vergrößern, wurden
in der Folgezeit für die Mitglieder Wettbewerbe veranstaltet, um herauszufinden,
wer die schönsten Lieder komponieren und die besten Texte schreiben konnte.
Auch Welcker reichte einmal seine beiden Männerchorsätze „Sonnaschei" und
„Gretele" bei einer „Gedicht-Kompositions-Konkurrenz" der Liedertafel ein. Die
beiden Werke"*erhielten beide den „1. Preis" zugedacht -ohne weitere Belohnung*
(25), wie er selbst vermerkte. Aber das in der Liedertafel herrschende künstlerische und menschliche Niveau schien ihn zu beflügeln, denn er schrieb in der
Zeit seiner Mitgliedschaft über 150 geistliche und weltliche Werke, Humoristika
oder Ausgaben seiner Werke für Männerchor und erweiterte so die Literatur für
Männerchor ganz erheblich.

Erfolgreichere Liedertafelpoeten waren Hans Nagel und vor allen Dingen Adam
Rauh. Hans Nagel, ein gebildeter Mann, Lehrer am Stetteninstitut, und ab 1902
zunächst 2. Vorsitzender, ab 1908 bis 1924 1. Vorsitzender der Liedertafel, schuf
unzählige Texte. Einige von Nagels Texten setzte auch Welcker in Musik. 1926 erschienen als op.88.2 „Christkindleins Erdenfahrt", vier Lieder für dreistimmigen
Frauenchor mit Klavier und als op.119 „Töne laut, du goldne Leyer" (zu einem
Gesangvereinsjubiläum). Und im Jahr 1952 wurde unter dem Titel „Der deutsche
Sang" das Lied „Es liegt in jedes Herzens Grunde ein Saitenspiel, das heimlich klingt", sein op.210 publiziert. Auch Texte des wichtigsten Liedertafelpoeten
Adam Rauh vertonte Welcker. Er schrieb die Musik zu „Erhebe dich, mein deutsches Lied" op.23 für vierstimmigen Männerchor und Klavier und die beiden von
Adam Rauh verfassten Weihnachtsspiele „Der Weihnachtsengel" op.38 (4 Lieder
für 1-2 stimmigen Kinderchor und Klavier) und „Was Knecht der Weihnachtsmann
viel Schönes und Gutes erzählen kann" op.58 (6 Lieder für 1-2 stimmigen Kinderchor und Klavier).

Als Welcker 1901 in die Liedertafel eintrat, wurde der Chor vom überragenden
Musikdirektor Karl Eggert (Chormeister der Liedertafel von 1882 bis 1892 und
1. Chordirektor von 1892 bis 1905, danach Ehrendirektor) geführt, der genauso
wie sein Vorgänger Karl Kammerlander auch das Amt des Bundeschormeisters
ausübte. Unterstützt wurde er in seiner Amtszeit vom 2. Chormeister, dem Augsburger Musikpädagogen Albert Greiner (1867-1943). Greiner gründete 1905 die
Augsburger Singschule, deren Leitung er bis zu seiner Pensionierung 1933 innehatte. Seine musikpädagogische Konzeption stand unter dem konsequenten
Leitgedanken: „Die Pforte zu allem musikalischen Verstehen und Werden ist der
Gesang".

Von 1905 bis 1919 übernahm der Musikpädagoge Prof. Wilhelm Gößler die Leitung des Chores. Sein Stellvertreter wurde von 1905 bis 1936 der Berufsschullehrer Max Vogt. Max Welcker widmete seinem Freund sein op.21 „Wein, Weib und Gesang" für Männerchor a cappella (wahrscheinlich 1910/1911 veröffentlicht). Beide sorgten dafür, dass sich die Liedertafel größeren Aufgaben stellte. Um sie zu bewältigen wurden immer wieder Gastdirigenten verpflichtet. Und so sang Welcker 1909 beim Schlusschor von Liszts Faustsymphonie unter Felix Mottl mit sowie beim Schlusschor aus Wagners „Meistersingern" dirigiert von Siegfried Wagner am 21.5.1911. „Manfred" von Schumann, unter dem Dirigenten und Pianisten Ossip Gabrilowitsch, wurde 1912 und das „Te Deum" von Bruckner unter Ferdinand Löwe am 3.4.1913 in München aufgeführt.

Viele weitere Konzerte folgten, bei denen Welcker mitgesungen haben dürfte und da das Städtische Orchester immer wieder von der Liedertafel zwischen 1905 und 1911 für gemeinsame Konzerte im Schießgraben verpflichtet wurde, dürfte er öfter mit seinem Vater Robert Welcker, der bis 1913 als Geiger im Städtischen Orchester spielte, gemeinsam auf der Bühne gestanden haben. Die wichtigsten Werke, die in der Zeit von 1905-1913 aufgeführt wurden, waren:

- 30.1.1905:   Richard Wagner: Das Liebesmahl der Apostel
- 8.12.1905:   Hector Berlioz: Fausts Verdammnis
- 30.11.1912:  Ermanno Wolf-Ferrari: La vita nuova
- Herbst 1913: Franz Liszt: XIII. Psalm

Neben den Konzerten in Augsburg wurden von der Liedertafel Sängerfahrten unternommen, beispielsweise vom 16. bis 18. Juli 1904 nach Regensburg. Auch bei den Sängerfesten des Schwäbisch-Bayerischen Sängerbundes vom 15. bis 17. Juli 1905 in Kaufbeuren und in Kempten vom 16. bis 18. Juli 1910 hat Welcker mitgesungen. Auf den Sängerfesten fand jedes Mal ein Liederwettstreit der führenden Männerchöre statt. So nahmen 1905 und 1910 außer der Augsburger Liedertafel u.a. die „Lyra",die „Concordia"(1849), die „Amicitia"(1849),der „Sängerhain" und der Liederkranz (1830/1833) aus Augsburg sowie der „Liederkranz" Kempten (gegründet 1829) teil.

Welcker knüpfte Kontakte und widmete in den Folgejahren diesen Chören mehrere seiner Kompositionen, so der „Concordia" und seinem Chormeister Karl Maier sein op.59b „Weihnachtslegende" (Text: Max Steiner), der „Amicitia" sein op.39.1. „Zwei Verträgliche" (Text: Fr. Pütringer), dem „Sängerhain" und seinem Dirigenten Lehrer H. Link sein op.18 „Christnacht" (Text: A. Kausen), dem Liederkranz Augsburg und seinem Dirigenten Lehrer D. Winkle op.20.2. „Blaue Äugla, blonde Haar" und dem Liederkranz Kempten im Allgäu und seinem damaligen Dirigenten, Lehrer Ferd. Schwaiger op.27 „O Welt, wie bist du schön", Text von Alfons

Krämer. Welcker verband mit den Widmungen sicherlich auch die Hoffnung auf eine Steigerung seines Bekanntheitsgrades als Komponist.

Vom 12. bis 14.Juli 1913 fand das X. Sängerbundfest in Augsburg statt. 75 Vereine mit 2.182 Sängern nahmen daran teil. Gefeiert wurde der 50. Geburtstag des Schwäbisch-Bayerischen Sängerbundes. Es war das letzte Großereignis dieser Art. Ein Jahr später begann am 28. Juli 1914 der Erste Weltkrieg.

Abb.94: zeigt den Oberen Schießgraben (Postkarte von 1903). Im Saal dieses Gebäudes fanden zwischen zwischen 1905 und 1911 mehrfach Konzerte der Liedertafel mit dem Städtischen Orchester statt bei denen Max und Robert Welcker gemeinsam musizierten.

Abb. 95: zeigt die Mobilmachung im ersten Weltkrieg.

In der Zeit des Ersten Weltkrieges ruhte die Probenarbeit des Chores für längere Zeit. Über 100 Chormitglieder wurden in den Krieg eingezogen, 11 verloren ihr Leben, darunter die beiden Söhne des 1. Vorsitzenden Hans Nagel.

In der Umbruchzeit nach dem Krieg verließ Chordirektor Gößler nach 16 erfolgreichen Jahren der Leitung den Verein und ein Großteil der Vorstandschaft trat zur Wiederwahl nicht wieder an.

Im Jahr 1919 kam es in Augsburg vor dem Hintergrund der Unzufriedenheit mit den Revolutionserfolgen zur Bildung eines Arbeiter- ,Bauern- und Soldatenrates. Dieser rief am 7. April die Räterepublik aus und es kam zum Generalstreik. Die nach Bamberg geflohene Regierung verfügte eine Wirtschaftsblockade, verhängte über Augsburg den Kriegszustand und setzte die Reichswehr und Freicorps-Verbände in Marsch, um Recht und Ordnung wieder herzustellen. An Ostern kam es zu blutigen Kämpfen die 44 Todesopfer forderten. Nach und nach mussten die Arbeiter der Übermacht der Regierungstruppen weichen und gaben den Kampf auf. Die Vorfälle spalteten die Augsburger Arbeiterbewegung und hinterließen tiefe Gräben in der Augsburger Gesellschaft. Auf politischer Ebene rückten SPD, Gewerkschaften und Regierungstruppen näher zueinander. Andererseits schlossen sich viele enttäuschte Arbeiter radikaleren Kräften wie der USPD oder den Kommunisten an. Die Kommunalwahl im Juni 1919 entschieden die bürgerlichen Parteien jedoch für sich und erreichten zusammen 60% der Stimmen.

Im gleichen Jahr gelang der erfolgreiche Neustart bei der Liedertafel mit Stadtkapellmeister Joseph Bach als 1. Chormeister, der dieses Amt bis 1937 innehatte. Da er auch das Städtische Orchester leitete, gab es eine Reihe gemeinsamer Konzerte. Der seit 1858 existierende Damengesangverein, ohne den die Aufführung großer gemischter Chöre nicht möglich gewesen wäre, wurde 1919 als „Frauenchor der Liedertafel" mit einer eigenen Geschäftsordnung versehen und angegliedert. Man war mit diesen Veränderungen also neu und gut aufgestellt und gestaltete die nächsten erfolgreichen Jahrzehnte.

# Besuch beim Großcousin
# Felix Welcker
# in Brüssel

Im Sommer des Jahres 1910 unternahmen Max und Leopoldine Welcker eine Schiffsreise auf dem Rhein. Sie fuhren nach Norden bis Ostende und Antwerpen und besuchten Max' Großcousin Felix Welcker (1858-1943 Frankfurt/Main). Dieser lebte in Brüssel, war königlicher Musikdirektor und Gesangsmeister. Karl Hermann Felix Welcker, in Leipzig geboren, war der Sohn von Karl Heinrich Welcker, der in Altenburg ab 1864 das Stadtmusikcorps ab 1864 geleitet hatte (siehe Kapitel 3, Seite 42ff).

Abb.96: *Großcousin Karl Hermann Felix Welcker (1858-1943), königlicher Musikdirektor und Gesangsmeister in Brüssel.*

In den Altenburger Kindheits-Jahren verbrachte Felix musikbegeistert einige Jahre gemeinsam mit Max' Vater Robert Welcker, bis der 8 Jahre ältere Robert 1869/70 nach Augsburg ging, um im dortigen Orchester als erster Geiger zu arbeiten. Felix dürfte genauso wie Robert von Karl Heinrich Welcker ausgebildet worden sein, bevor er zum Studium der Musik im Fach Klavier an das Königliche Conservatorium der Musik nach Leipzig ging. Dort spielte er seine zweite Hauptprüfung am 5. Mai 1877 im Leipziger Gewandhaus. In einer Besprechung hieß es:

*Die zweite Prüfung gewährte als die beste pianistische Leistung Schumann's Amoll-Concert von Herrn Charles Rowland aus Brighton (Eng-*

*land) namentlich in technischer Beziehung sehr gut executirt; ihm zunächst möchten zu nennen sein: Herr Felix Welcker aus Altenburg (erster Satz des Es-dur-Concerts von Beethoven) und Herr Eugen Zingel aus Wiesbaden (dritter Satz des Hummel' schen Amoll-Concerts)* [44]

Am 21. Mai 1878 fand eine weitere Prüfung im Gewandhaus statt. Unter den drei nennenswerten Klavierleistungen befand sich wiederum Felix Welcker aus Altenburg, der diesmal den 2. und 3. Satz des a-Moll Konzerts von Robert Schumann spielte.[45] Und an anderer Stelle attestierte man ihm, dass sein Spiel sorgfältiges Studium und liebevolles Erfassen der Komposition verrate.[46]

Nach seiner Ausbildung in Leipzig setzte er sein Studium in Rom und St. Petersburg fort und ließ sich in Brüssel nieder, wo er am 20. November 1886 mit seiner Frau Marie Münzel den Bund der Ehe schloss. Ein Jahr später wurde ihr Sohn Alfred Welcker geboren. Dieser wanderte 1929 mit seiner eigenen vierköpfigen Familie nach Buenos Aires/Argentinien aus und lebte als Händler und Farmer in Magellanes/Argentinien. 1955 besuchte er Max Welckers Tochter Maria und ihren Mann Ludwig Kolland mit ihren beiden Söhnen Hubert und Hermann Kolland in Karlsruhe.

Felix Welcker wurde Dirigent des Deutschen Männergesangvereins in Brüssel, den er wahrscheinlich von 1886 bis 1914 leitete. So berichteten erstmalig die 'Signale für die musikalische Welt'(Leipzig Nr. 13, Februar 1887, S. 198) vom Konzert am 23. Dezember 1886:

*Der deutsche Brüsseler Männergesangverein hat am Sonnabend ein Concert gegeben und sich unter Direction des Herrn Welcker durch Executirung verschiedener Chorsachen deutscher Provinienz als eine tüchtig geschulte Corporation erwiesen. Ihre solistische Unterstützung gewährten dem Verein der Violinist Herr Lerminiaur, der Violoncellist Herr Marchal, die Sänger Herren Sivory und Graf von Haupt, endlich der Dirigent Herr Welcker selber, der sich als tüchtiger Pianist documentirte.* [47]

Ein weiteres Konzert mit dem Männergesangverein Brüssel vom 26.März 1893 wurde in der Aprilausgabe derselben Zeitung erwähnt.

Im Jahr 1895 wohnte Felix Welcker mit seiner Frau in Brüssel, 74 rue du Lac und inserierte als „Lehrer für Kunstgesang nach der berühmten altitalienischen Me-

---

[44] G. Bernsdorf: Hauptprüfungen am Königl. Conservatorium der Musik zu Leipzig, Signale für die Musikalische Welt, Leipzig, Nr.33, Mai 1877.

[45] Hauptprüfungen am Königl. Conservatorium der Musik zu Leipzig, Signale für die Musikalische Welt, Leipzig Nr. 39, Juni 1878.

[46] E. W. Fritzsch: Leipzig, öffentliche Prüfung des Königl. Conservatoriums der Musik, Musikalisches Wochenblatt vom 24.5.1878, Leipzig.

[47] Signale für die Musikalische Welt, Leipzig, Nr. 13, Februar 1887, S.198.

thode seines Lehrers Prof. Alberto Selva in Venedig"[48] und übernahm im gleichen Jahr die Leitung der Deutschen Liedertafel in Antwerpen. Ein Jahr später wurde in der Zeitung Signale für die musikalische Welt (Leipzig vom 10.Januar 1896) ein Konzert der Deutschen Liedertafel Antwerpen besprochen, „die in ihrem ersten dieswinterlichen Concert unter Leitung des Herrn Felix Welcker aus Brüssel, den „Frithjof" von Max Bruch, sechs altniederländische Volkslieder von Kremser, sowie verschiedene a capella- Chöre in beifälligster Weise zur Aufführung" brachte.[49]

Weitere Konzerte als Dirigent der Deutschen Liedertafel gab Felix Welcker mit folgenden Konzertprogrammen in Brüssel:

- 14.12.1896:„Comala" von Niels Wilhelm Gade, „Balkanbilder" von Kremser.

- 1897:„Paradies und Peri" (mit Damenchor) von Schumann.

- 1898: „Der Rose Pilgerfahrt"von Schumann und„Lobgesang" von Mendelssohn.

- 7.4.1900: „Paradies und Peri" von Schumann.

- 1900: Konzert im großen Saal des „Cercl Artistique" mit Damenchor und Orchester:„Frithjof-Szenen" von Bruch, „Spinnerlied" und „Ballade" aus dem „Fliegenden Höllländer" von Wagner, „Feuerreiter" von Hugo Wolf, „Erste Walpurgisnacht" von Mendelssohn.

- 1903: „Das Lied von der Glocke" von Bruch.

Am 13.5.1900 vereinigten sich der „Deutsche Gesangverein" Brüssel und die „Liedertafel" Antwerpen zu einem gemeinsamen Konzert in Brüssel. Der Ertrag des Konzertes kam der Deutschen Schule in Brüssel zu Gute.

Die immer positiven Besprechungen der Konzerte vermerkten „sorgfältigste", oder „sehr gewissenhafte Einstudierung der Werke", „sehr erfolgreich verlaufene Aufführungen in wohlgelungenster Weise" und „schönes künstlerisches Gelingen".

Felix Welcker konnte bei seinen Konzerten mit der Liedertafel Antwerpen aus dem Vollen schöpfen, denn der Chor zählte um 1910 ca. 400 Mitglieder,die aus der zahlenmäßig großen deutschen Gemeinde Antwerpens kamen.

Dass Max und Leopoldine Welcker ihre Ferienreise 1910 bis nach Brüssel ausdehnten, dürfte durch zwei Ereignisse veranlasst gewesen sein. Vom 23. April bis zum 1. November 1910 fand die Weltausstellung Brüssel International statt und der Deutsche Gesangverein feierte in diesem Jahr sein 25jähriges Bestehen mit großem Festkonzert:

---

[48] Signale für die Musikalische Welt, Leipzig Nr.3 vom 10.Januar 1896. Alberto Selva (1861-1914) war ein deutscher Gesangspädagoge und Hochschullehrer.

[49] Signale für die Musikalische Welt, Leipzig Nr. 49 vom Oktober 1895.

*Brüssel: Aus Anlaß des 25jährigen Jubiläums des hiesigen Deutschen Gesangvereins ist zum ersten Mal in Belgien Vita Nuova von Wolf-Ferrari gegeben worden. Das Werk des hier noch ganz unbekannten Komponisten fand sehr freundliche Aufnahme und wurde unter Leitung Felix Welckers im allgemeinen gut aufgeführt [...] M.d.R* [50]

Auch an anderer Stelle wurde die Aufführung unter Felix Welcker gelobt,bei gewisser Zurückhaltung gegenüber der neuen Komposition: *„Die Deutsche Liedertafel brachte als Novität für Belgien Wolf-Ferraris „Vitanuova".Das Werk erzielte trotz vorzüglicher Sololeistung Steiners (Wien) und gut disziplinierter Chöre unter Felix Welcker keinen sonderlichen Erfolg; einfache Männerchöre und solche für gemischten Chor [...] fanden weit mehr Gefallen." (A. Honigsheim).* [51]

*Abb.97: Die erste Notenseite der Komposition „Am Rhein nur" op. 28, Gedicht von Alfons Krämer. Der „Deutschen Liedertafel in Antwerpen" und ihrem verehrlichen Dirigenten, Herrn Felix Welcker gewidmet.*

Großonkel Felix Welcker und Großcousin Max sprachen offenbar auch über die Zukunft des jungen Verwandten: *Auch Onkel Felix in Brüssel wollte mich auf die musikalische Laufbahn bringen und mich in Brüssel - wo er königlich sächsischer Musikdirektor und Gesangsmeister* [52] *auf Grund seiner Ausbildung in Rom und Petersburg war – ausbilden.* Felix versuchte Max davon zu überzeugen, den Lehrerberuf an den Nagel zu hängen, um sich ganz dem Komponieren und Musizieren zu widmen. Doch Max lehnte sein Angebot ab, denn er fühlte sich als Schullehrer in Augsburg und in seinem Umfeld sehr wohl. Denn: *„Ich "zog" nicht und hab es eigentlich nie bereut. Es genügte mir, was ich bei Prof. Spindler gelernt."*(12)

Zur Erinnerung an die Brüsseler Begegnung widmete Max seinem Onkel 1912/13 die Komposition op.28 „Am Rhein nur!", einen vierstimmigen Männerchor nach einem Gedicht von Alfons Krämer.

---

[50] Neue Musikzeitung Band 31, Heft 8,1910.

[51] Zeitschrift Die Musik 09 Jg. 2Q, Band 34, 1909-1910.

[52] In verschiedenen Anzeigen für „Unterricht i. Kunstgesang" bezeichnet er sich als „Felix Welcker/Kgl. Sächs.Musikdir." In: Belgischer Kurier: belgische Ausgabe des Deutschen Kurier, 1917-18.

Neben seiner Dirigententätigkeit schrieb Felix Welcker als Musikredakteur und Musikkritiker für die 'Neue Musikzeitung' und die Zeitschrift 'Die Musik' zahlreiche Artikel und Rezensionen zwischen 1902 und 1914.[53]

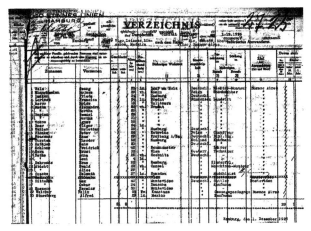

Abb.98: Ausschnitt aus der Passagierliste des Dampfschiffes Belgrano (1913 in Dienst gestellt), das im Auftrag der Stinnes Linien Hamburg als einfaches Passagierschiff (2. Klasse: 142 Passagiere, 3. Klasse: 543 Passagiere) seit September 1922 deutsche Auswanderer nach Südamerika transportierte. Felix Welcker und sein Sohn Alfred reisten am 1. Dezember 1926 von Hamburg über Lissabon, Madeira, Rio de Janeiro, Montevideo nach Buenos Aires. Ihre Namen sind auf der Liste ganz unten verzeichnet.

Dabei verdient der Nachruf auf François Auguste Gevaert, den Direktor des Brüsseler Konservatoriums besonders erwähnt zu werden.[54] Dieser Artikel erschien gleichfalls in der Zeitschrift der 'Internationalen Musikgesellschaft'.[55]

Felix verfasste außerdem eine 20seitige Gesangslehre über „Das Apoggio,die Grundlage des Kunstgesangs in kurzer gemeinverständiger Erläuterung und Anleitung."[56]

Darüber hinaus finden sich auch von Felix Kompositionen wie folgende zwei Lieder:

- Mein Heim: „Ich weiss eine Heimat so friederereich", für 1 Singstimme mit Pfte. Antwerpen, Krausse & Co.[57]

- Andacht: „Mir ist so wohl im Gotteshaus" für Alt mit Violine und Orgel, Brüssel G. Oertel.

[53] Zeitschrift Die Musik 2. Jg. Band 05 1902-1903-13. Jg. 4. Quartal Band 52 1913-19.

[54] Zeitschrift Die Musik 08. Jg. 1908-1909, 2. Quartal, Band 30, S.99.Gevaert war ab 1871 Direktor des Brüsseler Konservatoriums war, reformierte die Schule und baute eine Musikbibliothek und ein Musikinstrumentenmuseum auf. Er wirkte als Künstler und Schriftsteller und verfasste neben einer Harmonie-und Instrumentationslehre das „Règtoire classique de chant française", eine Literatursammlung für den praktischen Gebrauch in Gesangsklassen.

[55] Zeitschrift der internationalen Musikgesellschaft 1908, S.55, Breitkopf und Härtel.

[56] Leipzig: Kahnt (1931); Acta Musicologica Bd. 1-3, S 138 Johnson Reprint Corporation 1928 und Verweise in vier weiteren Musikzeitschriften 1931/32.

[57] Musikalisch-literarische Monatsberichte über neue musikalische Schriften und Abbildungen, Friedrich Hofmeister, Leipzig: August 1898 und September 1913.

Kurz vor Ausbruch des Ersten Weltkrieges gab er mit dem Deutschen Gesangverein in Brüssel ein großes Chorkonzert mit dem „Messias" von Händel und kündigte ein Schülerkonzert für den 22. Juni und weitere Konzerte in Brüssel an, die aber schon in die kurz darauf beginnende Kriegszeit gefallen sind.[58]

Nach dem Ende des Ersten Weltkrieges scheint er nur noch unterrichtet zu haben. Wahrscheinlich wurde er, wie viele andere in Belgien lebende Deutsche nach dem Krieg des Landes verwiesen und musste Brüssel verlassen. Danach wohnte er in Konstanz am Bodensee. Nach dem Tod seiner Frau lebte Felix Welcker von 1926-1928 in Argentinien bei seinem Sohn Alfred Welcker. Im September 1928 kehrte er nach Konstanz zurück, um wieder als Gesangslehrer zu arbeiten. 1935 ist er als Musikdirektor i.R. in Baden-Baden im dortigen Adressbuch zu finden. 1943 starb er an Kreislaufversagen, Herzmuskelschaden und einer Lungenentzündung in Frankfurt/Main.[59]

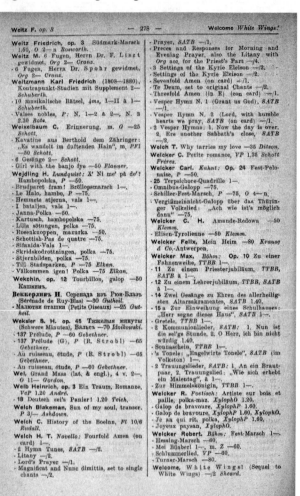

Abb.99: Eintrag der drei Komponisten Carl Heinrich Welcker, Felix Welcker und Max Welcker im Universal-Handbuch der Musikliteratur aller Zeiten und Völker von Franz Pazdírek 1.Teil, Wien 1910, S.278.

[58] Rezension in: L'etoile belge, 27.4.1914 und la fèdèration artistique: organe hebdomadaire des interets artistiques, vom 21.6.1914.

[59] Todesanzeige Nr.2706/IV Karl Hermann Felix Welcker, ausgestellt in Frankfurt am Main am 10. November 1943; Stadtarchiv Altenburg.

# SCHULE, FAMILIE UND MUSIKALISCHE NETZWERKE BIS ZUM ENDE DES ERSTEN WELTKRIEGES

Abb.100: Die Schule von St. Ulrich in der Hallstraße 1908.

Abb.101: Der Singraum mit historischer Bestuhlung in der Schule 1908.

Mit dem Schuljahr 1908/09 begann Max Welckers Lehrertätigkeit an der Schule von St. Ulrich, die in der Hallstraße lag. *Unser eheliches Heim war an der Vogelmauer, Ecke Lochgäßchen. Meine Versetzung nach 7 Jahren von der Pestalozzi- an die Hallschule (St. Ulrich) brachte mir einen kürzeren Schulweg.*(14) An der Hallschule unterrichtete Welcker bis zum Sommer 1916 folgende Klassen:

| Schuljahr | Klasse | Konfession | Schülerzahl | Turnlehrer |
|-----------|--------|------------|-------------|------------|
| 1908/1909 | IV | katholisch | 60 Knaben | ja |
| 1909/1910 | V | Katholisch | 53 Knaben | la |
| 1910/1911 | IV | katholisch | 53 Knaben | ja |
| 1911/ 1912 | IV | katholisch | 55 Knaben | nein |
| 1912/1913 | V | katholisch | 45 Knaben | nein |
| 1913/1914 | VI | katholisch | 34 Knaben | nein |
| 1914/1915 | V | nicht | 32 Schüler | Ja |
|  | VI a | angegeben | 21 Schüler | ja |
| 1915/1916 | V | nicht | Insgesamt | nein |
|  | VI | angegeben | 53 Schüler | nein |

Nachdem der Aufbau der achtklassigen Volkschule bereits 1903 eingeleitet worden war, gab es im Jahr 1908 die nächsten Veränderungen im Schulsystem Augsburgs. Unter der Leitung des Stadtschulrates und königlichen Stadtschulkommissars Dr. Max Löweneck wurden die Grundlagen für die Neugestaltung des Lehrplanes für die Volksschulen in Augsburg ausgearbeitet. Dazu gehörten:

- die Eingliederung des Werkunterrichtes

- das Schauen und Erleben bei Wanderungen (geplant)

- Jugendspiele (geplant)

- die Aufstellung eines Rechenplanes (1910)

- die Verbesserung und Bearbeitung der Lesebücher der I.- VII. Klassen (bis 1924)

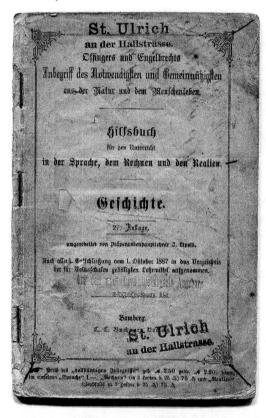

Dieser Umstrukturierungsprozess benötigte Zeit und dauerte einige Jahre an. Der Ausbruch des Ersten Weltkrieges erschütterte den äußeren und inneren Schulbetrieb jedoch in seinen Grundfesten und das Lehrpersonal und alle Schulbediensteten standen vor höchsten Herausforderungen. Bereits im November 1914 wurden 44% aller Schulräume in Augsburg als Lazarette oder Truppenunterkünfte verwendet. Und männliche Lehrer und Oberschüler wurden nach und nach einberufen. Max Welcker sah sich immer wieder mit neuen Inhalten konfrontiert. Er leistete gewissenhaft und zuverlässig seinen Dienst als erfahrener Lehrer an der Hallschule und passte sich den sich verändernden Bedingungen immer wieder an.

*Abb.102: Lehrbuch von der Ulrichschule an der Hallstrasse von 1908: „Offingers und Engelbrechts Inbegriff des Notwendigsten und Gemeinnützigsten aus der Natur und dem Menschenleben. Hilfsbuch für den Unterricht in der Sprache, dem Rechnen und den Realien. GESCHICHTE, 17. Auflage, umgearbeitet von Präparandenhauptlehrer J. Lipold. Nach allerhöchster Entschließung vom 1. Oktober 1887 in das Verzeichnis der für Volksschulen gebilligten Lehrmittel aufgenommen. C. C. Buchner Verlag Bamberg 1908."*

## Urlaubsfreuden und musikalische Netzwerke

Nach der Hochzeit im Oktober 1908, also während des Schuljahres, war nur Zeit für ein verlängertes Wochenende am Starnberger See geblieben. Erst an Ostern 1909 wurde die richtige Hochzeitsreise nachgeholt. Die Reise führte nach Oberitalien und Bozen, Verona, Venedig und an den Gardasee. Im Sommer des gleichen Jahres bereiste das Paar Würzburg, Heidelberg, Mannheim, Speyer, Karlsruhe, Freiburg, Straßburg und den Schwarzwald. Danach erholten sie sich für die nächsten drei Wochen im 806 m hoch gelegenen Rettenberg am Grünten, das die beiden ja schon aus dem letzten Jahr kannten. Sie wanderten durch das Allgäu und besuchten Sonthofen (7 km), Immenstadt (11 km), den Großen Alpsee (11 km), Nesselwang (19 km) und Oberstdorf (20 km).

Ab 1908 benutzte Max Welcker viele seiner Reisen durch Deutschland, die Schweiz und Österreich auch beruflich zur Verbreitung seiner Kompositionen. Mit dem „Reisevirus" hatte er sich bereits durch die Reisen mit seinen Eltern während seiner Schulzeit angesteckt, was später dazu führte, dass er sein ganzes Leben lang akribisch alle seine Reiseziele notierte, denn das Reisen spielte in seinem Leben seit dieser Zeit eine sehr große Rolle. Er knüpfte auf seinen Reisen auch immer wieder viele wertvolle Kontakte zu Chören und deren Chormeistern, um seine Werke weit über die Grenzen Augsburgs hinaus bekannt zu machen und hatte zu Lebzeiten mit dieser Strategie Erfolg.

Ebenso versah er zahlreiche Kompositionen mit Widmungen für bestimmte Chöre, Personen, Institutionen oder bestimmte Anlässe und machte Werbung in eigener Sache bei verschiedenen Musikverlagen.In den nächsten Jahrzehnten kamen durch dieses Vorgehen 21 verschiedene Musikverlage zusammen,die ab 1912 insgesamt 104 Kompositionen von ihm veröffentlichten.Auf seiner Reise 1908 dürften so durch den Besuch in Würzburg und Heidelberg 1909 die Verbindungen zum Ernte-Verlag in Coburg (der Verlag druckte sein op.34 „Drei Lieder im Volkston" für Männerchor, gewidmet dem „Sängerhain Augsburg" zu seinem 25jährigen Jubiläum) und zum 1863 gegründeten Musikverlag Karl Hochstein in Heidelberg zustande gekommen sein (der Verlag druckte 1914 sein op.44 „Drei Männerchöre" und 1926 „Im Wald frug ich das Vögelein" für gemischten Chor).

In der Rückschau seines Berichts „Aus meinem Leben" für seinen Enkel Hubert Kolland resümiert er 1946 über seine Netzwerke:

*Auf meinen Reisen in der Schweiz lernte ich ca. 500 Kunden (Lehrer, Geistliche, Chorleiter, Organisten, klösterliche Musiklehrerinnen u.s.w.), in Baden ca. 300, in Württemberg. ca. 100 Interessenten kennen, überall wurde ich meist freudig begrüßt und herzlich aufgenommen. Es war wiederholt geradezu rührend zu fühlen, wie beliebt u. verbreitet meine Kompositionen sind [...].* Und an anderer Stelle heißt es: *Selbst in Holland, in der Tschechoslowakei, ja sogar in Amerika wurden wiederholt meine Kompositionen von Böhm bezogen.* (27) In gewisser Weise waren die Urlaubsreisen der Welckers stets auch Werbe- oder Geschäftsreisen, um „Kunden" zu besuchen bzw. zu gewinnen – natürlich immer verbunden mit spaßiger Geselligkeit.

Der Sommerurlaub wurde zunächst in der Schweiz am Walensee und in Ragaz verbracht. Hier wandelte Welcker sicherlich auf den Spuren seiner Kindheit und zeigte seiner Frau die Orte, an denen er mit seinen Eltern im Sommer 1888 und 1889 gewesen war, als sein Vater im Kurorchester mitspielte. Der Veltiner Hof und das Alte Dorfbad, in dem er bei den ersten Schwimmversuchen von der Leiter rutschte und fast ertrank (vgl. S. 26) dürfte er „Dini" genauso gezeigt haben wie die wildromantische Taminaschlucht und den Steigerwald. Danach fuhren sie wieder nach Rettenberg am Grünten.

In den Osterferien 1911 und 1912 standen jeweils die oberitalienischen Seen und Mailand auf dem gemeinsamen Reisezettel. An Ostern 1912 ging es zusätzlich nach Genua und Nizza. Auch bei diesen beiden Reisen dürfte Welcker seiner Frau einiges gezeigt haben, was er schon kannte, denn er hatte alle diese Orte bereits 1905 und 1906 besucht. Im Sommer 1911 reisten die beiden nach Lindau (wieder auf den Spuren seiner Kindheit und der ersten Berufstätigkeit in Hergensweiler), den Lünersee und Dalaas (Vorarlberg). Anschließend verbrachten sie erneut Zeit in Rettenberg am Grünten. Danach stand Württemberg mit der Burg der Hohenzollern, Tübingen, Reutlingen und Lichtenstein auf dem Reiseprogramm. Die Reise im Sommer 1912 führte an die Nordsee. Er zeigte seiner Frau „Dini" Hamburg, Helgoland und Kiel, wo er ja bereits im Sommer 1905 mit Freunden und Kollegen war.

Im Jahre 1912 übernahm er die zu St. Max gehörende Sängergesellschaft „ Lyra" *nach Abgabe meiner früheren 2 Gesangvereine.*(15) Der Verein gründete sich im Jahr 1867 zur „Pflege des Gesanges und der gemeinschaftlichen Unterhaltung". Zu den Gründungsmitgliedern zählten 43 Meister und Arbeiter der Buntweberei Riedinger. Ihr Chef,der Unternehmer und Finanzrat Ludwig August Riedinger (gelernter Schreiner, 1809 Schwaigern/Württemberg - 1879 Augsburg) hatte 1839 als Spinnmeister in der neugegründeten Mechanischen Baumwollspinnerei und – weberei Augsburg (SWA) angefangen und stieg bis zum technischen Direktor und erfolgreichen Unternehmer auf. Er gründete 1865 die Augsburger Buntweberei und da er aus einfachen Verhältnissen stammte, bewahrte er zeitlebens einen besonderen Sinn für die materiellen Bedürfnisse seiner Arbeiter. So verknüpfte er alle seine Unternehmensgründungen mit dem Aufbau vorbildlicher betrieblicher Sozialeinrichtungen (u.a. Kranken- und Pensionskasse). Er war von dieser Sängervereinigung so begeistert, dass er als Unterstützung für jedes Mitglied sechs Kreuzer pro Monat gewährte.

Die Sängergesellschaft „Lyra" war der achte Augsburger Gesangverein und wurde im Jahr 1872 Mitglied im Schwäbisch-Bayerischen Sängerbund. Die Gründerchronik belegt, dass sich die „Lyra" bereits am 14. August 1870 an einem Wohltätigkeitskonzert für die in den deutsch-französischen Krieg gezogenen Krieger und Landsturmmänner beteiligt hatte. In der Folgezeit wurden viele weitere Konzerte gegeben und die Kameradschaft zu anderen Vereinen wurde sehr gepflegt. Das Singen im Verein und der Frohsinn bei geselligen Veranstaltungen diente als Ausgleich zur täglichen harten Arbeit und vereinte mehrere Generationen. So wuchs die Sängergesellschaft „Lyra" im Laufe der Jahrzehnte zu einer gesanglich starken und stattlichen Größe heran. Im Jahr 1907 blickte man auf 40 Jahre Vereinsgeschichte zurück und Vereinsvorstand Baumann konnte Ehrengäste der Buntweberei Riedinger zu den Feierlichkeiten begrüßen, denn es gab nach wie vor eine große Bindung zu dieser Firma.

Mit der Übernahme des Dirigentenpostens bei der Sängergesellschaft „Lyra" und durch die weiterhin großzügig gewährte Unterstützung seitens der Buntweberei Riedinger wurde Max Welcker *am besten bezahlt von allen Augsburger Chorleitern.*(15) Er widmete ziemlich bald den Sängern seines Männerchores sein op. 20.1 „Fromme Wünsch",einen 4 stimmigen Männerchor a cappella.Während des Ersten Weltkrieges (von 39 aktiven Sängern kamen 10 nicht mehr in die Heimat zurück) hatten er und Vorstand Stowasser es nicht leicht den Chorbetrieb aufrecht zu erhalten und deshalb wurde das 50jährige Jubiläum 1917 nicht gefeiert. Aber die Kriegszeit ging vorbei,die wichtige Unterstützung durch die Direktion der Buntweberei Riedinger blieb erhalten und so zählte die „Lyra" im Jahre 1924 unter Führung ihres 1. Vorstandes Albert März stattliche 73 aktive Sänger und insgesamt 144 Mitglieder.

Abb.103: undatiert. Das Bild zeigt die Sängergesellschaft „Lyra" e.V. bei einem Ausflug. Max Welcker steht direkt vor der Fahne des Vereins.

Abb.104: Die Sängergesellschaft „Lyra" Augsburg 1867 bis 1927, Sängertafel zum 60jährigen Jubiläum. Der Sängerspruch lautet: Treu unserm Herd Treu unserm Hort; Fest und beharrlich In Tat und Wort!

Auf dieser Sängertafel sind alle damaligen Mitglieder, Ehrenmitglieder und Vorstände namentlich und mit Bild verewigt. Nur die drei Portraits in der Mitte fehlen: (von links nach rechts) Albert März 1. Vorstand; Max Welcker Ehrenchormeister; Josef Lehleiter Sängervorstand.

Zum 60jährigen Bestehen des 1867 gegründeten Chores komponierte Max Welcker 1926 „Töne laut, du goldne Leyer", op.119.1, einen Männerchor mit Klavierbegleitung und schrieb als Widmung über die Noten: *„Der S.-G. „Lyra" Augsburg,zum 60. Gründungsfeste von ihrem Ehrenchormeister M.W. gewidmet".*

Ob es zu einer Aufführung dieses Werkes im Jubiläumsjahr 1927 kam, kann nicht mit Bestimmtheit gesagt werden, da in den Niederschriften kein Konzert erwähnt wurde. Fest gehalten ist nur die Gründung eines Doppelquartettes und eine Jubiläumsfahrt des Chores nach Innsbruck. Weiterhin kann nachgelesen werden, dass zu den jährlichen Programmpunkten der Sängergesellschaft „Lyra" Geburtstagsständchen, Ausflüge, Herbsttanz und Weihnachtsfeiern gehörten. Sogar kleine Theateraufführungen gab es und Welcker dürfte genauso wie in Haunstetten im Jahr 1900 bei diesen „mitgewürgt" haben, bis er den Chor im Jahr 1930 nach 18 Jahren Leitungstätigkeit verließ.

Max Welckers Eltern Robert und Amalie Welcker waren inzwischen in die Frauenvorstadt verzogen und wohnten in der Herwartstraße (Litera E 124, heute Her-

wartstr. 9) *wo wir als junges Ehepaar jeden Sonntag zum Mittagstisch eingeladen waren, bis wir selbst in ihre nächste Nähe, Herwartstraße [Litera] E 123c [heute Herwartstr. 5] zogen.* (13) Nun wohnte der Sohn mit seiner jungen Frau direkt neben seinen Eltern. Max, Leopoldine, Robert und Amalie wurden Nachbarn.

Das Jahr 1913 wurde für das seit vier Jahren verheiratete Ehepaar Welcker in familiärer Hinsicht vielleicht zum Wichtigsten ihres Lebens, denn sie wurden Eltern. In ihrer Wohnung in der Herwartstraße *erblickte unsere Tochter Maria am 25.2.1913 (vormittags um 9.30 Uhr) das Licht der Welt.* (14) Die stolzen Eltern gaben ihr den Namen Maria Amalie Leopoldine und freuten sich, zusammen mit den Großeltern über den Zuwachs in der glücklichen Familie. Die drei Vorna-

*Abb.105: Der stolze Vater Max Welcker mit seiner Tochter Maria 1914.*

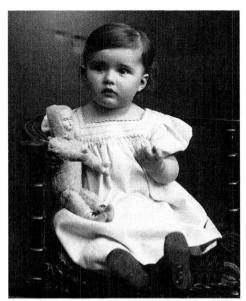

*Abb.106: Maria Welcker 1914 im Alter von 1½ Jahren.*

*Abb.107: Mutter Leopoldine mit ihrer Tochter Maria im Alter von 4 Jahren 1917.*

men der kleinen Maria Welcker wurden mit Bedacht gewählt, denn es waren die Vornamen der Urgroßmutter (Maria Anna Mayer, geb. Stadler 1826-1861), der Großmutter (Amalie Welcker, geb. Mayer) und seiner Frau Leopoldine, also dreier Generationen. Getauft wurde die kleine Maria in der Kirche St. Georg.

Maria wuchs in der Herwartstraße 5 auf. Die Wohnung der Eltern lag im zweiten Stock und *der dortige Balkon und der Garten hinter dem Hause spielten für die Kleine eine große Rolle. Und gar die lieben Großeltern nebenan!* (13) Besonders ihr Großvater Robert, der nach 44jähriger Tätigkeit im Orchester des Stadttheaters 1913/14 in den Ruhestand getreten war, war ganz vernarrt in seine kleine Enkelin. Fast täglich führte er *sein Mariele spazieren, fuhr mit ihr in den Stadtgarten, zu den „Bären" u.s.f. Jahre schönster Kindheit flossen dahin. In den Ferien weilten wir in Krumbach oder schon vorher Farchant bei Garmisch u.s.f.*(14) Natürlich besuchten sie später auch die Augsburger Dult in der Jakobervorstadt. Auf diesem zweimal

*Abb.108: Großvater Robert, Großmutter Amalie mit Enkelin Maria.*

im Jahr stattfindenden traditionellen Jahrmarkt, dessen Tradition bis zum Jahr 1276 zurückreicht, gab es neben Kleidung und Blechwaren, Geschirr, Porzellan und Emailleerzeugnisse zu kaufen. Stände an denen es Süßigkeiten und Spielzeug gab erfreuten die Kinder.

Welckers Lehrerdienst an der Schule von St. Ulrich ging weiter. Er hatte viel Freude mit seiner kleinen Familie, versah seinen Dienst als Organist und die Arbeit in der Kirchenverwaltung in der Pfarrei St. Max und dirigierte seinen Chor „Lyra". *Nebenbei gab ich auch noch Klavierstunden [...] Oftmals vertrat ich meinen Vater auf der Orgel im protestantischen Friedhof bei Beerdigungen, wo er selbst Kantor war und häufig durch seine Violinstunden im St. Anna-Kolleg abgehalten war auf dem Friedhof Dienst zu tun. Daß er auf dem Domchor in Augsburg auch 1.Geige spielte, seitdem meine Mutter vom St. Moritz–Chor als Altsolistin auf den Domchor geholt wurde, sei der Vollständigkeit halber erwähnt.(15)*

## Der Komponist und seine Dichter

Max Welcker komponierte immer mehr und er führte häufig eigene Werke mit dem von ihm geleiteten Chor auf. Auch die Liedertafel Augsburg hatte bereits einige Kompositionen von ihm im Programm gehabt und die Zusammenarbeit mit dem Musikverlag Anton Böhm & Sohn entwickelte sich gut. Die ersten ca. 70 Kompositionen (op.10-op.78) waren veröffentlicht und gedruckt worden. Darunter befanden sich geistliche und weltliche Männer- und gemischte Chöre, Religiöse Gesänge, Chormusik zu verschiedenen Anlässen (Festchöre, Priesterjubiläen, Hochzeiten etc.) und Kompositionen von Weihnachtsliedern. Er bevorzugte die kleineren musikalischen Formen wie die Liedform. Unter seinen Kompositionen dieser Zeit befindet sich nur eine lateinische Messe, die „Missa pro defunctis mit Libera" op.72, „Dem Andenken unserer gefallenen Krieger"gewidmet. Er schrieb sie mitten im Ersten Weltkrieg 1916. Zu manchen Kompositionen verfasste er selbst die Texte, manchmal auf schwäbisch (Gretele, 's Tonele,oder Sonnaschei') manchmal auf hochdeutsch (Zur Himmelskönigin). Vertonungen von Texten aus der ersten Reihe der großen und bedeutenden deutschsprachigen Dichter finden sich in seinem gesamten Werk nicht, er bevorzugte Gebrauchs-Lyrik mit populärer Verständlichkeit als Grundlage für seine Kompositionen.

Durch seine Mitgliedschaft in der Liedertafel, der Pfarrei St. Max, seiner Dirigententätigkeit bei der Sängergesellschaft „Lyra"und nicht zuletzt durch seine Lehrertätigkeit an den verschiedenen Schulen und seine Reisen, knüpfte er viele für ihn wertvolle Kontakte und Verbindungen. Dieses Prinzip bewährte sich und er behielt es in der Folgezeit bei. Aus den genannten Bereichen kamen z.B. eine Vielzahl seiner Autoren, deren Texte er vertonte. Dazu gehörte vor allem und auch in der Folgezeit ein wichtiger Lehrerkollege. Er hieß Alfons Krämer, geb.1865, hatte seine Anstellungsprüfung 1887 gemacht und war seit 1888 Bezirksoberlehrer an der Wittelsbacherschule in Kempten. Von ihm vertonte Welcker zwischen 1911 und 1924 insgesamt 19 weltliche Texte. Ernst Heinrich Fischer, ein weiterer Lehrerkollege von der Wittelsbacher Schule Augsburg, schrieb den Text zum op.40 „Weihnacht" 1912.

Zu den weiteren Autoren, die ihn intensiver beschäftigten, gehörten der Dichter Arthur von Lukowitz ( 1854-1929) und die Schriftstellerin Cordula Schmid, geb. Wöhler (1845-1916). Beiden Autoren war gemeinsam, dass sie im Laufe ihres Lebens zum katholischen Glauben konvertierten.

Von Arthur von Lukowitz (konvertiert 1896) vertonte Max Welcker zwischen 1916 und 1919 insgesamt 11 Lieder in op.73. Heft I und III und in op.80. Die Komposition seines Werkes op.73 Heft III „Deutsche religiöse Gesänge zum Gebrauch beim Gottesdienst" 1916 mit 6 Liedern überschrieb er: „In dankbarer Verehrung dem Dichter gewidmet."

Cordula Schmid (konvertiert 1870) teilte ihren Eltern im Alter von 25 Jahren ihren Glaubenswechsel mit. Diese stießen sie daraufhin aus dem evangelischen Pfarrhaus aus. Unter dem Eindruck dieses tragischen persönlichen Ereignisses schrieb sie ihr berühmtestes Gedicht „Segne du Maria, segne mich, dein Kind", welches heute noch zu den volkstümlichsten Marienliedern im deutschen Sprachraum zählt und in Bayern, Österreich und Tirol von den meisten Gläubigen auswendig gesungen werden kann. Unter dem Pseudonym Cordula Peregrina schrieb sie in der Folgezeit religiöse Lyrik in konventioneller Sprache mit geringem literarischen Wert. Max Welcker verwendete elfmal ihre Texte bei den Kompositionen op.76.5; op.78.II,7; op.84c 7+8; op.95 I 2+3; op.95 II 1, op.168.4 und in zwei Sammlungen, die er herausgab.

In seiner Anfangszeit als Komponist sorgte er unter anderem selbst für die regionale Verbreitung seiner Werke, indem er zahlreiche Kompositionen mit Widmungen versah. In der Zeit bis 1918 finden sich zahlreiche Kompositionen, die er Chören, Chorleitern, oder Klöstern u.a. zu bestimmten Anlässen gewidmet hat. Darunter befanden sich der Augsburger Gau des Schwäbisch-Bayerischen Sängerbundes und sein verdienter Chormeister Wilhelm Gößler (op.23), der Männerchor „Sängerhain" und sein Dirigent Link (op.18) der Liederkranz Augsburg mit seinem Dirigenten Lehrer D. Winkle (op.20.2), das Sängerkränzchen des katholischen Arbeitervereins in Augsburg-Oberhausen (op.31), der Männergesangverein „Frisch Auf!" Augsburg mit seinem Dirigenten Hauptlehrer F. Rüdiger (op.33),der Männerchor „Amicitia" (op.39.1), der Männerchor „Concordia" (op. 59b), der Sängerbund der Mechanischen Baumwollspinnerei und Weberei Augsburg (op.34) und der „Sängerhain Augsburg" zu seinem 25jährigen Jubiläum (op.34.3).

Widmungen an kirchliche Einrichtungen in Augsburg: Kloster St. Maria Stern OSF (op.73 Heft II) und Mutterhaus der barmherzigen Schwestern (op.79.2).

Über Augsburg hinaus gehen die Widmungen der Kompositionen an Hauptlehrer Max Mayer, Großaitingen (op.25), dem Liederkranz Krumbach zum 50jährigen Gründungsfest (op.41, veröffentlicht 1913), den Ehrwürdigen Englischen Fräuleins in Krumbach (op.71), dem Kloster der Dominikanerinnen in Wettenhausen (op.73 Heft I), dem Kloster St. Joseph am Lohhof (op.73 Heft IV.3) und dem Herz Jesu Kloster in Tutzing (op.75).

Durch die zahlreichen Veröffentlichungen seiner Werke war der 35jährige Familienvater Welcker in Augsburg schon ziemlich bekannt geworden, hatte sich seine Existenz gut und breit gefächert aufgebaut.

Vom 12.-14.07.1913 fand in Augsburg das X. Schwäbisch-Bayerische Sängerbundfest statt, an dem die Liedertafel sich mit 200 Sängern beteiligte.

Auch Welcker sang natürlich mit, übernahm aber auch admimistrative Aufgaben, denn er saß als Mitglied im Musik-und im Gesamtausschuss.

Nach dem Sängerbundfest fuhr die Familie im Sommer 1913 mit dem 5 Monate alten Töchterchen Marie zunächst in die Alpen, ins Zugspitzgebiet nach Reutte/ Österreich und erstmals nach Farchant, bei Garmisch-Partenkirchen. Farchant liegt östlich der Ammergauer Alpen auf 672 m, umgeben von bis zu 2000 m hohen Bergen. Hier stürzt sich der Gebirgsbach Kuhflucht mit wilden Kaskaden zu Tal und von hier aus kann man Garmisch-Partenkirchen (4km), die Zugspitze (20km), Mittenwald (20km) besuchen. Auch dürfte Familie Welcker Oberammergau (12km) und die Benediktinerabtei Kloster Ettal (8km) besucht haben.

Eine zweite Reise führte sie zum ersten Mal nach Sachsen. Die Sächsische Schweiz, Dresden und Leipzig wurden besucht. Familie Welcker dürfte auch in Radebeul bei Dresden gewesen sein und vor der „Villa Shatterhand" des Schriftstellers Karl May (1842-1912), der hier bis 1912 gelebt hatte, gestanden haben.

Karl Mays Abenteuerromane waren weit verbreitet und auch Welcker dürfte die Geschichten aus dem Wilden Westen und dem Vorderen Orient, die ab 1879 u.a. in der aus Regensburg stammenden katholischen Wochenzeitung „Der Deutsche Hausschatz" erschienen, als junger Mann während seiner Ausbildung an der Präparandenschule in Mindelheim und am Lehrerseminar in Lauingen gelesen haben. Der Besuch in Sachsen und die Beschäftigung mit dem Werk des Schriftstellers führten jedenfalls dazu, dass Welcker das seit 1883 bekannte Gedicht „Es will das Licht des Tages scheiden" vertonte. Dieses Gedicht kommt in mehreren Texten Karl Mays vor und in seiner Reiseerzählung „Winnetou III" lässt er es in der Todesstunde des Apatschenhäuptlings Winnetou erklingen. Welckers Komposition erschien in Heft 22, als Nr. 17 der Sammlung „Mairosen" beim Verlag Anton Böhm & Sohn in Augsburg im Jahr 1929.

Zu den Mitbringseln des Aufenthalts in Dresden zählten wahrscheinlich Liedpostkarten, auf denen die Texte des Heimatdichters und Lyrikers Erich Langer (1882-1932) Verbreitung fanden. Langer stammte aus dem Erzgebirge und wirkte von 1903 bis 1927 an der Volksschule in Leutewitz bei Dresden. Max Welcker vertonte von ihm 1913 „Zum Gruß", (op.45) und 1924 die Gedichte „Mein Kind" (op.99.2), „Was ich möchte" (op.104.2), „Hört ihr Mägdlein" (op.104.3), „In die blühende Welt" (op.105.1) und Frieden (erschienen beim Musikverlag Hans Willi/Cham CH).

Die Reisepläne des Sommers 1914 führten die Familie nach Berlin und auf die Insel Rügen. Die dänische Hauptstadt Kopenhagen und ein Abstecher nach Malmö in Schweden standen ebenfalls auf der Reiseroute. Auf dem Rückweg besuchten sie erneut Leipzig. Obwohl der Erste Weltkrieg schon begonnen hatte, wurde der Sommer 1915 am Schliersee und am Tegernsee und erneut in Farchant verbracht. Zwischendurch besuchte die Familie immer wieder den Schwiegervater in Krumbach.

*Dann zogen wir in die Müllerstr. 18 (im Jahre 1916) um und die Eltern in die Brückenstraße 16, also waren wir wieder nicht mehr miteinander. (14/15) Beide Wohnadressen lagen nicht weit voneinander entfernt, sodass die Betreuung der dreijährigen Marie weiterhin gewährleistet war.*

*Abb.109 und 110: Das Haus in der Müllerstrasse 18, Wohnhaus der Familie Welcker von 1916 bis 1944.*

*Abb.111: Tochter Maria 1916/17 im Alter von 3 bis 4 Jahren.*

Auch diesen Sommer verbrachte die Familie wieder in den Bergen in Farchant. Doch plötzlich kam der Krieg auch zu Familie Welcker und Max wurde am 19.08.1916 nach Mainz einberufen, um als Fußartillerist in den Ersten Weltkrieg einzurücken. Es dürfte ihm sehr schwer gefallen sein, seine Familie zu verlassen, denn er sah sich als tiefgläubigen, friedliebenden und unpolitischen Menschen, dessen Lebensinhalt die Schule und seine Musik war. Doch er hatte Glück, denn man versetzte ihn bald in die Zahlmeisterei und am 31. März 1917 wurde er wieder zum Schuldienst nach Augsburg entlassen. Glücklicherweise überstand er den 7 ½ Monate dauernden Militärdienst ohne größere kriegsbedingte körperliche oder geistige Schädigungen und kehrte im Wesentlichen wohlbehalten zu seiner Familie zurück.

Am 11.November 1918 schwiegen endlich die Waffen, der furchtbare Krieg mit über 17 Millionen Toten war zu Ende. Kaiser Wilhelm II. hatte abgedankt und Deutschland suchte erstmals seinen Weg zu einer parlamentarischen Demokratie. Es begann die wechselvolle Zeit der Weimarer Republik.

# STILLE NACHT

Vor allem in der Zeit des Ersten Weltkrieges und auch danach beschäftigte sich Max Welcker interessanterweise vielfach mit dem bekannten Weihnachtslied „Stille Nacht, heilige Nacht" so dass man den Eindruck gewinnt, dieses Lied sei für ihn in diesen Jahren zu einer Art Motto-Lied geworden. Er griff das Lied immer wieder auf und schuf eine Reihe von Kompositionen die „Stille Nacht" verwenden und verarbeiten, jedoch nicht etwa für Variationen o.ä., sondern in einen größeren Zusammenhang gestellt: Max Welcker hat gewissermaßen eine Umgebung dafür komponiert. Dabei bezog er auch andere Melodien bzw. Weihnachtslieder mit ein, was in manchem an die Quodlibet-Tradition erinnert. Neben diesen Verarbeitungen von „Stille Nacht, heilige Nacht" bearbeitete er das Lied nur ein einziges Mal in einer Fassung für Männerchor.[60]

Das Weihnachtsfest als Fest des Friedens, der Liebe und der Familie spielte für den Komponisten Max Welcker offensichtlich eine wichtige Rolle. Er setzte sich mit der Thematik dieses christlichen Festes häufiger als mit anderen Themen auseinander. Im Laufe seines Komponistenlebens schrieb Max Welcker über 70 Weihnachtslieder, Advents- und Weihnachtsmessen, Weihnachtsspiele und Bearbeitungen, d.h. mehr als jede achte Komposition seines Gesamtschaffens von 610 Werken betrifft das Thema Weihnachten.

Außer seinen Stille-Nacht-Verarbeitungen komponierte Max Welcker mehr als 40 Weihnachtslieder, 13 Weihnachtsspiele für Kinder, drei Klavierstücke für die Jugend op.88.5, die Deutsche Adventsmesse op.96, das Weihnachtsevangelium nach dem Evangelisten Lukas op.159.1, die Vesper zum hochheiligen Weihnachtsfest op.169, zwei Offertorien und 10 Bearbeitungen von Werken anderer Meister. Zu keinem anderen geistlichen oder weltlichem Thema hat er mehr geschrieben.

Dass diese Auseinandersetzung mit dem Weihnachtsfest und dem „Stille-Nacht"-Lied um die Zeit des ersten Weltkriegs geschah, ist wohl kein Zufall angesichts

---

[60] Rolf Schinzel: MWWV Max-Welcker-Werkverzeichnis Nr.462.

von über 2 Millionen Gefallenen und annähernd 3 Millionen physisch und psychisch versehrten Kriegsteilnehmern allein in Deutschland sowie der Not und Ungewissheiten der Nachkriegszeit.

*So fand zu Weihnachten 1914 im ersten Kriegswinter, rund fünf Monate nach Ausbruch des Ersten Weltkrieges, ein „Wunder der Verbrüderung" statt [...]. Am 24. Dezember 1914 gab es entlang einer ca. 50 km langen Kampflinie in Ypern in Flandern für wenige Stunden Frieden mitten im Krieg. Die Soldaten beider Seiten stellten Christbäumchen, die ihnen von zu Hause geschickt worden waren, an den oberen Rand der Schützengräben und sangen Weihnachtslieder, darunter auch „Stille Nacht", in ihren verschiedenen Muttersprachen.[61]*

Max Welcker blieb zwar der harte Fronteinsatz erspart, doch in den Monaten des Kriegsdienstes 1916 lernte er die Kriegsschrecken sehr wohl kennen und der Anblick von Kriegsversehrten gehörte zum Nachkriegsalltag. Was lag für einen katholischen Chor-Komponisten, der sein Ohr an den Stimmungen seiner Musizierenden hatte, näher, als die Sehnsucht nach Frieden, Ruhe und Heil in „Stille-Nacht"-Kompositionen zum Ausdruck zu bringen?

In dieser Zeit gab es offensichtlich einen Bedarf nach „Stille Nacht". Bezeichnend ist in diesem Zusammenhang auch, dass selbst Max Reger (1873-1916) dieses Bedürfnis verspürte. In den Sieben Orgelstücken op. 145 aus den Jahren 1915/16, die in den Eckstücken unmittelbaren Bezug auf den Weltkrieg nehmen, ist das

dritte Stück mit „Weihnachten" betitelt. Neben „Es kommt ein Schiff geladen" und „Vom Himmel hoch" erklingt am Ende „Stille Nacht" im Fernwerk – ein geradezu ätherischer Kontrast der tief innerlichen Friedenssehnsucht gegenüber den virtuos aufbrausenden übrigen Teilen des Orgelzyklus.

*Abb.112: Jubiläumskarte zum Lied „Stille Nacht, heilige Nacht" von 1918. Foto und Verlag: Karl Dietrich, Laufen, Oberbayern. Die Postkarte zeigt die nachschöpferischen Portraits des Textdichters und Pfarrers Josef Mohr und des Komponisten Franz Xaver Gruber. Der Text lautet: „Stille Nacht, heilige Nacht! Wer hat Dich o Lied gemacht? Mohr hat mich so schön erdacht - Gruber zu Gehör gebracht. 1818 Priester und Lehrer vereint 1918".*
*Darunter sind die Schifferkirche St. Nikola in Oberndorf zu sehen sowie das Schulhaus und die Wallfahrtskirche „Maria im Mösl".*

---

[61] Silvia Steiner-Spahn, Anna Holzner: Stille Nacht, Heilige Nacht. Ein Lied verbindet die Welt, Butzon & Bercker 2018, S. 100.

1918 feierte das Lied „Stille Nacht" zudem seinen 100. Geburtstag und entsprach nicht nur einer zeitbedingt nachdrücklichen Sehnsucht nach Frieden, sondern hatte obendrein Jubiläumskonjunktur. Aus diesem Anlass erfuhren der Textdichter Josef Mohr und der Komponist Franz Xaver Gruber vielfache Würdigung.

*Seitens des Dichters Dr. Otto Fr. Gerisichen in Berlin geschah dies im „Daheim" (45. Jahrgang, S. 10), in der Beilage zur.Post „Aus großer Zeit", in der Zeitschrift „Über Land und Meer" (87. Band, S. 100—101), ferner in der Dichtung „Stille Nacht" usw. (bei Boll und Pickardt, Berlin), in dem Schauspiel „Stille Nacht" usw. bei Reg. London Statt, Hall, Berlin; seitens des Pfarrers Franz Peterlechner zu Mörschwang in Oberösterreich in seinem Büchlein „Stille Nacht", herausgegeben bei Haßlinger, Linz (Landesverein für Heimatschutz in Oberösterreich); seitens des Professors Dr. Weinmann in Regensburg bei Pustet und zuletzt seitens des Enkels des Komponisten Felix Gruber, Konzertsängers in Salzburg, in seiner Abhandlung „Stille Nacht, heilige Nacht" in der Weihnachtsnummer der Salzburger Chronik 1918.[62]*

Der Blick zurück in die Entstehungszeit und -umstände vor 100 Jahren offenbart, dass die Menschen damals im Salzburger Land und in Oberndorf auch keine „rosigen Zeiten" hatten.

Die Napoleonischen Kriege waren zu Ende gegangen und Europa erfuhr eine Neuordnung, die auf dem Wiener Kongress beschlossen und verabschiedet wurde. Das geistliche Fürstentum Salzburg war säkularisiert worden und hatte seine Selbständigkeit verloren. Erst 1816 setzte der Abschluss des Münchner Vertrages und der Zuschlag Salzburgs an Österreich einen Schlusspunkt unter zweimalige Besetzung und mehrfachen Besitzwechsel, der das Funktionieren des Salzhandels auf und entlang der Salzach beeinträchtigte und trug somit zur allmählichen Befriedung der Lage bei.

Doch damit nicht genug: 1816 lagen Aschewolken über Europa, die 1815 nach einem heftigen Ausbruch des Vulkans Tambora in Indonesien entstanden waren, und hatten den Himmel im Frühjahr und Sommer verdunkelten. Dies führte zu dem „Jahr ohne Sonne", mit Missernten und damit zu Hungersnöten.

In dieser Zeit widrigster Umstände schrieb Hilfsprediger Joseph Mohr 1816 den Text zu Stille Nacht in Mariapfarr im abgelegenen Salzburger Lungau und verarbeitete in seiner sechsstrophigen Fassung des Liedes neben der Weihnachtsgeschichte auch diese zeitgeschichtliche Bezüge (Strophe 4 und 5).

In der heute gebräuchlichen Liedfassung (Reihenfolge aus erster, sechster und zweiter Strophe) die auf den Leipziger Thomaskantor Gustav Schreck (1849-1918) zurückgeht, ist dieser damalige zeitgeschichtliche Bezug verschwunden. Übrig geblieben ist die allgemeine Sehnsucht nach „Stille Nacht", Frieden und Heil.

---

[62] Hermann Spies: Über Joseph Mohr, den Dichter von „Stille Nacht, heilige Nacht" (Salzburg 1792–1848), Mitteilungen der Gesellschaft für Salzburger Landeskunde Nr. 84/85, Seite 122.

Der von Joseph Mohr geschriebene Originaltext lautet:

Stille Nacht! Heilige Nacht!
Alles schläft, einsam wacht
Nur das traute hochheilige Paar.
Holder Knabe im lockigen Haar,
Schlaf in himmlischer Ruh!
Schlaf in himmlischer Ruh!

Stille Nacht! Heilige Nacht!
Gottes Sohn, o wie lacht
Lieb aus deinem göttlichen Mund,
Da uns schlägt die rettende Stund'.
Christ, in deiner Geburt!
Christ, in deiner Geburt!

Stille Nacht! Heilige Nacht!
Die der Welt Heil gebracht,
Aus des Himmels goldenen Höh'n
Uns der Gnaden Fülle lässt seh'n
Jesus, in Menschengestalt,
Jesus, in Menschengestalt

Stille Nacht! Heilige Nacht!
Wo sich heute alle Macht
Väterlicher Liebe ergoss
Und als Bruder huldvoll umschloss.
Jesus, die Völker der Welt,
Jesus, die Völker der Welt.

Stille Nacht! Heilige Nacht!
Lange schon uns bedacht,
Als der Herr vom Grimme befreit,
In der Väter urgrauer Zeit
Aller Welt Schonung verhieß,
Aller Welt Schonung verhieß.

Stille Nacht! Heilige Nacht!
Hirten erst kundgemacht
Durch der Engel Halleluja,
Tönt es laut von ferne und nah:
Christus, der Retter, ist da!
Christus, der Retter ist da!

Für Weihnachten 1818 übergab nun Joseph Mohr seinen Text an Franz Xaver Gruber in Oberndorf, der das Lied vertonte. Noch am selben Abend führten Mohr und Gruber die von ihm komponierte Fassung im wiegenden Sicilianorhythmus 6/8-Takt in D-Dur für 2 Solostimmen und Begleitung der Gitarre am Heiligen Abend in der Schifferkirche St Nikola in Oberndorf bei Salzburg erstmals auf. Mohr sang die Oberstimme und spielte Gitarre, Gruber sang die Unterstimme dazu. Da die Liturgie der Messe damals noch in Latein gehalten wurde, war es für die Menschen tröstlich, ein Lied zu hören, das sie verstehen konnten. In der Kirche dürfte der intime Klang der Gitarre kombiniert mit dem deutschen Text die emotionalen Bedürfnisse der Menschen am Heiligen Abend sicherlich getroffen haben. Die Aufführung des Liedes fand nach heutigen Erkenntnissen nicht während der Mette, sondern erst im Anschluss daran, vor der Weihnachtskrippe stehend, statt. Für „Stille Nacht! Heilige Nacht!" als Wiegenlied für das neugeborene Jesuskind, eignete sich die Gitarre besser als der Klang der in der Kirche vorhandenen Orgel. Auch die Gitarrenbegleitung dürfte den Menschen das Lied sofort nahe gebracht haben, denn Gitarrenklänge waren ihnen bereits aus der Kindheit vertraut, da das Instrument von jedem Schullehrer verwendet wurde und bei der Hausmusik und im Wirtshaus gebräuchlich war.

Die erste Verbreitung des als Kirchenlied entstandenen Volksliedes erfolgten überwiegend mündlich regional im Salzburger Land. Lehrer und Organisten schrieben das Lied von Hand zu Hand ab.

Wie Franz Xaver Gruber 1854 in seiner „Authentischen Veranlassung" zur Komposition von „Stille Nacht" berichtete, soll der aus Fügen/Tirol stammende Orgelbauer Carl Mauracher (1789-1844) der mit Franz Gruber in Arnsdorf und Oberndorf in Kontakt stand (er reparierte 1819 die Orgel in Arnsdorf und errichtete 1825 in Oberndorf eine neue Orgel) das Lied im Zillertal bekannt gemacht haben.

Hier waren mehrere Sängerfamilien ansässig, die ihr Einkommen im Winter verbesserten, indem sie sich als fahrende Händler betätigten. Manche lockten dabei Käufer mit Gesangseinlagen an ihre Stände, indem sie sich, gestützt auf die Zillertaler Volksmusiktraditionen, als „Tiroler Nationalsänger" betätigten. Entlang ihren Händlerrouten durch ganz Europa und des damals international beliebten Tiroler Folklore-Tourismus kam es zur Verbreitung des Liedes auch außerhalb der Salzburger und Tiroler Region.

Eine entscheidende Rolle spielte dabei die Handschuhmacher- und Wäschehändlerfamilie Strasser aus Laimach im Zillertal, die sich im Laufe der Jahre zu einem bekannten Gesangquartett entwickelt hatte. Die vier Geschwister Strasser boten ihre Waren auf der Leipziger Neujahrsmesse, dem internationalen Tor zur großen weiten Welt, an und brachten dabei das Lied „Stille Nacht" 1831/32 nach Sachsen, indem sie zur Verkaufsförderung Volkslieder aus dem Zillertal darboten.

Ihr Gesang muss so beeindruckend gewesen sein, dass sie am 15.12.1832 in einem Konzert im Ballsaal des damaligen Hôtel Pologne auftraten und dabei *„dem in diesem Blatte ausgesprochenen Wunsche, das schöne Weihnachtslied: 'Stille Nacht, heilige Nacht' vorzutragen, freundlich entsprochen"* hätten (Leipziger Tageblatt 17.12. 1832).

Der aus Dresden stammende Verleger August Robert Friese (1805-1848) schließlich besorgte den ersten Notendruck 1832, zunächst als Flugblatt und danach als Liedersammlung mit dem Titel *„Vier ächte Tyrolerlieder für Sopran Solo oder für 4 Stimmen mit willkürlicher Begleitung des Pianoforte, gesungen von den Geschwister Strasser aus dem Zillertale, treu diesen treffenden Natursängern nachgeschrieben."*

Abb.113: Mit dem Notenheft erfolgte der Erstdruck von „Stille Nacht" durch den Verleger August Robert Friese Dresden und Leipzig 1832. Allerdings war das Lied erheblich verändert worden und die Namen seiner Schöpfer wurden nicht genannt.

Abb.114: Die Geschwister Strasser: (von links nach rechts) Amalie, Caroline, Anderl (Anna) und Joseph, zur damaligen Zeit alle 18 bis 24 Jahre alt. Abbildung auf dem Notendruck von August Robert Friese.

Weitere Ausgaben folgten und damit waren in Verbindung mit den auch internationalen Reisen der Zillertaler Sänger die Voraussetzungen gegeben, dass sich „Stille Nacht" in Europa und Übersee verbreitete. *„Ursprünglich als Trost für eine von existenziellen Nöten schwer bedrängte Dorfbevölkerung geschaffen, sprach es bald auch die Menschen in ganz anderen Gebieten und Kulturen an.*[63]

Max Welcker verarbeitete „Stille Nacht! Heilige Nacht!" in folgenden vier doppelchörigen Kompositionen, wobei zwei Melodien und deren dreistrophige Texte gleichzeitig mit- und gegeneinander gesungen und gespielt werden:

- op. 81.1 **Letzte Christnacht** „Sie saßen zusammen am Feste des Herrn" (Alfons Krämer) und „Stille Nacht" 1920, volkstümlicher Doppelchor, 4+4 Männerstimmen a capella und Violine solo.

---

[63] Werner Thuswaldner, Stille Nacht! Heilige Nacht! Die Geschichte eines Liedes, Residenz Verlag Salzburg – Wien 2018, Seite 112.

- op.81.2 **Heilige Nacht** „Hell schimmerte durch die dunkle Nacht" (Alfons Krämer) und „Stille Nacht" 1920, Doppelchor, 4+4 gemischte Stimmen und Schalmei (Oboe, Klarinette oder Violine) und Klavier (Harmonium).

- op. 81.3 **Der Weihnacht Lied** „Kommt verträumt ein Lied gegangen" (Erich Langer) und „Stille Nacht" 1921, volkstümlicher Doppelchor für 3+3 Frauenstimmen mit Klavier (Harmonium).

- **Stille Nacht** „O schönstes aller Lieder der heil'gen Weihnachtszeit" (Joseph Mohr, Max Welcker), Doppelchor, 4+4 Männerstimmen.

Im Gegensatz zu den Doppelchören op.81.1 bis 81.3 wird hier das Lied Stille Nacht achtstimmig gegeneinander geführt. Der Text von Max Welcker umrahmt Stille Nacht und bildet die Einleitung und den Schluss.

Weitere Bearbeitungen von „Stille Nacht! Heilige Nacht!" durch Max Welcker sind:

- op. 59 **Weihnachtslegende** „Stern und Mondenschimmer" (Alfons Krämer) 1913, Gemischter Chor oder Männerchor, am Ende des Liedes wird Stille Nacht zitiert.

*Abb.115: Max Welcker „Weihnachtslegende" op.59a (Max Steiner) für vierstimmigen Gemischten Chor a capella.*

Abb.116: Max Welcker „Heilige Nacht" op.81.2 (Alfons Krämer) für Doppelchor, 4+4 gemischte Stimmen und Schalmei (Oboe, Klarinette oder Violine) und Klavier (Harmonium).
Das Notenbeispiel zeigt den Ausschnitt Takt 17 bis Takt 22.

- op.113.3 **Weihnacht** „Lichterglanz vom Himmelszelt" für vierstimmigen Gemischten Chor a capella und Violinsolo oder vierstimmigen Männerchor a capella und Violinsolo. In dieser Komposition umspielt die Solovioline den vierstimmigen Chorsatz mit einer Variation der Melodie von Stille Nacht.

- „Stille Nacht, heilige Nacht" (Joseph Mohr, Franz Gruber), Originalmelodie bearbeitet für vierstimmigen Männerchor a capella in Es-Dur von Max Welcker.

Die Vertonungen greifen natürlich die Terzen-Seligkeit des „Stille-Nacht"-Originals auf und neigen damit zu diesseits traulicher oder jenseits seliger Stimmung. Dabei versteht es Max Welcker, durch die Schaffung verschiedener Kontexte, „Stille Nacht" als etwas Besonderes erscheinen zu lassen. In der **Weihnachtslegende** op 59 etwa – die drei Strophen von Max Steiner handeln von einem „alten Mütterlein", das der nächtlichen Mondnacht und den Glocken lauscht erklingt am jeweiligen Strophenende nur die erste Zeile „Stille Nacht, heilige Nacht". Die Komposition der Strophen steht im 4/4-Takt C-Dur und hat bewegte Stimmführung mit gelegentlich harmonischen Schärfen. Die erste „Stille Nacht"Zeile jedoch ertönt pianissimo in stehendem F-Dur-Klang, der in der ganzen Weihnachtlegende nur an dieser Stelle verwendet wird. Der Takt hat in die wiegenden 6/8 gewechselt und die sonst üblichen Terz-Parallelen zwischen Sopran und Alt sind durch Dezimen-Parallelen zwischen Sopran und Tenor ersetzt, wodurch der führende Sopran einen milden Glanz erhält – „Stille Nacht" erscheint wie aus einer anderen Welt.

Der Chorsatz von „**Heilige Nacht**" op. 81.2 für zwei gemischte vierstimmige Chöre gibt sich ganz der Dur-Seligkeit aus Tonika und Dominante hin. Chor I beginnt mit dem neu komponierten dreistrophigen Text „Hell schimmerte durch die dunkle Nacht" von Alfons Krämer, Chor II antwortet mit den ersten Teilen der „Stille Nacht"-Strophen und den üblichen Terz-Parallelen. Bei „nur das traute ..." und „holder Knabe" erklingt die unvermeidliche Subdominante für einen Takt. Sodann vereinen sich beide Chöre zu volltönender Achtstimmigkeit trotz der verhaltenen Dynamik, um- und überspielt von Schalmei, Oboe, Klarinette oder Violine in Dreiklangs- und Tonleiter-Melodik. Im Kontrast dazu stehen die pausenreiche klangsparsame Einleitung und Zwischenspiele, in denen ein Tasteninstrument Anfangsmotive der „Stille-Nacht"-Melodie aufgreift und variiert, u.a. in Moll, und sekundiert vom Soloinstrument.

Dass Max Welcker aber auch in der Dur-Welt von „Stille Nacht" Besonderes zum Ausdruck bringen kann, zeigt die **Letzte Christnacht** op. 81.1 . Mit genau komponierten einfachen Mitteln entsteht eine erstaunliche, auch dramatische Wirkung. Auf der Hauptbühne im Vordergrund ist Chor I platziert und im Hintergrund hinter der Bühne Chor II, der „Stille Nacht" intoniert, umspielt von einer Solovioline, durchweg in Sechzehntelnoten und in meist hoher Lage. Eine Darstellung der doppelchörigen Textmontage kann den offensichtlichen Bezug zum Weltkrieg skizzieren:

# Letzte Christnacht op. 81.1 (1919)
### für zwei vierstimmig gemischte Chöre (Text Alfons Krämer)
------------------6/8 - Takt---------------------

| Chor I (auf der Hauptbühne) | Chor II (hinter der Scene) |
|---|---|
| *D-Dur und im piano (p)* | *mit umspielender Solovioline in hoher Lage* |

Sie saßen beisammen am Fest des Herrn
und schmückten der Hütte Raum;
sie feierten Weihnacht, der Heimat fern,
beim deutschen Tannenbaum.

*1. Strophe (p)*
Stille Nacht! Heilige Nacht!
Alles schläft, einsam wacht.

Sie sangen wie Kinder schuldlos fromm,
das Lied von der heiligen Nacht
und dachten innig „Christlein, komm!"
wie sie's daheim einst gemacht.

Nur das traute hochheilige Paar
Holder Knabe im lockigen Haar,
Schlaf in himmlischer Ruh!
Schlaf in himmlischer Ruh!

*Rückung nach B-Dur und bewegter*

Es spielte einer die Geige dazu,
und als die Weise verhallt, *(dann ruhiger)*
er strich sie noch weiter in friedlicher Ru,
er spielte mit Zaubergewalt, *(schließt in der Moll-Parallele g-Moll, dann D-Dur und mf)*
er spielte mit Zaubergewalt.

*2. Strophe (p, Anfangstempo)*
Stille Nacht! Heilige Nacht!
Gottes Sohn, o wie lacht.

Das tönte von Sehnen, von heiligem Schmerz, *(p)*
ein Klang voll himmlischer Weih',
die weiche Weise ging jedem ans Herz,

Lieb aus deinem göttlichen Mund,
Da uns schlägt die rettende Stund'.
Christ, in deiner Geburt!

*Der Solovioline reißt eine Saite*

---*Generalpause*---
da riß eine Saite entzwei! *(mf - dann a tempo, unisono und d-Moll)*
Und Stille wurde es dann ringsum *(p)*
dem Geiger ward gar so schwer. *(mit ritardando - dann g-Moll)*
Er hing an die Wand die Fiedel stumm –

---*Generalpause*---
Er spielte sie niemals mehr *(p)*. niemals mehr *(pp)*
*(dann feurig bewegt / forte / unisono beginnend)*
Des andern Tages tobte die Schlacht;
sie färbte die Erde so rot.

*(D-Dur und p)*
Gekommen war Tausenden stille
auch unser Spielmann lag tot.

*3. Strophe (ohne Solovioline)*
Stille Nacht! Heilige Nacht!
Nacht, Schlaf in himmlischer Ruh,
Schlaf in himmlischer Ruh!

# ZEIT
# DER GROßEN SCHAFFENSKRAFT

### Die 1920er Jahre

Der Krieg war aus der Perspektive Welckers überstanden. Im Sommer 1917 war die Familie zur Erholung in die Berge nach Kochel und zum Walchensee gefahren und hatte den Schwiegervater Leopold in Krumbach besucht. Im Herbst 1917 begann das neue Schuljahr für Lehrer Welcker an der 1904 erweiterten Schule von St. Max in der Jakobervorstadt, einem historischen Stadtteil von Augsburgs Innenstadt. Durch den Wohnort der Familie und sein mehr als 10jähriges Wirken als Organist in der Pfarrei und die Mitarbeit in der Kirchenverwaltung, gab es genügend persönliche Gründe für Welcker nun auch an dieser Schule als Lehrer zu wirken. Er hatte offensichtlich nach seinem Kriegseinsatz um diese Versetzung von sich aus gebeten, und sie wurde ihm gewährt.

Abb.117 + 118: Die Knabenschule von
St. Max Augsburg.

An der katholischen Schule von St. Max sollte er bis 1937/38 reine Knabenklassen, danach bis 1944 gemischte Knaben- und Mädchenklassen unterrichten. Die Schüler kamen, bedingt durch die Industrialisierung, überwiegend aus Fabrikarbeiterfamilien. Er schien sich wohl zu fühlen, denn er wechselte die Schule in

Augsburg nicht mehr. Nachfolgend eine Übersicht über die Klassenstärken dieser Zeit. Es konnten nicht alle Schuljahre dokumentiert werden, da ein Teil der Schulakten im 2. Weltkrieg vernichtet wurden.

| Schuljahr | Klasse | Konfession | Schülerzahl |
|---|---|---|---|
| 1917/1918 | VI | katholisch | 47 Knaben |
| 1918-1925 | keine | Unterlagen | vorhanden |
| 1925/1926 | IV | katholisch | 39 Knaben |
| 1926/1927 | V | katholisch | 40 Knaben |
| 1927/1928 | II a | katholisch | 41 Knaben |
| 1928/1929 | III a | katholisch | 41 Knaben |
| 1929/1930 | IV a | katholisch | 41 Knaben |
| 1930/1931 | I | katholisch | 46 Knaben |
| 1931/1932 | II | katholisch | 49 Knaben |
| 1932/1933 | III | katholisch | 53 Knaben |
| 1933/1934 | IV | katholisch | 47 Knaben |
| 1934/1935 | I | katholisch | 48 Knaben |
| 1935/1936 | II | katholisch | 41 Knaben |
| 1936/1937 | III | katholisch | 39 Knaben |
| 1937/1938 | IV | katholisch | 39 Knaben |
| 1938/1939 | 4 b | nicht benannt | 10 Knaben 28 Mädchen |
| 1939/1940 | 3 b | nicht benannt | 11 Knaben 28 Mädchen |

Nach dem Krieg und der darauf folgenden Revolution 1918 wurde am 16. Dezember 1918 die örtliche Schulaufsicht in Augsburg aufgehoben. Am 05. Mai 1919 bildeten sich Lehrerräte und am 28. August 1919 wurde die erste Verordnung über Schulpflege, Schulleitung und Schulaufsicht erlassen,weitere Veränderungen folgten. Am 1. August 1922 erließ man das neue Schulaufsichtsgesetz. Es förderte in seinen Ausführungsbestimmungen vom 16. August 1923 folgende Neuerungen:

- die stärkere Mitarbeit der Lehrerschaft am Gestalten des inneren und äußeren Schulbetriebs

- die Errichtung von Erziehungsgemeinschaften zwischen Schule und Elternhaus und

- die Aufstellung von fachlichen Bezirksschulräten.

Die Volkshauptschule zählte 1925/26 in der gewachsenen Stadt Augsburg in 457 Klassen 16.257 Schüler. Eine Klasse bestand aus durchschnittlich 38,5 Schülern (gegenüber 53 im Schuljahr 1901, ein enormer Fortschritt!). In der Stadt unterrichteten 427 hauptamtliche Lehrer (224 Männer, 203 Frauen).

Abb.119: Tochter Maria im Alter von 6 Jahren als Schulkind im Jahr 1919.

Für Familie Welcker veränderte sich der Alltag mit der Einschulung ihrer sechsjährigen Tochter zu Beginn des Schuljahres 1919/1920. Sie trug fortan stolz ihren Schulranzen und auch der Papa konnte auf sich stolz sein. Als Lehrer versah er nun seit zwanzig Jahren seinen Dienst an den Schulen in Augsburg und wurde am 01.04.1920 zum Hauptlehrer ernannt.

Gewissenhaft versah er seine Organisten- und Chorleiterpflichten in St. Max und bei seinem Männerchor, der Sängergesellschaft „Lyra" (In der Sängergesellschaft „Lyra" sangen auch Mitgliedern der Augsburger Liedertafel mit. Ähnlich war es bei den Chören: Die Augusta, Die Bavaria, Die Amicitia (1849), Die Sänger- und Musikgesellschaft Concordia (1849), Die Cäcilia (1858), Die Germania und der Liederhort und Liederkreis des Arbeiter-und Fortbildungsvereins).

Seine Tochter Maria, inzwischen 7 Jahre alt, ging zur Schule und wurde von seiner Frau und den Großeltern liebevoll in ihrer Entwicklung gefördert und erzogen. Dem zeittypischen Rollenbild der Zeit folgend hatte Leopoldine ihre Schullehrerkarriere schon vor der Hochzeit 1908 beendet, um für ihren Mann als „treu sorgende" Ehefrau und Mutter da zu sein. Diese „Arbeitsteilung" funktionierte damals gut und ermöglichte Max Welcker sein umfangreiches Arbeitspensum zu bewältigen. Sein Gehalt als Alleinverdiener war schon seit geraumer Zeit hoch genug, um seiner Tochter die bestmögliche Förderung und seiner Familie einen gewissen Wohlstand zu bieten. Kurzum: eine gut situierte und harmonische Familie in der bürgerlichen Gesellschaft Augsburgs.

Für Max Welcker begann nun seine Hochphase als Komponist. In den nächsten 25 Jahren schrieb er über 400 eigene Werke, bearbeitete eine Reihe von Werken

*Abb.120: Familie Welcker im Jahr 1925.*

anderer Komponisten und er fasste als Herausgeber Kompositionen unter verschiedenen thematischen Begriffen zu Sammlungen zusammen. Der überwiegende Teil seiner Kompositionen erschien beim Musikverlag Anton Böhm & Sohn Augsburg.

Ab 1916- bedingt durch den Krieg und seine Folgen- bis 1926 verreiste die Familie nur noch in den Sommerferien und so führte der Urlaub 1918 nach Füssen und nach Krumbach. Im Sommer 1919 besuchten die Welckers erneut Rettenberg am Grünten und Max wandelte in Hergensweiler wieder einmal auf den Spuren der eigenen Vergangenheit. Danach wurde Station in Dornbirn gemacht und die Ferien klangen wieder beim Schwiegervater in Krumbach aus. In den Sommerferien 1920 wurde der Urlaub in Oberreitnau und erneut in Krumbach verbracht.

Die Liedertafel wurde seit 1919 von ihrem neuen 1. Chormeister Joseph Bach dirigiert, der gleichzeitig auch Städtischer Kapellmeister war und dank dieser Doppelfunktion dafür sorgte, dass es eine Reihe von gemeinsamen Konzerten mit der Liedertafel und dem Städtischen Orchester gab. Und so erlebten Max Welcker und sein Vater Robert in den nächsten Jahren die Aufführungen von großen Chorwerken, wie Ludwig van Beethovens „IX. Sinfonie" (22.11.1920), Giuseppe Verdis „Requiem" (09.12.1921), Hector Berlioz „Fausts Verdammnis" (1922) und Luigi Cherubinis „Requiem" (Dezember 1924).

Im Sommer 1921 weilte die Familie im Urlaub wieder einmal in Farchant, bei Garmisch-Partenkirchen. Bei dieser Reise feierte der 43jährige Max Welcker in Lindau sein 25jähriges Dienstjubiläum als Lehrer. Die Inselstadt hatte ihn schon als 10jährigen Schüler der 5. Klasse 1888 fasziniert, vor allem wegen ihrer 555 m langen Brücke.

Der Sommer 1922 wurde im Allgäu in Oberammergau und wieder in Krumbach verbracht. Ein Jahr später feierten die Eltern mit ihrer Tochter Marie das Fest der Erstkommunion. Sie war inzwischen 10 Jahre alt und ihr Vater begann sie zu Hause auf dem Klavier zu unterrichten.

*Abb.121: Tochter Maria als Erstkommunikantin 1923.*

*Mit Marie fing ich im Alter von 10 Jahren das Klavierspiel an, mit ebenso wenig Geduld wie mein Vater im Violinspielen mit mir. Später löste mich Dini als Klavierlehrerin ab, wobei es Marie noch „schlimmer" erging wie bei mir. Meist lag der „Stock" auf dem Klavier für sie bereit und es gab fast jedes mal Tränen. Wie freute sich heimlich M., wenn ihre strenge „Lehrerin" gar falsch vorspielte!* Da der familiäre Unterricht zu Hause nicht den gewünschten Erfolg brachte, suchten die Eltern nach einer anderen, besseren Ausbildungsmöglichkeit für ihre Tochter und fanden eine Klavierlehrerin. *So übergab man das Kind bald Fräulein Stoll, dann Herrn Fritz Spindler* [Welckers ehemaliger *alter Lehrer, inzwischen Professor] bis sie endlich in der Musikschule, später Konservatorium, bei Kottermaier landete und erst jetzt erfolgreichen Unterricht genoß, der immer rascher sichtliche Erfolge zeitigte.* (15) Denn Maria Welcker hatte Talent.

Die erste private Musikschule in Augsburg wurde von Dr. Hans Michael Schletterer gegründet. Er war seit 1858 Kapellmeister der evangelischen Kirchen in Augsburg und hatte schon 1866 den Oratorienverein ins Leben gerufen. Die Musikschule hatte den Charakter einer Bildungsanstalt für „Dilletanten" und beschränkte sich zunächst darauf, für Hausmusik auszubilden. Die Einrichtung wurde 1924/25 von der Stadt übernommen und im repräsentativen Fuggerschlösschen (Nähe Heilig-Kreuz-Kirche) als neuem Schulgebäude untergebracht. Sie wurde von 1924 bis 1931 geleitet von Prof. Heinrich Kaspar Schmid (Komponist und Dirigent, von 1925 bis 1931 auch Leiter des Oratorienvereins). Unter seiner Leitung verbesserte sich die Qualität der Ausbildung an der Musikschule in kürzester Zeit rasant und die Stadt erhob die Musikschule durch Beschluss des Stadtrates vom 12. Februar 1926 zum Städtischen Konservatorium. Der Unterricht fand in den Fächern Klavier, Orgel, Orchesterinstrumente, Solo- und Chorgesang, Kompo-

Abb.122: Das Anwesen der französischen Königin Hortense Herzogin von Leu in der Heilig-Kreuz-Straße, Augsburg. Sie wohnte hier von 1817 bis 1825 als ihr Sohn, der spätere Kaiser Napoleon III., das Gymnasium bei St. Anna besuchte. Einhundert Jahre später zog die Musikschule in das querstehende Gebäude im Vordergrund.

Abb.123: Die Musikschule der Stadt Augsburg in der Heilig-Kreuz-Straße 26 (Litera F 371) im Jahr 1930. Die Musikschule zog 1926 ins sogenannte „Franzosenschlösschen" um. Das Gebäude wurde im Jahr 1904 von der Stadt erworben und bis zur Zerstörung im Zweiten Weltkrieg im Jahr 1944 als Musikschule (ab 1926 als Städtisches Konservatorium) genutzt. Am Pfeiler rechts sieht man eine Tafel mit der Aufschrift „Städtisches Konservatorium für Musik". Die Tafel auf dem linken Pfeiler verweist auf eine Abgabestelle des Wohlfahrtamtes. Links daneben ist eine Gedenktafel angebracht, die auf die Historie des Gebäudes und seiner ehemaligen Bewohner verweist.

sition, Theorie- und Musiklehre, Harmonie-und Formenlehre, Kontrapunkt, Kanon und Fuge, Instrumentallehre, Partituren lesen und Dirigieren, Zusammenspiel, Kammermusik, Musikgeschichte und Vorbereitung für das musikalische Lehramt, statt. 1925/26 wurde die Orgelklasse zu einer Abteilung für Kirchenmusik umgestaltet, und das Unterrichtsangebot wurde ergänzt durch einen Kammerchor, eine Abteilung für Volksmusik, ein Collegium musicum zur Pflege alter Musik und eine Opernschule.

Bereits 1925 verpflichtete Prof. Schmid seinen hochbegabten Vetter Arthur Piechler als Lehrer an die Schule. Piechler sollte das Augsburger Musikleben in den nächsten 30 Jahren maßgeblich mitgestalten. Er übernahm in der Folgezeit von 1931 bis 1941 zunächst den Oratorienverein und wurde von 1945 bis 1955 als Leiter des Städtischen Konservatoriums Nachfolger von Otto Jochum, der dieses Amt seit 1938 innegehabt hatte. 1924/25 zählte die Schule 281 Schüler, die von 13 hauptamtlichen und 4 nebenamtlichen Lehrkräften unterrichtet wurden. Bereits Ende des Schuljahres 1925/26 war die Schule auf 657 Schüler angewachsen. Diese wurden von 17 hauptamtlichen (darunter 12 mit Hochschulausbildung!) und 27 nebenamtlichen Lehrern unterrichtet. Es war also eine sehr gute und aufstrebende Bildungseinrichtung in der Maria Welcker ihren Klavierunterricht bekam. Seit 1948 heißt die Musikschule Leopold Mozart Konservatorium der Stadt Augsburg.

Außerdem ging Maria auch in die Singschule, die Albert Greiner gegründet hatte und wurde bei ihm sängerisch geschult. Den Sommer 1923 durfte Marie in St.

*Abb.124: Singschuldirektor Albert Greiner mit seiner Klasse der „Auserwählten". Maria Welcker steht in der 2. Reihe als 4. von links.*

Gallen in der Schweiz zubringen. Der Papa kannte sich ja gut aus, denn er hatte die gesamte Schweiz bereits 1907 mit dem Zug bereist.

1923 erlebte Welcker das Krisenjahr der Weimarer Republik. Es herrschte Hyperinflation und es gab u.a. kommunistische Unruhen in Sachsen und Thüringen. Der Parteiführer der NSDAP Adolf Hitler (1889-1945) versuchte am 8./9. November 1923 mit dem Marsch auf die Feldherrnhalle in München durch einen bewaffneten Putsch die Regierung in Berlin zu stürzen, um selbst die Macht für eine nationale Diktatur zu erringen. Dazu hatte er sich mit rechtsradikalen Kräften verbündet und versuchte rechtskonservative Kreise in der bayerischen Verwaltung und Regierung für seine Zwecke zu benutzen. Die unklaren Ereignisse in München und eine Verhaftungsaktion der Polizei hinderten die Augsburger Nationalsozialisten daran beim Marsch auf die Feldherrnhalle dabei zu sein. Der Putschversuch in München scheiterte, es gab 20 Tote und Verletzte. Hitler wurde inhaftiert, kam aber nach seinem Prozess am 20. Dezember 1924 wieder frei. In Augsburg kam es in den Tagen nach dem Putschversuch zu Unruhen, die zeigten, dass Adolf Hitlers Gedankengut und Richtung über einen beachtlichen Anhang in der Stadt verfügte. Die Landtags-und Reichstagswahlen im Frühjahr 1924 zeigten daraufhin erstmals den Verfall in der Wählerbindung auf, der 1932 in verstärktem Maße zu Tage trat. Persönlich scheint Max Welcker von diesen Ereignissen nicht direkt betroffen worden zu sein.

Im Sommer 1924 sang Max Welcker am 13. und 14. Juli beim 11. Liederfest des Schwäbisch-bayerischen Sängerbundes in Lindau mit. Zu diesem Anlass hatte er das „Lied vom Bodensee" op.98 für Männerchor komponiert. Anschließend fuhr die Familie nach Baden und erneut in die Schweiz nach Luzern, Hergiswil, an den Zürichsee und zur Benediktinerabtei Kloster Einsiedeln mit ihrer bedeutenden Bibliothek.

In Einsiedeln nahm er auch Kontakt mit dem dort ansässigen Kirchenmusikverlag Meinrad Ochsner auf, der später drei Franziskuslieder von ihm druckte, deren Texte vom Kapuzinerpater Rupert Noser OFMCap (= Ordo Fratrum Minorum Capuccinorum) stammten. Noser lebte von 1896 bis 1948, wurde 1922 zum Priester geweiht und feierte seine Primiz in Näfels. Von 1923 bis 1929 war er Professor in Appenzell und begann Religion, Latein, Griechisch und Deutsch zu unterrichten. Er liebte die großen katholischen Gedanken, wurde Leiter der Akademie und schrieb ideen-

Abb. 125: Deckblatt der Komposition „Das Lied vom Bodensee" für Männerchor op.98 von 1924, Editionsnummer 6420.

reiche Verse und Gedichte. Später arbeitete er als Seelsorger Schriftsteller und Redakteur des „Seraphischen Kinderfreund", Redakteur des Franziskanerkalenders und langjähriger Verfasser der Sonntagsartikel in „Die Woche im Bild". Max Welcker schuf mit Pater Nosers Versen „Mein Gott und alles", „Du hast die Welt verlassen" und „Franziskus an der Krippe" drei Franziskuslieder, die in einer Sammlung mit fünf weiteren Liedern veröffentlicht wurden.[64]

Beim Besuch in Luzern fuhr Welcker mit der Eisenbahn in einer halben Stunde nach Cham am Zuger See. Hier lebte Hans Willi (1875-1940), Direktor des Männerchores Cham, der auch selbst komponierte und den Orchestervereins Cham dirigierte. Im Jahre 1909 gründete er seinen eigenen florierenden Musikverlag, der 1932 über 800 verlagseigene Werke vertrieb. In seinem Sortiment wurden im Laufe der Jahre insgesamt 22 Werke von Max Welcker, veröffentlicht. (Der Verlagsbestand des Musikverlages Hans Willi wurde 1968 vom Ruh Musikverlag in Adliswil übernommen. Gedruckt wurden seine Werke vom Paulus Verlag und der Edition Cron in Luzern. Bei der Ruh Musik AG sind die Werke Max Welckers bis heute erhältlich.)

Am 22.11.1924 starb in Augsburg Hans Nagel, der die Liedertafel 16 Jahre lang als 1. Vereinsvorsitzender geführt hatte, an den Folgen eines Schlaganfalls und wurde mit einer imposanten Trauerfeier auf dem Westfriedhof in Augsburg beigesetzt. Die Liedertafel würdigte ihn als „trefflichen Führer", denn „sein ganzes Leben stand im Dienste der Frau Musik. Vollberechtigt darf man ihn zu den treuesten Hegern und Pflegern des deutschen Liedes zählen."

[64] P. Erich: R. P. Rupertus Noser OFMCap., Sanct Fidelis, Stimmen aus der Schweizer Kapuziner Provinz. Bulletin de la suisse des ff. Mineurs Capucins. Hrsg:Provinzialat, Luzern 35. Band 1948, S.94-97.

Am 26.Mai 1925 führte die Liedertafel Robert Schumanns „Der Rose Pilgerfahrt"
auf. Dieses Werk sollte Welcker 29 Jahre später selbst dirigieren.

Um der inzwischen auf über 176.000 Einwohner angewachsenen Stadt Augsburg zu entfliehen, verbrachte die Familie den Sommer noch einmal in Baden
und bereiste den Schwarzwald, Schaffhausen (Rheinfall), Kirchberg und erneut
Hergiswil, Einsiedeln in der Schweiz und er pflegte bei diesen Aufenthalten seine
Verlagskontakte.

Im Frühjahr 1926 wurden durch die Liedertafel in einem Konzert erstmalig drei
Gedichte für Männerchor a cappella vom Augsburger Komponisten Eugen Jochum
uraufgeführt. Am 04. Oktober wurde, unter der Leitung von Joseph Bach, anlässlich des 60jährigen Bestehens des Städtischen Orchesters Augsburg, zu dessen Gründungsvätern auch Johannes Rösle zählte, die 8. Symphonie von Gustav
Mahler, die „Symphonie der 1000" in der Sängerhalle (Kapazität 6.000 Personen)
aufgeführt. Die Liedertafel hatte den 1. Chor übernommen. Welcker hat sicherlich mitgesungen und die ganze Familie dürfte dem Konzert im Publikum beige-
wohnt haben, denn sein Vater hatte ja mehr als vier Jahrzehnte in diesem Klangkörper als 1. Geiger gespielt und seine Mutter hatte oft genug auf der Bühne des
Städtischen Theaters, begleitet von den Klängen des Orchesters, gesungen. Paul
Moser, der langjährige Schriftführer der Liedertafel vermerkte dazu:

*In der Augsburger Konzertgeschichte verdient dieses Konzert mit goldenen Let-
tern verzeichnet zu werden. Kapellmeister Bach konnte mit seinen Getreuen einen Jubel entgegennehmen, wie ihn Augsburg wohl kaum je gesehen hat.*[65]

Den Sommer 1926 verbrachte die Familie diesmal im Schwarzwald, zusätzlich
werden der Rheinpfalz und der Stadt Mainz Besuche abgestattet. Im gleichen
Jahr wurde Welcker das silberne Ehrenzeichen der Liedertafel für 25jährige Mitgliedschaft verliehen. Diese Verleihung könnte am 20. November im Vereinslokal
Café Kernstock stattgefunden haben, denn an diesem Tag wurden 50 Jahre Vereinslokal gefeiert. Im Café Kernstock wurde natürlich nicht ausschließlich ge-
probt. Hier feierten die Mitglieder Geburtstag oder Sängerjubiläen. Es wurde
Schafkopf oder Schach gespielt und man traf sich zu Fasching, Familien- und
Herrenabenden. Dabei dürften auch Welcker-Chöre gesungen worden sein oder
das ein oder andere humoristische Lied, von denen er inzwischen eine ganze Reihe geschrieben hatte, kam zum Vortrag.

Am 27. März 1927 feierte das Stadttheater Augsburg sein Goldenes Jubiläum.
1877 war das Theater eingeweiht worden und seit dieser Zeit wirkten immer wieder zahlreiche Mitglieder des Männer- und Frauenchores der Liedertafel bei den

---

[65] Augsburger Liedertafel 1843-1933, Festschrift zur 90 Jahrfeier im Auftrag des Vorstandes von Paul
Moser, 1. Schriftführer.

großen Opernaufführungen des Stadttheaters mit (z.B. Wagner: Meistersinger, Parsifal, Lohengrin; Pfitzner: Palestrina, Die Rose vom Pilgergarten; Weber: Freischütz; Verdi: Schlacht von Legnano usw.). Passend zum Jubiläum gab es eine Festaufführung von Beethovens Oper „Fidelio", mit der das Haus 1877 eröffnet worden war. Genauso wie im Jahr davor dürfte die ganze Familie Welcker auch in diesem Konzert gewesen sein, dabei ältere Kollegen und Freunde treffend.

1927 führten beide Urlaubsreisen hauptsächlich in die Schweiz. Zu Ostern reisten sie über Schaffhausen, Aarau, Luzern, Hergiswil, Kirchberg und Friedrichshafen am Bodensee nach Ulm. Im Sommer führte die Reiseroute über Chur, Glarus und Einsiedeln nach Österreich über den Arlberg, Amras und Innsbruck. Sie statteten Schloss Linderhof einen Besuch ab, bevor der Urlaub in Farchant bei Garmisch zu Ende ging.

In den 1920er Jahren entstanden viele Bearbeitungen (Werke von Händel, Haydn, Mozart, Schubert, Rheinberger, Ett, Kempter u.a.) und weit mehr als 150 Kompositionen. Darunter sind die großen Sammlungen von Predigtliedern, Pange-Lingua-Vertonungen, Kommunion-und Herz-Jesu-Lieder sowie 10 Hefte Offertorien. Zu seinen größeren Werken gehören die „2. und 3. Deutsche Singmesse" op.85 und op. 86 und die „Messe zu Ehren der hl. Cäcilia" op.87 komponiert 1920. 1924 entsteht das „Requiem" op.106 und 1927 die „Messe zu Ehren des hl. Petrus Canisius".

## Neue Textdichter

Auch in dieser Zeit vertont Max Welcker Texte von Lehrerkollegen. Zu diesen gehören jetzt unter anderem:

Dr. Joseph Anton Keller, geb. 1894, seit 1921 Lehrer in Klingsmoos. Er schrieb den Text zum op.79.2 „Zur Profeßablegung" 1921.

Adolf G. Kaufmann, geb. 1863, seit 1894 Hauptlehrer in Trauchgau. Er schrieb den Text zum op.79.6 „Zum Abschied eines Pfarrers" 1921.

Maria Nothofer, geb. 1890, seit 1912 Lehrerin in Augsburg an der Schule bei St. Ulrich vor dem Roten Tor, ab 1925 an der Mädchenschule St. Max. Sie schrieb die Texte zu den zwei Trauungsgesängen op.79.4 „Es schlingt um eure Hände" und op.79.5 „Der du voller Heilandsliebe" 1921. Auch die Texte zu op.79.7 „dem Gedächtnis der Gefallenen" 1921 und 2 Grablieder op.84c 3 und 4 stammen von ihr.

Joseph Dantonello, geb. 1891, seit 1910 Hilfslehrer in Wörishofen. Er verfasste die Texte zu „Vier leicht ausführbare Veni creator spiritus"-Chören, für das Offertorium Heft II Nr.4 „Zum Fest des hl. Josef" und das Kommunionlied „Kommt ihr Kleinen" 1927.

Michael Friedrich Eisenlohr, geb. 1890, seit 1923 Lehrer in Lechsend/Donauwörth schrieb die Texte zum op.196 „Altöttinger Singmesse" 1940 und den Text zu „Lied-Freundschaft-Heimat", veröffentlicht beim Musikverlag Wilhelm Gebauer, Wiesbaden 1956.

Joseph Röder, geb. 1896, seit 1920 Lehrer in Augsburg an der Schule an der Kapellenstrasse schrieb den Text zum heiteren Quartett „Fridolin und Monika", erschienen im Verlag G. Danner, Mühlhausen in Thüringen 1933.

Andreas Schulz, geb. 1865, seit 1886 Oberlehrer in Augsburg an der Knaben-schule an der Flurstrasse verfasste den Text zu op.149.7 „Die beiden Köchinnen" 1935.

Mathilde Nikoletta Panzer, geb. 1882, seit 1917 Hauptlehrerin in Augsburg an der Klosterschule Pfersee dichtete den Text zum Trauungslied op.148.3 „Nun steht ihr da im Festesglanze" 1930.

In diesem Jahrzehnt knüpfte Max Welcker vermehrt Kontakte zu Ordensgemein-schaften und Klöstern in Augsburg und Umgebung. Sowohl Patres als auch Or-densschwestern versorgten ihn mit Texten. Zu ihnen gehörten:

P. Josef Cal.(Martin) Rief OFM (1861-1915). Der aus Tirol stammende österreichi-sche Franziskanermönch war Historiker. Von ihm vertonte Max Welcker 1919 den Text zum Abendgebet „Der Tag geht nun wieder zur Neige" op.80.

Franz W. Werner (1810-1866), österreichischer Theologe und Domprobst aus St. Pölten. Er schrieb einige Aufsätze über die Unauflöslichkeit der Ehe, war Mit-arbeiter beim Freiburger Kirchenlexikon und mehrerer katholisch-theologischer Zeitschriften. Von ihm vertonte Max Welcker 1912 die „Leicht ausführbaren Deut-schen Meßgesänge" op.30.

Mitglieder des Benediktinerordens OSB (Ordo Sanct Benedicti) schrieben für Welcker zwischen 1918 und 1938 insgesamt 26 Texte. Sie stammten von:

Sr. Imelda, Sr. Irmengard, Sr. Stanisla, Sr. Stanislaus Steven, M.J., A. Schott und Pater Ludwig Kraus (1885-1968). Letzterer war 1905 in die Benediktinerabtei St. Stephan in Augsburg eingetreten und unterrichtete von 1913 bis 1965 als Klas-senleiter bzw. Fachlehrer am Humanistischen Gymnasium bei St. Stephan.

Darüber hinaus kamen weitere 32 Textautoren und -autorinnen aus den Ordens-gemeinschaften der Franziskanerinnen von der ewigen Anbetung zu Olpe (OSF), der Dominikanerinnen aus dem Orden der Predigerbrüder (OP), der Kapuziner (OfMCap), der Brüder der christlichen Lehre (FDC) und aus verschiedenen weite-ren christlichen Gemeinschaften.

52 Texte lieferten zwischen 1925 und 1951 die fünf Schwestern M. Benigna Kirmaier, M. Seraphine, M. Bernardine Preis, M. Xaveria Geßl und M. Angela der „Englischen Fräuleins" (Institutum Beatae Mariae Virginis IBMV, heute Congregatio Jesu CJ) in Augsburg.

Der katholische Frauenorden wurde 1609 von der Engländerin Mary Ward in Flandern gegründet, um Mädchen zu erziehen und zu bilden. Die „Englischen Fräuleins" verbreiteten sich rasch in Europa. 1662 kam Mary Poyntz mit fünf weiteren Mary-Ward-Schwestern nach Augsburg und gründete zunächst eine kostenlose Elementarschule für Mädchen. 1680 wurden die Englischen Fräuleins vom Augsburger Bischof als Ordensgemeinschaft bestätigt. In der Zeit der Säkularisation 1802/03 wurden viele Klöster aufgehoben. Die Englischen Fräuleins wurden davon ausgenommen, weil die Bildung und Erziehung von Mädchen seitens des Staates als sinnvolle Tätigkeit erachtet wurde. 1811 wurde eine Höhere-Töchter-Schule eingerichtet, die 1832 zum Seminar zur Ausbildung von Lehrerinnen im staatlichen Auftrag wurde. Im Laufe des 19. Jahrhunderts erweiterte man die Schule und das Mädchenpensionat und 1927 wurde die „Königlich Bayerische Höhere Töchterschule" zum Gymnasium erhoben.

M. Seraphine Eglinger (1873-1954, Taufname Antonie)[66] stammte aus Roggenburg /Schwaben. Sie war Musiklehrerin in den Fächern Klavier, Violine und Gesang und unterrichtete in Augsburg von 1892 bis 1902 an der Lehrerinnenausbildungsanstalt des Instituts. Danach wurde sie zum Mitaufbau der neugegründeten Filiale nach Krumbach gesandt, wirkte als Organistin in einer Kirche der Stadt und unterrichtete dort vier Jahrzehnte bis zur Aufhebung der Schule durch die Nationalsozialisten 1942. Nach dem Zweiten Weltkrieg kehrte sie 1946 zurück und feierte 1952 ihr Diamantenes Ordensjubiläum zusammen mit dem 50jährigen Bestehen des Krumbacher Hauses.

Sie schrieb die Texte zu op.26.3 „Der du vom Himmel stiegst" (1931), op.137 I.4 „Sieh zu deinem Gnadenthron" (1929), op.143.2 „Firmungslied" (1929), op.179.7 „Zum Jesuskind in der Krippe" (1937) , op.185 „Zwei Lieder zur Verehrung des hl. Kreuzes" (1949/1951) und ein Lied für die Sammlung „Weißer Sonntag".

M. Xaveria Geßl (1871-1960, Taufname Henriette)[66] stammte aus Augsburg und gab 40 Jahre lang Unterricht in den Unterklassen der Höheren Mädchenschule und des Lyzeums in Augsburg. Sie erwarb sich besondere Verdienste durch die Umsetzung des Kommuniondekrets Papst Pius X. und sorgte für die feierliche Umsetzung der Kommunion-Gottesdienste. Nach der Bombardierung Augsburgs fand sie zusammen mit acht anderen Augsburger Schwestern Aufnahme im Institutshaus Günzburg und schrieb von dort einen Wanderbrief an alle evakuierten Schwestern, da es keine Möglichkeit gegeben hatte sich zu verabschieden. Sie

---

[66] Seraphine Eglinger und Xaveria Geßl; Autorin: M. Clementine Nagel.

war schriftstellerisch tätig und verfasste Theaterspiele, schrieb geistliche Briefe und beschäftigte sich im Alter mit der Geschichte der Päpste.

Max Welcker verwendete ihre Texte für die Festkantate op.125 „Marienfreud, Marienleid, ein Blumenkranz der Gottesmaid" (1926), op.138 „Zur Papstfeier" (1929), op.139 „Deutsche Passion der Leidensgeschichte nach dem Evangelisten Johannes" (1929), op.150 „Kleine Cäcilienkantate" (1930), op.158.1 „Zur heiligen Elisabeth" (1931), op.160 „Deutsche Passion der Leidensgeschichte nach dem Evangelisten Matthäus" (1931) und das biblische Schauspiel mit Musik „Der große Rabbi von Israel" (1927).

M. Bernardine Preis (1857-1937)[67], war Sprachen- und Musiklehrerin und schrieb lyrische, ernste und heitere Gelegenheitsgedichte. Sie verfasste Dichtungen kindertümlicher Märchen und beherrschte das Dramatisieren von Erzählungen. Die

gefeierte Dichterin Burghausens war Mitarbeiterin der Mädchenbühne des Höfling Verlags in München und wurde auch von den Komponisten Griesbacher, Poll und Bachmaier vertont. In ihrem Nachlass finden sich unzählige Gedichte und einige Festspiele aus dem Zeitraum 1881-1931.

Max Welcker vertonte zwischen 1927 und 1930 14 Texte von ihr. Neben „Vier Herz Jesu Liedern" op.137. III (1929) „Drei Liedern zur Verehrung des kostbaren Blutes Jesu Christi" op.141 (1929) und „Zwei Andachtsgesängen" (erschienen im Genesius Verlag Warendorf/Westfalen), waren dies „Segne Gott den Bund der Liebe" op 148.1 (1930), „Der Zauberstrick" op.124 (1926) und der Schwank „Mein Einkochtag" op.132 (1929).

M. Benigna Kirmaier (1878-1967)[68] wurde an der Lehrerinnenbildungsanstalt Burghausen ausgebildet. Sie

*Abb.126: M. Bernardine Preis IBMV (1857-1937).*

---

[67] M. Bernardine Preis: Nekrolog vom 13.10.1937, M. Josefa Freudenstein, Oberin.

[68] Benigna Kirmaier: selbstverfasster Nekrolog, Institut Marienhöhe, Simbach am Inn.

unterrichtete von 1903 bis 1909 an der Volksschule in Landau/Isar und von 1909 bis 1941 am neu errichteten Institut in Simbach. Nach dem Zweiten Weltkrieg gab sie von 1949 bis 1959 Unterricht in Deutsch und Rechnen an der Haushaltsschule und beendete im Alter von 82 Jahren ihre Unterrichtstätigkeit. Sie galt als geniale Lehrerin und Klosterdichterin für jede Gelegenheit, die mit Frohsinn Feste zu gestalten verstand.

Max Welcker vertonte 20 Texte von ihr zwischen 1911 und 1950. Neben Liedern zu verschiedenen kirchlichen Anlässen gehören dazu op.134 „Deutsche Seelenmesse" (1929), op.165 „Deutsche Christkönigsmesse" (1932), op.166 „Deutsche Herz Jesu Messe" (1933) und op.178 „Deutsche Messe zu Ehren der allerseeligsten Jungfrau Maria" (1935).

# WEIß FERDL

Die Zusammenarbeit von Weiß Ferdl und Max Welcker begann Anfang der 20er Jahre und erstreckte sich über die nächsten 20 Jahre.

Weiß Ferdl, eigentlich Ferdinand Weisheitinger (1883-1949) war ein deutscher Humorist. Er wurde im berühmten Altötting in Oberbayern geboren, in dem Wallfahrtsort, den jeder kennt, der bayrisch und katholisch ist.

Weiß Ferdl: *In diesem Gnadenort wurde ich geboren, drum hab ich auch im Leben immer Glück und Erfolg gehabt. Geboren wurde ich am Vorabend von Peter und Paul. Es war der 28. Juni 1883, ein historischer Tag erster Ordnung, nicht meinetwegen, aber am 28. Juni 1914 fiel der verhängnisvolle Schuß, der dem Erzherzog Franz Ferdinand und nach ihm vielen braven Soldaten im Gefolge des Krieges das Leben kostete. Auch der Versailler Vertrag wurde fünf Jahre später am 28. Juni unterzeichnet. Doch diese Geschehnisse beschatteten meine Jugend noch nicht.* [69]

Er wurde als Kind einer alleinstehenden Kellnerin von seiner Großmutter aufgezogen und kannte seinen Vater, der aus der Nähe von Nürnberg stammte, fast nicht. Seine Großmutter sagte über ihn, dass er ein braves Kind gewesen sei. Sie schickte ihn für dreieinhalb Jahre nach Salzburg und er wurde Domsingknabe. Er besuchte die Bürgerschule in Salzburg, denn er sollte Lehrer werden, zeigte aber wenig Lerneifer. Also machte er eine Schriftsetzerlehre in Altötting. Als seine Großmutter starb ging er nach München, fand zunächst keine Arbeit und reagierte auf ein Inserat: „ Sänger, Anfänger, gesucht. E. Karl, Singspieldirektor." [70]

Nach bestandenem Vorsingen begann er in München als Volkssänger und arbeitete sich langsam hoch. Ernste Rollen waren nicht seine Stärke. Er trug lieber Lie-

---

[69] Weiß Ferdl erzählt sein Leben, Selbstbiographie, Richard Pflaume Verlag München S.8
[70] ebenda S. 28.

der vor. Eines Tages spielten sie einmal in Chemnitz *in den Reudnitzer Bierhallen jeden Tag von nachmittags 4 bis nachts 12 Uhr. Die Sachsen mögen die Baiern sehr gern; darum stifteten sie auch viele Runden für die Ginstler. Der Wirt legte es darauf an, daß wir immer Runden bekamen.[...] Es gab dort keinen Eintritt, die Gagen mußten vom Konsumerlös bestritten werden. Die Herren Stifter legten großen Wert darauf, daß wir von der Bühne aus ihnen zuprosteten, damit die übrigen Leute wußten, wer imstand war, eine Lage zu spenden. Leider stifteten nicht alle edlen Gönner Bier; viele tranken Schnaps, Likör und jeder hatte einen anderen Geschmack. Was da die armen Mägen der Künstlerschar alles in sich aufnehmen mußten! Das sind so Schattenseiten des Künstlerlebens. Wir wurden das Jahr darauf reengagiert, ob wegen unserer künstlerischen Darbietungen oder wegen des Konsums, ich weiß es nicht.*[71] In Regensburg bekam er von einer Verehrerin seine ersten Blumen überreicht und sang Lieder beim „Münchner Meistersänger Quartett" mit.

Nach vielen Auftritten in Deutschland musste er 1907 bei den „Münchner Meistersängern" pausieren. Er kurierte sich in München aus, betrat eines Tages das Restaurant Platzl gegenüber dem Hofbräuhaus, wurde angesprochen und blieb als Mitglied der 1. Dachauer Bauernkapelle unter der Leitung von Hans Straßmaier . Nach dessen Tod übernahm Weiß Ferdl die Direktion der Dachauer. Für die nächsten 36 Jahre wurde das Platzl seine Heimat und im „s'Platzl Lied" sang man im Refrain:

*Hör'mein liebes Schatzl, zünftig ist's im Platzl, so, wie nirgendwo, wirst Du so froh. Da gibt's Münchner Schmankerl, und ein süffig's Trankerl s'Platzl treibt die Sorgen aus, denn so lustig, lustig ist's in diesem Haus.*[72]

*In der ersten Zeit meines Engagements im Platzl nahm ich auch noch nebenbei Gesangsstunden bei Professor Preusse und Haunschild. Ich studierte den David. Mein Traum war eigentlich das Buffofach. Außerdem nahm ich noch fleißig Violinunterricht, lernte beim Schneider Simmerl Guitarre, später sogar bei Eugenie Ebner Harfe. Auch Klarinette beherrschte ich. Kurzum, überall konnte ich mir helfen.*[73]

In den nächsten Jahren studierte er ein enormes Repertoire ein, bestehend aus Liedern, Couplets und allerlei Vorträgen, die die Gesellschaft, die Politik und die Schwächen der Leute mit Humor parodierten. *Er besaß eine ausgeprägte mimische Begabung, seine äußere Erscheinung, die kleine Gestalt, das runde Gesicht*

---

[71] Weiß Ferdl erzählt sein Leben, Selbstbiographie, Richard Pflaume Verlag München S. 31,32.

[72] s' Platzl Lied, Text:_Ludwig Schmidt-Wildy, Musik: Erwin A. Ludwig. Platzl Liederbuch „Wir singen mit", undatiert.

[73] ebenda S.55

mit den „Knopfaugen" und der aufwärts-gebogenen Nase taten ihr Übriges. Allmählich verlegte er sich in seinen Einzelvorträgen ganz auf das komische Fach.
Von 1908 an bezeichnete er sich als „Humorist".[74]

Im ersten Weltkrieg diente er als
Unteroffizier der 6. Kompanie des
Bayerischen Reserve–Infanterie–Re-
giments Nr. 1 in Frankreich. Er be-
tätigte sich bald als Alleinunterhalter
im stupiden und strapaziösen Gra-
benkrieg an der Westfront bei Arras
und heiterte die Soldaten auf. 1916
gründete er eine zwölfköpfige Sing-
spieltruppe, die mit von ihm vor
Ort verfassten Texten versuchte,
mit heiteren Szenen und Heimat-
träumen den mörderischen Alltag
erträglicher zu machen. Sie hatten
großen Erfolg und nach Kriegsende schwärmten die heimkehrenden
bayerischen Soldaten von den Aufführungen des „Platzl im Felde", die
sie erlebt hatten. Gezielt steigerte
er so seine Popularität, wobei Orga-
nisationstalent, Führungs- und Ent-
scheidungsfähigkeit wuchsen. Nach
dem Krieg schrieb er seine Vorträge
selbst.

Abb. 127: Weiß Ferdl, Münchner Humorist. Leiter
der Bauernkapelle im „Platzl" München. Undatierte Autogrammpostkarte.

Wie sich Max Welcker und Weiß
Ferdl kennen lernten ist leider nicht
überliefert. Weiß Ferdl schrieb an
den Hauptlehrer Max Welcker auf einer undatierten Postkarte an die Adresse
Müllerstraße 18 in Augsburg:

Mein Stillschweigen ist nur teils Zeitmangel und chronische Schreibfaulheit. Ihr
„Stilleben" singen wir diese Woche mit gutem Erfolg Ihr ergebener Weiß F.[75]

Da dieses Humoristische Männerquartett „Stilleben" 1922 unter der Ed.Nr. 6196
im Verlag Anton Böhm & Sohn Augsburg 1922 erschienen ist, müssen sich bei-

[74] Sabine Sünwoldt: Weiß Ferdl, eine weiss-blaue Karriere, Stadtarchiv München, Hugendubel Verlag
1983, S. 35.

[75] Postkarte undatiert, Nachlass Max Welcker, Mittelschwäbisches Heimatmuseum Krumbach.

de in diesem zeitlichen Kontext begegnet sein. Der Text in bayerischer Mundart stammt von A. Hle. aus den „Fliegenden Blättern", einer humoristischen, reich illustrierten deutschen Wochenzeitung (1844-1944):

*Auf'm Tisch, da is a Tint'n und a Feder und a Blei a paar Büacher und a Fließblatt, a Papier is aa dabei. An der Wand san schöne Bilder: A Skelett, a kranker Mag'n dann a Hirn, a linker Hax'n und no mehra net zum Sag'n!*

*Bloß a Mäuserl hört ma'laffa und a Weps summt umad-um, ja bloß a'Weps summt um-ad-um, um-ad-um, um-ad-um!*

*Und die Sunn', die scheint durch's Fenster still und stumm. Und a Ruah wia in der Kircha: 'srührt si'nix berent und drent; an sei'm Tisch schlaft der Professor, in der Bank schnarcht der Student, ch, ch, ch, ch, ch, ch, ch, ch, ch, ch!*

Eine weitere Welcker-Komposition wurde monatelang von Weiß Ferdl im Platzl mit großem Erfolg gespielt: „Das Lied vom Zwetschg'n Datschi" op. 93.7.[76] Die Komposition erschien im Verlag Anton Böhm & Sohn Augsburg erstmals 1921 in der Ausgabe für Männerchor mit Klavierbegleitung. Ausgaben für gemischten Chor und drei Singstimmen mit Klavierbegleitung wurden 1926 und 1927 herausgegeben. Darüber hinaus schrieb Max Welcker eine Fassung für Solostimme mit Gitarre. Wann diese Fassung erschien, lässt sich nicht zweifelsfrei bestimmen, da Max Welcker selbst keine Jahreszahl notierte. Es könnte aber die Fassung für Weiß Ferdl gewesen sein, da dieser ja Gitarre spielte.

Beim Augsburger Zwetschgendatschi handelt es sich um einen Kuchen von frischen Zwetschgen mit Hefeteig nach einem Rezept von anno 1830. Der Hefeteig muss zweimal aufgegangen sein und wird daumendick auf ein mit reichlich Butter oder Schmalz bestrichenem Backblech, das mit Semmelbröseln ausgestreut ist, ausgerollt. Auf den nochmals ein wenig aufgegangenen Teig werden Zwetschgen, halbiert oder geviertelt aufgelegt. Die Zwetschgen werden mit Zitronenschalen, Weinbeeren, Zimt und Zucker oder nur mit Zimt, Zucker und Nelken bestreut. Dann wird der Kuchen schön rösch gebacken und sobald er aus dem Ofen kommt, erneut mit Zimt und Zucker bestreut.

Schöner als das Rezept liest sich aber die zum „Augsburger Datschi" passende Sage:

In Augsburg lebte vor Zeiten ein Wagner, der sich lieber im Wirtshaus betrank, als in die Kirche oder an seine Werkbank zu gehen. Wenn ihm etwas nicht passte, fluchte er gotteslästerlich. Er schlug seine Frau, aber sie hatte ihn trotzdem gern. Als für ihn die Zeit zum Sterben kam, war auch gleich der Teufel zur Stelle. Die Wagnerin bekam es mit der Angst zu tun und sie wollte ihn vor der Hölle bewah-

---

[76] Krumbacher Tagespost vom 27. November 1948.

ren. Sie umgarnte, bettelte und beschwor den Teufel eindringlich, von ihrem Gatten abzulassen. Da überlegte der Teufel, wie er das aufdringliche Weib loswerden könnte und sein Blick fiel auf ein mächtiges Wagenrad, das an der Haustür lehnte. Er hatte überdies auch Hunger bekommen, weil er so lange warten musste und schrie die Frau an: „Mach mir mit dem Rad eine Mehlspeise, sonst geh ich nicht!" Er rechnete damit, dass dies der Frau niemals gelingen würde. Das Weib bekam es mit der Angst zu tun, aber ihr fiel etwas ein, wie sie den Teufel hereinlegen konnte. In der Küche stand eine Schüssel mit Nudelteig und Zwetschgen dazu, weil sie ihrem Mann zu guter Letzt noch mit Zwetschgennudeln, seiner Leibspeise erfreuen wollte. Rasch holte sie ein großes Blech von der Größe eines Rades, rollte den Teig aus, belegte ihn mit Zwetschgen und streute Zimt und Zucker darüber. Schnell lief sie mit dem großen Teigrad zum Bäcker und der bemerkte verblüfft: „Jetzt guck nur den Datschi an!" Als der Kuchen fertig gebacken war, rannte sie zum hungrigen Teufel zurück und stellte ihm den Kuchen auf den Tisch. Dieser war verblüfft, probierte und es schmeckte ihm. Während er immer mehr aß, starb der Wagner und seine Seele rutschte ins Fegefeuer und er war gerettet. Als

der Teufel bemerkte, dass er betrogen worden war, aß er voller Wut alles auf und warf der Wagnerin das leere Blech an den Kopf.

Seit dieser Zeit bäckt man in Augsburg den Datschi und die Augsburger mögen ihn gern. Wenn allerdings ein Fremder einen Augsburger „Datschi" nennt, kann es passieren, dass er ob des Spottwortes Ärger bekommt und es ihm so ergeht, wie jenem im Lied, der im Gasthaus einen „Datschi" bestellt und dafür gepackt wird.[77]

Auf einer weiteren undatierten Postkarte, die aus dem Nachlass von Max Welcker stammt, schrieb Weiß Ferdl:

*Abb.128: Das Lied vom Zwetschg'n Datschi op. 93.7 Deckblatt. Den Text des Liedes schrieb Maximilian Huber.*

[77] Die Sage über den „Augsburger Datschi" befindet sich auf einer undatierten Melodiestimmenausgabe der Konditorei Eickmann/ Augsburg und wurde frei nacherzählt.

*Sehr geehrter Herr Hauptlehrer,*

*Anbei mein bestes Bild von dem ich selbst ein Cliché [Klischee =vorgefertigter Druckstock] habe. Wenn aber H. Böhm schon einen Titel hat machen lassen und ihm damit schon Kosten entstanden sind wird er sicher lieber diesen verwenden. Dieses Cliché kommt nur auf gutem Papier und eignet sich nicht als Titelblatt eines Quartett's. Wir freuen uns schon darauf. Selbstverständlich nehme ich gern das Quartett in Kommission. Im Lokal kann ich es nicht herumtragen, mach es auch mit meinen Quartetten und Singspielen nicht. Wenn es aber genehmigt wird verkaufe ich Dasselbe jederzeit gern. Recht herzl. Grüße, Ihr Weiß Ferdl* [78]

Zu einem weiteren Lied schrieb Max Welcker die Musik. Es handelt sich um das „Aschauer Lied", zu dem Weiß Ferdl den Text dichtete. Welcker wählte für das dreistrophige Lied die Form eines Ländlers. Am Ende wird gejodelt. Die Originaltonart B-Dur ist für die Ausgabe Singstimme und Zither (gesetzt von M. Schricker) nach G-Dur transponiert. Das Lied erschien im Verlag Münchner Humor (Hildegardstraße 4, München). Weiß Ferdl hatte ihn am 27.1.1922 gegründet, um seine eigenen Werke publizieren zu können, die Aufführungsrechte an seinen eigenen Werken zu behalten und in Eigenregie zu vergeben. Über das „Aschauer Lied" findet sich ein handschriftlicher Zettel von Max Welcker:

*Abtretung der Urheberrechte betr.*

*Für den Verlag „Münchner Humor", Inh. Ferdl Weiß-Weißheitinger, gelieferten „Aschauerlied", trete ich ihm mit allen Rechten ab. Als einmaliges Honorar für alle Zeiten u. Auflagen wurde ein Honorar von 80 M (achtzig Mark) vereinbart. Augsburg 13.III.26* [79] *M. Welcker*

Weiß Ferdl
Münchner Volkssänger / Direktor der „Dachauer" im Platzl

Abb. 129: Weiß Ferdl, Münchner Volkssänger / Direktor der „Dachauer" im Platzl . Undatierte Autogrammpostkarte.

[78] Nachlass Max Welcker, Mittelschwäbisches Heimatmuseum Krumbach.
[79] Nachlass Weiß Ferdl, Stadtarchiv München, NWF 5D11.

Wie die Noten Max Welckers waren Weiß Ferdls Texte von früh an im Druck erhältlich. Er schrieb zahlreiche Bücher, die vor allem in den 30er Jahren eine beachtliche Auflagenstärke erreichten. Dazu wirkte er in unzähligen Filmen mit und spielte ab 1930 Theater. Die Zusammenarbeit mit Weiß Ferdl dürfte Max Welcker beeinflusst und veranlasst haben, zahlreiche humorvolle Lieder und Quartette zu komponieren.

Zwischen 1921 und 1936 entstanden 119 Humoristika. Die meisten (89 Werke) erschienen im Verlag Anton Böhm & Sohn Augsburg und waren gebündelt in Gruppen von 7 bis 10 Liedern (op.93, op.112, op.114, op.115, op.120, op.124, op.130, op.144 und op.149). Darüber hinaus kam Max Welcker in dieser Zeit in Kontakt zu den Münchner Verlagen Dr. Heinrich Buchner, Valentin Höfling und Karl Halder. Im Verlag Valentin Höfling erschienen drei humoristische Quartette („Knödel-Quartett", „Das Nud'l Strud'l Lied" und „Die verliabt'n Radi"), im Verlag Karl Halder erschienen in der Reihe „Süddeutsche Gesangsvorträge" insgesamt 24 Lieder, Duette und kleine Szenen mit schwäbischen und bayerischen Texten (u.a. „Der grantige Bua", „Der Millionenpeter", „Der Postbot'n Nazi", „Der Zwoaring Franzl").

Max Welcker vertonte dabei immer wieder bevorzugt Texte (22 Werke) des deutschen Pädagogen und Schriftstellers Joseph Steck (1894-1969) aus Ebersberg (u.a. „Mein Bub wird einmal ein Soldat" op.112.6, „Verliabt" op.115.4, „D'Lederhosen" op.124.4, „D'Rauferei" op.130.4).

Besonders gern versah Max Welcker die Texte von Maximilian Huber (53 Werke) mit seiner Musik. Darunter befanden sich u.a. das „Knödl-Lied op.93.9, „Ein Lob der Weißwurscht" op.112.3, „Der Maßkrug" op.114.4, „Münchner Bier" op.130.11 und „Der Leberkas" op.130.12.

Im Jahr 1938 besuchte Oberlehrer Max Welcker, offensichtlich nicht zum ersten Mal, eine der humorigen Veranstaltungen von Weiß Ferdl. Im Vorfeld seines 60. Geburtstages schrieb er am 5. August 1938 einen Brief an den Humoristen, der einiges über das Verhältnis der beiden zueinander aussagt:

*Leider hatte ich keine Gelegenheit mich neulich auch von Ihnen zu verabschieden um Ihnen für den genußreichen Abend wie immer zu danken. Das soll hiemit geschehen. Heute eine kleine Bitte bzw. Anfrage, die zwar nicht neu ist. Möchten Sie mir nicht in absehbarer Zeit irgend einen ihrer Texte (ob neu oder alt) zur Vertonung zur Verfügung stellen, damit ihr Opus am Tage der Vollendung meines 60. Lebensjahres- eine üble Alterserscheinung!- am 4. Dezember dieses Jahres (oder kurz vor- oder nachher) bei Ihnen zum Vortrag käme? Es wäre mir natürlich eine große Freude und besondere Ehre! (Selbstverständlich „gratis"; ich bin Ihnen ohnehin Dank genug schuldig.) Ihrem liebenswürdigen Bescheid gern in Bälde entgegensehend, grüßt Sie in turmhoher Verehrung Ihr „alter" Max Welcker.*

*Könnte ein Solo für Sie oder ein Duett, Quartett oder Auftritts'stanzl für das ganze Ensemble sein?* [80]

Weiß Ferdl antwortete mit einem Brief am 11. November 1938 und sandte Max Welcker den Text zum Couplet „Der Mensch braucht Ruhe." (Dieser Brief ist leider nicht erhalten.) Max Welcker vertonte das Couplet und schickte es nach München. Am 4.12.1938 feierte er seinen Geburtstag und erhielt ein Telegramm, wie es nur ein Humorist wie Weiß Ferdl senden konnte:

*ROSEN TULPEN NELKEN ALLE BLUMEN WELKEN EINE WELCKER MELODIE KLINGET UND VERWELKET NIE DIE BESTEN WÜNSCHE = WEISS FERDL +* [81]

Kurz darauf dürfte Weiß Ferdl noch einmal an Max Welcker geschrieben haben und teilte ihm die offensichtlich negative Publikumsreaktion mit. Auch dieser Brief ist leider nicht erhalten, wohl aber das Antwortschreiben von Max Welcker an ihn, vom 15.1.1939:

*Für Ihren freundlichen Brief vom 11. November vielen Dank! Daß ihr Couplet „Der Mensch braucht Ruhe" [es existiert leider kein Nachweis] nicht ganz entsprochen hat, bedaure ich sehr, besonders, da Ihnen meine Musik gefallen hat. Aber warum ändern Sie die Strophen nicht bzw. tragen etwas „kräftiger" auf? Für Sie doch ein leichtes, zumal die Idee zweifellos gut ist! Vielleicht überlegen Sie sich diesen meinen unmaßgeblichen Vorschlag für später; denn es wäre doch schade, das Dings so rasch ad acta zu legen. Mit dem Abdruck in ein Heftchen bzw. in Verlagsnahme beider Stücke bin ich gerne einverstanden, wenn Sie mir wenigstens 1 Freiexemplar zukommen lassen. Die „Idee" zu dem angekündigten Quartett ist leider mir auch entfallen. Vielleicht kommt Ihnen (oder mir?) nochmal der Gedanke; wenn nicht, ist es nicht schlimm: Sie haben bald wieder einen anderen Einfall. Wäre übrigens beiliegender Zeitungsausschnitt nicht auch Stoff zu einem Couplet? (Auch im Kino „braucht der Mensch Ruhe!") Ihre Parodie zur „Lustigen Witwe" kommt wohl in der nächsten Faschingswoche zur Aufführung? Dies möchte ich gerne hören. Wenn nichts dazwischen kommt, kann ich Samstag 26. Februar. Beiliegend das von Herrn Lang Michael gedichtete Bauern-Duett. Gestern hörte ich Sie mit großer Freude im Rundfunk. Das war ja eine ganz vornehme Sache, waren Sie selbst zugegen oder waren es Schallplatten? (Das Teutonia Quartett sang übrigens gestern meinen „Leberkäs" auch ausgezeichnet.) Wenn Sie wieder etwas für mich haben, bitte ich um geflissentliche Zusendung. Ich habe zur Zeit mehr Zeit als früher, um mich der Humoristika widmen zu können. Inzwischen recht herzliche Grüße Ihr M. Welcker* [82]

---

[80] Nachlass Weiß Ferdl, Stadtarchiv München, NWF 1N10.

[81] Nachlass Max Welcker, Mittelschwäbisches Heimatmuseum Krumbach.

[82] Nachlass Weiß Ferdl, Stadtarchiv München, NWF 1/N/11.

Eineinhalb Jahre später erhält Max Welcker am 11. Juli 1940 noch eine Tantiemenauszahlung vom Münchner Humoristen über 43 RM.[83] Über eine weitere Zusammenarbeit zwischen den Beiden lässt sich keine Aussage treffen, da es keine verwertbaren Dokumente gibt. Wahrscheinlich endete ihre gemeinsame Zusammenarbeit mit Beginn des Zweiten Weltkrieges, denn Max Welcker schrieb nach 1939 keinerlei Humoristika mehr.

[83] Nachlass Weiß Ferdl, Stadtarchiv München, 2H9.

# TRAUERFÄLLE, EHRUNGEN UND WEITERE ENTWICKLUNG

Der Jahresbeginn 1928 stürzte seine Mutter Amalie, Max Welcker und seine Familie in tiefe Trauer: *Am 5. Januar 1928 früh 2 Uhr starb unerwartet rasch mein Vater (Lungenödem), nachdem er am Abend vorher, wie so oft mit seinem Mareile, im Theater (Holländer) war. Fast ein volles Jahr betrauerte ich meinen Vater, den herzensguten Mann und bescheidenen Künstler innerlich aufs ärgste. Wie oft bewunderte ich sein Talent in der Bearbeitung von Orchesterwerken aller Art! Selbst Komponist von solchen, lag doch seine Stärke mehr im Arrangieren, dem Städtischen Orchester lieferte er ungezählte, selbst komponierte Orchesterstücke (Märsche, Tänze und andere „Zwischenakt"-Musik für das Theater und Konzerte) in fast selbstloser Weise wie ebenso viele Bearbeitungen für großes und kleines Orchester und Opern- und Operettenteilen.*(15)

Max bewunderte dabei vor allen Dingen die Flinkheit seines Vaters und er nutzte dessen Begabung als junger Komponist selbst, indem er sich von seinem Vater z.B. die Orchesterinstrumentation für die Komposition seines Weihnachtsliedes „Es klingt ein festlich Läuten" op.19 einrichten ließ (Violine I/II; Viola, Cello und Bass, Klarinette I/II in C, Flöte und 2 Hörner in F). Max Welcker besaß diese Fähigkeit nach seiner Ansicht nicht in diesem Maße und bezeichnete sich selbst als *Tor*, weil er es nicht von ihm gelernt hatte. *Wie oft er mir auch das „Orchestrieren" hätte zeigen wollen! Wie froh wäre ich heute darum um solch ein Können"* (16).

Robert Welcker wurde fast 78 Jahre alt und war mit seiner geliebten Amalie 46 Jahre lang verheiratet.

In der Traueransprache, die Pfarrer Dr. Schmid von der protestantischen Pfarrei Heilig Kreuz sprach, wurden seine Herzenseigenschaften, sein vornehmer Charakter und seine feine Persönlichkeit gewürdigt. Für den liebevollen und treuen Familienvater sei es eine besondere Freude gewesen, seinen Sohn in die Musik einzuführen und *„dass es seinem Sohne beschieden war der musica sacra dienen*

*Abb.130: Max Welcker: Weihnachtslied „Es klingt ein festlich Läuten" op. 19 (1911), für Sopran, Alt, Tenor, Bass, mit Klavier, Harmonium oder Orgelbegleitung, oder mit Begleitung von 2 Violinen, Viola, Cello und Bass, Flöte, 2 Klarinetten und 2 Hörnern (Instrumentation von Robert Welcker).*

zu *können, mit der reichen Gabe, die er vom Vater ererbt hatte."*[84]

42 Jahre lang diente Robert Welcker dem Städtischen Orchester, Jahrzehnte war er als Musiklehrer im Kollegium von St. Anna tätig. Für den katholischen Domchor spielte er seit 1896 und auf dem evangelischen Friedhof leitete er mehrere Jahrzehnte die Friedhofskantorei. An seiner Grabstelle wurden Kränze von Herrn Oberregisseur Pruschka und Herrn John, im Auftrag der Intendanz und des Personals des Stadttheaters und des Städtischen Orchesters niedergelegt sowie ein weiterer Kranz durch Herrn Vehrke im Namen der Gemeindebeamten-Gewerkschaft.

Cousin Felix Welcker, der seit Ende 1926 bei seinem Sohn Alfred in Argentinien lebte, bekundete gegenüber Amalie am 17.2.1928 in einen Brief aus Tehuelches/Argentinien sein Beileid über den Tod von Max'Vater:

*Robert hat ein schönes Leben hinter sich. Immer gesund, nie in Not und an seiner Seite eine liebe, gute Frau, mit der er sich bis ans Ende* bestens verstand, einen prächtigen Sohn, der ihm nur Freude und Ehre bereitete, eine liebe Schwiegertochter und eine herzige Enkelin. Was will man mehr ersehen. [...] Robert gehörte mit zu unserer Familie. Meine Jugenderinnerungen aus Altenburg hängen fest zusammen mit Robert. Wir haben uns dann lange nicht gesehen und freue mich, daß ich ihn vor einigen Jahren noch einige Tage in rüstiger Gesundheit gesehen habe. Ich werde mich immer seiner erinnern als einzig herzensguten, famosen Menschen. Und dir, liebe Amalie, spreche ich mein herzlichstes Beileid aus. Jetzt ist die Reihe an mir. Wenn ich es bis zu 78 Jahren*

---

[84] Trauer-Ansprache am Grabe des Herrn Welcker, gesprochen von Herrn Senior, Pfarrer Dr. Schmidt-Hl.Kreuz, Nachlass Max Welcker, Mittelschwäbisches Heimatmuseum Krumbach.

*bringe (ich werde im Juni 70) und dabei so gesund wie Robert, so will ich fröhlich sein. Ich komme wahrscheinlich im September zurück nach Konstanz um meine Tätigkeit als Gesangslehrer wieder aufzunehmen. Vielleicht sehen wir uns da, ich muß ja über Augsburg (oder nahe dran).*[85]

*Abb.131: Schwiegervater Leopold Straßer bei der Feier seines 80. Geburtstages. Links neben ihm seine 2. Frau Rosa. Dahinter stehen 5 seiner 8 Kinder. v.l.n.r. Therese Hoser, Franz Straßer, Wilhelm Straßer, Leopoldine Welcker und Marie Tretter.*

Drei Wochen nach Robert Welckers Tod feierte sein Schwiegervater Leopold Straßer in Krumbach seinen 80sten Geburtstag im Kreise seiner Kinder Therese, Franz, Wilhelm, Leopoldine und Marie. Da Max Welcker um seinen Vater trauerte fuhr nur Leopoldine nach Krumbach. Bedingt durch den Trauerfall in der Familie verreisten die Welckers 1928 nicht und auch die Feier von Max' 50. Geburtstag am 4. Dezember blieb wahrscheinlich auf den engsten Familienkreis beschränkt.

Im Jahr darauf wurde der „Liedertafelpoet" Adam Rauh zu Grabe getragen. Der langjährige Schriftführer der Liedertafel und des Schwäbisch-bayerischen Sängerbundes starb am 14. Mai 1929, er wurde 63 Jahre alt.

Adam Rauh (1866-1929) war wie Max Welcker Schullehrer in Augsburg. Er beendete das Lehrerseminar 1884, absolvierte seine Anstellungsprüfung 1888, war ab 1887 Hilfslehrer, ab 1890 Verweser und ab 1.5.1892 definitiv Lehrer an der Schule von St. Ulrich (also ab Schuljahr 1908/09 ein Lehrerkollege von Welcker) bis zu seiner Pensionierung als Oberlehrer am 1928. Er wurde 1889 mit 23 Jahren Mitglied der Liedertafel, sang als eifriger 1. Tenor und verfasste viele Jahre lang humorvolle Dichtungen für Faschingsaufführungen und gesellige Abende. 1902 bis 1908 war er 1. Schriftführer der Liedertafel, der die Akten musterhaft und mit großer Liebe führte.

Er wurde zum Ehrenmitglied ernannt und an seinem Grabe *„senkten sich die Banner der Liedertafel und des Bundes und tief empfunden erfüllten die Liedertäfler Rauhs letzten Wunsch: Unter Chormeister Leitung erklang der Schottische Bardenchor über die Stätte des Friedens..."* [86] Der Tod von Rauh war für die Liedertafel und den Sängerbund ein großer Verlust, denn er hatte nicht nur unzäh-

---

[85] Felix Welcker, Brief an Amalie Welcker aus Tehuelches/Argentinien vom 17.2.1928, Privatarchiv Kolland.

[86] Gedenkbuch der Liedertafel Augsburg, Stadtarchiv Augsburg.

lige Texte und Gedichte geschrieben, sondern auch in einem 223 Seiten starken Buch die „Geschichte des Bundes" in klarer und fesselnder Weise aufgeschrieben. 1926, im Alter von 60 Jahren, brachte er eine Sammlung mit schwäbischen Mundartgedichten heraus. Sie trägt den Titel: „ Pfeffernüßla und Zwibeba aus'm Schual- und Kinderleba." Der Nachruf für Adam Rauh im Jahresbericht der Liedertafel von 1929 füllte 2 ½ Seiten!

## Ehrungen und Krankheit

Tochter Maria war inzwischen zum Teenager herangewachsen, er selbst wurde am 01.08.1929 zum Oberlehrer an der Schule von St. Max befördert. Im Sommer verreiste die Familie nach Österreich ins Salzkammergut und nach Graz. Erstmals wurde Weihnachten nicht zu Hause sondern in Rosenheim, Innsbruck und Feldkirch verbracht. Ostern 1930 führten zwei Reisen zunächst in den Schweizer Kanton Thurgau, nach Dornbirn und Feldkirch, anschließend wurden Deggendorf und Altötting besucht. Der Sommer wurde erneut in der Schweiz in Hergiswil, Luzern und in Liechtenstein verbracht und Weihnachten weilte die Familie in Passau.

Als Folge der zunehmenden Verbreitung der Kompositionen Welckers und regelmäßige Aufführungen in Konzerten und bei Gottesdiensten in Deutschland, der Schweiz und Österreich erlangte Max Welcker erstmalig „Lexikon-Ehren" durch einen Welcker-Eintrag im Deutschen Musikerlexikon, herausgegeben von Erich H. Müller in Dresden 1929. Neben den wichtigsten biographischen Daten waren in 3 ½ Spalten seine Kompositionen von op.10 bis op.126.2 und eine ganze Reihe von Kompositionen ohne Opuszahl aufgeführt, insgesamt 189 Werke.

*Abb.132: Tochter Maria 1929 im Alter von 16 Jahren in der Schuluniform der Englischen Fräulein.*

1929 fand die 2. Nürnberger Sängerwoche statt. 125 Mitglieder der Liedertafel nahmen an diesem Sängerwettstreit teil. In der Presse wurden der Chorklang, die künstlerische Darbietung, die gute Aussprache, saubere Singmanier und imponierende Treffsicherheit über alle Maßen gelobt. Am 13. und 14. Juli fuhr der Chor schließlich zum „Schwäbisch-bayerischen Sängerfest" nach Memmingen. 1928/29 wurde Welcker das silberne Johannes Rösle Abzeichen verliehen. Diese neu geschaffene Medaille wurde 1927 von Hugo Köhle entworfen und an Liedertafelmitglieder als Auszeichnung für besonderes Engagement verliehen.

Die Liedertafel Augsburg war schon immer ein großer Chor. Aus heutiger Sicht beeindrucken die Mitgliederzahlen, jeweils zusammengestellt vom 1. Schriftführer Rektor Paul Moser, der von 1913 bis 1939 die Chronik führte und von 1934 bis 1947 das Amt des stellvertretenden Vorstandes innehatte:

| | Männerchor | | | | | Frauenchor | | |
|---|---|---|---|---|---|---|---|---|
| | 1.Tenor | 2.Tenor | 1.Baß | 2.Baß | gesamt | Sopran | Alt | gesamt |
| 1925 | 34 | 68 | 87 | 59 | 248 | 69 | 44 | 113 |
| 1928 | 36 | 71 | 88 | 52 | 247 | 75 | 43 | 118 |
| 1929 | 32 | 71 | 86 | 57 | 246 | 70 | 36 | 106 |
| 1930 | 32 | 70 | 86 | 57 | 245 | 70 | 38 | 108 |
| 1931 | 32 | 66 | 82 | 49 | 229 | 70 | 40 | 110 |
| 1933 | 32 | 66 | 80 | 46 | 224 | 64 | 39 | 103 |

Neben Herrenabenden, Faschings- und Weihnachtsfeiern wirkte die Liedertafel 1930 auch bei Aufführungen des Stadttheaters mit (u. a. Fidelio, Meistersinger und Die Rose vom Liebesgarten von Hans Pfitzner).

Ostern 1931 verbrachte die Familie Welcker in der Musikmetropole Wien. Danach ging es in die Alpen und über Zell am See ins Zillertal. Zu Pfingsten wurde Max Welcker ernsthaft krank und schilderte dieses Ereignis sehr ausführlich in dramatischer Weise:

*Das Jahr 1931 brachte für mich eine schwere gesundheitliche Erschütterung. Am Mittag vor Pfingsten empfand ich (vermutlich durch „Verstauchung" beim Vorhänge aufmachen tags zuvor) dumpfe Schmerzen in der rechten Unterbauchgegend. (In Wirklichkeit war es eine vorausgegangene Erkältung, indem ich von einem Regen auf der Straße so durchnäßt wurde, daß ich trotzdem bei Holls Klavierstunde gab und dann mit Dini und Wilhemine in den noch nassen Kleidern ins Kino ging.) Donnerst. war mir's besser, sodaß Dini wie geplant zu ihrem Bruder erstmals nach Passau fuhr und Marie (seine Tochter) ebenfalls über die Pfingsttage zu Tante Marie (Schwester von Leopoldine) nach Memmingen. Ich blieb allein zu Hause. Freitag ohne Appetit;- Schmerzen im Unterleib; Samstag zunehmend Beklemmungen;*

*Wilhelmine machte mir – Pfefferminztee; abends jaßten [87] wir. Von Pfingstsamstag auf Sonntag sehr starke Schmerzen und steinharten, aufgetriebenen Unterleib, sodaß ich Sonntag nach dem Festamt ins Vinzentinum ging: Dr. Sixt untersuchte den Blinddarm, konnte aber nichts finden. Ich sollte zur Beobachtung gleich hier bleiben. Ich aber sagte, ich müsse das Hochamt (Pfingsten! 25.5. 31) und nachher die Vesper spielen. Er riet mir heiße Auflagen, die ich von 3-6 Uhr nachmittags mir (allein) machte. Abends besser; zu Holls und gejaßt. Montags hiervon freudig den Arzt verständigt. Nachmittags mit Holls in den Prinz Eugen und kreuzfidel gegessen; 10 Uhr zu Bett. Von dem Augenblick an unheimliche Schmerzen, die mir nicht die geringste Bewegung gestatteten, geschweige denn eine Änderung der Lage, der Schweiß stand mir auf der Stirn; ich betete und war – allein. Schließlich glaubte ich mein Stündlein sei gekommen und schloß mit dem Leben ab. Tatsache! Da plötzlich – bis 4 Uhr mußte ich diese Schmerzen aushalten! - ließen die Schmerzen nach, vergingen allmählich ganz; ich schlief noch eine ganze Stunde, ging zu Sankt Sebastian zur heiligen Beichte und dann schnurstracks wieder ins Vincentinum. Dr. Sixt untersuchte mich erneut; diesmal war ich druckempfindlich und sagte ziemlich laut „Au"! als er an die bewußte Stelle kam. Jetzt wissen wir es gewiß. Gleich dableiben zur Operation! Vorher sollte ich für alle Eventualitäten noch meine Sachen regeln, meinte er; aber mit wem denn? Ich war allein. Holl war auf telephonischen Anruf mit seinem zu Besuch weilenden Schwiegervater ausgegangen! Wilhelmine kam; ihr gab ich verschiedene Anweisungen etc. Diese wurden telegraphisch verkündigt. 2 Uhr konnte ich erst operiert werden, da solange kein Assistenzarzt erreicht wurde. Endlich! – der Eiter spritzte dem Arzt gleich ins Gesicht; es war höchste Zeit geworden! Nun löste sich das Rätsel: von Samstag auf Pfingstsonntag brach der Blinddarm durch, daher vorher die argen Schmerzen und die vorübergehende Erleichterung. Dann bildete sich ein Abzeß, der sich dank meiner kräftigen Konstitution rings um den Blinddarm bildete und in der Nacht von Pfingstmontag auf –Dienstag so „vereiterte" und dann aufbrach. Dini kam, als ich bereits 10 St. operiert war. Von der Stunde nach der Operation bis heute (unberufen !!!) nie mehr die geringsten Beschwerden, selbst bei Witterungswechsel nicht.– Nach 16 Tagen kam Lungenentzündung und man gab – mich auf. (Wie leicht wäre ich damals gestorben!) Ich kam durch kraft meiner „vielen und guten Fürbitten", wie die Schwestern, die mich sehr gut pflegten, meinten. 5 Wochen lag ich im Krankenhaus, mußte wieder Laufen lernen und erst am 1. Oktober konnte ich wieder den Dienst in der Schule antreten, nachdem ich mich zuvor noch in Wörishofen fast 3 Wochen aufgehalten hatte. – „Gute Ware hält sich!" (16a-b)*

Nach überstandener Operation und fünfwöchigem Krankenhausaufenthalt, besuchte die Familie im Sommer Unterwössen im Chiemgau. Dann ging es nach

---

[87] Jassen ist ein Kartenspiel der Bézique-Familie, das vor allem im alemannischen Sprachraum verbreitet ist, das heißt in der Deutschschweiz, in Liechtenstein, in Vorarlberg oder im Süden Baden-Württembergs.

Westen in die 167 km entfernte Gemeinde Reutte/Österreich, im Zugspitzgebiet, anschließend für 3 Wochen nach Bad Wörishofen und von dort an den Ammersee.

*Abb.133: Die katholische Pfarrkirche St. Sylvester im Stadtteil Schwabing gehört zu den ältesten Kirchen in München. 1315 wurde sie das erste mal urkundlich erwähnt. Wahrscheinlich gab es aber bereits eine Kirche bei der ersten urkundlichen Erwähnung Schwabings im Jahr 782, denn der untere Teil des Turmes stammt aus der Zeit um 1200. Um 1300 wurde die romanische Kirche im gotischen Stil erweitert.*

*Abb.134: Von 1654 bis1664 wurde der Innenraum barockisiert, stuckiert und es wurden neue Altäre errichtet. Das Hochaltarbild zeigt „Papst Sylvester kniend in Fürbitte für Schwabing" und stammt von Matthäus Schiesti (1927).*

Wahrscheinlich gelangte im Herbst/Winter 1931 in der Kirche von St. Sylvester in München, durch die dortige Kirchenchorvereinigung unter der Leitung von Chordirektor Dr. Alfred Zehelein, die „kleine, aber liturgisch, wie musikalisch recht inhaltsvolle Motette 'Alma redemptoris mater' op.167 aus den 'vier Marianischen Antiphonen zur Vesper'" für vierstimmigen Chor von Max Welcker zu ihrer eindrucksvollen Erstaufführung. Jedenfalls deutet ein undatierter Zeitungsartikel in Max Welckers Unterlagen darauf hin. Der unbekannte Autor schrieb über die Aufführung:

*In diesem Opus, sicherlich eines der wertvollsten Arbeiten des Augsburger Meisters, ist tiefes Einfühlen in den Geist der Liturgie vorhanden, ohne hierbei das künstlerische Element in den Hintergrund treten zu lassen. Dieser neue, marianische Hymnus [...] stellt eine wertvolle Bereicherung der gesamten Kirchenmusikliteratur dar.*

Bei der Liedertafel verlief dieses Jahr insgesamt ruhiger als die Jahre davor. Im Jahresbericht waren lediglich das Sängertreffen in Kaufbeuren, die Sängerreise in die Allgäuer- und Lechtaler Alpen, Herrenabende, ein a cappella Konzert und die IX. Symphonie von Beethoven vermerkt, denn man rüstete sich für die nächste große Aufgabe. Kapell-und Chormeister Joseph Bach, der inzwischen auch die Direktion des Städtischen Konservatoriums übernommen hatte, vereinte am 8.10.1932 die Liedertafel, den Oratorienverein, die Städtische Singschule und das Städtische Orchester Augsburgs unter seiner Leitung zur süddeutschen

Erstaufführung von Otto Jochums Oratorium „Der jüngste Tag", für das dieser den „Staatspreis für Komposition" erhalten hatte. Nach der Aufführung in der voll besetzten Sängerhalle wurden der Komponist, Kapellmeister Bach und alle Beteiligten vom Publikum mit stürmischem Applaus überschwänglich gefeiert. Otto Jochum wirkte von 1921-1932 als Organist an der Kirche von St. Georg in Augsburg und leitete den Chor der Mechanischen Baumwollspinnerei und Weberei von 1922-1933.

*Abb.135: Die angehende Musikstudentin Maria Welcker im Alter von 19 Jahren 1932.*

## Welcker-Quartett im Rundfunk

*Abb.136: Das Welcker – Quartett 1933. Es bestand aus den Herren:*
*Joseph Ableitner, Franz Mayr, Leo Mager und Hans Zill. Sie waren alle Mitglieder des Kirchenchors von St. Max und dem Männergesangverein Cäcilia.*

Nachdem schon früher Kompositionen von Max Welcker im Bayerischen Rundfunk aufgeführt worden waren, ging nun erstmals das „Welcker-Quartett" auf Sendung:

*Das Welcker-Quartett das - wenigstens dem Namen nach – geradezu eine Schöpfung des Rundfunks ist, [...] bis man an Welcker herantrat und ihn bat seine Quartette in Augsburg selbst einzustudieren und mit Augsburgern im Rundfunk aufzuführen. In den Herren Joseph Ableitner, Franz Mayr, Leo Mager und Hans Zill, die sämtlich dem Kirchenchor von St. Max und dem Gesangverein Cäcilia angehören und schon vorher in Augsburg mit*

*Welckers Kompositionen bei Veranstaltungen aufgetreten waren, waren die richtigen Leute bald gefunden. Ihr Quartett, zuerst das „Cäcilia Quartett", hernach auch das „Welcker Quartett", fand dank seiner Qualitäten so viel Beifall, daß nun schon zum fünften Mal nach München eingeladen wurde. Es kommen aber schließlich heitere Quartette, auch Terzette und Duette von Max Welcker zur Aufführung, deren einfallsreiche und volkstümliche Musik ja längst bekannt ist. „Zwetschgendatschi" hat durch das Welcker-Quartett Eingang im Rundfunk gefunden. Die Einstudierung und die Begleitung der Lieder liegt stets in den Händen von Max Welcker, der für sich und sein Quartett schon viel mündlichen und schriftlichen Beifall nach seinen Rundfunkdarbietungen erfahren durfte.*[88]

*Abb.137: Portraitfoto Max Welcker, als Leiter des Cäcilia-Quartetts, dem Vorgänger des Welcker-Quartetts.*

Das Welcker-Quartett gab es noch nach dem Zweiten Weltkrieg und der Sender Schwaben des Bayerischen Rundfunks verbreitete in den 1950er Jahren Welcker-Gesänge, doch leider enthalten die Rundfunkarchive keine Aufnahmen davon.

Anfang November 1933 belastete ein Todesfall die Familie schwer. Am 7. November 1933 verstarb Amalie, die Mutter von Max Welcker, im Alter von 77 Jahren *an einem Unglücksfall (Sturz von der Treppe) oder an einem Schlaganfall, nachdem vor längerer Zeit eine Berührung vorausging. Ins Krankenhaus verbracht und operiert (wegen Kopfschwartenverletzung) starb sie am anderen Morgen, ohne ihr Bewußtsein nochmal zurück zu haben.* Der plötzliche Tod der Mutter traf den Familienmenschen Welcker ähnlich heftig, wie der Tod des Vaters vor 5 Jahren.

*Abb.138: Amalie Welcker 1933.*

[88] Dieser Zeitungsartikel ist undatiert. Auch die Quelle ist nicht ermittelbar. Die zeitliche Einordnung ergab sich aber aus der Rückseite des Artikels. Dort heißt es am Ende in dem Artikel „Die „Gagfah" baut zehn Häuser: „noch in diesem Herbst, oder im Frühjahr 1934."

*Abb:139: Der Grabstein von Robert Welcker, Amalie Welcker und Karoline Welcker 1933.*

*Mit ihr ist eine stadtbekannte, sangestüchtige und sangesfreudige Persönlichkeit heimgegangen, die auf allen Kirchenchören sehr geschätzt und beliebt war, besonders im Theater, wo sie als Choristin auch kleinere Solopartien übertragen erhielt (Ines im Troubadour, Zigeunerin in Carmen, Mutter Luzie, in Cavalleria rusticana etc.). Ihr guter Humor versiegte nie und zu gern erzählte (16) sie von ihren Streichen am Theater und von ihren harten Jugendjahren in ärmlichsten Verhältnissen und von ihrem „guten Robert" selig.(16)*

Am 9. November wurde sie zu Grabe getragen und in der Traueransprache würdigte man noch einmal ihre Verdienste. Sie habe ihr ganzes Leben lang viele schöne religiöse und weltliche Lieder gesungen, 26 Jahre als geschätztes Mitglied des Stadttheaterchores, 12 Jahre als Solistin des Domchores und 30 Jahre als Mitglied des Kirchenchores von St. Moritz. Leopoldine habe diese Gabe von ihrem Vater geerbt und diese auf ihren Sohn weitergeleitet, der *„mit einem Großen sagen kann: „Vom Vater hab ich die Natur, des Lebens ernstes Fühlen; vom Mütterlein die Frohnatur, die Kunst zu fabulieren. Wer selbst Sonne ist, kann Sonnenschein für andere sein. Wo immer die Welckerchöre Sonne verbreiten, lebt die sonnige Natur der Heimgegangenen weiter."* [89]

## Zunehmende Verbreitung der Mess-Kompositionen und Würdigungen

Den Ordinariumstext der Messe hat Max Welcker schon vor dem ersten Weltkrieg vertont, doch gewannen die Messkompositionen besonders nach dem ersten Weltkrieg immer mehr an Bedeutung. Das lag daran, dass Welcker immer wieder neue Messkompositionen herausbrachte, diese selbst eine Qualitätssteigerung erfuhren und zunehmende Verbreitung fanden. Die Beachtung in der kirchlichen Öffentlichkeit ging soweit, dass besonders in den 1930er Jahren in den Medien Berichte über Welcker-Kompositionen erschienen wie schon 1931 der Bericht über die „kleine, aber liturgisch, wie musikalisch recht inhaltsvolle Motette 'Alma redemptoris mater'" op. 167 (siehe 174).

---

[89] Trostworte *am Grabe der Frau Amalie Welcker am 9. November 1933.*

*Abb.141: Das Foto zeigt den Zustand in den 1930er Jahren vor der Zerstörung. Die neugotischen Altäre schuf der Augsburger Schreiner und Bildhauer Karl Ebner. Das Altarbild der Heiligsten Dreifaltigkeit und die Bilder des Marien- und des Josephaltars malte Liberat Hundertpfund. Von der ursprünglichen Ausstattung blieb nur die bis heute über dem Altar hängende Dreifaltigkeitsgruppe erhalten.*

*Abb.140: Die katholische Pfarrkirche Heiligste Dreifaltigkeit in Augsburg-Kriegshaber. Sie steht im alten Ortskern von Kriegshaber und wurde 1866 im neugotischen Stil errichtet. Die dreischiffige Basilika wurde im zweiten Weltkrieg zerstört und 1948 wieder aufgebaut.*

Am Sonntag, den 22.10.1933 dirigierte Max Welcker die Uraufführung seiner Dreifaltigkeitsmesse op.170 für vierstimmigen, gemischten Chor und Orgel, (veröffentlicht 1932) in der 1866/67 von Max Treu erbauten Pfarrkirche mit dem bezeichnenden Namen „Heiligste Dreifaltigkeit" in Augsburg-Kriegshaber, einem 1916 eingemeindeten Stadtteil, 4 km westlich des Augsburger Stadtzentrums. Vermutlich ist die Messe im Kontext der Pfarrkirche entstanden. Die nachfolgende Kritik erschien am 25.10.33 in der Neuen Augsburger Zeitung. Darin hieß es:

*Dieses Werk zählt zu den reiferen Schöpfungen des einheimischen Tonsetzers. Die maßvollen musikalischen Mittel, der Eigenbau der Sprache und die sakrale Gesinnung überzeugen. Der auf dem Dreiklang basierende Stil Welckers ist zuweilen archaisierend und überrascht durch eigenwillige imitatorische und harmonische Wendungen. Die Themen reden einfach und knapp, deklamieren den feinsinnig erfühlten Text mit würdigem Pathos und verleihen allen Teilen eine gewisse gedankliche und formale Geschlossenheit. Dabei gerät der Komponist nie in reine Stilnachahmung, sondern gestaltet frei aus seinem Auspiziengefühl heraus. Der Chorsatz weist eine gediegene, leicht sangbare Stimmführung auf und wird durch den klaren, schlichten Orgelpart in seiner Ausführbarkeit trefflich unterstützt. Das Kyrie verarbeitet imitatorisch ein interessantes Motiv. Das Gloria führt zu einem innerlich stark gesteigertem Schluß. Teile von starker dramatischer und musikalischer Wirkung weist das Credo, trotz einiger Stildivergenzen auf. Der Ho-*

*siannasatz des Sanctus verrät erstaunliche Feinheit in originellen Klangbesonder-*
*heiten. Das Benedictus ähnelt einem Wiegenlied. Der lyrische Gehalt des Agnus*
*Dei schafft einen stimmungsvollen Ausklang.*

Und in einer weiteren Besprechung ist zu lesen:

*Für den Organisten bietet sich viel Gelegenheit instrumentale Orgelkunst in hüb-*
*schen Zwischenspielen hervorleuchten zu lassen. Die Achtel-Arabesken im Benedic-*
*tus werden in den lichten Farben einer hellen, zarten Registrierung den Messetext*
*trefflich zur Geltung kommen lassen. Hier und dort blitzen erotische Glanzlichter*
*auf. In jedem Takte aber spürt man, daß hier ein Tonsetzer am Werke ist, der sich*
*in der liturgischen Musik nicht nur auskennt, sondern sich auch dort wohlfühlt.*

1934 dirigierte Max Welcker ein weiteres Mal seine Dreifaltigkeitsmesse in der
Kirche von St. Anton in Augsburg. In der Besprechung dieser Aufführung wurden

*Abb.142: Die katholische Stadtpfarr-*
*kirche St. Anton direkt neben dem*
*Wittelsbacher Park im Jahr 1933. Am*
*26.5.1927 wurde die Kirche geweiht.*
*Der Blankziegelbau mit Zweiturmfas-*
*sade aus hartgebranntem norddeut-*
*schem Klinker gilt als einer der be-*
*deutendsten Sakralbauten der ersten*
*Hälfte des 20.Jh. in Deutschland. Das*
*große Kruzifix und die Seitenaltäre*
*stammen von 1929. Der Theresienaltar*
*wurde 1933 und die Kanzel 1934 er-*
*richtet. Die viermanualige Orgel wurde*
*1931 von Josef Zeilhuber gebaut.*

die klangvolle und saubere Wiedergabe durch den Chor besonders hervorgehoben und die Solisten und der Organist gelobt. Der Kritiker, ein „Musikfreund alter
Schule", wagte die Voraussage, dass die Messe, *„schon allein wegen ihrer nicht*
*sonderlich schwierigen Ausführbarkeit, als eine wertvolle Bereicherung des kirch-*
*lichen Repertoires empfohlen werden"* kann. Sie *„trägt die Opus-Zahl 170 und ist*
*das Jubiläumswerk der 25jährigen tonschöpferischen Tätigkeit Max Welckers."* [90]

In dieser Zeit gab es für Welcker ein Wiedersehen in Augsburg mit dem Komponisten Joseph Haas, dem ehemaligen Mitseminaristen von der Lehrerseminaran-
stalt in Lauingen. Er schrieb Welcker am 18.03.1935 eine persönliche Widmung.
Den Osterurlaub 1935 verbrachten die Welckers in Würzburg, Mainz, Koblenz und
Frankfurt und den Sommer ein letztes Mal in Farchant.

Beim Musikverlag Anton Böhm & Sohn erschien erstmals ein 12 seitiges Verzeichnis sämtlicher Kompositionen von Max Welcker. Es umfasste unter Ziffer I.

---

[90] „Welcker-Messe bei St. Anton",Zeitungsartikel, unbekannte Quelle, Nachlass Max Welcker, Mittelschwäbisches Heimatmuseum Krumbach.

23 kirchliche und 11 weltliche Werke ohne Opuszahl. Unter Ziffer II. waren alle Werke, die unter Opuszahlen veröffentlicht wurden, von op.10 bis op.178, aufgeführt. Sein inzwischen stattliches Oeuvre umfasste 193 kirchenmusikalische (darunter 14 lateinische und deutsche Messen, 25 lateinische Kompositionen, drei Requien, eine Passion, 25 Weihnachtslieder und 12 Weihnachtsspiele) und 151 weltliche Kompositionen (darunter 68 Humoristika und 15 musikalisch/szenische Schwänke).

Im Jahr 1936 gab die Österreichische Leo-Gesellschaft eine Statistik heraus, die von Josef Gurtner veröffentlicht worden war. Darin wurde das Repertoire aller Kirchenchöre im ersten Drittel des 20. Jahrhunderts in Österreich untersucht. Danach wurden in den insgesamt 3218 Gotteshäuser Österreichs 26 Mal lateinische und 73 Mal deutsche Singmessen von Welcker aufgeführt. Die beliebtesten Kompositionen waren die Deutschen Messgesänge „O Vater voll Erbarmen" op.30c (3stimmigerFrauenchor mit Orgel) mit 37 Aufführungen und die Deutschen Messgesänge „Herr zu dir, starker Gott" op.100 (1-2, oder 4stimmiger gemischter Chor, mit, oder ohne Orgel), die 11 Aufführungen erlebten.[91]

Ebenfalls in Augsburg erklang Max Welckers neue Messe „Missa gloria tibi domine" op.183 in der Kirche von St. Georg durch den Kirchenchor unter der Leitung von

Dr. Weber zum ersten Mal. Wendelin Waibel widmete der Aufführung nachfolgende Zeilen in seiner Besprechung in einem Zeitungsartikel:

*Auf den ersten Blick bietet sie in allen Abschnitten das Klangbild der Einfachheit. Schon das feierlich und flehende, knapp gehaltene Kyrie war von Wohllaut erfüllt, nicht minder der bewegter erklingende, lediglich in den Chorstellen des miserere nobis und des suscipe wieder*

*Abb.143: Innenaufnahme der katholische Pfarrkirche St. Georg im Norden der Altstadt von Augsburg um 1935. Die romanische Kirche aus dem 11.Jahrhundert wurde von 1490-1506 durch einen spätgotischen Neubau ersetzt. Zwischen 1681 und 1700 erfolgte die Barockisierung. 1808 zur Stadtpfarrkirche erhoben.*

[91] Die katholische Kirchenmusik im Lichte der Zahlen, bearbeitet von Josef Gurtner, herausgegeben von der Österreichischen Leo-Gesellschaft, Baden 1936.

*nachhaltiger bittende Engelsgesang des Gloria. Aus dem im Choralstil gehaltenen und darum rhythmisch bewegteren Credo, bei dem es dem Komponistenweniger auf die melodisch Phrase, als auf den Sprechakzent, auf die Unterstreichung des Textes ankommt, hebt sich das vom Halbchor gesungene, mit aller Liebe bedachte Et in carnatus est wirksam ab. Die übrigen Abschnitte, Sanctus und Benedictus, zeigen die unverkennbare Welckersche Prägung, während das gleich dem Kyrie wieder flehend einsetzende Agnus Die mit seinen dankbaren Soli nochmals aufhorchen läßt.* [92]

*Abb.144: Dirigent und Komponist auf dem Weg zur Aufführung der Dreifaltigkeitsmesse op. 170 in der Christkönigskirche Karlsruhe-Rüppur.*

Bei einem seiner Aufenthalte in Karlsruhe hatte Welcker Kontakt mit der Christkönigsgemeinde in Karlsruhe-Rüppur. Im feierlichen Hochamt an Ostern gelangte durch den Chor, unter der Leitung seines umsichtigen und schaffensfreudigen Dirigenten Herrn E. Meyer, erneut die „Dreifaltigkeitsmesse" op. 170 zur Aufführung. Welcker wirkte höchstpersönlich mit und begleitete sein Werk an der Orgel, *„die unter des Meisters Händen der Gemeinde in vielfarbigen Akkorden das Oster-Alleluja kündete. Die Messe enthält keine besonderen Schwierigkeiten und ist kurz gehalten. Aber gerade in der Einfachheit und Kürze liegt ihre Wucht und überzeugende Kraft."* [93]

Am Vorabend zu Max Welckers 60. Geburtstages erschien am 3.12.1938 in einer unbekannten Zeitung ein zweispaltigen Artikel mit einer Würdigung seines Schaffens:

*Seiner schöpferischen Natur genügte die ureigentliche Betätigung als Jugendbildner bei weitem nicht und es ist erstaunlich, was der Jubilar in seinen Mußestunden, ganz abgesehen von seiner Tätigkeit als Leiter von Gesangvereinen, im Laufe der Jahre in nie erlahmendem Fleiße kompositorisch auf den verschiedenen*

[92] Wendelin Waibel: Neue Welcker-Messe bei St. Georg, Zeitungsartikel, unbekannte Quelle, Nachlass Max Welcker, Mittelschwäbisches Heimatmuseum Krumbach.

[93] *undatierter Zeitungsartikel eines unbekannten Autors, Nachlass Max Welcker, Mittelschwäbisches Heimatmuseum Krumbach.*

*Gebieten der profanen und der religiösen Musik produziert hat: eine Fülle von unverkünstelten, volkstümlichen Liedern...Überall, wo sangesfrohe Menschen zu geselliger Unterhaltung, oder auf Kirchenchören in Stadt und Land zusammenkommen, kennt man den wohlklingenden Namen unseres einheimischen Tonsetzers Max Welcker. Wer kennt nicht seinen besonders in Schwaben Stürme der Heiterkeit auslösenden „Zwetschgendatschi", den der unbezwingliche Weiß Ferdl als erster aus Welckers unablässig brodelndem Backofen herausgeholt hat, [...] Welckers Hauptdomäne aber ist [...] die musica sacra überhaupt, mit welcher der erfahrene Praktiker wegen ihrer meist leichten, das künstlerische Element jedoch keineswegs vernachlässigenden Ausführbarkeit sich [...] unzählige Freunde erobert hat [...] Jedermann, der den wackeren Welcker und seine frohe Muse kennt, schätzt und verehrt ihn wegen seines stets freundlichen und zuvorkommenden Wesens. Auch wir wünschen dem braven Schulmann [...] in ungeminderter Frische des Körpers und Geistes noch viele Jahre eines ersprießlichen Wirkens in seinem idealen Berufe als Erzieher wie auch auf dem Gebiete der ihm besonders ans Herz gewachsenen Musik.*[94]

Gleichfalls würdigte der Musikverlag Anton Böhm & Sohn in Augsburg den Komponisten, zu seinem 60. Geburtstag am 4.12.1938, mit der Ergänzung zu einem früher herausgegebenen Kompositionsverzeichnis und bezeichnet ihn überraschend als „seit 30 Jahren unser Mitarbeiter"! Es erschienen in diesem Verzeichnis erstmals 26 Werke neu unter den Opuszahlen op.112.6 bis op.190, fünfzehn kirchenmusikalische Kompositionen und 11 Werke weltlicher Musik bzw. Humoristika; darunter die „Missa gloria tibi domine", die „Vierte Volkssingmesse", die „Deutsche Weihnachtsmesse" und die „Deutsche Fastenmesse". Im Begleittext heißt es:

*Max Welcker, der seit 30 Jahren unser Mitarbeiter ist, bearbeitete weite Gebiete musikalischer Gestaltung. Die bewußte Hinwendung zur Gebrauchsmusik, die satztechnische Rücksichtnahme auf die gegebenen Kräfte und vor allem der natürliche Fluß der Melodien neben klarer harmonischer Fundierung und volksverbundener Grundhaltung sicherten seinen Werken größte Verbreitung und Beliebtheit. In seinem Schaffen nimmt das Gebiet der kirchlichen Musik den breitesten Raum ein und seine lateinischen und deutschen Messen, Hymnen und religiöse Chöre umfassen alle Bedürfnisse des liturgischen Lebens. Es dürfte in katholischen Teilen des großdeutschen Reiches und der Schweiz kaum einen Kirchenchor in Stadt und Land geben, der nicht irgend ein Werk von Max Welcker besäße und gerne aufführte. Dem weltlichen Chorwesen bot er für alle Gelegenheiten Frauen-, Männer- und gemischte Chöre a-cappella und mit Begleitung. Neben Kinderstücken und einaktigen Schwänken für Theatervereine und Schulen haben vor allem seine heiteren Quartette, Terzette und Duette viel Anklang gefunden. Hat doch sei-*

---

[94] undatierter Zeitungsartikel eines unbekannten Autors, Nachlass Max Welcker Mittelschwäbisches Heimatmuseum Krumbach.

nerzeit *Weiß Ferdl, München selbst Welckers „Zwetschgendatschi", der übrigens nun in echt schwäbischer Fassung in unserem Verlag erschien, aus der Taufe gehoben und auch andere seiner Quartette wiederholt schon mit größtem Erfolg im „Platzl" vorgetragen. Das „Welcker-Quartett" im Reichssender München bei Sendungen aus Nürnberg, Stuttgart, Augsburg, ließen den volkstümlichen Humor des Komponisten prächtig in Erscheinung treten. Und aus all den vielen, verschiedenartigsten Werken spricht zu uns immer ein gerader, natürlich empfindender Musiker, der schon vielen Erbauung und Lebensfreude schenkte. Wir gratulieren!* [95]

*Abb.145: Portrait Max Welcker zum 60. Geburtstag.*

## Die Augsburger Liedertafel und Max Welcker in der NS-Zeit

Durch die veränderten politischen Verhältnisse als Folge von Hitlers Machteinsetzung, seiner Ernennung zum Reichskanzler am 30. Januar 1933 durch Reichspräsident Paul von Hindenburg und der damit beginnenden Zeit der Diktatur des Nationalsozialismus, gab es Veränderungen im Musikleben der Stadt Augsburg, bei den Musikinstitutionen und deren Leitung während der NS-und Kriegszeit, die spürbare Folgen hatten. Paul Moser, von 1913 bis 1939 1. Schriftführer und Chronist und von 1934 bis 1947 stellvertretender Vereinsführer der Liedertafel, übernahm 1934 auch noch den Vorsitz des Augsburger Sängerkreises. Im gleichen Jahr veranlassten die Nationalsozialisten die Neuordnung und Neugliederung der Verbände im Deutschen Sängerbund. Das Reich wurde in 24 Gaue eingeteilt, Bayerisch-Schwaben wurde zum Gau XVII. a erklärt und im Zuge der Gleichschaltung der Vereine, erklärte der Präsidialrat der Reichsmusikkammer

---

[95] „Max Welcker 60 Jahre alt!", Würdigung des Musikverlages Anton Böhm & Sohn, Augsburg, 2 Seiten, Nachlass Max Welcker, Mittelschwäbisches Heimatmuseum Krumbach.

den Deutschen Sängerbund zum alleinigen Dachverband aller deutschen Chöre. Paul Moser wurde 1935 der 1. Vorsitzende des Schwäbisch-bayerischen Sängerbundes und wurde somit zum Gauleiter. 1945 wurde er deshalb von den Amerikanern für längere Zeit interniert.

Arthur Piechler, der seit 1931 den Oratorienverein von einem Erfolg zum nächsten führte, war nach den Rassegesetzen der Nazis ein sogenannter Mischling, da seine Mutter Jüdin war. Er wurde 1938 von der Reichskulturkammer ausgeschlossen und durfte seinen Beruf als Chorleiter nicht mehr ausüben, aber die Stadt Augsburg entließ ihn nicht. Erst als die Reichskulturkammer 1941 mit der Gestapo drohte, wurde er beurlaubt. Er blieb bis 1945 in der Stadt unangetastet und dankte es der Stadt mit seinem weiteren Engagement nach dem 2. Weltkrieg.[96]

Otto Jochum wurde 1933 zum Nachfolger Greiners als Leiter der Städtischen Singschule berufen. Er gründete an der Schule 1935 das Singschullehrerseminar, die erste und einzige Ausbildungsstätte dieser Art in Deutschland. Das Reichsunterrichtministerium wollte die Schule schließen. Aber Otto Jochum erhielt sie, befürwortet durch die Reichsmusikkammer und setzte sie durch. Am 1. Mai 1937 stellte er selbst den Aufnahmeantrag für die NSDAP und wurde in die Partei aufgenommen. 1938 wurde er Direktor des Augsburger Musikkonservatoriums. Seine Kompositionen in der NS-Zeit spiegelten den national-völkischen Geist wieder. 1945 erfolgte seine Entlassung aus allen Ämtern. Nach der Entnazifizierung 1947, gründete er den Verein „Otto Jochum Chor" und begründete 1949 das Deutsche Singschullehrer- und Chorleiterseminar.

Karl Wünsch, seit 1935 Kirchenmusikdirektor und Organist der evangelischen Kirche Heilig Kreuz und 2. Chormeister der Liedertafel, übernahm 1937 die Funktion des 1. Chormeisters von Joseph Bach und wurde 1939 in Personalunion auch 1. Vorsitzender der Liedertafel. Dennoch wurde er bald „zu den Waffen gerufen", überlebte den Krieg und wurde in der Nachkriegszeit Kirchenmusiker in St. Anna. Später übernahm er auch die Leitung des Madrigalchores.

Von 1901 bis 1942 nennt die Chronik der Liedertafel insgesamt 248 wichtige Konzerte. Bei einer Vielzahl hat Welcker mitgesungen. Für 1943 waren bis zum 7. November nur noch 9 Konzerte vermerkt, darunter der Festakt im Golde-

---

[96] Arthur Piechler (1896 Magdeburg - 1974 Landau an der Isar), deutscher Komponist und Orgelvirtuose. Studierte von 1919 bis 1921 Komposition bei Heinrich Kaspar Schmid an der Akademie der Tonkunst, München. Als Direktor des Augsburger Konservatoriums holte er den Hochbegabten 1925 an die Schule. Im gleichen Jahr wurde Piechler Domorganist am Dom „Unserer lieben Frau" und an der Basilika „St. Ulrich und Afra". Er war befreundet mit Albert Schweitzer, 1930/31 Musikkritiker der neuen Augsburger Zeitung und war von 1931 bis 1951 Dirigent des Oratorienvereins. Nachdem er mit Berufsverbot belegt worden war, beurlaubte ihn die Stadt Augsburg, hielt aber zu ihm. 1945 wurde er sofort Direktor des Städtischen Augsburger Konservatoriums und initiierte die Neugründung des Städtischen Orchesters. 1951 wurde er zum Professor ernannt. Er komponierte Messen, ein Oratorium, eine Symphonie, Chorwerke und Passionen. Sein Hauptinteresse galt aber den Werken der Orgelmusik.

nen Saal des Rathauses „Hundert Jahre Augsburger Liedertafel 1843-1943", am 6. Juni 1943, der bereits mitten im Krieg als letzte Veranstaltung in diesem wunderbaren und einmaligen Raum stattfand. Das Rathaus wurde bei einem Bombenangriff genauso zerstört, wie weite Teile der Innenstadt Augsburgs. Auch das Café Kernstock und somit auch die beiden Archive der Liedertafel und des Schwäbisch-bayerischen Sängerbundes verbrannten im Feuersturm. Aber trotz Zerstörung, Entbehrung, Umbruch und völlig anderen Verhältnissen fand bereits am 7. Oktober 1945 der kulturelle Neubeginn nach dem Krieg mit einer Aufführung von Georg Friedrich Händels Oratorium „Judas Maccabäus" in der Basilika St. Ulrich und Afra unter Arthur Piechler statt.

Max Welcker sah sich nach Hitlers Machteinsetzung mehrfach veranlasst, sich den neuen Verhältnissen anzupassen. Er wurde Mitglied im NSLB (Nationalsozialistischer Lehrerbund, gegründet 1929). Der Verband war der NSDAP angeschlossen, zuständig für die maßgebliche Erziehung und entwickelte sich im Laufe des Jahres 1933 zur alleinigen Lehrerorganisation im Nationalsozialismus des deutschen Reiches.

1934 trat Max Welcker der NSV (Nationalsozialistische Volkswohlfahrt) bei. Die NSV war durch die Nazis am 18. April 1932 als eingetragener Verein gegründet worden und wurde wenige Monate nach der Machtergreifung an die NSDAP angeschlossen.

Abb.146: Das Lehrerkollegium der Schule St. Max am 31.1.1935. Max Welcker sitzt in der Bildmitte in der ersten Reihe.

Um weiter als Chorleiter und Komponist tätig sein zu können, sah er sich gezwungen, der Reichskulturkammer als obligatorischer Berufskammer aller Kulturschaffenden beizutreten. Ihr nicht anzugehören, bedeutete Berufsverbot. Max Welcker wollte verhindern, dass ihm als Komponist von kirchenmusikalischen Werken Ähnliches geschah, wie seinem Freund Arthur Piechler aufgrund antisemitischer Verfolgung.

Erst im Februar 1938 sah sich Max Welcker schließlich gedrängt, in die NSDAP einzutreten. Er war und blieb gläubiger Katholik aus Überzeugung, komponierte überwiegend katholische Kirchenmusik, saß in der Kirchenverwaltung und spielte die Orgel in der Kirche. Er verfolgte die Karriere-Entwicklung bei Otto Jochum, der 1937 von sich aus der NSDAP beigetreten war und sehr schnell im Musikleben der Stadt aufstieg, und ebenso diejenige von Arthur Piechler, denn beide kannte er schon lange und war mit ihnen befreundet. Darüber hinaus hatte er Angst vor dem Oberregierungsschulrat Reiser, dessen Hass er fürchtete.[97] Obwohl Max Welcker ein eher unpolitischer Mensch war, der mit der Ideologie der Nazis nicht sympathisierte, gab es für ihn genügend plausible Gründe, die es wahrscheinlich machten, dass er gegebenenfalls seine Lebensgrundlage und seinen Lebensinhalt verlieren könnte. Der Parteieintritt unter Zwang erfolgte aus der Sicht Welckers als Mittel zum Zweck, um möglichen Schaden von sich und seiner Familie vorbeugend abzuwenden und er stellte bei seinem Eintritt die Bedingung, dass er sein Amt als Organist behalten könne und war auch weiterhin in der Kirchenleitung von St. Max tätig.

Ab 1935 war auch der Musikverlag Anton Böhm & Sohn zunehmenden Schikanen durch die NSDAP ausgesetzt und musste diese vermehrt abwehren. Denn das Sortiment des Musikverlages, der zu den 10 ältesten Musikverlagen Deutschlands zählt, bestand zu 70 % aus publizierter Kirchenmusik. Die Musikverleger konnten während der Zeit des Dritten Reiches in der Regel frei darüber verfügen und entscheiden, was gedruckt wurde. Ihre Entscheidungen hatten aber oft Konsequenzen bei der Zuteilung des nächsten Papierkontingentes zum Druck.

Um bei der Zuteilung des Papierkontingentes durch die Parteiorganisationen der NSDAP nicht benachteiligt oder ausgeschlossen zu werden, steigerte der Verlag Anton Böhm im Laufe der NS-Zeit den Anteil des weltlichen Liedgutes, im Verhältnis zu den kirchenmusikalischen Werken des gesamten Verlagssortiments.

Trotz der immer wieder zu befürchtenden Einschränkungen, wurden Welckers Werke weiterhin unerschrocken durch den Verlag vertrieben. Es erschienen ca. 100 Kompositionen neu im Sortiment, von denen die meisten kirchenmusikalische Werke waren.

---

[97] Siehe Fragebogen zur Entnazifizierung (S.206) und Brief von Max Welcker an Regierungspräsident Dr. Matthes vom 2. Dezember 1945 (S.208).

# LIEBE UND SCHMERZ

Abb.147: Maria Welcker und ihr Freund Ludwig Johann Kolland (1909-2001) beim Kaffeetrinken mit den Eltern am 3.9.1933.

Abb.148: Max und Leopoldine Welcker feiern ihre Silberhochzeit am 12.10.1933.

Nachdem Maria in den Semesterferien zu Hause bei den Eltern ihren Freund Ludwig Johann Kolland vorgestellt hatte, feierten Max und Leopoldine im Oktober 1933 ihre Silberhochzeit. Ihre Jubiläumsreise führte sie ähnlich wie vor ihre Hochzeitsreise vor 25 Jahren, nach Verona, Rom, Florenz, Padua und Venedig. Den Sommerurlaub verbrachte das Ehepaar wiederum im Kanton Aarau, im Kanton Solothurn und in Hergiswil.

Das junge Paar ließ sich Zeit, doch nach vier Jahren wurde am 22. Mai 1937 im Familienkreis der Polterabend gefeiert. Zwei Tage später wurden Maria Welcker und Ludwig Johann Kolland bei regnerischem Wetter standesamtlich getraut und schlossen den Bund der Ehe.

Abb.149: Maria Welcker und Ludwig Kolland feierten ihren Polterabend am 22. Mai 1937 im Kreise beider Familien in Augsburg.

Abb.150: Max Welcker beim Hochzeitsessen am 24. Mai in angeregtem Gespräch mit dem Geistlichen Rat Reiner, der die kirchliche Trauung vorgenommen hatte.

Abb.151: Zwei Tage später, am 24.Mai 1937 fand an einem regnerischen Tag die standesamtliche Hochzeit in Augsburg statt.

Max und Leopoldine freuten sich über diese Verbindung und den Zuwachs in der Familie, denn Schwiegersohn Ludwig – auch aus Augsburg stammend - war ihnen sehr sympathisch. In der Zeit der Vorbereitung brauchte Max allerdings gute Nerven.

*Vorbereitet wurden beide Feste von Mama Dini aufs umsichtigste und Gründlichste nicht zuletzt die Schaffung der „Aussteuer", vor deren Kosten zwar nie die „Mutter", wohl aber der - Vater „oftmals zurückschreckte"!! Tante Wilhelmine unterstützte die „Mutter" zu Gunsten Marias nur zu sehr und so musste der „Vater" meist wohl oder übel „zustimmen". Um so freudiger war ich mit Mama überrascht, als wir im Juli 1937 Luis und Maries prächtiges Heim in Karlsruhe (Renkstr.3) besuchten und ich sehen konnte, was Schönes ich alles für beide an-*

*geschafft habe. Und so oft wir noch zusammen nach Karlsruhe kamen, erfüllte mich die ganze Wohnungsausstattung mit innerem Stolz.(17) Nach den Feierlichkeiten besuchte das Ehepaar Welcker zunächst Pforzheim. Dann erholten sie sich in Lenggries.*

Abb.152: Jetzt treffen sich die Welckers in Karlsruhe.

Zu Ostern 1938 ging es natürlich wieder zu Besuch nach Karlsruhe zu Marie und Schwiegersohn Ludwig. Sie machten Ausflüge in die nähere Umgebung, wie beispielsweise ins Gaistal bei Bad Herrenalb.

*Abb.153 und 154: Max, Maria und Leopoldine bei einem Wanderausflug im Gaistal bei Bad Herrenalb im nördlichen Schwarzwald (30 km südlich von Karlsruhe).*

*Abb.155: Beim Spielchen.*　　　　　　*Abb.156: Beim Gesang zu zweit.*

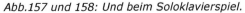

*Abb.157 und 158: Und beim Soloklavierspiel.*

Auch im Sommer fuhren sie zunächst nach Karlsruhe und anschließend wieder nach Lenggries. Doch diesmal endete der Sommer mit bitterer Sorge um die Gesundheit von seiner Frau. Am 05. September kehrten sie von Karlsruhe nach Hause zurück und bereits am 8. September musste sich Leopoldine einer schweren Operation unterziehen. Es verstrichen lange, bange Wochen und Max Welcker hoffte sehr, dass seine geliebte Frau bald wieder gesund würde.

Abb.159: Leopoldine Welcker ein bis zwei Jahre vor ihrem Tod, Schnappschuss von 1937/38.

*Bange Wochen verstrichen, die ärztliche Kunst hatte keinen dauernden Erfolg, nach Monaten griff die Krankheit weiter um sich; trotz sorgsamster Betreuung der Ärzte und bester Pflege war keine Rettung möglich, bis sie von ihrem Leiden am 6.3.39 erlöst wurde.(18)*

Leopoldine starb im Alter von 77 Jahren. Die Traueransprache hielt Hochwürden Herr Geistlicher Rat Reiner. Er wählte zu ihrem Gedenken den Vers 12,4 aus dem Buch der Sprichwörter aus:

*Eine sorgsame Frau ist die Krone ihres Mannes, [...] was die Frau ist, ist die ganze Familie. Die Mutter erzieht die Kinder und leitet ihren Mann wie mit einer unsichtbaren Hand. [...] Frau Oberlehrer Welcker hatte ihre Familie in der Hand, sodaß ihr Mann nach ihrem Hinscheiden Mühe hatte, sich aufrecht zu erhalten. Sie hat ihrem Kinde in Karlsruhe ein Heim bereitet, in dem es dem ersten freudigen Familienereignis entgegensieht, ohne zu ahnen, was sich in dieser Stunde auf dem Heimatfriedhof abspielt. Sie hat den kleinen Freundeskreis zusammengehalten, der mit ihrem Tode eine seiner vier Stützen verliert. Als Maienkind am ersten Tage des Wonnemonats 1881 war sie in Krumbach [...] in die Familie des Gerbereibesitzers Strasser geboren als ältestes von acht Geschwistern. [...] Ihre Talente führten sie in das Lehrerinnenseminar Wettenhausen, das sie 1899 absolvierte. [...] Die junge Lehrerin wurde nach Grafertshofen und Genderkingen berufen, dann an die Pestalozzischule, wo sie den Berufskollegen kennen lernte,* *mit dem sie in der heimatlichen Stadtpfarrkirche 1908 den Lebensbund schloß [...] je größer das Glück, desto gefährdeter sein Bestand. Im Sommer vorigen Jahres zeigte sich bei Frau Oberlehrer Welcker eine Krankheit, die eine Operation erforderte, und als um die Jahreswende ein neues Übel erschien, war der geschwächte Körper zu schwach zum Widerstande. Ergeben in Gottes heiligen Willen, wiederholt gestärkt durch die heiligen Sakramente hatte sie nur den einen Kummer, Gatten, Kind und Freundeskreis durch ihr Scheiden Schmerz bereiten zu müssen.* [98]*

*So stand ich allein da, Louis und Marie in Karlsruhe, letztere konnte nicht einmal zum Begräbnis kommen, da sie einem Kindlein wenige Tage vor ihrer Mama Tod das Leben schenkte und wenn auch kaum für 1/2 Stunde. (Es kommt doch kein Unglück allein!) (18)*

## Trauer und neues Glück

Max suchte Trost in seinem tief verwurzelten Glauben, doch alle Gebete zu seinem Schöpfer blieben ungehört. Er war allein, verlassen und er verfiel in eine unendlich große und tiefe Traurigkeit. Sein Liebstes, seine geliebte Ehefrau und treusorgende Mutter hatte ihm das Schicksal nach mehr als 30 Jahren gemeinsamem glücklichen Lebensweg genommen und er entbehrte seine treue, besorgte und herzensgute Lebensgefährtin täglich mehr.

Wie eng Max und Leopoldine zusammenhingen, brachte Max schon vor 21 Jahren deutlich zum Ausdruck, als er seine fünf Wochen wegen einer Kur abwesende Gattin so sehr vermisste, dass er die Küche renovierte, einen neuen Gasherd besorgte und ihr das nachfolgende Wiederbegrüßungsgedicht widmete:

### *Zum Gruß!*
*(bei der Rückkehr von Wörishofen)*

*Gegrüßt sei, holde Küchenfee,*
*gar lange hast du uns gemieden;*
*gewiß war dir an fernem Ort*
*ein herrlich Los beschieden!*
*Wir gönnen's dir und freuen uns,*
*daß du nach Hause nun gekehret;*
*drum sei aus vollem Herzen dir*
*ein trauter Willkommgruß bescheret:*

[98] Worte gesprochen am Grabe der Frau Oberlehrer Leopoldine Welcker von Hochwürden Herrn Geistlichen Rat Reiner am 9. märz 1939 auf dem Westfriedhof zu Augsburg, Mittelschwäbisches Heimatmuseum Krumbach.

*Willkommen! rufen laut dir zu*
*All deine Deckel, Häfen, Kannen,*
*die Tiegel, Teller, Schüsseln all,*
*Kochlöffel, Eimer und die Pfannen.*
*Willkommen! tönt's aus jedem Raum;*
*Willkommen! Rufen Schrubber, Besen*
*Und Putz- und Abstaublungen all!*
*Wo ist so lange „sie" gewesen?*

*Wie war es doch so öd' u. tot*
*der Wochen 5 in diesen Hallen!*
*Nicht ließest du seit langer Zeit*
*dein liebliches Organ erschallen.*
*Niemand vernahm den leisen Tritt,-*
*der freilich dir nun ja zu eigen,-*
*Nichts fühlte deine zarte Hand;*
*Es herrschte überall kaltes Schweigen.*

*Selbst der Kaffee auf Gases Rand,*
*er durfte lang kein Tänzchen wagen;*
*stumm hingen Deckel an der Wand;*
*kein Lumpen durfte sich mehr plagen.*
*Die Perle deines Aufenthalt's,*
*des Aborts heilig-stille Räume,*
*sie gaben ihr Geplätscher auf,*
*weil sie vermissen deine Träume.*

*Nur sie, die kleine Küchenuhr,-*
*wieso? - hat nicht nach dir geschmachtet;*
*du hast von jeher, sagte sie,*
*vergessen fast, ja gar verachtet!-*
*Wie ist's, gottlob mit einem Schlag*
*nun anders wiederum geworden!*
*Nun regt sich deine Frohnatur*
*voll „neuer Kraft" an allen Orten.*

*Bald wiegt „sie" sich geschäftiglich*
*In altgewohnter „wucht'ger" Weise,*
*kocht wieder „voller Energie"*
*am „engen Gasherd" Speis um Speise.*
*Die Milch „neigt" wieder sich „hinab",*
*den Morgengruß ihr zu entbieten,*
*wenn „sie" am Boden liegt und turnts -*
*dann - „schließt" den Gashahn sie zufrieden.*

*Bald hört man wieder „Blechmusik",*
*ein Räsonieren, Klirren, Klappern-*
*und unser Schwälbchen vis-a-vis*
*stimmt auch mit ein mit frohem Plappern. --*

*Doch jetzt wird es wohl anders sein.*
*So war es einstens zwar. Doch heute?*
*Schau dir die schöne Küche an!*
*Gewiß macht sie dir Lust und Freude!*

*Frisch ausgemalt, so hübsch u. fein,*
*dazu den prächt'gen Herd, den neuen!*
*Nun wird dich deine Kochkunst auch*
*gewiß noch mehr als bisher freuen.*

*Doch möchten wir bescheiden jetzt*
*an dich die kleine Bitte richten:*
*Es ist so schön jetzt dieser Raum;*
*o mach die Schönheit nicht zu nichten!*
*Mach nicht mehr „Spritzer" an die Wand!*
*Wir möchten's dir in Liebe sagen;*
*in schönster Seelenharmonie*
*woll'n wir mit dir uns stets vertragen!*

*Hab Mitleid mit uns Deckeln auch*
*und mit uns Häfen, groß u. kleinen!*
*„Mach's gnädig halt!" So bitten wir;*
*du weißt ja sicher wie wir's meinen. -*
*Nicht wahr, die „Ruhe" tat dir gut;*
*du darfst es glauben, uns nicht minder!!*
*Je mehr du nun die Ruhe wahrst,*
*ja: desto bleibst du auch - „gesünder!"*

*8.6.1918 Gewidmet vom gesamten Kücheninventar.*

Nun war es 1939 ein endgültiger Abschied – nicht nur in Bezug auf Küche und Haushalt: *Was ich in langen Monaten seelisch gelitten, selbst als ich eine fleißige, gewissenhafte (aber mürrische) Haushälterin hatte, weiß Gott allein. Was halfen alle Worte des Trostes von meinen Kindern in Karlsruhe, von Verwandten und Freunden und Bekannten – ich war allein und verlassen.*(18)

Alle Worte des Trostes von seiner Tochter, seinem Schwiegersohn und seiner Freunde Max und Wilhelmine halfen nichts. Wilhelmine hatte ihre Freundin während der Krankheit bis zuletzt unterstützt und ihr Gutes getan, es war für ihn nicht mit Worten zu beschreiben und Max war sehr dankbar für diese Unterstützung in den schweren Stunden. Tochter Marie und sein Schwiegersohn Louis konnten nicht einmal zum Begräbnis der Mutter von Karlsruhe nach Augsburg kommen, denn sie waren, wenige Tage vor Dinis Tod, selbst erstmals zu Eltern geworden. Marie schenkte einem Sohn das Leben, der jedoch unmittelbar nach der Geburt verstarb. Also reiste Max Welcker zu Ostern über Memmingen nach Karlsruhe zu Marie und Ludwig und der Vater und die Tochter trösteten sich gegenseitig.

Zurück in Augsburg verfloss für ihn die Zeit in großer Einsamkeit und Traurigkeit und Monat für Monat verging. Er besorgte sich eine fleißige, gewissenhafte Haushälterin, die allerdings mürrisch war, um seine Arbeit weiterhin bewältigen zu können. Seine Freunde Max und Wilhelmine nahmen sich seiner an und unterstützten ihn so gut sie es vermochten, aber der Kummer, unter dem er litt, war ihm nur zu deutlich anzusehen.

Den Sommer 1939 verbrachte er zur Erholung in den Bergen und wanderte am Großglockner. Danach besuchte er seine Kinder in Karlsruhe und unternahm eine Schifffahrt auf dem Rhein, die ihn bis nach Rotterdam führte.

Sechs Monate nach dem Tod seiner geliebten Dini begann am 1. September 1939 der Zweite Weltkrieg mit dem Überfall auf Polen. Für Max Welcker jedoch stand die Trauer um seine verstorbene Gattin weiter im Vordergrund.

Seine *Verwandten u. Bekannten sahen mir nur zu deutlich meinen Kummer an, sodaß man mir allgemein riet, mir wieder eine richtige Frau zu nehmen, nicht zuletzt Tante Wilhelmine u. der Herr Geistliche Rat Reiner u. selbst meine Kinder (19) in Karlsruhe* bestärkten ihn darin wieder auf die Suche nach einer neuen Partnerin zu gehen.

Um sich abzulenken und zu erholen fuhr er im Sommer 1940 mit Maria und Ludwig in die Alpen. Ihr Ziel war Tumpen im Ötztal/Österreich. Die Reise und das Wandern taten ihm gut und er komponierte während des Urlaubs in seinen Ferienort.

*Zurück in Augsburg konnte sich Max Welcker inzwischen wieder eine neue Frau an seiner Seite vorstellen. Und ein gütiges Geschick führte mir einestags Herr Franz, der Vater unseres einzigen Dienstmädchens, Anni ins Haus, zwar nicht, um mir diese, wie ich es gewünscht hätte, zuzuführen - sie war bei einem alten Herrn in Würzburg Haushälterin u. wollte diesen nicht verlassen, was ich auch einsah - wohl aber um mir die Tochter seiner Hausfrau, Frau Witwe Kaiser, Schulstraße 1 wärmstens als zweite Frau zu empfehlen. Sie, wie deren erster Mann, geborene Augsburger, waren zwanzig Jahre lang in Aarau glücklich verheiratet, in glänzenden Verhältnissen (als Prokurist einer großen Teppichfirma). 5 Jahre pflegte sie ihren kranken Mann (Schlaganfall) in aufopfernster, bewundernswerter Weise und kehrte nach dessen Tod nach Augsburg zurück. „Das wäre auch eine Frau für*

*Impressionen vom Sommer 1940 aus dem Ötztal.*

Abb.160: Huben im Ötztal.

Abb.161: „Ferienarbeit".

Abb.162 und 163: Mit Maria und Ludwig vor der Unterkunft in Gries.

Sie", sagte Herr Franz „mit der könnten Sie sich auch sehen lassen u. Sie beide passen gut zusammen", so meinte er weiter.(19)

Diese Offerte weckte Welckers Neugier. *Noch am gleichen Tage machte ich bei Frau Kaiser Besuch, anderntags mit Marie, die gerade bei mir in Augsburg weilte, „sie" gefiel uns beiden u. in kurzer Zeit waren wir ein Herz u. eine Seele, so, als wären wir beide uns gegenseitig froh.(20)*

Abb.164: Anna Kaiser, geb. Breunig, verw. Kaiser (1889-1975).

Abb.165: Max Welcker und seine zweite Ehefrau Anna Kaiser bei einem Ausflug zu Pfingsten 1941 in der Nähe von Karlsruhe.

Zwei Jahre nach dem Tod von Leopoldine schlossen der 62jährige Max Welcker und seine 52 Jahre alte Braut Anna Kaiser (1889-1975) den Bund der Ehe.

*Am 28. Mai 1941 feierten wir in aller Stille bei St. Max Hochzeit, vom Herrn Geistlichen Rat Reiner sel. von. einer herrlichen tiefsinnigen Ansprache bedacht. Anderntags fuhren wir unerwartet zu unseren Kindern nach Karlsruhe u. verbrachten dort mit ihnen einige prächtige Tage. Oft danke ich uns. Herrgott, der mir wieder eine so tüchtige, für mich überaus besorgte Frau zugeführt hat, u. die auch so sehr an meinen Kindern hängt, als wären es ihre eigenen. Nun konnte ich wieder meines Lebens froh werden.(20)*

Kurz nach seiner Hochzeit wurde Max Welcker am 1.6. 1941 zum Konrektor an der Schule von St. Max befördert. Er stieg in die Besoldungsgruppe A 4b 1 auf und verdiente mehr Geld. Glücklich und zufrieden verbrachte das frisch vermählte Ehepaar den Sommerurlaub im Ötztal und besuchte im Anschluss Hergensweiler.

# Kriegseinwirkungen

Das Leben in Augsburg ging mit den entsprechenden, durch den Krieg bedingten Einschränkungen weiter. Max Welcker war inzwischen wie viele andere auch dem Reichsluftschutzbund RLB beigetreten, denn der Krieg rückte langsam näher und die Luftangriffe auf deutsche Städte und damit auch auf die Stadt am Lech nahmen zu. Augsburg hatte eine Garnison und war eines der Zentren der Rüstungsindustrie in Süddeutschland. In Haunstetten produzierte die Firma Messerschmitt Kampfflugzeuge und im Nordosten der Stadt wurden die MAN Dieselmotoren für die bei den Alliierten gefürchteten U-Boote gebaut. Weitere strategisch wichtige Kriegsziele waren der Flughafen und der Hauptbahnhof, als süddeutscher Eisenbahnknotenpunkt. Die ersten Luftangriffe hatte die Stadt im August/September 1940 erlebt, die Schäden blieben allerdings gering. Am 17.4.1942 wurde das MAN Maschinenwerk im Nordosten der Stadt bei einem Tagesangriff der RAF getroffen und verursachte schwere Schäden. 12 Menschen starben, 20 wurden verletzt und die Produktion konnte erst nach mehreren Wochen wieder aufgenommen werden.

Trotz der ersten spürbaren Einwirkungen des Krieges, verreiste das Ehepaar Welcker im Sommer 1942 und im Sommer 1943 jeweils nach Inzell und Mannheim. Danach beendete Max Welcker seine Reiseaufzeichnungen.

Die kriegsbedingten Einschränkungen machten sich immer mehr im Alltag der Familie und auch beruflich bemerkbar. Viele Augsburger waren bereits am Polen- und Frankreichfeldzug beteiligt und kämpften als Soldaten seit dem 22. Juni 1941 vor allem in der Sowjetunion. Im Laufe des Jahres 1942 wurden immer mehr wehrfähige Männer einberufen, besonders nach dem Ende der Schlacht um Sta-

lingrad Anfang Februar 1943, als von Goebbels der sogenannte „Totale Krieg"
ausgerufen wurde. Dies galt auch für Mitglieder der Liedertafel und anderer Chöre so dass deren Aktivitäten 1943/44 nach und nach zum Erliegen kamen und
damit ebenso Max Welckers Dirigententätigkeit in Augsburg. Am 9.1.1943 erhielt
Welckers Schwiegersohn Ludwig Kolland den Stellungsbefehl und musste am
13. Januar einrücken, zunächst zur Ausbildung im Raum Schwabach bei Nürnberg und ab April zum Fronteinsatz im Raum Stalino/Donezk im der sowjetischen
Ukraine. Welckers Tochter Maria wurde für die Arbeit in einer Munitionsfabrik
vorgesehen, was durch Einwirken ihres Vaters verhindert werden konnte, indem
die Stadt Augsburg die Tochter für die Arbeit am Konservatorium anforderte. [99]

So wurde Maria Kolland (geb. Welcker) ab April 1943 Klavierlehrerin am Konservatorium Augsburg.[100] Am 25. Februar 1944 feierte sie ihren 31. Geburtstag bei
ihren Eltern in der Müllerstraße 18. Doch die Feier wurde jäh unterbrochen, denn
um 21.45 Uhr heulten die Sirenen über der Stadt: Fliegerangriff! Direkt von Maries
Geburtstagstisch eilte die ganze Familie in den nahegelegenen Luftschutzbunker,
in dem sie um 22.00 Uhr eintrafen. Um 22.36 Uhr begann in klarer Nacht der Angriff auf Augsburg. Über 250 alliierte Bomber warfen ihre vernichtende Fracht über
dem gut markierten und leicht zu treffenden Ziel ab und brachten Feuer und Zerstörung. *"Auf einen Schlag war die Hölle los! In 10-15 Minuten war die Altstadt ein
Flammenmeer"*, hieß es in einem Bericht der Warnwache auf dem St. Ulrichsturm.
Der erste Angriff in dieser Schreckensnacht dauerte bis 23.40 Uhr.

Von 0.55 Uhr bis 1.40 Uhr wurde Augsburg von der zweiten Angriffswelle, mit der
viele Einwohner nicht mehr gerechnet hatten, getroffen und Tod und Vernich-
tung regneten erneut aus den Schächten von fast 300 alliierten Bombern auf die
Stadt. Insgesamt fielen in dieser Schicksalsnacht mehr als 1000 Sprengbomben,
20.000 Brandbomben und 260.000 Stabbrandbomben. Die Folgen für die historische Altstadt und die Zivilbevölkerung waren verheerend.

Als der schwerste Angriff, den die Stadt im zweiten Weltkrieg erleben musste
vorüber war, lagen weite Teile der historischen Innenstadt in Trümmern. Das
Lechviertel und Lechhausen waren schwer getroffen worden und die Innenstadt
hatte sich in ein flammendes Inferno verwandelt. Es wüteten 4300 Feuer, die
nur sehr schwer gelöscht werden konnten, da die Temperatur in der Nacht auf
-18 Grad Celsius gefallen war. Viele Wasserflächen waren zugefroren, Hydranten
funktionierten nicht mehr und durch die Kälte gefror das Löschwasser in den
Schläuchen der Feuerwehr. Mehr als 800 Tote waren zu beklagen und 3000 Gebäude wurden zerstört.

[99] Tagebücher Maria Kolland der Jahre 1943/44.

[100] In der Rückschau bezeichnete Maria Kolland in den 1960er Jahren gegenüber ihrem Sohn Hubert
diese Phase als angestellte Klavierlehrerin als eine ihrer glücklichsten Zeiten, da sie eine feste Arbeit
hatte, ihren Beruf ausüben konnte und selbständig war.

In der Nacht vom 25./26. Februar verbrannten auch sehr viele Verwaltungs-
und Kirchenakten. Das Café Kernstock mit dem Archiv der Liedertafel fiel dem
Feuersturm zum Opfer genauso wie die Kirche St. Max. Die nahegelegene Mädchenschule von St. Max wurde zerstört und in seinem Schulzimmer, in dem Max
Welcker seine Schulunterlagen und amtliche Schreiben aufbewahrte, verbrannten alle seine wichtigen Papiere. Das Gebäude des Musikverlages Anton Böhm &
Sohn in der Ludwigstraße 5-7 wurde schwer beschädigt, das Verlagsarchiv, mit
allen bis zu diesem Zeitpunkt herausgegebenen Kompositionen von Max Welcker
war total vernichtet.

Der Angriff war aus alliierter Sicht erfolgreich. Er war Teil der militärischen Operation „Big Week", welche die Rüstungsindustrie treffen sollte. Familie Welcker
hatte Glück und überlebte das Inferno. Sie konnten den Luftschutzkeller in der

*Abb.166 und 167 zeigen die zerstörte und ausgebrannte Kirche St. Max nach dem verhee-
renden Bombardement in der Nacht vom 25./26. Februar 1944. Auch das benachbarte ehemalige Klostergebäude wurde fast vollständig zerstört. Die einst reiche Innenausstattung
wurde ein Raub der Flammen. Nur wenige Kunstgegenstände, darunter mehrere Heiligen-
figuren, konnten vorher ausgelagert werden. Nach einem nachträglichen Mauereinsturz
am 11. Mai 1946 blieben nur die westliche Giebelscheibe der Kirche, die in den späteren
Kirchenneubau mit einbezogen wurde, und ein kleiner Rest des ehemaligen Klostergebäu-
des (heute Pfarrheim) erhalten.*

Abb.168: Das schwer beschädigte Gebäude des Musikverlages Anton Böhm & Sohn in der Ludwigstraße 5-7. Links sieht man den Eingang zum zerstörten Musikgeschäft. Die Trümmer rechts daneben waren vor dem Angriff Verlagsgebäude und Archiv.

Abb.169: Der zerstörte Bühnenraum des Stadttheaters in Augsburg.

Nacht verlassen und gingen zurück zur Wohnung. Das Haus in der Müllerstraße 18, am Rand der Innenstadt gelegen, war als Gebäude zwar intakt geblieben und auch die Möbel in der Wohnung waren größtenteils unbeschädigt. Aber das Haus verzeichnete große Luftdruckschäden und war deswegen unbewohnbar.

Die Familie packte daraufhin und flüchtete *vormittags ½ 10 Uhr durch die brennende Stadt mit einem Schlitten (u. darauf einige Habseligkeiten) nach Wertheim (bei Würzburg,* 260 km nordwestlich von Augsburg) *zu Verwandten.*(20) Sie verließen die Stadt, genauso wie fast 85.000 weitere Einwohner Augsburgs, die nach dem Angriff ins Umland flohen. 1939 zählte die Stadt 199.805 Einwohner, nach dem Angriff 1944 verließen 82.813 Menschen die zerstörte Stadt und die Einwohnerzahl schrumpfte auf 116.992 Personen.

# Neuanfang
# in Krumbach/Schwaben

Der Aufenthalt bei den Verwandten in Wertheim war nur von kurzer Dauer. Sie fuhren, nachdem sich die Lage etwas beruhigt hat, wieder zurück nach Augsburg, zurück in die zerstörte Stadt. Beim Gang durch die Innenstadt standen sie vor den Trümmern des Musikverlags Anton Böhm & Sohn, dem ausgebrannten Café Kernstock, der untergegangenen Kirche St. Max und seiner vernichteten Schule daneben. Alle seine bisherigen Wirkungsstätten waren dem Bombardement des Angriffs zum Opfer gefallen.

*Beim Luftangriff am 24./25.II.44 ging ein sehr hoher Prozentsatz aller Verlags-werke der Fa. Böhm u. Sohn durch Brand verloren u. somit auch der größte Teil meiner Kompositionen. Nur was im Laden war, blieb erhalten, dagegen wurden alle Bestände in den 3 Lagerräumen vernichtet. Ich selbst hatte vorsichtiger-weise je 1 Kart. aller meiner Kompositionen in Sicherheit gebracht und zwar zu Herrn Pfarrer Eisenlohr nach Kicklingen (bei Dillingen) gesandt, wo sie heute noch liegen u. sogar selbst in großer Gefahr waren, als beim Einzug der Amerika-ner beträchtliche Schäden durch Bombenabwürfe in Kicklingen entstanden. (27a)*

Obwohl er vorgesorgt hatte, traf ihn der Anblick des zerstörten Gebäudes vom Musikverlag hart und er war tief erschüttert. Am 6. März 1944 erkrankte Welcker und Stadtschulrat Zwisler teilte dem Regierungspräsidenten am 10. März 1944 folgendes mit:

*Der Konrektor Max Welcker der Mädchenschule St. Max ist wegen Nervenschwä-che und Erschöpfung 3-4 Wochen dienstunfähig. Ärztliches Zeugnis vom 6.3.44 liegt bei.*[101]

Da Max Welckers Wohnung in Augsburg durch die entstandenen Luftdruckschä-den weiterhin nicht bewohnbar war, beschlossen sie zunächst ins 48 km südwest-

---

[101] Lehrerpersonalakte Nr. 9129 Max Welcker, Staatsarchiv Augsburg.

lich von Augsburg liegende Krumbach [102] zu ziehen. Franz Straßer (Sohn des verstorbenen Schwiegervaters Leopold Straßer) und seine Familie nahm sie in ihrem großen Haus auf und das Ehepaar Welcker bezog am 11. März 1944 zunächst ein Zimmer. *Zum Glück waren unsere Möbel etc. größtenteils unbeschädigt, die wir später nach Krumbach befördern ließen.*(21).

Notgedrungen mussten sie sich an die neue, bescheidene Wohnsituation gewöhnen. Für ihn war dies relativ leicht, da er das Haus, das Leopold Straßer am Flüsschen Kammel gebaut hatte und die in ihm herrschenden Lebensumstände ja seit 1907 kannte. Hingegen muss es seiner Frau Anna sehr viel schwerer gefallen sein, *sich mit den eigenartigen Verhältnissen im Hause Straßer abzufinden.*(21)

Am 16. März wurde Augsburg noch einmal bombardiert, doch diesen Angriff erlebten die Welckers von Krumbach aus in sicherer Entfernung. Natürlich wollte Max Welcker auch in Krumbach wieder als Lehrer arbeiten und ersuchte um dienstliche Versetzung. Am 22. März fragte er beim Stadtschulamt in Augsburg an, ob es möglich wäre aushilfsweise eine Schulklasse in Krumbach zu übernehmen. Stadtschulrat Zwisler teilte ihm in seinem Antwortschreiben am 24. März 1944[103] mit, dass ihm, mit Einvernehmen des Regierungspräsidenten die Genehmigung erteilt werde, eine Schulklasse an der Volkschule Krumbach aushilfsweise nach Eintritt seiner Dienstfähigkeit zu übernehmen. Er solle sich beim dort zuständigen Schulrat melden und seinen Dienstantritt umgehend dem Stadtschulamt anzuzeigen. Die Genehmigung erfolgte auf Widerruf. Nachdem der Stadtschulrat den Regierungspräsidenten Stinle informiert hatte, teilte dieser ihm im Antwortschreiben vom 28.03.1944[104] mit, dass auch er mit der Verwendung des Konrektors als Aushilfslehrer in Krumbach bis auf Widerruf einverstanden wäre. Stinle fragte gleichzeitig an, wie die Wohnungsfrage für Konrektor Welcker geregelt sei, ob er schon umgezogen wäre, oder wann damit zu rechnen sei. Er wollte auch wissen, ob Welcker noch erkrankt wäre.

Mitte April war Max Welcker wieder gesund und trat am 19.4. seinen Dienst als Aushilfslehrer bis auf weiteres an. Am 24. April 1944 [105] schrieb er an das Stadtschulamt in Augsburg, dass die Meldung seines Dienstantritts am gleichen Tag an das Stadtschulamt abgegangen sei. Ferner teilte er dem Schulamt mit, dass ihm und seiner Frau im Haus des Schwiegervaters ein Zimmer zur Verfügung stünde. Sie waren am 11. März mit Möbelwagen und dem größten Teil des Mobiliars aus Augsburg umgezogen. Da sie jedoch nicht alle Möbel in Krumbach unterbringen konnten, blieb ein Zimmer in ihrer Augsburger Wohnung mit Möbeln belegt. Er

---

[102] Krumbach/Schwaben liegt im Tal der Kammel, einem Nebenfluss der Mindel und wurde im Jahr 1156 erstmals urkundlich erwähnt. 1939 zählte die Stadt 3774 Einwohner. Bis 1950 stieg die Einwohnerzahl auf 6420 Personen.

[103] Lehrerpersonalakte Nr. 9129 Max Welcker, Staatsarchiv Augsburg.

[104] ebenda

[105] ebenda

hatte Rücksprache mit dem Quartieramt genommen, über die veränderte berufliche Situation informiert und die Zusage erhalten, dass er seine Wohnung in Augsburg behalten könne, da seine aushilfsweise Dienstleistung in Krumbach unter jederzeitigem Widerruf stünde. Aus den genannten Gründen, würde das Quartieramt unter allen Umständen die Belegung von Räumen seiner Wohnung mit fremden Personen zurückstellen, zumal die leeren Zimmer der Wohnung in Augsburg infolge Fliegerschadens bis auf weiteres unbewohnbar wären und er deswegen um dienstliche Versetzung nach Krumbach ersuchte.

Am 28.4.1944[106] informierte Stadtschulrat Zwisler den Regierungspräsidenten in Augsburg über den Dienstantritt von Konrektor Welcker am 19.4.1944 an der Volksschule in Krumbach. Er hatte die 4. gemischte Klasse übernommen. Das Schreiben Welckers, mit der Schilderung seiner Wohnungssituation legte er bei.

Mit Schreiben vom 21. August 1944 [107] wurde Welcker durch den Regierungspräsidenten über nichtruhegehaltsfähige Zulagen für über 65 Jahre alte Volksschullehrer, die sich noch im Dienst befinden, informiert.

Am 19. Februar 1945[108] erließ der Regierungspräsident eine Kassenanweisung für die Auszahlung der nicht ruhegehaltfähigen Zulage nach § 8 der Zweiten Verordnung über Maßnahmen auf dem Gebiet des Beamtenrechts vom 9.10 1942. Darin wurde festgestellt, dass Konrektor Max Welcker folgende Zulagenzahlungen gewährt werden:

vom 1. Januar 1944 bis 31. Dezember 1945 26,-RM

vom 1. Januar 1946 bis 31. Dezember 1947 51,-RM

ab 1. Januar 1948 77,-RM

Die Berechnung basiert auf:

- seiner Besoldungsgruppe: A 4 c 1
- seinem Besoldungsdienstalter: 1. Januar 1902
- der Vollendung des 65. Lebensjahres: 4. Dezember 1943
- der Weiterverwendung, bis auf weiteres: ab 1.Januar 1944
- dem Bezug des Endgrundgehaltes vom 1.8.1929-31.12.1943: 5000,-RM

Seit 1. Januar 1944 erhielt er als Grundgehalt : 5300,-RM

dazu kamen Zulage und Wohnungsgeldzuschuß (jährlich): 698,-RM

Er hatte also ein jährliches Bruttogehalt von: 5358,-RM

---

[106] Lehrerpersonalakte Nr. 9129 Max Welcker, Staatsarchiv Augsburg.

[107] ebenda

[108] ebenda

Doch auch Krumbach wurde von Kriegshandlungen nicht verschont. Es erhöhte sich die Gefahr durch Luftangriffe und Fliegeralarm gehörte zu den täglichen Kriegserscheinungen.

Um die Stadt Krumbach vor größeren Kriegsschäden zu schützen, bemühten sich der Bürgermeister Konrad Kling und der Oberstabsarzt im Reservelazarett Dr. Wohllaib um internationale Anerkennung des nahe Krumbach gelegenen Ortes Bad Krumbad als Lazarettstandort. Die Gebäude in Bad Krumbad wurden seit dem 16.5.1940 als Reservelazarett genutzt. Weitere Lazarette befanden sich im damaligen Schülerinnenheim im früheren Gasthof „Zur Post", im Englischen Institut an der Mindelheimer Straße (Lazarett vom 1.3.1943 bis 19.6.1945), im Gasthof „Zum weißen Roß" am Marktplatz und im „Alten Schulhaus", neben der Kirche. Zur internationalen Anerkennung als Lazarettort gehörte, dass ein Radius von zwei Kilometern als Schutzzone ausgewiesen wurde. Allerdings mussten alle Kriegsbetriebe in dieser Schutzzone geschlossen werden und ein solcher Schutzort durfte nicht mit Truppen belegt werden. Die Anerkennung wurde im März 1945 erreicht. Dadurch lag der größte Teil Krumbachs in einem zwei Kilometer breiten Schutzgürtel und durch rote Kreuze auf weißem Grund wurden die Grenzen des Lazarettgebietes für Flieger gekennzeichnet.

Wenige Tage vor dem Kriegsende und dem Einmarsch der Amerikaner beschrieb Bürgermeister Kling die Stimmung in der Bevölkerung als ernst, schweigsam und bis zuletzt diszipliniert und gefasst. Die Zahl derer, die nach wie vor auf ein Wunder hofften war allerdings größer, als man annehmen konnte.

Am 25. April erreichten die Amerikaner die Donau und die Iller, die deutschen Truppen waren vor ihnen auf dem Rückzug nach Süden. Um den Status als Lazarettort nicht zu gefährden, musste verhindert werden, dass der Rückzug der deutschen Soldaten über Krumbach geschah. Dies wurde, bis auf den Durchzug von versprengten kleineren Soldatentrupps erreicht. Nach dem Zusammenbruch des Widerstandes gegen die Alliierten knapp 25 km entfernten Offingen-Burgau spitzte sich die Lage allerdings zu. Ein größerer deutscher Kampfverband zog am 26. April durch die Stadt und wurde von den Amerikanern angegriffen. Granaten schlugen in der Stadt ein, Wehrmachtsomnibusse wurden von feindlichen Tieffliegern beschossen und es gab Verluste unter den Soldaten. Um beim Rückzug Zeit zu gewinnen, versuchte die SS die Brücke über die durch Krumbach fließende Kammel zu sprengen. Es gelang den Soldaten lediglich die Brücke in der Karl-Mantel-Straße (zu dieser Zeit der einzige Übergang über die Kammel) zu beschädigen. Dabei wurde ein deutscher Soldat schwer verletzt und starb kurz darauf.

Die Schäden an den umliegenden Häusern, waren jedoch erheblich größer, als der Schaden an der Brücke. Auch das Haus der Familie Straßer, in dem Max Welcker mit seiner Frau wohnte, wurde schwer in Mitleidenschaft bezogen. Neben anderen Schäden zerbrachen ungefähr 160 Fensterscheiben. *Ein Glück, daß wir noch in letzter Stunde das Haus verließen u. in einem guten Luftschutzkeller in der Nähe Zuflucht nehmen konnten!* (21)

Während des amerikanischen Beschusses in dieser Nacht, kamen vier Zivilisten ums Leben. Durch Tieffliegerbeschuss, Artilleriefeuer und die Brückensprengung wurden 249 Gebäude in der Stadt beschädigt. 11.200 Fensterscheiben, 48 Schaufenster, 15 Haus- und 45 Zimmertüren und 31.000 Dachplatten gingen zu Bruch (Diese Zahlen wurden später von der Stadt ermittelt).

Nachdem die letzten deutschen Soldaten die Stadt geräumt hatten, wurden auf dem Kirchturm und im Rathaus weiße Flaggen gehisst.

*20 Minuten nach Rückkehr in unser Haus mußten wir dieses verlassen und suchten Unterkunft in einem Hause in der Bahnhofstraße, die uns gerne gewährt wurde. Doch sollte auch dort kein Bleiben beschieden sein. Noch nachts ½ 9 wurden wir mit allen Einwohnern aus dem Haus getrieben und mußten in einem ehemaligen Stall,[109] zur Zeit mit französischen Gefangenen belegt, nächtigen unter Angst und Bangen vor der im Hause nebenan pokulierenden Horde. 5 Nächte verbrachten wir im Hause Krämers, bis wir wieder in unser Haus zurück durften.*(22)

Am 27. April 1945, gegen 7.30 Uhr morgens, übergaben der damalige 1. Bürgermeister Konrad Kling und Standortkommandant Dr. Wohllaib in Begleitung von französischen Kriegsgefangenen, die damit bekunden wollten, dass sie von der Bevölkerung Krumbachs gut behandelt worden waren, die Stadt offiziell an die Amerikaner. Danach rollten die ersten Panzer durch die Bahnhofstraße bis in die Stadtmitte und die Militärregierung der Alliierten in Deutschland übernahm die Verwaltung der Stadt. Noch am gleichen Tag wurde um 14.00 Uhr Landrat Nachreiner seines Amtes enthoben, Bürgermeister Kling ereilte das gleiche Schicksal. Am 29.4. wurden die Bürger der Stadt, auf Anordnung der Militärregierung, aufgefordert ihre Waffen abzuliefern.

Tags darauf, am 30. April 1945 beging Hitler Selbstmord in Berlin, am 1. Mai folgte ihm Joseph Goebbels, der Reichspropagandaminister und Hitlers Stellvertreter nach und tötete seine Familie und sich selbst. Am 7. Mai 1945 unterzeichnete Generaloberst Alfred Jodl die bedingungslose Kapitulation aller deutschen Truppen. Sie trat am 8. Mai um 23.01 Uhr in Kraft. Am gleichen Tag wurde die Kapitulationsurkunde vom militärischen Oberkommando der Deutschen Wehrmacht und von den militärischen Oberbefehlshabern von Heer, Luftwaffe und Marine im sowjetischen Hauptquartier in Berlin Karlshorst in den späten Abendstunden ratifiziert. Die Waffen schwiegen und der Krieg in Europa war zu Ende.

---

[109] Die Stadt Krumbach war im Sommer 1940 aufgefordert worden, in kürzester Zeit ein Wohnlager für 25 Kriegsgefangene zu errichten. Es wurde provisorisch in einem leerstehenden Stall mit Betonfußboden eingerichtet. Die Schlafgelegenheiten bestanden aus Holzbrücken, die mit Strohsäcken und Decken versehen waren.

In Krumbach wurden zwischen 600 und 1000 amerikanische Besatzungssoldaten u. a. im Volksschulgebäude, im Stadtsaal, in Krumbad, in der Segelfliegerschule sowie im städtischen Schülerinnenheim und im ehemaligen Gasthaus „Zur Post" untergebracht. Zusätzlich wurden zahlreiche Wohnungen und Häuser beschlagnahmt. Nach und nach wurden 1945 das Hauptquartier der amerikanischen Militärregierung Krumbach in der Bahnhofstraße, die amerikanische Dienststelle Counter Intelligence Corps, eine amerikanische Küche, ein Casino und ein G. I. Club in der Gastwirtschaft „Zur Traube" am Marktplatz eingerichtet. Der Stadtsaal wurde zudem von den Besatzungstruppen auch für kulturelle Zwecke benutzt.

In der ersten Zeit gab es in der Leitung der örtlichen Militärregierung einen regen Personalwechsel. Doch einige der Kommandeure wurden aufgrund von schlechter Verwaltung und unbefriedigender Durchführung der Entnazifizierung schnell wieder abgelöst. Erst mit Captain Hall V. Worthington schien endlich ab 28. Oktober 1946 Kontinuität in die Leitung und Arbeit der Militärregierung Krummbachs einzuziehen.

Am 2. September 1945 endete endlich auch der 2. Weltkrieg im Pazifik mit der Kapitulation Japans, nachdem am 6. Und 9. August Atombomben die beiden Städte Hiroshima und Nagasaki vernichtet hatten.

## US-amerikanische Besatzungsmacht und Entnazifizierung

Nach der im März 1945 erlassenen Proklamation Nr. 1 an das deutsche Volk, von General Dwight D. Eisenhower, dem obersten Befehlshaber der alliierten Streitkräfte, wurden u. a. alle Unterrichts-und Erziehungsanstalten innerhalb des besetzten Gebietes bis auf weiteres geschlossen. Die Wiedereröffnung solle genehmigt werden, sobald die Zustände es zuließen. Alle Beamten (auch Max Welcker) waren verpflichtet, bis auf weiteres auf ihren Posten zu verbleiben und alle Befehle und Anordnungen der Militärregierung, oder der alliierten Behörde, oder die an das deutsche Volk gerichtet waren zu befolgen und auszuführen.

Die Entnazifizierungsmaßnahmen der amerikanischen Militärverwaltung begannen sofort nach dem Einmarsch und betrafen Personen, die öffentliche Schlüsselpositionen innehatten. Krumbachs Bürgermeister Kling und Landrat Nachreiner waren sofort abgesetzt und verhaftet worden und wurden durch zwei Beamte des Landkreises als kommissarische Vertreter ersetzt. Am 7. Juli und 15. August gab es neue amerikanische Direktiven, die den Personenkreis der zu überprüfenden Personen erheblich ausweiteten. In der Direktive vom 7. Juli wurde verfügt, dass alle Personen des öffentlichen Lebens umfangreiche Fragebögen auszufüllen hatten. Diese wurden von amerikanischen Spezialeinheiten (special branch) ausgewertet. In der Folge kam es auch in Krumbach zu einer breit angelegten Entlassungswelle im öffentlichen Dienst und der Verwaltung.

Am 5.3.46 wurde von den Besatzungsmächten, das „Gesetz zur Befreiung von Nationalismus und Militarismus" erlassen. Jeder Deutsche war nun verpflichtet, einen Fragebogen mit insgesamt 133 Fragen zur Person, Schul- und Berufsausbildung, beruflichen und militärischen Tätigkeit, Mitgliedschaften in Partei und Parteiorganisationen, auszufüllen. Auch Max Welcker reichte den ausgefüllten Fragebogen ein und wurde auf seine Gesinnung erstmals überprüft (die eigentliche Hauptüberprüfung aller Deutschen erfolgte erst ab März 1946). Die Abgabe des ausgefüllten Bogens bildete die Voraussetzung für jedes Beschäftigungsverhältnis und den Erhalt der Lebensmittelkarte.

Im Fragebogen von Max Welcker waren folgende Daten und Aussagen vermerkt:

- Max Welcker, geb. 4.12.78 in Augsburg

- letzte Dienststelle: Konrektor, St. Max

- dienstl. Beurteilung: gut - 49 Dienstjahre; Bruttogehalt 6000,-; Bes. Gr. A 4 c

- keine Kriegsverletzungen, oder körperliche Schäden.

- keine gefallenen Familienangehörigen.

- Vermögensverluste durch Bombenschaden in Wohnung, Schule und Verluste durch Plünderungen.

- Parteieintritt: Februar 1938, keine Parteiämter

- Eintritt in angeschlossene Verbände: NSV 1934, NSLB 1933, Reichsmusikkammer 1939, RLB - ablehnende Haltung gegenüber der NSDAP

- Entlastende Umstände: Parteieintritt unter Zwang, stellt Bedingung, Organistenamt beibehalten zu dürfen.

- keine erschwerenden Umstände, jetzige Haltung einwandfrei.

- Demokratische Einstellung: bestimmt vorhanden

- Einreihung in Gruppe 4[110]

Das Befreiungsgesetz der Alliierten sah die Einstufung aller öffentlichen Funktionsträger in fünf Gruppen vor. Eine deutsche Spruchkammer sollte die Einteilung der Betroffenen, entsprechend einem Katalog von Belastungen durch Mitgliedschaften, und Rängen in NS-Parteiorganisationen, vornehmen:

Gruppe I:    Hauptbeschuldigte;

Gruppe II:   Belastete;

Gruppe III:  Minderbelastete

Gruppe IV: Mitläufer, Gruppe V: Entlastete.

---

[110] Lehrerpersonalakte Nr. 9129 Max Welcker, Staatsarchiv Augsburg.

Betroffene der Gruppen I und II hatten dauerhafte, oder zeitweilige Strafmaß-nahmen zu erwarten. Dazu gehörten die Einweisung in ein Arbeitslager, der Ein-zug des Vermögens, oder Teilen davon, der Verlust der Pension, Arbeitsbeschrän-kungen und der Verlust der bürgerlichen Ehrenrechte. Betroffene der Gruppe IV erhielten Geldbußen auferlegt.

Max Welcker wurde in der ersten und zweiten Phase des Entnazifizierungspro-zesses als Mitläufer in die Gruppe IV eingestuft. Nach der ersten Überprüfung durfte er also zunächst als Lehrer weiterarbeiten. Auf Befehl der Militärregierung (unterschrieben von Captain Carl E. Whitney am 12.4.1946) wurde festgestellt, dass er seit 28. August 1945 wieder an der Volksschule in Krumbach als Lehrer tätig war. Aufgrund der Auswertung seines Fragebogens wurde er von der Militär-regierung am 5. September von dieser zur „Belassung als Lehrkraft an deutschen Schulen" bestätigt und kurz darauf vereidigt.[111]

Am gleichen Tag schrieb Max Welcker erneut über das Schulamt an den Regie-rungspräsidenten in Augsburg und bat um seine Versetzung an die Volksschule in Krumbach.[112] Sollte dies nicht möglich sein, bat er darum seine Abordnung nach Krumbach nicht aufzuheben, sondern weiterhin zu verlängern, da er in Augsburg seine Wohnung inzwischen aufgegeben hatte. *„ich stehe im 50. Dienstjahre u. beabsichtige nach meiner Pensionierung in Krumbach zu bleiben u. in Augsburg kein neues Heim mehr aufzubauen."* Schulrat Riederle hatte ihm mitgeteilt, dass für ihn die Möglichkeit bestünde an der Volksschule in Krumbach weiter zu arbei-ten. Am 7.9.1945 wurde auf seinem Schreiben von der Schulbehörde handschrift-lich vermerkt, dass:

*„Das Gesuch des Konrektors Max Welcker an die Volkschule in Krumbach wird im Hinblick auf das vorgeschrittene Lebensalter und die besonderen Verhältnisse Herrn Welckers ausnahmsweise befürwortet."[113]*

Auf Anordnung der Militärregierung wurde die Volksschule in Krumbach am 3.9.1945 wieder eröffnet. Dabei gab es jedoch Schwierigkeiten, weil die meisten Lehrkräfte noch keinen Entnazifizierungsbescheid besaßen. Außerdem waren die Räume der Schule noch mit Besatzungstruppen belegt und nach der Räumung mussten die Schulräume erst instandgesetzt und eingerichtet werden. Daher be-gann der Unterricht einige Tage später.

Gemäß Regierungsrandentschließung, vom 14. September 1945, die seine Be-lassung an der Volksschule Krumbach ausdrücklich genehmigte, unterrichtete Welcker seit dem 24. September 1945 zwei Schulklassen und wurde gleichzei-

---

[111] Lehrerpersonalakte Nr. 9129 Max Welcker, Staatsarchiv Augsburg.

[112] ebenda

[113] ebenda

tig mit der Schulleitung betraut. Er versah seinen Dienst gewissenhaft und deshalb traf ihn die Entscheidung der „Entfernung aus dem Schuldienste ab 15.11.1945", ausgesprochen vom Stadtschulamt, beziehungsweise der Militärregierung Augsburg, die ihm am 26.11.1945 mitgeteilt wurde, umso härter. In einem Brief vom 2. Dezember 1945, adressiert an den Regierungspräsidenten Herrn Dr. Matthes, legte Welcker Berufung gegen die Entscheidung

Abb.170: Das dritte Volksschulgebäude in Krumbach 1902-1952, dann Oberschule. Es stand wenige Meter weiter westlich neben dem alten Schulhaus (1838-1902), das anstelle des alten Amtsdienerhauses 1838 errichtet worden war.

der Amtsenthebung an der Volkschule in Krumbach ein. Er fügte den von ihm im Sommer ausgefüllten Fragebogen bei und legte nochmals ausführlich die Gründe dar:

*Die Gründe zu meinem Eintritt in die Partei 1938 sind bereits im Fragebogen, bezw. auf dem Beiblatt kurz erwähnt. Dem Zwange der Verhältnisse gehorchend, überdies (nachträglich eingefügt) vor dem O. Reg. Schulrat R e i s e r und seinem Hasse geradezu fürchtete. Ich versichere auf Ehre und Gewissen, dass ich innerlich nie mit der NSDAP und ihren Zielen sympathisiert, noch mich aktiv beteiligt habe. Leider mussten wir Lehrer oft genug gegen unsere Ueberzeugung und innere Einstellung handeln, wollten wir nicht unsere Existenz gefährden und uns gewissen Strafen aussetzen. Ich habe mich zeitlebens nie mit Politik befasst und widmete mich in 49 Dienstjahren nur der Schule und ---- meiner Musik. Als Komponist hauptsächlich kirchlicher Werke bin ich sowohl im kathol. Deutschland, in Österreich, in der Schweiz, usw. bekannt und geschätzt und galt nirgends als Nazi. Das würden mir Dutzende prominenter Persönlichkeiten aus Geistlichen= und Lehrerkreisen bestätigen können. Auch meine 42 jhr. Tätigkeit auf dem kathol. Kirchenchor St. Max in Augsburg, sowie meine Jahrzehnte lange, Zugehörigkeit zur gleichnamigen Kirchenverwaltung, könnten wohl auch als Beweise gelten, dass ich kein Nazi war. Ebenso dürfte ich in Gesangvereinskreisen als Nicht-Nazi hinreichend bekannt sein. Von meiner grossen Zeugenzahl möchte ich aus Privat-Kreisen nur folgende nennen:*

*Professor Arthur P i e c h l e r,*
   *Direktor des Städt. Konservat. In Augsburg, Kaiserstr. 61.*
*Steuerrat J. B. D i n k e l,*
   *Augsburg, Kitzenmarkt 8.*
*Verwalt. Direktor E. M a y r,*
   *Augsburg, Harmannstr. 10*
*Schulrat i. R. Jos. M ü l l e r,*
   *Augsburg, ehemal. Schmiedgasse 14*
*Fabrikant i. R. B r o d a t s c h,*
   *Augsburg, Hindenburgstr. 71*

*Dass ich in meinem 50. Dienstjahre auf solche Weise von der mir ans Herz ge-*
*wachsenen Jugend scheiden muss, trifft mich aufs härteste. Ich gestatte mir*
*gegen meine Entfernung aus dem Schuldienste Berufung einzulegen und bitte*
*um weitere Belassung an der Volkschule in Krumbach, um mich wie vor dem 3.*
*Reich auch jetzt wieder der demokratischen Schule zur Verfügung zu stellen so*
*lange meine gesundheitlichen Kräfte ausreichen.*

Max Welcker [114]

Obwohl Max Welcker durch das Stadtschulamt in Augsburg aus dem Schuldienst
ab 15.11.1945 entfernt wurde, blieb er im Amt, mit der Unterstützung des seit
Ende 1945 im Amt befindlichen Kommandeurs der amerikanischen Militärregierung Captain E. Whitney und des stellvertretenden Landrates von Krumbach Erwin Bosch (er wurde durch die Militärregierung ernannt, und hatte das Amt von
8.8.1945-30.7.1946 inne), unterrichtete weiter und versah seinen Dienst als Lehrer und Schulleiter, jedoch wurde er für seine Arbeit nicht bezahlt. Die Gehaltszahlung an ihn endete am 31. Oktober 1945. In der Folgezeit war er gezwungen
auf seine Ersparnisse zurückzugreifen.

Ende Februar 1946 fuhr er nach Augsburg. Hier versuchte er die Angelegenheit
mit einem Besuch beim Regierungsschulrat zu klären und schilderte seine Lage.
Der Schulrat versprach ihm, die Sache im Auge zu behalten und schrieb Welcker
am 20.April eine freundliche Karte zurück. Dadurch fühlte er sich ermutigt, doch
änderte sich nichts an seiner Lage. Am 8. Mai 1946 wandte er sich daher erneut
mit einem handgeschriebenen Brief an den Regierungsschulrat in Augsburg:

*[...] Nachdem mich nun meine Bank zum wiederholten Male fragt, ob mein Ver-*
*mögen der „Beaufsichtigung und Sperre unterliegt oder nicht" und auf endgültige*
*Klärung dringt, darf ich mir wohl die Frage erlauben, an welche Stelle ich mich*
*wenden kann, damit endlich einmal die leidige Angelegenheit ins reine kommt.*
*Meine bisherigen Vorstellungen da und dort waren bisher erfolglos, aber ewig*
*kann doch dieser Zustand nicht bestehen bleiben und einmal muß mir doch Recht*
*und Gerechtigkeit zu teil werden, zumal im jetzigen demokratischen Staat.*

[114] Lehrerpersonalakte Nr. 9129 Max Welcker, Staatsarchiv Augsburg.

*Als ich am 5.9.45 nach Prüfung meines Fragebogens von der hiesigen Militär-Regierung „genehmigt"[...], nahm ich mit freudiger Genugtuung und besten Vorsätzen und bestem Willen und wie wir Alten es jahrzehntelang nicht anders gewöhnt sind meine Schularbeit auf um in bisheriger Pflichttreue dem neuen Staate weiterhin meine Kräfte zur Verfügung zu stellen, solange es meine Gesundheit ermöglicht. Während ich seinerzeit in Augsburg auf den „Rektor" altershalber verzichtete und mich mit dem „Konrektor" begnügte, um als solcher vor allem nicht „politisch" hervortreten zu müssen, mußte ich hier als einzige männliche Lehrkraft wohl oder übel den „Schulleiter"-Posten übernehmen. Das ich in den ersten Wochen und Monaten als solcher viel „Aufbau"-Arbeit zu leisten hatte, und im vollsten Sinn des Wortes-sei nur nebenbei erwähnt. (Die vermehrte Arbeit hält an, denn zur Zeit löst eine statistische Aufstellung die andere ab.) Wie ein Blitz aus heiterem Himmel traf mich am 15. Nov. 1945 die Mitteilung, daß ich von der Militär-Regierung in Augsburg „entfernt" sei und kein Gehalt mehr zu beanspruchen habe. Dessenungeachtet blieb ich von der hiesigen „Militär-Regierung" „anerkannt" und zur Dienstleistung hier weiterhin verpflichtet. Dafür beziehe ich nun seit 1. November vorigen Jahres keinen Pfennig Gehalt. Schon das Kind in der Schule lernt, daß die „Vorenthaltung" des verdienten Tag-u. Arbeitslohnes eine schwere Sünde" sei----Als Dienstältester der Augsburger Lehrerschaft sei mir gestattet zu fragen, wie lange man uns [...] Augsburger Lehrern noch zumutet Arbeit ohne Entlohnung zu leisten. Es heißt, wir bekämen alles nachbezahlt, „Die Botschaft hör ich wohl", z. z. Wann wird das endlich sein? Abgesehen davon, daß es nicht jedermann möglich ist, so lange von seinen Ersparnissen zu leben, ist es doch wirklich ein „unsittlicher Zustand"-wie sich kürzlich ein Herr vom Landrat ausdrückte-uns so zu behandeln. Alle Leute, die es wissen, daß ich „Gratis" Dienst leiste, wollen es nicht glauben und entrüsten sich über diesen Zustand. In wenigen Wochen vollende ich mein 50. Dienstjahr und glaube ein halbes Jahrhundert lang treu und gewissenhaft meine Pflichten als Lehrer und Jugenderzieher erfüllt zu haben. Zum Lohn dafür bekomme ich nun schon den 7. Monat kein Gehalt. Ist das recht? Habe ich das verdient?-Aber die Steuern verlangt man nach wie vor. Mein Ihnen übermittelter „Katalog", sowie meine fast 25 Jahre zählende Zugehörigkeit zur katholischen Kirchenverwaltung St. Max in Augsburg und meine 42jährige Tätigkeit auf dem Kirchenchor St. Max als Organist (vorher als Sänger) dürften Beweise sein, daß ich kein „Nazi" war. Das bestätigen auch die eidesstattlichen Erklärungen meiner Zeugen, besonders jene von Herrn Schulrat i. R. Jos. Müller, der mich von Jugend auf als seinen ehemaligen Schüler und Oberlehrer seines einstigen Bezirkes in Augsburg kennt. Verzeihen Sie gütigst, sehr verehrter Herr Regierungsschulrat, daß ich Sie mit diesen Zeilen belästige, aber ich gewann gleich bei meinem ersten Besuche bei Ihnen den Eindruck einen Mann vor mir zu haben, der das Herz auf dem rechten Fleck hat. [...]* [115]

[115] Lehrerpersonalakte Nr. 9129 Max Welcker, Staatsarchiv Augsburg.

Zwei Tage vorher, wandte sich der stellvertretende Landrat von Krumbach Erwin Bosch am 6. Mai 1946 an den Regierungspräsidenten Herrn Dr. Matthes in Augsburg:

*Anliegend erhalten Sie eine Bestätigung der Militär-Regierung über Herrn Rektor Max W e l k e r. Herr Capt. E. W h i t n e y bestätigt hierin ausdrücklich, dass Herr Welcker für die Volkschule in Krumbach genehmigt ist. Nachdem Herr Welcker also auf Befehl der Militär-Regierung seit 28.8.1945 als Lehrer und Schulleiter tätig ist, ist es unbegreiflich, dass er für diese Zeit bis heute keine Bezahlung erhielt. Es sind das nun 8 Monate in denen Herr Welcker als einzige männliche Lehrkraft in der Volkschule Krumbach mustergültig waltet und ich könnte mir keinen besseren Erzieher denken als einen Lehrer der seit ca. 50 Jahren, also aus demokratischer Zeit, in diesem Berufe tätig ist.*

*Ich darf erwarten, dass eine baldige Erledigung der Bezahlung seiner Bezüge erfolgt.*[116]

Dem Schreiben war eine Kopie des Office of Military Government, Landkreis Krumbach Germany, datiert vom 12. April 1946, mit Welckers Bestätigung der Genehmigung durch die Militärregierung als Lehrer an der Volkschule Krumbach ab 28. August 1945, unterschrieben von Captain Carl E. Whitney, beigefügt.

Seitens des Regierungspräsidenten wird am 24. Juni 1946 auf dem Brief handschriftlich, durch einen Mitarbeiter vermerkt: *„Eine Gehaltseinweisung ist bis zur endgültigen Genehmigung von Rektor Welcker nicht möglich."*

Die Behördenmühlen mahlten langsam. Erst am 2. September 1946 befürwortete der Vorprüfungsausschuss zur Entnazifizierungsbehörde in Augsburg mit 5:0 Stimmen anhand der vorliegenden Dokumente, dass Welcker, nach der Wiedereinstellung in den Schuldienst, das Ruhegehalt wieder gewährt wurde. Betreffs der Gehaltszahlung an Volksschullehrkräfte erließ Regierungspräsident Arnold am 4. Oktober 1946 nachfolgende Anordnungen:

I.   An die Regierungshauptkasse in Augsburg: Die Dienstbezüge an den Genannten sind in der bisherigen Höhe ab 1.11.1945 laufend weiterzuzahlen.

II.  Abschrift von I. (zweifach) an das Bezirksschulamt Krumbach zur Kenntnis und Verständigung des Konrektors Welcker mittels der anliegenden Abschrift.

III. Spruchkammerbescheid nachprüfen und Aufhebung der Abordnung bzw. Versetzung durchführen.[117]

---

[116] Lehrerpersonalakte Nr. 9129 Max Welcker, Staatsarchiv Augsburg.
[117] ebenda

Im Laufe der Zeit normalisierte sich auch die Situation an den anderen Bildungs-
einrichtungen der Stadt. Nach dem Sommer 1945 nahm der Kindergarten, der
von den Armen Schulschwestern betrieben wurde, seinen Betrieb wieder auf
und wurde vorläufig im Gebäude der Städtischen Oberschule eingerichtet. Am
Englischen Institut eröffneten Schule und Internat wieder am 5.12.45. Und am
1.2.46 wurde die bisherige Städtische Oberschule als Städtische Realschule mit
202 Schülern wieder eröffnet, wobei die bisher angegliederte Mittelschule für
Mädchen beim Englischen Institut verblieb.

Die sogenannte Schulspeisung im Bärensaal wurde am 9.6. eingeführt (bis 1951
nahmen in Krumbach jeden Tag rund 867 Schulkinder daran teil und erhielten
täglich rund 350 Kalorien) und in einem Bericht der Stadtverwaltung hieß es:
*„Diese Aktion wird von den Kindern mit viel Freude aufgenommen, besonders
weil das ausgegebene Essen wirklich gut und kräftig ist."* Teilnahmeberechtigt
waren alle Kinder von Normalverbrauchern. Die Ausgabe erfolgte nachmittags,
an jedem Schultag nach Bekanntgabe durch den Klassenlehrer. Teller, Tassen
und Löffel waren von den Kindern selbst mitzubringen. Für die Mütter war diese
Speiseversorgung ihrer Kinder in dieser Zeit sehr wichtig und von großer Bedeutung.

*Eine besondere Freude war es, als diesen Sommer (1946) erstmals unser kleiner,
lieber Hubert 7 Wochen mit seiner Mama bei uns weilte. Dabei erlebten wir mit
dem drolligen Büblein so manchen Spaß, sei es in seinem Bettstättchen oder
Laufstall auf der Altane, im Garten, beim Baden u.s.w. Am meisten Heiterkeit er-
weckte sein Minenspiel mit dem Hute auf dem Kopf. (22,23)*

Die familiäre Auszeit im Sommer tat Max Welcker gut. Im Oktober bekam er endlich Nachricht vom Bezirksschulamt Krumbach über die Klärung seines Dienst-

Abb.171: Max Welcker, seine Tochter Maria und ihr Sohn Hubert.

Abb.172: Opa Max und seine 2. Frau Anna mit Enkelsohn Hubert Kolland im Juli 1946 in Krumbach.

verhältnisses und seiner Bezüge an der Volksschule. Die Anerkennung seiner Dienstzeit bedeutete für Welcker endlich die rechtmäßige Nachzahlung eines Jahresgehaltes für seine gut geleistete Arbeit in Krumbach. Er erhielt für den Zeitraum 1.11.1945 bis 31.10.1946 nach seiner Gehaltseinstufung als Beamter über 6.000,-RM. Er dürfte sie deshalb mit Genugtuung und Erleichterung aufgenommen haben, zog sie doch einen Schlussstrich unter eine wechselhafte, entbehrungsreiche und für ihn unsichere Zeit.

Am 8. Dezember 1946 trat die neue republikanische Verfassung des Freistaates Bayern in Kraft. Sie war seit dem 30. Juni ausgearbeitet worden und wurde in einer von den Amerikanern forcierten Volksabstimmung von über 70% der stimmberechtigten Bevölkerung angenommen.

An Weihnachten vermisste er seine Tochter und seinen Enkel ganz besonders, doch sie konnten ihn leider an diesem für ihn so wichtigen Familienfest diesmal nicht besuchen. Und so notierte er für seinen Enkel, der ihm sehr fehlte, auf 32 Seiten in einem Schulheft seine Lebenserinnerungen und gliederte den Text in die Abschnitte: I. Aus meinem Leben, II. Kompositionen und III. Reisen. Am Ende des ersten biographischen Teils schrieb er:

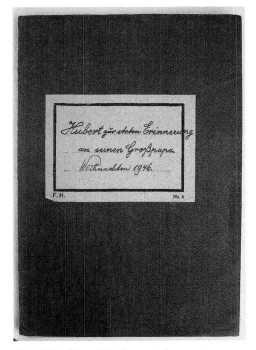

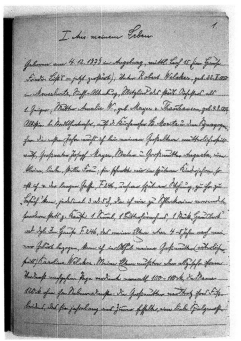

Abb.173: Max Welckers Lebenserinnerungen für seinen Enkel „Hubert zur steten Erinnerung an seinen Großpapa Weihnachten 1946".

Abb.174: zeigt die erste Seite der Lebenserinnerungen „I. Aus meinem Leben".

*Wie gern hätten wir Hubert an Sonntagvormittagen, oder an Weihnachten bei uns! Wann und wo werden wir wieder zusammenkommen? Oma freut sich noch mehr als ich heute schon auf den Tag und die Stunde des Wiedersehens. Möge uns Gott gesund erhalten! Komme auch noch was da wolle, wenn ich nur durch seine Güte meine Frau gesund behalten darf solange ich noch lebe! Das ist meine innigste Bitte - und die zweite, dass meine Kinder sie nach meinem Tode nicht verlassen und das traute Band auch dann noch weiterbestehen möge in Friede und Freude und Eintracht und Liebe. Das gäbe Gott.(23)*

Am 11. Februar 1947 wurde sein Umzug von Augsburg nach Krumbach von der Regierung von Schwaben in Augsburg nachträglich genehmigt. Aus diesem Grund wurde der Zuschuss des Wohnungsgeldes neu berechnet. Festgesetzt wurden nach der Ortsklasse C 648,-RM jährlich, ab 1. Januar 1947. Die Belassung an der Volksschule in Krumbach konnte immer noch nicht zugesichert werden.

Das für Max Welcker erste wichtige Ereignis des Jahres 1947 war die endgültige Umstellung seines bisherigen Arbeitsverhältnisses auf neues demokratisches Recht. Auf Grund des Artikels 187 der Verfassung des Freistaates Bayern und des Artikels 16 des bayerischen Beamtengesetzes, wurde Max Welcker am 7. März 1947 im Landratsamt Krumbach als Beamter und Konrektor auf die neue Verfassung des Freistaates Bayern vom kommunalen Bezirksschulrat Fischer vereidigt und legte den Amtseid ab:

*Ich schwöre, dass ich die mir obliegenden*
*Amtspflichten gewissenhaft und nach den*
*Weisungen meiner Vorgesetzten erfüllen und*
*dass ich innerhalb und außerhalb des*
*Amtes die durch die Verfassung geleistete*
*demokratisch-konstitutionelle Staatsordnung*
*unterstützen werde, so wahr mir Gott helfe.*[118]

Der nächste wichtige Verwaltungsakt zog für Welcker endlich den Schlussstrich unter die NS-Zeit. Am 21. März 1947 erließ die Spruchkammer I Augsburg-Stadt, auf Basis des Vollzuges des Gesetzes zur Befreiung von Nationalsozialismus und Militarismus vom 5.März 1946, den Sühnebescheid I/1653 A 171:

*Herrn W e l c k e r Max,*
*Konrektor geboren am 4.12.1878 in Augsburg*
*Wohnort: Krumbach/Schwaben*
*Strasse/Post: Marktplatz 7*
*Betrifft:    NSDAP 1938-1945*
*            Mitläufer, neutrale politische Haltung*
*            Streitwert 9.000,--*

[118] Lehrerpersonalakte Nr. 9129 Max Welcker, Staatsarchiv Augsburg.

214

*Auf Antrag des öffentlichen Klägers bei der Spruchkammer in Augsburg-Stadt vom 21.3.47 ergeht gegen Sie nachfolgender Sühnebescheid: 1. Sie werden in die Gruppe der M i t l ä u f e r eingereiht. 2. Es wird gegen Sie eine Geldsühne von RM 1.350.— festgesetzt. Die Geldsühne ist bis zum 21.3.48 an das Finanzamt Augsburg (Postscheckkonto Nr. 1652 Postscheckamt München) einzuzahlen. Anstelle von je RM 45.—der Geldsumme tritt für den Fall der Nichtzahlung eine Arbeitsleistung von 1 Tag. 3. Die Kosten betragen RM 360.—und sind zum gleichen Termin wie oben gleichfalls an das Finanzamt Augsburg zu zahlen. Dieser Sühnebescheid wird rechtskräftig, wenn nicht binnen einer Woche nach Zustellung Antrag auf Entscheidung durch die Kammer gestellt wird. Der Antrag ist schriftlich oder zu Protokoll der Geschäftsstelle der Spruchkammer zu stellen.*

*Der Vorsitzende: gez. i. V. Härpfer*[119]

Die Abschrift des Sühnebescheids, wiederum unterzeichnet vom kommunalen Bezirksschulrat Fischer, erreichte Welcker am 1.4.1947. Er akzeptierte die Sühne und bezahlte die Verfahrenskosten.

Der Unterricht an der Volksschule in Krumbach ging für den inzwischen fast 69jährigen jetzt ohne weitere verwaltungstechnische Unannehmlichkeiten in der Nachkriegszeit weiter. Er war nach wie vor die einzige männliche Lehrkraft an der Volksschule. Nach über drei Jahren Lehrtätigkeit wurde ihm am 2. Juni 1948 durch die Regierung von Schwaben (Dr. Kreißelmeyer) die Versetzung in den Ruhestand wegen Erreichen der Altersgrenze zugestellt:

*„Sie treten auf Grund der VO. Nr. 153 über die Altersgrenze der Beamten vom 18. März 1948 (OVBL. S. 50) mit Ablauf des Monats Juni 1948 in den Ruhestand. Wegen der Festsetzung Ihrer Versorgungsbezüge ergeht gesonderte Entschließung."* [120]

Das Bezirksschulamt Krumbach in Ziemetshausen lieferte daraufhin, vertreten durch Bezirksschulrat Fischer, in einem Schreiben an die Regierung von Schwaben vom 11. Juli 1948, die für die Berechnung des Ruhestandsgehaltes nötigen Daten:

1. Geburtstag 4.12.1878, Ausbildung seminaristisch, Seminaraustritt 1896, Eintritt in den Vorbereitungsdienst 1896, Anstellungsprüfung 1900.

2. Ernennung zum Hilfslehrer 1.12.1897
   Ernennung zum Lehrer 15.9.1904
   Ernennung zum Hauptlehrer 1.4.1920
   Ernennung zum Oberlehrer 1.8.1929
   Ernennung zum Konrektor 1.4.1941 Besoldungsgruppe A 4b 1

[119] Lehrerpersonalakte Nr. 9129 Max Welcker, Staatsarchiv Augsburg.
[120] ebenda

Die Ernennungsentschliessungen können nicht belegt werden. Sie sind in Augsburg verbrannt.

3. Dienstunterbrechungen durch Ruhestandsversetzungen: keine Dienstentlassungen durch die Militärregierung: keine

4. Tag der Verehelichung: 1. Ehe: 12.10.1908, Ehefrau: Leopoldine Straßer geb. 2.5.1881 2. Ehe: 28.5.1941, Ehefrau: Anna Breunig
Name der Tochter aus erster Ehe: Maria Welcker, geb. 25.2.1913
Art der Ausbildung: Höhere Mädchenschule, städtisches Konservatorium für Musik, ausgebildet als Pianistin.

5. Spruchkammerentscheid anliegend[121]

Die Berechnung seiner Altersbezüge erfolgte nach der Währungsreform. Das wichtige Gesetz zur „Neuordnung des deutschen Geldwesens" trat am 20.6.1948 in Kraft. Die alte Reichsmark, die Rentenmark und die alliierte Militärmark wurden ab 21.6.1948 ungültig. Das neue Geld hieß „Deutsche Mark" und die neuen Geldscheine waren im Herbst 1947 in Amerika gedruckt worden. Geliefert wurden sie per Schiff nach Bremerhaven in 23.000 Kisten. Bis zur Ausgabe der neuen Scheine an die Bevölkerung, wurden sie in den Gewölben der „Bank der Deutschen Länder" in Frankfurt/Main gelagert. Sparguthaben wurden im Verhältnis 10:0,65 umgestellt, d.h.100 RM= 6,50 DM. Löhne, Gehälter, Renten, Mieten, Steuern und alle wiederkehrenden Zahlungen wurden ab dem Umtauschtag im Verhältnis 1:1 umgestellt.

Welcker ging am 1.7.1948 nach einem 52 Jahre andauernden erfüllten Lehrerleben im Alter von 69 ½ Jahren in den Ruhestand.

Er hatte vier verschiedene politische Systeme erlebt und zwei Weltkriege überlebt. Er erlebte große Veränderungen beim Lehren, mehrere Schülergenerationen haben bei ihm erfolgreich gelernt und er hat sie erzogen. Seinen Entschluss Lehrer zu werden, bereute er zeitlebens nie.

Vom 21.3.1944 bis 2.5.1950[122] wohnten die Welckers im Haus von Franz Straßer, Marktplatz 7 (Michaelsapotheke), direkt am kleinen Flüsschen Kammel gelegen. Dort saß er bei schönem Wetter in seiner Wohnung im 1. Stock oft auf dem großen Balkon und las, oder genoss den Nachmittag und schaute auf die Kammel.

Die Jungen seiner Volksschulklasse fuhren in ihrer Freizeit oft mit kleinen Booten auf dem Fluss spazieren und vertrieben sich die Zeit. Dabei war jede Abwechslung willkommen. Jedes Mal, wenn sie auf der Kammel unterwegs waren und an Welckers Haus vorbeikamen, schauten sie nach, ob er sich auf dem Balkon auf-

---

[121] Lehrerpersonalakte Nr. 9129 Max Welcker, Staatsarchiv Augsburg.

[122] Meldekarte Max Welcker, Einwohnermeldeamt Krumbach/Schwaben.

hielt. Wenn sie ihn ausfindig gemacht hatten, warteten sie immer, bis sie unter dem Steg, der über die Kammel führte, durchfuhren. Dann riefen sie ihn laut mit: „Sultan!" Diesen Spitznamen hatten sie Welcker an der Schule wegen seiner Stirnglatze gegeben und wegen der Tatsache, dass er als einziger männlicher Lehrer und Schulleiter über seine ausschließlich weiblichen Kolleginnen scheinbar als Pascha zu herrschen schien. Und das Beste für sie daran war: sie freuten sich immer diebisch, wenn er nach den „Sultan-Rufern" Ausschau hielt, sie aber nie entdeckte, denn unter dem Steg konnte er sie ja nicht sehen.[123]

*Abb.175 und 176: Front- und Rückseite des Wohnhauses der Familie Straßer, gebaut von Leopold Straßer, in Krumbach/Schwaben, Marktplatz 7 (heute Michaelsapotheke). Das Haus gehörte Leopolds Sohn Franz Straßer. Hier wohnte das Ehepaar Welcker, direkt am Flüsschen Kammel gelegen. Ihre Wohnung lag im ersten Stock.*

---

[123] Diese Geschichte wurde erzählt von Herrn Georg Hofmeister (geb. 1933). Max Welcker war sein Lehrer und er erlebte ihn als Konrektor an der Volksschule in Krumbach im Unterricht.

# GESANGVEREIN LIEDERKRANZ KRUMBACH

Nachdem Max Welcker im März 1944 nach Krumbach gezogen war, kümmerte er sich zunächst um die Neuorganisation seiner Lebensumstände und um sein Lehrerdasein an der Volksschule. Er kannte Krumbach ja bereits seit 1908, als er seine Frau Leopoldine und ihre Familie kennenlernte. Er wusste, dass es in der Stadt einen Kirchenchor (diesem hatte er schon 1916 zwei Hefte seiner „Deutschen religiösen Gesänge" op.73 gewidmet) und den Männerchor „Liederkranz Krumbach" gab.

Wahrscheinlich nahmen die nach dem Krieg verbliebenen Mitglieder des Liederkranzes während der Umorganisation und Neustrukturierung des öffentlichen Lebens durch die alliierte Militärregierung im Sommer 1945 erstmals Kontakt mit ihm auf und die gemeinsame Probenarbeit begann.

Die heutige „Chorgemeinschaft Liederkranz Krumbach 1862 e. V." begann ihre offizielle Vereinstätigkeit am 30. Oktober 1862 zunächst als Männerchor mit 16 Mitgliedern. In diesem Jahr wurde auch in Coburg der Deutsche Sängerbund und in Augsburg der Schwäbisch-Bayerische Sängerbund gegründet. Bei der ersten öffentlichen Darbietung des „Liederkranz Krumbach" wurde 1866 die von Jacques Offenbach erst 1857 komponierte komische Operette nach Pariser Art „Die Hochzeit bei Laternenschein" erfolgreich aufgeführt.

Die Mitgliederzahl des Chores wuchs rasch. Anfangs geschah die Aufnahme von neuen Mitgliedern in geheimer Abstimmung, ab 1890 musste sogar vorgesungen werden. Am 17. Juli 1900 beteiligte sich der Liederkranz mit 35 Sängern am 7. Schwäbisch-Bayerischen Sängerfest in Augsburg und erhielt zusammen mit dem Liederkranz Augsburg den meisten Beifall für seinen gelungenen Vortrag. 1912 wurde das 50. Gründungsfest des Chores in Krumbach gefeiert und ein Jahr später reiste man im Juli zum 50. Jubiläum des Schwäbisch-Bayerischen Sängerbundes nach Augsburg. Bei dieser Veranstaltung dürfte Max Welcker den Chor aus Krumbach erstmals gehört haben, denn auch er nahm als Mitglied der Augsburger Liedertafel daran teil.

Nachdem der Chor im Mai 1913 in einem Frühjahrskonzert mit Werken von Robert Schumann u. a. auch das von ihm vertonte Märchen „Der Rose Pilgerfahrt" erfolgreich aufgeführt hatte, kam es in den nächsten Jahren zum Zusammenschluss des Liederkranzes Krumbach mit dem Sängerkreis Frohsinn (1915) und dem Orchester- und Musikverein (1919). Unter dem neuen Namen „Gesangs- und Musikverein 1862 Krumbach" probten ab 1920 der Männerchor, Orchester und Bläserensemble im neuen Probelokal Gasthof „Zur Post".

Auf Initiative von Lehrer Siegfried Schwägle wurde am 1. März 1926 ein Frauenchor gegründet, der ein halbes Jahr später im Herbstkonzert erstmals auftrat. Am 26.12.1937 feierte man mit einem glanzvollen Festabend im Stadtsaal das 75jährige Bestehen, und der Lehrer Max Vogt übernahm die Chorleitung im Herbst 1938, da sein Vorgänger Dirigent Wilhelm Hacker im August nach Augsburg versetzt wurde. Der Chor zählte jetzt 42 Mitglieder und hielt seine letzte Generalversammlung am 15. März 1939 ab. Im vergangenen Vereinsjahr hatten 33 Proben stattgefunden, die durchschnittlich von 28 Sängern (= 69%) besucht wurden. Dem Verein und seinem Leiter Max Vogt wurde durch Bürgermeister Konrad Kling und der NSDAP das vollste Vertrauen ausgesprochen.[124]

Max Vogt ersuchte seine Sänger um weitere Mitarbeit und Unterstützung unter der neuen Leitung, dann begann der Zweite Weltkrieg und im Protokollbuch des Chores entstand in den Kriegsjahren eine große Lücke. Diese überbrückend, heißt es in der Liederkranz-Chronik:

*„Wie mehrere Sänger unseres Vereins ist auch der Schriftführer bereits in den ersten Kriegstagen zum Feldheer einberufen worden. Ein geregelter Vereins- und Probebetrieb konnte während der Kriegszeit aus mancherlei Gründen nicht mehr aufrecht erhalten werden. Trotzdem hielten die zurückgebliebenen älteren Sangesbrüder in all den Jahren treu zusammen und stellten sich, wenn sie zu Veranstaltungen irgendwelcher Art gerufen wurden, jederzeit ganz zur Verfügung. So ist insbesondere zu erwähnen, dass der Liederkranz mehrmals vor den Verwundeten und Kranken des Reservelazarett Krumbad aufgetreten ist und dort mit seinen Darbietungen immer reichen Beifall gefunden und Freude bereitet hat."* [125]

Am 25. November 1945, um 19.00 Uhr, fand erstmals unter der Leitung von Konrektor Max Welcker ein Wohltätigkeitskonzert zu Gunsten der Kriegsversehrten und Ärmsten im Landkreis Krumbach im Stadtsaal statt.

---

[124] Protokollbuch Liederkranz Krumbach 1937-1978, vom 15.3.1939.
[125] Protokollbuch Liederkranz Krumbach 1937-1978, vom 07.02.1946, S.24.

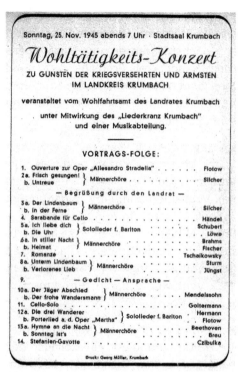

Abb. 177: Das Programm des Wohltätig-keits-Konzertes zu Gunsten der Kriegsver-sehrten und Ärmsten im Landkreis Krum-bach.

Am Dirigentenpult steht nun der bekann-te schwäbische Komponist Max Welcker, der nach der Zerstörung seiner Augs-burger Wohnung seit 1944 in Krumbach wohnt. Mit ihm beginnt eine Phase neu-en musikalischen Aufschwungs. [126]

Die erste Generalversammlung des Cho-res nach dem Krieg fand am 15. Februar 1946, nach fast siebenjähriger Pause, im neuen Vereinslokal Gasthof „Trau-benbräu" statt. Hier probt der Chor bis heute! Jakob Schmid wurde zum neuen Vorstand gewählt, Schriftführer wurde Ernst Zellhuber. Der Chor zählte 39 Mit-glieder und jedes Mitglied war verpflich-tet drei Fragebögen auszufüllen damit der Verein durch die damalige Militär-regierung wieder zugelassen werden konnte. Die meisten Sänger weigerten sich jedoch, deshalb wurde der Ver-ein erst im Februar 1947 lizensiert und konnte seine Arbeit danach erst wieder voll aufnehmen. In der Folgezeit traten immer mehr neue Mitglieder, vor allem junge Sänger in den Chor ein und unter seinem neuen Dirigenten Max Welcker entfalteten sich rege Aktivitäten.

Max Welcker ergänzte das umfangrei-che Repertoire des Chores nach und nach durch eigene Kompositionen und so sang der Chor immer wieder Messen, Chöre, Hymnen und Lieder seines Lei-ters. Am 26. Dezember 1947, um 20.00

Abb.178: Der Marktplatz von Krumbach. Rechts das historische Rathaus von 1679, links das Gasthaus Traubenbräu. An der Fassade sieht man das Gemälde „Schlorpers Ruh." Hinter dem Gasthaus steht das 1949 erbaute Sudhaus, Hier wurde bis 1983 Bier gebraut. Abb.179 (im Bild 178): Tafel am Eingang an der rechten Seite des Gebäudes „Chorheimat Traubenbräu Liederkranz" seit 1946.

---

[126] Festschrift 125 Jahre Gesangverein Liederkranz Krumbach, 13.-22.November 1987 und aus einer Zeitungskritik.

Uhr wurde ein bereits für den 16. November geplantes Konzert als reines Weihnachtskonzert im Stadtsaal aufgeführt. Der nüchterne Saal war zu beiden Seiten
der Bühne mit zwei großen Christbäumen geschmückt, deren Kerzen nach der
dritten Programmnummer entzündet wurden, um so bei den folgenden, weihnachtlichen Chören eine festliche Stimmung aufkommen zu lassen. Das Konzert
wurde von ca. 600 Personen besucht.

Am 6.1.1948 erschien die anerkennende Kritik von Musikkritiker Professor Brach-
tel „welche jedoch leider von der Redaktion der schwäbischen Landeszeitung, wie
üblich, stark zugestutzt wurde:

Mit einer wohlgelungenen Veranstaltung trat der Männergesangverein 'Liederkranz' an die Öffentlichkeit. Die geglückte Auswahl der Werke war ein Verdienst
des Chormeisters Max Welcker, der sich auch als Schöpfer des Chores 'Heilige
Nacht' auszeichnete. Zum Vortrag kamen neben Weihnachtschören und volkstümlichen Liedern u.a. Werke von Händel, Haydn, Beethoven und Mozart und als
Krönung des Abends Schubert's 'Allmacht' in der Bearbeitung von Franz Liszt. Die
Sänger bewiesen gute Schulung und musikalische Sicherheit. Besonders hervorgehoben zu werden verdienen der Konzertsänger Philipp Schmid und Willi Wilikovsky
als Klaviersolist. Das zahlreich anwesende Publikum spendete reichen Beifall.[127]

Der Fasching wurde 1948 erstmals wieder in Form eines Familienabends in der
Turnhalle, dem einzig verbliebenen größeren Veranstaltungsraumes der Stadt
gefeiert. Der sonst zur Verfügung stehende Stadtsaal konnte nicht benutzt werden, da er mit Flüchtlingen belegt war.

Nach den tollen Tagen, am 5. März 1948 fand die nächste Generalversammlung
des Liederkranzes statt. Erschienen waren 49 Mitglieder. Nach den üblichen For-
malien der Tagesordnung ergriff Welcker das Wort und kritisierte den oft man-
gelhaften Probenbesuch und gab gleichzeitig einen Ausblick auf das neue Vereinsjahr. Für das geplante Frühlingskonzert Ende Mai hatte er bereits ein kurzes
Programm mit acht Titeln aufgestellt. Er war auch der Auffassung, dass man nach
wie vor neue Sänger werben sollte, denn es gäbe vielfältige Gründe für das mög-
liche Ausscheiden von Mitgliedern.

Am Sonntag, den 14. November veranstaltete der Liederkranz ein Wohltätigkeitskonzert zu Gunsten des Hilfswerkes der Stadt Krumbach in der nur mäßig
besuchten Turnhalle. Der Stadtsaal[128] stand für dieses Konzert nicht zur Verfügung da er mit Flüchtlingen belegt war.

---

[127] Auszug aus dem Protokollbuch des Liederkranzes 1937-78, S.58,59.

[128] Der Stadtsaal war am 8.Juli durch das Landratsamt Krumbach als Lager für Heimatvertriebene
beschlagnahmt. 1948 dürfte die Anzahl der Flüchtlinge zwischen 2.500 bis 3.000 Personen gelegen
haben. Statistisch belastbare Daten zum Flüchtlingsstrom waren in Krumbach erst ab 1950 vorhanden
(4410 Einwohner, 1892 Flüchtlinge).

*Abb.180 und 181: Der Stadtsaal in Krumbach in der Dr.-Schlögl-Straße 15, Front- und Seitenansicht, mit zwei Veranstaltungssälen. Im OG befindet sich ein kleiner Saal ohne Bühne. Der Saal mit großer Bühne im EG hat eine Kapazität von über 300 Personen.*

*Abb.182 An der Vorderseite ist eine Gedenktafel neben dem Eingang angebracht: „Hier in diesem Gebäude, das im Jahre 1922/23 vom „Krumbacher Saalbauverein" als Kultur- und Versammlungshaus für die Bürgerschaft der Stadt Krumbach errichtet wurde befand sich von 1945 bis Ende 1950 eines der beiden „Notquartiere" der Stadt Krumbach für ca.100 Heimatvertriebene und Flüchtlinge aus den ehemaligen deutschen Ostgebieten sowie dem Sudetenland."*

Auf dem Programm standen Lieder für Sopran und Tenor von Brahms, Schumann, Schubert und Wolf sowie Werke für Violoncello von Cui, Kreisler, Rubínstein und Gabriel. Die Solisten des Abends wurden von Max Welcker und Willi Wilikovsky am Klavier begleitet. Der Liederkranz sang volkstümliche Männerchöre von Wohlgemut, Marschner, Weinzierl und von Deigendesch „Zwischa drei a Liadle" und „So muaß mei Schätzle sei."

Das vorgetragene, abwechslungsreiche Programm gefiel dem Publikum und es gab reichlich Beifall. Bürgermeister Aletsee dankte im Anschluss allen Beteiligten im Namen des Komitees des Hilfswerkes für das wundervolle Konzert. Er hatte zu Beginn des Abends von der Not der Flüchtlinge gesprochen und dem anwesenden Publikum die Frage gestellt:

*Kennen Sie unsere Flüchtlings-Sammel-Lager? Im ehemaligen RAD-Lager, in einem zimmergroßen Raum 5, 6 und mehr Menschen, die da wohnen, kochen, essen, und schlafen. Mehr als 70 Personen im Bärensaal, über 100 Menschen im Stadtsaal. Im Geviert, auf wenigen Quadratmetern eine primitive Schlafstelle, ein*

*Tisch mit Bank und einigen Stühlen, vielleicht einige Kisten als ganze Habe! Das ist ihr Heim, daneben ohne Trennwand eine andere Familie. Gehen Sie hin und sehen Sie sich das Elend an! Erschüttert gehen Sie weg und kehren zufriedener in Ihr enger gewordenes Heim zurück. 70 Kinder leben unter solchen trostlosen Verhältnissen. Wie wäre es, wenn wir diese unschuldigen Kinder zu Weihnachten an unsere festlich gedeckten Tische holten? Wäre es nicht gleichsam, als käme aus armseligem Stalle das Christkind selbst zu uns?* [129]

## Ehrungen und Feiern

In einer Beilage der Schwäbischen Landeszeitung vom 26. November 1948 wurde Max Welcker kurz vor seinem 70. Geburtstag in einem Artikel gewürdigt:

*Wenn Max Welcker am 4. Dezember sein 70. Lebensjahr vollendet, dann ist der Kreis seiner ehemaligen Schüler in Augsburg, Hergensweiler und Haunstetten, wo er im Laufe seiner fünfzigjährigen schulischen Tätigkeit gewirkt hat, bestimmt kleiner als der der Musikfreunde, die wissen, welche Achtung und Anerkennung sie diesem fruchtbaren Musiker schuldig sind. Dabei ist nicht das das Entscheidende, daß die Zahl seiner Kompositionen, deutscher und lateinischer Messen, Chöre, Hymnen, Lieder und Humoresken die 250 erreicht hat, sondern die Tatsache der weitreichenden Popularität dieser vielen Werke, die ihren Weg nicht nur über die Grenzen Schwabens, sondern auch Deutschlands hinaus genommen haben, angefangen vom herzhaften „Zwetschg'n-Datschi" bis zur feierlichen Dreifaltigkeitsmesse für vierstimmigen gemischten Chor und Orgel." Und weiter heißt es: „Der Sohn brauchte nur in die Fußstapfen der Eltern zu treten, um den richtigen Weg einzuschlagen, der Max Welcker zu einem der volkstümlichsten Komponisten Bayerns zu machen (G. J. S.).*[130]

Auch die Krumbacher Tagespost würdigt seine Verdienste in einem Artikel vom Samstag, den 27. November 1948*: „[...] An bleibenden und unvergänglichen Werten und Werken schuf er bedeutende Kompositionen der Kirchenmusik, Meßgesänge, Predigtlieder, sakramentale Gesänge, Hymnen, Marienlieder und viele andere Kirchenlieder, daneben Requien und Chorgesänge. Unter seinen weltlichen Werken stehen seine heiteren Kompositionen an besonderer Stelle und haben nicht nur in unserer schwäbischen Heimat, sondern in ganz Bayern, Württemberg, Baden, der Pfalz, in der Schweiz und in Österreich ungezählte Aufführungen erlebt, wovon sich der Komponist auf seinen vielen Reisen hat selbst überzeugen können. Alle seine Kompositionen fanden durch ihren volkstümlichen Charakter*

---

[129] Krumbacher Tagespost vom 14.11.1948.

[130] Beilage der Schwäbischen Landeszeitung vom 26.11.1948, Protokollbuch Liederkranz Krumbach 1937-1978, S.82.

*den Einzug in Gesangsvereinen. Der bekannte „Zwetschgendatschi" hat eine mo-*
*natelange Aufführung durch Weiß Ferdl am Platzl in München erlebt. In Augsburg*
*und überhaupt in Schwaben erinnert man sich heute noch an die Sendungen*
*des „Welcker-Quartetts"* [131] *am Radio München und des damaligen Nebensenders*
*Augsburg, das nur Kompositionen von Max Welcker brachte. [...] Radio München*
*wird am Samstag, 4.2.1948 in einer Sendung des „Max Quartett" um 16.30 Uhr*
*Kompositionen von Max Welcker zur Aufführung bringen, unter ihnen den in allen*
*Gesangvereinen seit langem beliebten „Zwetschgendatschi."* [132]

Am Abend vor seinem runden Geburtstag brachte der Liederkranz seinem Dirigenten trotz dichten Nebels ein Ständchen vor seiner Wohnung dar. Der Liederkranz wurde von Oberlehrer Vogt dirigiert und sang „Die Nacht" von Abt
sowie das „Heimatlied" von Breu. Zwischen den beiden Chören gratulierte Chor-
vorstand Schmidt stellvertretend für alle Sänger und dankte Max Welcker für
seine unermüdliche Tätigkeit, die den Verein nach dem Krieg zu seiner heutigen
Leistungsfähigkeit brachte. Max Welcker war sichtlich bewegt und bedankte sich
bei den Sängern mit einem neuen dem Liederkranz gewidmeten Chor, den er in
den nächsten Wochen einstudieren wolle.

Der Winter 1948 war in Krumbach eisig kalt und es gab keinen Schnee. Kurz vor
Weihnachten sang der Liederkranz auf der Christfeier des Hilfswerkes der Stadt
Krumbach für Bedürftigen und Flüchtlinge, die in der Turnhalle stattfand. Von
der Stadt wurde erneut „Weihnachten für Alle" veranstaltet und Liederkranz und
Musikverein leiteten den Heiligen Abend mit weihnachtlichen Weisen vor dem
festlich geschmückten Christbaum am Rathaus ein.

Am Zweiten Feiertag lud der Liederkranz seine Mitglieder und Freunde zu einem
netten und gemütlichen Abend in die Turnhalle ein. Geboten wurde ein reichhal-
tiges Programm aus Weihnachtschören, Solovorträgen, Ernstes und Heiteres in
bunter Folge, um sich prächtig zu unterhalten, damit der Abend zu einem richtigen Familienfest unter dem Christbaum wurde. Nach dem heiteren Prolog folgten in lockerer Reihenfolge Chöre, Violin- und Gesangs-Soli, das erste Auftreten
eines Doppelquartettes, mundartliche Vorträge und schwäbische Gedichte.

Max Welcker fühlte sich an seine Zeit bei der Liedertafel in Augsburg erinnert,
bewältigte den ganzen Abend am Flügel und trug vor allem bei der Ehrung der
verdienten Sänger als geistiger Inspirator zum Höhepunkt des Abends bei. Er
hatte einen Festkantus, nach der Melodie „Stimmt an mit hellem, hohen Klang"
geschrieben und verewigte in seiner Eigendichtung die damaligen Jubilare des
Liederkranzes:

[131] Die Rundfunkaufnahmen des „Max Quartetts" von Radio München und dem Nebensender Augsburg
sind archivarisch nicht erhalten, sie wurden wahrscheinlich im Zweiten Weltkrieg vernichtet.

[132] Krumbacher Tagespost vom 27.11.1948, Protokollbuch Liederkranz Krumbach 1937-1978, S. 83.

1. Stimmt an mit hellem, hohen Klang ein Lied den Jubilaren,
   die uns und unserm „Liederkranz" schon lang die Treue wahren!

2. Mehr als ein Dutzend Männer sind's, die mit dem Lied wir ehren,
   weil sie ja schon Jahrzehnte lang als S ä n g e r sich bewähren.

3. Als erster **Rupert Filgis** heut von uns sei hoch gepriesen,
   der 50 Jahre sich aktiv als beste Kraft erwiesen.

4. Davon gar 45 Jahr' singt er in unserm Bunde
   als E h r e n m i t g l i e d stets geschätzt in trauter Sängerrunde.

5. Zum Ehrenmitglied n e u ernannt ward just zur heut'gen Feier:
   **Kling, Eismann, Reiner, Scheitter, Zeller, Hösle** und **Hans Mayer.**

6. die „Sieben", ei, schaut euch Sie an, sind das nicht Prachtgestalten?
   Sie dienen treulich dem Verein; habt Dank, ihr wackren Alten!

7. Nun ehren wir zwei „ältr'e Herrn", **Max Böck** steht an der Spitze;
   trotz seiner 75 Jahr ist er uns feste Stütze.

8. Tenor in allen Himmelshöh'n singt er noch unverwüstlich,
   als 2. Vorstand waltet er des Amtes unermüdlich.

9. Mit 70 Jahr' voll Eifer noch singt unser **Wilhelm Reiner.**
   Auch sonst ein Mann mit Rat und Tat, er ist der besten einer.

10. Nun wollen wir gedenken auch noch sechs der Hochzeitspaare,
    die standen einst gar jung und schön ganz schüchtern am Altare.

11. Bei **Müller Edmund, Zeller** auch kaum 40 Lenze langen,
    daß sie voll Mut und Zuversicht ins „Ehenetz" gegangen.

12. Der „Fünfundzwanz'ger sind es vier: **Dosch, Natterer und Bauer,**
    der **Härtl** von der Eisenbahn, der war auch nicht viel – schlauer.

13. Und manchen fleiß'gen Sängersmann gäb's heute noch zu loben,
    der pflichtgemäß jahraus, jahrein besucht hat a l l e Proben.

14. So schließen wir den Kantus jetzt: der Liederkranz gedeihe
    Er blühe, wachse Jahr' um Jahr! Ihm schwören wir stets Treue!

15. Zum Wohl der Jubilare nun laßt uns das Glas erheben:
    Ihr Freunde, treu in Wort und Sang, Ihr alle, Ihr sollt leben!
    Hoch, hoch, hoch!

M. W. [133]

Die Sänger des Liederkranzes waren, wie in Männerchören durchaus üblich, keine Kinder von Traurigkeit. Im Protokollbuch 1937-1978 ist eine humorige kleine Begebenheit aus dem Frühjahr 1949 vermerkt:

[133] Protokollbuch Liederkranz Krumbach 1937-78, S.87,88.

*Was für ein Treibauf dieses Mädchen ist. Fast ununterbrochen singt sie mit uns im Chor. Dazwischen gibt sie solistische und gesangshumoristische Einlagen zum Besten. Um ½ 3 Uhr früh springt sie noch auf den Tisch und serviert uns zur Quittung ein rassiges G'stanzerl vom „duftigen Bluserl und der Gretchenfrisur."* *Um 3 Uhr haben wir sie heimgebracht. 2 der Heimbegleiter lenkten ihre Schritte nochmals zum Ringler [Gasthof Traubenbräu], wo ein kleiner Stamm immer noch zechte.* [134]

Am 15. Mai 1949 fand das Frühjahrskonzert des Liederkranz Krumbach statt, bei dem auch ein kleines Orchester mitwirkte, das unter Welckers Stabführung Stücke von Beethoven, Mozart und Schubert spielte. Der Saal war vollbesetzt und die Liedertäfler ehrten zu Beginn mit den beiden Liedern „Gebet" und „Schäfers Sonntagslied" den Komponisten Konradin Kreutzer zu dessen 100. Todestag. Des weiteren sang der Chor Frühlingslieder von Deigendesch, Tschirch und Grunewald sowie das Kärntner Volkslied „O Diarndle" und „Horch, was kommt von draußen rein" aus Baden. *„Aus dem kompositorisch reichen Schaffen des*

Abb.183 und 184: Max Welcker als „Schlorper" im Fasching.

[134] Protokollbuch Liederkranz Krumbach 1937-78, S.114

*Leiters des Abends, Herrn Max Welcker, gab der die gesanglichen Darbietungen abschließende Chor „Mareile, Mareile" von Max Welcker eine ebenso stürmisch wie herzlich bedankte und auch geschmackvolle Kostprobe feiner musikalischer Humoristika [...] er ist eben ein Vollblutmusiker, und kein einseitiger, der weiß und auch zu lehren weiß, was „in der Musik leben" bedeutet -."* (tz) [135]

Im Jahr 1949 folgten noch eine Reihe von weiteren Veranstaltungen, dazu gehörten u. a. ein Sängerausflug nach Lindau und das jährlich stattfindende Weihnachtskonzert in der Turnhalle am Stadtsaal.

Aus ihrem mehrjährigen Schlaf erwachte im Fasching 1950 die Gilde der „Krumbacher Schlorper", deren Kern die Sänger des Liederkranzes mit neu einstudierten Schlorper-Liedern bildeten. Mit der „Erweckung der Schlorper" nahmen die Mitglieder des Liederkranzes eine Tradition aus den 20er Jahren wieder auf und führten sie seitdem weiter fort. Auch Max Welcker entzog sich diesem Brauchtum nicht, besorgte sich eine Melone und wirkte bei den Schlorper-Liedern mit.

## Glück mit der Familie der Tochter Maria

Am 2. Mai 1950 zogen die Welckers in Krumbach in eine etwas größere Wohnung in der Poststraße 9 (heute Franz-Aletsee-Straße 9). [136] Nach dem Umzug fuhren sie zur Tochter Maria nach Karlsruhe, um den zweiten Enkel Hermann zu begrüßen, geboren am 30. März 1950. Sie freuten sich auf das Wiedersehen, hatten dann viel Spaß mit ihren beiden Enkelsöhnen und besuchten sie in der Folgezeit mehrfach in Karlsruhe.

Als Huberts kleinerer Bruder Hermann Keuchhusten bekam, war Hubert (inzwischen 5 Jahre alt) vom 20. Dezember 1950 bis 13. Februar 1951 [137] in der neuen Wohnung bei den Welckers untergebracht. Über seine Erinnerungen aus dieser Zeit schreibt Hubert Kolland:

*Und da erinnere ich mich, wie er komponierte – also Noten schrieb, am Klavier nachprüfte bzw. ausprobierte, dabei gelegentlich summte bzw. sang, weit überwiegend aber alles in stiller Arbeit (und ich durfte dabei nicht vor mich hinsingen) – er hatte einen kleinen Tisch quer zum Klavier (die Wohnung war nicht geräumig).*

*Persönlich war er mit Sicherheit ein die katholische Religion mit Überzeugung praktizierender Mensch. Im Schlafzimmer war über der Türe ein kleiner Hausal-*

---

[135] Krumbacher Tagespost vom 17.5.1949, Protokollbuch Liederkranz Krumbach 1937-1978, S. 115.

[136] Meldekarte Max Welcker, Einwohnermeldeamt Krumbach/Schwaben. Anna Welcker wohnte laut Meldekarte des Einwohnermeldeamtes Krumbach/Schwaben nach dem Tod ihres Mannes unter dieser Adressse bis zum 12.10.1960. Danach zog sie nach Augsburg in die Stefansgasse 7.

[137] Tagebücher Maria Kolland der Jahre 1950/51.

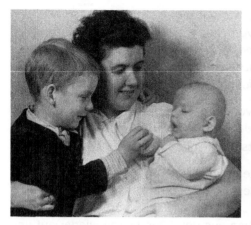

Abb.185: Maria Kolland mit ihren beiden Söhnen Hubert und Hermann im Mai 1950.

Abb.186 Max Welcker mit seiner Tochter und seinen beiden Enkelsöhnen Hubert und Hermann Kolland in Karlsruhe im Mai 1950.

Abb.187: Max Welcker lehnt sich bei einem Besuch in Karlsruhe bei Familie Kolland auf die Eingangszauntüre im Feierabendweg 38 (Anfang 1950er Jahre).

Abb.188: Max und Anna Welcker beim trauten Festessen in ihrer Zweizimmerwohnung in der Poststrasse.

tar angebracht, bestehend aus einem polierten Holzbrett mit rechts und links je einem Kerzenständer aus Metall, dazwischen ein Heiligenbild und/oder ein Kreuz. Vor diesem verrichtete er täglich ein kurzes Gebet (eher stumm, die Lippen bewegend, allenfalls murmelnd und sich bekreuzigend) bzw. hielt eine Mini-Andacht.Dennoch war er nicht bigott, sondern ein dem Leben zugewandter Katholik.

Der Umgang mit der Orgel bzw. der Kirchenmusik während des Gottesdienstes war funktional orientiert und geschah sachlich im Sinne des Machens. Auf der Orgelempore war ich meist mit dabei während meiner Zeit in Krumbach. In die Orgeltasten griff er mit großer Entschiedenheit und nach der präludierenden Einstimmung auf ein Kirchenlied sang er dessen Melodie zumindest am Anfang mit klarer durchdringender Stimme mit. Zwischendurch erklärte er mir auch mal etwas, und an bestimmten Stellen der Messe durfte ich vorher festgelegte Register ziehen bzw. hineinschieben. (Dass ich später auch Orgel spielte und während meines Schulmusikstudiums drei Semester Orgelunterricht bei Hedwig Bilgram hatte, geht natürlich auf meinen Opa zurück.)

Überliefert durch Erzählungen meiner Mutter bzw. meiner Oma (Max' zweiter Frau) ist freilich auch ein burschikos lustiges bis sarkastisches Verhältnis zu religiösen Handlungen bzw. deren Amtsträgern. Von Pfarrern und Geistlichen Räten wurde durchweg erheiternd bis ironisch geredet, untermauert mit allerlei Begebenheiten und Anekdoten. Zu diesen gehört etwa folgende Geschichte (oder Vorliebe, da das mehrfach geschehen sein soll): Während der Predigten beschäftigte sich mein Opa nicht selten anderweitig (sofern er nicht lesenderweise sich auf kommende Stücke des betreffenden Gottesdienstes vorbereitete oder auch Notizen für in Arbeit befindliche Kompositionen machte).

Irgendwie hörte er aber auch zu, wenngleich offenbar auch mit einigem inneren Abstand. Falls ihm die Art und Weise der Predigt missfiel oder seinen humorigen Widerspruch reizte, kam es vor, dass er die Orgelempore hinabstieg, die Kirche verließ und von außen über den Sonderzugang zur Kanzel die Treppe leise hinaufstieg und sich hinter den Vorhang stellte, vor dem auf der Kanzel in der Kirche der Geistliche seine Predigt abhielt – die Architektur war theatralisch so angelegt, dass der Prediger wie vom Himmel kommend gleichsam von Geisterhand plötzlich auf der Kanzel erschien. Mein Opa soll dann entsprechende Bemerkungen hinter dem Vorhang geflüstert haben – etwa dergestalt: „Jetzt kommen's doch mal zum Ende" oder „Da hört doch keiner mehr zu" oder „Was toben und schreien's denn scho' wieder so", alles natürlich mit schwäbisch bayerischem Akzent. Die Reaktion des Geistlichen: „Aber heute hätten's mich fast aus dem Konzept gebracht" oder „durcheinander / zum Lachen gebracht." Man kannte sich, solcher Schabernack wurde sportlich genommen. Überhaupt hatte das Verhältnis zwischen Altar und Empore durchaus gelegentliche Rollenspannungen, etwa wenn der Zelebrant bei seinem rezitierenden Gesang in der Intonation absank oder die

Tonart verrutschte und mein Opa mit der Orgel und seiner Stimme das zurecht rückte (mit entsprechenden Bemerkungen beim späteren Mittagessen), mitunter durch „versehentliche" Berührung von Tasten in die zu lange Predigt etc. tönte und umgekehrt der Geistliche mit seiner heiligen Handlung fortfuhr, bevor die Orgel geendigt hatte.

Sonntags ging Familie Max Welcker immer zum gepflegten Mittagessen – entweder beim „Os(ch)t" oder beim Traubenbräu -, nicht selten auch unter der Woche. Er hatte da jeweils seinen Stammtisch, wurde häufig von das Lokal Betretenden begrüßt und bevorzugte bestimmte Speisen wie Wollwürste mit Kartoffelsalat, Schweinshax'n oder G'sechltes etc.

Zum Ausgleich schwamm er in der Kammel hinter der Apotheke am Marktplatz 7 oder kneippte im Krumbacher Stadtpark watenderweise in den Wassergräben und ging mit mir zumindest in dieser Zeit zur sog. Blockhütte auf einer Anhöhe außerhalb Krumbachs.

Als Lehrer habe ich ihn in der Schule nur insofern erlebt, indem ich ein- oder zweimal in der letzten Bank saß und zuhörte bzw. zusah. Es herrschte Disziplin mit dazugehöriger Ruhe und lehrerzentrierter Aufmerksamkeit. Wenn er während des Unterrichts vor die Tür gerufen wurde, weil der Herr Rektor was zu klären hatte, dann ließ er die Klassenzimmertüre offen stehen. Wenn da ein gewisser Geräuschpegel entstand – und das war mitunter der Fall - , genügte es, dass der Kopf mit den blitzenden Augen des Herrn Lehrers in der Tür erschien, und es wurde mucksmäuschenstill. Als wir 1999 Krumbach einen Kurzbesuch abstatteten, kam ich zufällig in einem Straßenlokal mit einem alten Herrn ins Gespräch, der Schüler von Max Welcker war und mit Nachdruck meinte: „Der war streng". In der Leichenrede kam die Strenge auch vor.

Ich selbst kann mich – außer dass ich nicht singen durfte, wenn er komponierte – an keine markanten pädagogischen oder erzieherischen Maßnahmen mir gegenüber erinnern, auch nicht, ob er mir ersten Klavierunterricht gab. Allerdings habe ich später einen mich ermahnenden Brief gefunden, der mich nach der Zeugniserteilung zu besserer Handschrift anhält.

Maria Welcker, meine Mutter, ist natürlich in musikalischer Umgebung aufgewachsen, ohne dass ich Einzelheiten dazu anführen könnte. Sie hat am Augsburger Konservatorium Klavier bei Karl Kottermaier (1900 bis 1984) studiert und zur Hochzeit bekam sie von ihrem Vater einen neuen Kuhse-Flügel (Dresden) nach Karlsruhe in die Renkstraße 3 geschenkt. Dieser machte alle Umzüge mit, so dass sie immer ein gutes Instrument hatte, auf dem sie in der Karlsruher Zeit auch nach 1948 regelmäßig spielte bzw. übte. Sie hatte da auch einige Freunde für gelegentliche Kammermusik. Und die Tante Melanie Geißler, Alt-/Mezzosopranistin *an der Karlsruher Oper (Carmen u.a.) war immer wieder im Feierabendweg 38 zu Besuch und auch zum Singen.*

*Ich erhielt, nachdem ich im Kinderchor der Karlsruher Musikhochschule Block-flöte gelernt und einige kleine Solorollen gesungen hatte, dann auch den ersten Klavierunterricht, der ohne die Stocktragödien wie bei ihr und ihrem Vater aus-kam. Durch die ganzen Umzüge hindurch (Köln, zweimal Nürnberg, dann Starn-berg) begleitete mich ihr Klavierunterricht bis in die Abiturzeit. Danach erhielt ich Privatunterricht bei dem Münchener Professor Hermann Bischler und bestand dann die Aufnahmeprüfung an der Münchener Musikhochschule in Schulmusik.*

*In der Starnberger Zeit ab 1960 hatte meine Mutter Kontakt mit ihren alten Stu-dienfreunden Anton Deubler und Heinrich Maybach aus Augsburg, die mittlerwei-le im Bayerischen Rundfunksinfonieorchester Bratsche und Violoncello spielten. Die drei Familien trafen sich von Zeit zu Zeit und machten dabei auch Kammer-musik. In Starnberg hatte meine Mutter einen Kreis von Klavierschüler\*innen – eine Musikschule gab es erst ab etwa 1980. Sie sang im Söckinger Kirchenchor von St. Ulrich als Altistin, auch im Solo. Auf ihre Initiative nahm der Chor die Welcker-Messe „Gloria tibi Domine" mit ins Repertoire, die ich dann auf der Orgel begleitete bzw. später auch dirigierte.[138]*

## Neue Kompositionen und neue Textdichter

Im Jahr 1950 verfasste die ortsansässige Therese Riederle (1899-1985) im Alter von 51 Jahren den Text zum Krumbacher Heimatlied und widmete es dem Hei-matverein Krumbach (gegründet am 29. März 1932).

Therese wuchs als 13. Kind von Anton und Genovefa Striegel in einer Sägewerk-besitzerfamilie auf. Nach dem Besuch der Lehrerbildungsanstalt wurde sie, ge-nauso wie Max Welcker, Volksschullehrerin. Ihre erste Stelle trat sie in Steinheim bei Dillingen an. Dort lernte sie auch ihren späteren Ehemann Franz Riederle, der aus Thannhausen stammte, kennen und im Nachbarort Schretzheim ebenfalls Volksschullehrer war. Sie heirateten Ende der 20iger Jahre. Theresa beendete ihr Berufsleben und bekam 1931 und 1935 zwei Söhne. 1935 zogen sie nach Krum-bach in die Theodor-Einsle-Strasse 24. Sie war im katholischen Frauenbund sehr engagiert, sang und musizierte gern und spielte auch Theater.

Als Max Welcker den Text des Krumbacher Heimatliedes von Therese Riederle bekam, machte er sich umgehend an die Arbeit und vertonte die Verse für einen vierstimmigen Männerchor.

[138] Dr. Hubert Kolland: Memories an meinen Opa Max Welcker, 2020.

Abb.189 und 190: Das Krumbacher Heimatlied, Text von Therese Riederle (1899-1985), von Max Welcker dem Heimatverein Krumbach gewidmet. Der handschriftliche Original-satz von Max Welcker befindet sich im Archiv des Heimatvereins Krumbach. Der Satz von Welcker ist mit „Gemütvoll" überschrieben und noch ein wenig spätromantisch gesetzt.

## Das Krumbacher Heimatlied

*Es liegt ein stilles, enges Tal wohl zwischen Hügel, Wald und Feld.*
*Ein Bächlein fließt im Sonnenstrahl durch diese wiesengrüne Welt.*
*Und Blumen blüh'n an jedem Rain zur Freude dir, zur Wonne mein.*
*Ich preise dich mit Herz und Hand mein stilles Tal im Schwabenland.*

*Und wo das Tal am schönsten ist, geformt in alter früher Zeit*
*aus tiefem Grund ein Städtchen grüßt mit hellen Giebeln hoch und breit.*
*Ein Turm, ein Schloß zum Himmel strebt, ein Rathaus, das schon viel erlebt.*
*Ich preise hoch all überall, mein Krumbach dich im Kammeltal.*

*Und in den Gassen dieser Stadt, wo Arbeit, Fleiß und Bürgersinn*
*bei frohen Menschen Heimat hat, wie lebt es sich so gut darin!*
*Und ihrer Muttersprache Laut klingt meinem Ohr so lieb und traut.*
*Du Tal, ihr Hügel, Stadt und Leut', ihr seid mir Heimat allezeit.*

*Wer lang die Fremde hat geseh'n und viele Jahre ferne war,*
*der möchte nie mehr von dir geh'n, ihn hält Erinn'rung fest für wahr.*
*Und jedes Plätzchen, jeder Baum erzählt von sel'gem Jugendtraum.*
*D'rum, hab' ich hier nichts mehr zu tun, in deiner Erde möcht' ich ruh'n.*

Die erste Aufführung des Krumbacher Heimatliedes durch Max Welcker und den Männerchor des Liederkranzes, fand wahrscheinlich am 3. September 1950 zur Wiedereröffnung des Krumbacher Heimatmuseums im Rahmen des Schwäbischen Heimattages statt. 1985 wurde es in der Heimatpost der Stadt Krumbach auf der Seite 85 mit den Noten abgedruckt.

*Abb.191: Die 1125 gegründete ehemalige Prämonstratenserabtei in Ursberg. 1894 erworben durch den Pfarrer Dominikus Ringeisen, der hier eine Einrichtung zur Pflege körperlich und geistig Behinderter aufbaute. 1897 erfolgt die staatliche und kirchliche Genehmigung zur Gründung der St. Josephskongregation und am Josefstag werden 115 Schwestern eingekleidet. Bis 1904 entwickelt und erweitert Ringeisen sein Werk und erwirbt Filialen im bayerischen Raum. Nach seinem Tod führt die St. Josephs Kongregation Ursberg (Congregatio Sancti Josephi CSJ) sein Werk bis heute weiter.*

Auch in Krumbach pflegte Max Welcker wie in Augsburg Beziehungen zu Mitgliedern verschiedener Ordenskongregationen. Dies galt nun insbesondere für die Franziskanerinnen der St. Josephs Kongregation Ursberg. Zu den Filialen des Klosters Ursberg gehört u.a. auch das Heilbad Krumbad, ca. 1 km von Krumbach entfernt.

*Abb.192: Das Heilbad Krumbad mit seiner Adelheidquelle, in reizarmen Klima in 550m Höhe gelegen, blickt zurück auf eine 600jährige Tradition. Es gehört zu den Außenstellen der St. Josephs Kongregation des Klosters Ursberg und wurde während der beiden Weltkriege als Speziallazarett für rheumakranke Soldaten genutzt.*

Zu den Franziskanerinnen in Krumbad gehörte Schwester M. Celine (Magdalena Plößl, 1904-1980), die ihn mit Texten versorgte.

*Abb.193: Schwester M. Celine (Magdalena Plößl, 1904-1980). Sie kam 1917 nach Ursberg und erhielt in der ehemaligen Lehrerinnenausbildungsanstalt ihre Ausbildung und unterrichtete von 1923-1926 in der Anstaltsschule, ab 1926 an der Mädchen-Mittelschule bis zur Auflösung der klösterlichen Schulen durch das NS-Regime 1941. Von 1941-1946 arbeitete sie als Sekretärin im Reserve-Lazarett in Krumbad bis zu dessen Auflösung und nahm anschließend ihre Lehrtätigkeit in Ursberg wieder auf, die sie bis zur Auflösung der Schule 1974/75 weiterführte. Sie war vornehm in ihrer Art und Haltung und wurde als Lehrerin und Pädagogin sehr geschätzt. Zur Gestaltung von Festen und Feiern bat man sie vielfach um poetische Beiträge. Sie erstellte die Chronik des Krumbades und arbeitete im Ruhestand an der Ursberger Chronik.*

Von ihr vertonte Max Welcker „Herz Mariä, sei gegrüßt" op.202 (1950/51), „Mariä Himmelfahrt" op.206.1 (1951), „Zu Ehren der unbefleckten Empfängnis Mariens" op. 206.2 (1953), „Ölberggesang" op.208.1 (1952), „Drei Armenseelenlieder" op.223 (1953) und 4 Lieder aus dem Zyklus „Weißer Sonntag", der 1950 im Musikverlag Hans Willi/CH erschien.

Insgesamt entstanden in seiner Zeit in Krumbach nur ca. 50 vorwiegend kleinere Kompositionen. Darunter waren u.a. ein kleines Weihnachtsspiel und ein Namenstagsspiel, deren Texte von Josef Maria Heinen, dem Herausgeber der „Spiele des bunten Wagens" und anderer Laienspielzeitschriften, stammten. Sie erschienen 1950 beim Höfling Verlag München.

## Der Liederkranz Krumbach auf neuen und bewährten Wegen

In der Vereinsführung des Liederkranzes vollzog sich am 13. Februar 1951 bei der Generalversammlung ein Wechsel in der Vereinsführung. Zum 1.Vorstand wurde Baumeister Karl Kling gewählt, der dieses Amt schon einmal in den Zwanzigerjahren innehatte. Es war die Stunde der Großväter angesichts der Lücken in der mittleren Generation – es war die Adenauer-Zeit! Und es geschah Neues: Am 12. April wurde ein Frauenchor gebildet. Zur ersten Probe erschienen 35 Sängerinnen.

Ihren ersten Auftritt hatten sie zum Festakt am 3.6.1951 als der Neubau des Flurbereinigungsamtes in Krumbach offiziell eingeweiht wurde. Zusammen mit dem Männerchor des Liederkranzes sangen sie drei Kompositionen ihres Chormeisters Max Welcker: „Wann kommt denn das Störchlein, das Störchlein", „Das Lied vom Leberkas" und das Lied vom „Zwetschgendatschi".

Abb.194: Der Frauenchor im Stadtsaal 1951/52.

Abb.195: Der unter Welckers Leitung gewachsene gemischte Chor im Stadtsaal 1951/52.

Den ersten Konzertauftritt des neuen Frauenchors gab es am 17. Juni 1951 in der Turnhalle zum Frühjahrssingen. Der Liederkranz hatte nun mit 54 Chorsängerinnen und 64 Chorsängern eine beachtliche Stärke erreicht. Auf dem Programm standen sechs Männerchöre (u.a. „Frühlingsmahnung" und „Naus aus meine Bohna!" von Deigendesch und „Sonnaschei" von Max Welcker), vier Frauenchöre (u. a. „drei Gäns im Haberstroh" von Otto Jochum) und drei Gemischte Chöre, ferner ein Klaviersolo („Polonaise in cis-Moll" von Chopin), gespielt von Willi Wilikovsky sowie zwei Sololieder für Bass von Franz Schubert und Carl Loewe.

Der Vorgang dieser Frauenchorgründung war anhaltend und so bedeutsam, dass zum 25jährigen Jubiläum die Heimatpost der Stadt Krumbach 1977 auf Seite 49 an die damalige Neugründung erinnerte und davon berichtet, dass die noch lebenden Gründungssängerinnen Jossy Bosch, Irene Carteau, Josefine Reisacher und Emma Kögler bei einer kleinen Feier mit der Johannes-Rösle-Medaille ausgezeichnet wurden.

Im Juli 1951 reiste der Liederkranz mit einem starken Aufgebot zum deutschen Sängerbundfest nach Mainz. Danach unternahm man am 12. August eine Sängerfahrt nach Geislingen. Nach den Sommerferien begrüßte Max Welcker die Sänger zur ersten Probe am 11. September 1951. Nun begannen die regelmäßigen Proben wieder und es gab viel zu tun, denn die Vorbereitungen für das 90. Gründungsfest standen auf der Agenda.

Im Oktober 1951 gab es für Max Welcker eine besondere Zusammenkunft. Er traf sich mit seinen ehemaligen Schülern des Jahrgangs 1891 in Haunstetten, die er als 4. und 5. Klasse im Jahr 1901 unterrichtet hatte. Es dürfte ein bewegtes Wiedersehen für alle gewesen sein.

*Abb.196: Max Welcker im Kreis seiner ehemaligen Schüler der 4. und 5. Klasse in Haunstetten am 7.10.1951.*

Am 26. November 1951, 10.00 Uhr, beteiligte sich der Verein an der Trauerfeier für die Opfer des Krieges. Dabei wurde nach längerer Zeit die Vereinsfahne gezeigt, die extra für diesen Anlass repariert wurde. Am Nachmittag fuhren Vorstand Karl Kling und Dirigent Max Welcker zur konstituierenden Versammlung des neu errichteten Mittelschwäbischen Sängerkreises nach Ichenhausen, dem vorerst 15 Gesangsvereine angehörten.

Schnell ging das Jahr zu Ende. Am 18. Dezember fand die letzte Probe im alten Jahr statt. Bei der Weihnachtsfeier der Gewerkschaften im Gasthof „Bären" am 22. Dezember, sang nun auch der Liederkranz einige Chöre. Den Jahresabschluss bildete das Singen vor dem Christbaum am Heiligen Abend, das diesmal vor der Stadtpfarrkirche St. Michael stattfand.

# FINALE UND ABSCHIED

Das Jahr 1952 begann für Chor am 6. Januar, mit der feierlichen Einweihung des neuen Volksschulgebäudes. Max Welcker komponierte für diesen Anlass den Festchor „Dir sei geweiht ein Jubellied" op. 213 für vier gemischte Stimmen (oder 3-4 stg. Frauenchor) und Jugendchor mit Klavier- bzw. Orgelbegleitung oder fünfstimmige Blechmusik. Welcker vermerkte auf dem Deckblatt der Partitur: „Dieser Festchor eignet sich textlich in der 1. und 2. Strophe für Festlichkeiten aller Art (Jubiläum, Jahresschluß, Schulschluß, Erntedank, Patrozinium usw.). Die 3. und 4. Strophe (Dichtung von K. Daniel) ist insbesondere für die Einweihung eines Schulhauses oder anderen Gebäudes bestimmt." Die dritte Strophe beginnt mit den Worten: „Nun steht er da, der mächt'ge Bau zur Jugend Lehr' zu Volkes Ehr'!" Am Ende des bis zu achtstimmigen Chorsatzes erklang das Te Deum „Großer Gott wir loben dich".

Abb.197: Die neue Knaben- und Mädchenvolks-schule in Krumbach. Das Gebäude entstand west-lich des Stadtgartens und wurde am 6. Januar 1952 eingeweiht. Heute werden in dem mehrfach umgebauten Schulhaus Grundschüler unterrichtet.

In einer feierlichen Prozession durch den ganzen Ort, gelangten die Vertreter aus Politik, Verwaltung und Kirche zum neuen Schulhaus. Die Aufführung des Festchores durch den Musikverein, den Gesangverein Liederkranz und einem Kinderchor bildete den imposanten Abschluss der denkwürdigen Veranstaltung.

Nachdem der jahrelang durch Flüchtlinge belegte Stadtsaal am 3. Februar in einer Veranstaltung, die von mehreren Krumbacher Vereinen bestritten wurde wiedereröffnet war, fand die Faschingsver-

anstaltung als „Blumenball", den der Liederkranz zusammen mit der Gärtnerver-
einigung im schön dekorierten Saal durchführte, mit ca. 650 Besuchern statt.

Am 20. Februar 1952 wurde Max Welcker ein Verdienstorden für seine über-
durchschnittliche Berufstätigkeit als Volkschullehrer, der seit 1896 bis zu seiner Ruhestandsversetzung 1948 als verdiente und qualifizierte Lehrkraft in der
Schulstube stand, durch das Schulamt verliehen.[139]

Höhepunkt des Jahres 1952 aber wurde der Festabend am 17. Mai im Stadtsaal
zur Feier des 90. Gründungsfestes des Liederkranz Krumbach 1862 e. V. Der
Chor feierte diesen festlichen Anlass mit einer Weihestunde, die dem deutschen
Lied und dem Chorgesang gewidmet war. Viele Worte des Wünschens und des
Dankes wurden an diesem Abend gesprochen, auf dass der Liederkranz auf immer und ewig ein Chor zur Erhaltung und Förderung deutschen Volkstums und
seiner Lieder bleiben möge. *„Es möge aber auch die ihn heute führende starke
Hand seines Chormeisters Rektor Max Welcker noch lange Zeit mit jener Kraft
beflügeln, die zu entfalten nur einem so wie er in der Musik ganz lebenden und
aus wahrhaftem Musikerleben Schöpfenden möglich sein kann."*[140]

Neben Männer-und Frauenchor wirkten auch Gesangs-und Instrumentalsolisten
und das Orchester des Musikvereins Krumbach mit. Zu Beginn spielte das Orchester unter der Leitung seines Dirigenten Amtmann Junginger die Ouverture
zur Oper „Prometheus" von L. v. Beethoven. Danach sang der Männerchor des
Liederkranzes die Uraufführung des Chores „Der deutsche Sang" op. 210, nach einem Text von Hans Nagel, des 1924 verstorbenen Mitglieds der Liedertafel Augsburg, den Max Welcker für diesen Anlass als 4stimmigen Männerchor a cappella
geschrieben und dem Verein gewidmet hatte. Der Frauenchor präsentierte „Am
Abend" von Slumicko und das „Wiegenlied" und „Vom Naschen" von W. A. Mozart.
In weiterer Folge erklangen Männerchöre von Curtis, der 6-8stimmige gemischte
Chor „Heimat" von F. Philipp und „Die Himmel erzählen die Ehre Gottes" aus der
„Schöpfung" von J. Haydn.

Beim Frühjahrs-Konzert am 30. Mai 1953 im Stadtsaal erklangen neben Volks-
liedern und Werken von Franz Schubert, J. Rietz, W. Gößler und Otto Jochum
auch zwei a cappella Volksliedsätze „Frühlingsbotschaft" und „Pappelmäulchen",
die Max Welcker für Frauenchor gesetzt hatte. Zu den Mitwirkenden gehörten
ein Kammerorchester, der Männer-, Frauen-und der Gemischte Chor und ein
Kinderchor. Es standen ca. 150 Mitwirkende auf der Bühne.

Nach dem ersten Höhepunkt des Jahres sangen die Vereinsmitglieder ihrem
Sangesbruder Fritz Glück ein verspätetes Ständchen zu dessen 70. Geburtstag.

---

[139] Lehrerpersonalakte Nr. 9129 Max Welcker, Staatsarchiv Augsburg.

[140] Krumbacher Heimatpost 19./20. Mai 1952.

*Abb.198: Der Liederkranz Krumbach mit Orchester mit ca. 150 Mitwirkenden beim Frühjahrs-Konzert im Stadtsaal Krumbach am 30.Mai 1953.*

*Abb.199: Der Männerchor des Liederkranz Krumbach bestand beim Konzert am 30.Mai 1953 aus 55 Sängern.*

5 Tage später fuhren 15 Sänger zum großen Jochum-Konzert nach Babenhausen. Ende des Monats unternahm der Liederkranz eine Sängerfahrt nach Immenstadt und am 2. August wurde der Gesangverein Liederhort-Liederhain in Augsburg besucht.

## 75. Geburtstag

Am 25. August kündigte Max Welcker an, dass er im Frühjahr des nächsten Jahres die Aufführung des großen Chorwerks „Der Rose Pilgerfahrt plane. *„Es soll der Schlusspunkt seiner Arbeit für den Liederkranz sein. Er werde dann altershalber seine Tätigkeit beschliessen."* [141]

Das zweite Großereignis des Jahres, der Familienabend des Liederkranzes, fand im Vorfeld von Max Welckers 75. Geburtstag am 29.November 1953 in Krum-

*Abb.200: Max Welcker und „sein" Männerchor im August 1953.*

bach statt. In Anwesenheit des Kreischormeisters des Mittelschwäbischen Sängerkreises Herrn Oberlehrer Gasser-Münsterhausen und vieler Freunde des Gesangs wurde Welcker im sehr gut besuchten Bärensaal geehrt. Vorgetragen wurden Männer- und Frauenchöre, Solovorträge und Duette mit Gesang, Violine und Klavier. Der ganze Abend war von Sängerkameradschaft beseelt.

[141] Eintrag vom 25.8.1953 im Protokollbuch Liederkranz Krumbach,1937-78.

Vorstand Karl Kling gratulierte herzlich und wünschte dem Jubilar in aller Namen Glück. Er wies darauf hin, *„daß der Jubilar länger als ein halbes Jahrhundert als Jugenderzieher, Komponist und Chorleiter für die Jugend und das deutsche Lied tätig war, viel Sorge auf sich lud, aber auch viele Erfolge erzielte. Nach dem Kriege hat der Jubilar die Dirigentschaft des Liederkranz Krumbach übernommen und ihn im Verlauf von 8 Jahren zu beachtlicher Höhe geführt. Dafür danken ihm die Sänger, wenn es sie auch schmerzlich berührt, daß der Jubilar im Frühjahr aus dem aktiven Sängerleben ausscheidet. Herr Vorstand Kling wünschte nach Überreichung eines Geschenkes noch einen gesunden und gesegneten Lebensabend und beschloß sein Glückwünschen mit der Aufforderung an die Sänger, zu Ehren des Jubilars den Sängerspruch zu singen: „Hoch lebe deutscher Gesang, blühe Jahrhunderte lang".*

*Überrascht, aber auch erfreut über die Ehrung nahm dann der Jubilar selbst das Wort, zunächst um zu danken, dann aber auch einen Überblick zu geben über sein musikalisches, gesangliches und berufliches Leben in den 75 Jahren, die lang sind, wenn sie durchschritten werden müssen, die aber kurz sind, wenn man auf sie zurückblickt. [...] Als Lichtpunkte in seinem Leben und Schaffen schilderte Welcker seine Reisen nach Belgien, Holland, Dänemark, Italien und die Schweiz, welche Länder er dabei meist zu Fuß durchwanderte.[...] Was er in kirchenmusikalischer Hinsicht geschaffen hat, davon kann der Musikverlag Böhm u. Sohn in Augsburg in Augsburg berichten, der in seinen kirchenmusikalischen Mitteilungen vom September 1953 schreibt, dass „viele Freunde seiner Kunst den 75. Geburtstag Max Welckers zum Anlaß nehmen werden, seine Werke herauszustellen; der Jubilar dürfe an diesem Tag mit hoher Befriedigung auf die arbeits- und erfolgreichen Jahrzehnte seines Lebens zurückblicken, die so ganz dem Dienste der Musik gewidmet waren." [142]*

Der *Musikverlag Anton Böhm & Sohn* Augsburg legte, anlässlich des 75. Geburtstages ein neues Verzeichnis seiner lieferbaren Werke, nach dem Stand vom 1.12.1953, auf. Es umfasste 222 Werke für gemischten Chor, Männerstimmen, Frauenstimmen, Solostimmen und einstimmigen Chor- oder Volksgesang. Darunter befanden sich 156 kirchenmusikalische Kompositionen (Deutsche und lateinische Messen, Gesänge zur Advents- und Weihnachtszeit, Gesänge zur Passions- und Osterzeit, Sakraments-und Kommunionsgesänge, Mariengesänge, deutsche und lateinische Gesänge für verschiedene Feste und Gelegenheiten, Gesänge zur Totenfeier), 15 weltliche Kompositionen und 51 Humoristika.

*Neben den biographischen Daten würdigt der Verlag: „Seine kirchlichen und weltlichen Chöre sind dank der Berücksichtigung praktischer Bedürfnisse und wegen ihrer bewußt volkstümlichen Haltung sehr beliebt und erfreuen sich gerade des-*

---

[142] Krumbacher Heimatpost 30.11./1.12.1953.

wegen im katholischen Deutschland, in Österreich und namentlich in der Schweiz weiter Verbreitung. Fast auf allen Kirchenchören, in den Klöstern und Institutionen, von zahllosen Gesangvereinen wurden seine Kompositionen gesungen. Besonders geschätzt sind auch Max Welcker's Humoristika, heitere Soli, Duette, Terzette und Quartette, die das „Welcker-Quartett" im Bayerischen Rundfunk und Weiß Ferdl im „Platzl" in München häufig zum Vortrag brachten. „Das Lied vom Zwetschgendatschi" ist wohl am populärsten geworden."

Und in einem Artikel der Augsburger Katholischen Kirchenzeitung wurde anlässlich seines 75. Geburtstages über ihn geschrieben: „Max Welcker ist seit Jahrzehnten eine der liebenswertesten eigenschöpferischen Persönlichkeiten des schwäbischen Raumes [...] Dabei mag die ständige Verbindung mit der musica organs dem über 40 Jahre bei St. Max tätigen verdienstvollen Organisten die Anregung zu seinem vielseitigen kirchenmusikalischen Schaffen gegeben haben. [...] Seine deutschen und lateinischen Messen [...] legen ein beredtes Zeugnis für die tiefe Religiosität ab, die Welckers Werke durchzieht. Die hohen Auflagen seines bei Anton Böhm & Sohn erschienenen Schaffens sprachen für die große Beliebtheit und die relativ leichte Ausführbarkeit seiner musikalischen Inspirationen. Aus der Vielzahl seiner Werke seien die Josephsmesse, die Missa „sursum corda", die Deutsche Passion und die Deutsche Weihnachtsmesse wegen ihrer inneren Werte besonders hervorgehoben. Daß der auf dieser strengen Linie schaffende Musiker auch über eine köstliche musikalische Urwüchsigkeit verfügt, weiß jeder, der seine in großer Anzahl erschienenen heiteren Chor-und Sololieder kennt. Die Natur-und Volksverbundenheit, die seiner gläubigen Weltanschauung entspricht, kommt auch hier zum Durchbruch."[143]

Neben den Würdigungen zu seinem 75. Geburtstag gratulierten natürlich seine Tochter Maria und ihr Mann Ludwig aus Karlsruhe. Er erhielt neben ihren Glückwünschen auch ein großes Paket mit 20 Flaschen Wein als Geschenk. Eine Woche später bedankte er sich ausführlich mit einem mehrseitigen Brief (geschrieben auf Geschäftspapier der Orgelbauanstalt Max Dreher, Augsburg/Salzburg) bei den beiden und schilderte ihnen die Ereignisse folgendermaßen:

Lieber Louis, liebe Maria! Vor allem herzlichen Dank für eure Geburtstags-Spende! Warum so viel (wenn auch für Weihnachten inbegriffen) weniger hätte auch genügt, ganz gewiss. Für eure guten Wünsche ebenfalls meinen Dank, die Hauptsache, dass ich Oma gesund behalte, solange mir Gott noch das Leben schenkt. So ein 75er ist doch eine ganz simple „Alterserscheinung": Es geht hinauf und doch hinab. Langsam erholen wir uns beide von den „Strapazen" der vorigen Woche. Es waren sehr bewegte Tage. Hört genaueren Bericht! Meiner Bitte von „Ständchen" abzusehen, wurde mit Rücksicht auf die Platznot im Hof unseres

[143] Artikel von Eugen Mürl in der Katholischen Kirchenzeitung Augsburg.

*Hauses entsprochen. Dafür kam eine Ehrung beim Familienabend am 29. vorigen Monat (siehe Zeitungsbericht) überaschenderweise zustande, die eigentlich sehr nett und familiär, wie der ganze Abend, worin der Geschenkkorbinhalt der üblichen Gaben in reichlicher Fülle. Mittwoch darauf setzten die Hausbesuche ein, Donnerstag und Freitag war den ganzen Tag „Hochbetrieb". Schriftliche Gratulationen sind's bis heute ca. 160, worauf ich ca. 50 mit Briefen beantworten muss, darunter solche von Oberbürgermeistern, alles, Der Kl. Müller von Augsburg, Liedertafel, mehreren Verlegern, Haas, Philipp, GEMA, (vielen Verwandten nah und fern), Stadtrat Krumbacher Kirchenchor (der einen Pracht-Blumenkorb stiftete) von vielen hiesigen Geschäftsleuten, und ... noch ist kein Ende. Unser Wohnzimmer ist ein Blumengarten (Rosen, Nelken, Alpenveilchen usw.) und ein kleines Weinlager. Außer euren 20 Flaschen trafen von den jeweiligen Besuchern über 40 Flaschen (!) Sorten ein, aus aller Herren Länder: französische, tiroler, badische, rheinische, pfälzer, türkische Marken, hauptsächlich rot, weniger weiß, auch halbleichte, und süße Sorten nach Wahl. Also kommt bald und sucht euch aus, was ihr wollt! Die schönste, freudigste Überraschung war der Besuch per Auto von Augsburg. Am Donnerstag Nachmittag ½ 3: Herr und Frau Dr. Ballinger[144] und Tante (Frau Mayer) mit einem Strauß Traurosen und einer Kiste Rotwein, die Dr. K. u. Frau eigenhändig vom Auto herauftrugen. 15 Flaschen (also Gesamtzahl ca. 75 Flaschen!). Oma bot gleich Kaffeemachen u. die beiden Apfel- und Käsekuchen an, die für den runden Tag bestimmt waren u. fand freudige Zustimmung bei den Gästen. Frau Hami fing gleich an zu helfen, machte Feuer im Herd, machte Kaffee, half den Tisch decken u. es entwickelte sich im Grunde in der Küche ein munteres Gespräch. Schade, dass nach 2 h schon Frau B. zur Heimfahrt drängte wegen eventuellen Nebels. (Sie steuerte den Wagen) Die Gäste fühlten sich sehr wohl bei uns, auch die Wohnung sei so gemütlich, sagten sie u. so verstrichen die paar Stunden nur allzu rasch. Wir aber hatten wirklich große Freude über den unerwarteten Besuch. Das Abendessen war nichts Besonderes an den beiden Tagen, da ja Oma keine Zeit zu einem Festmahl hatte. Dafür waren wir am 4. Dezember als Gäste bei O r t (eingeladen: Festmahl: Grießknödel, Leberschnitten mit Makkaroni u. Salat u. Kaffee mit Kuchen im Wohnzimmer hinten unter Anwesenheit des Herrn. Landrats, der eine Flasche Wein auftragen ließ u. noch eine Flasche nach Hause gab...Im Radio kam nichts, dafür in mehreren Zeitungen, deren Ausschnitte ihr nicht zurücksenden braucht. Am 19. Dezember fahre ich zur Liedertafel-Weihnachtsfeier auf deren Anlass und am 9.1. soll vom Schwäbischen Heimatkreis im Antons-Casino in Augsburg ein „Welcker-Abend" stattfinden, von dem ich mir aber nichts Besonderes erhoffe. Soweit wären also die Hauptfesttage gut überstanden, das Festgeschenk von Oma war ein grauer, feiner Fantasievester u. als letzte Spende bekam ich einen „Pfunds-Katarrh". Schade, dass ihr nicht auch dabei waret; das bedauerten viele der Gratulanten ebenso. Erfreut war ich*

---

[144] Geschäftsleitung des Musikverlags Anton Böhm & Sohn Augsburg.

*auch über eine Anzahl von Briefen auswärtiger Dichter, Chorleiter, Organisten, die ich gar nicht kannte von Württemberg, vom Kaiserstuhl, von Oberbayern usw. Eine Chorleiterin von Gundelfingen (Flüchtling)... fuhr eigens hierher, mich kennen zu lernen u. brachte auch eine Flasche Wein mit. Kloster Gengenbach schickte Schwarzwaldspeck und Kirsch. Im Großen u. Ganzen wurde ich „geehrt u. beschenkt" wie ich niemals erwartet noch geordert habe. Wenn nur jetzt die viele Schreiberei nicht wäre.- Herr Dr. Ballinger freute sich sehr, dass ich dem Verlag zu dessen 153. Bestehen (das mit einem großen Festmahl mit allen Angestellten der Firma im Ratskeller gefeiert wurde) einen größeren Frauenchor „Jubilate" widmete, während in der Tagespresse vom 150 Jahr Jubiläum auffallender Weise wenig zu lesen war, (was ihr Frau Ballinger) schwer kränkte. (hier streikt der Kugelschreiber nach dessen „Anstrengungen" in den letzten Tagen!) Nun ist wieder der Alltag angetreten u. das ist gut so. Noch eins: von Wiedemann (Rossbrauerei) kamen 20 Flaschen Albertenbier, obwohl ich nie dorthin käme. Ist für Oma sehr angenehm!*

Der Schwäbische Heimatkreis veranstaltete im Antonskasino in Augsburg einen Max Welcker Abend, um das weltlichen Schaffen des Komponisten gebührend zu würdigen. Den Abend, in Anwesenheit des Komponisten Max Welcker, gestalteten die Sopranistin Liselotte Egner und ein Doppelquartett des Männergesangvereins Stadtbergen. Dabei war auch der Lehrer und schwäbische Heimatdichter Hanns Rupp (1898-1971) anwesend. Im Laufe seines Lebens schuf er 40 gedruckte Werke (Gedichte, Es-

*Abb.201: Feier des Schwäbischen Heimatkreises am 9.1.1954 anlässlich des 75.Geburtstages.Von links nach rechts: Ob. Reg. Rat Höfler, Hanns Rupp, Max Welcker, Bürgermeister Witmayer (Haunstetten).*

says, Balladen und Erzählungen) und gehörte 1949 zu den Mitbegründern des Schwäbischen Heimatkreises.

Von ihm vertonte Max Welcker „Die Weihnachtsnachtigall" op.216 (1952), den sakralen „Mainschifferchor: Maria fahr mit uns zu Tal" (1953), „Sängers Geburtstag" (Verlag Glaser 1956) und „Die Leier ist zersprungen" (Verlag Engels 1954).

Nach den Weihnachtstagen mit dem Singen unterm Christbaum für alle und dem Jahreswechsel, begann das Jahr 1954 mit Proben für das Frühjahrskonzert und der Beerdigung des Ehrenmitgliedes Gustav Zeller am 20. Februar. Am gleichen Tag fand abends, vor der Kulisse des ehemaligen Gesundbrunnens in der Mantelstrasse die Faschingsunterhaltung in der Form eines Singspiels mit dem Titel „Stadtfest in Krumbach" statt, mit dem der Liederkranz seine vielen Gäste er-

freute. Text und Regie lagen, wie auch in den folgenden Jahren, in der Verant-
wortlichkeit von Karl Kling und Hans Mayer. Im Anschluss an die Darbietung wurde natürlich getanzt. Der Sängertag des Schwäbisch-bayerischen Sängerbundes
wurde am 7. März ausgerichtet und am 11. April gab es eine Familienkundgebung
der katholischen Aktion des Dekanats Krumbach, die in Anwesenheit seiner Ex-
zellenz H. H. Bischof Dr. Josef Freundorfer im Stadtsaal stattfand. Der Liederkranz wirkte auf dieser Veranstaltung mit und sang das „Gebet fürs Vaterland"
von Méhul und den „Lobgesang: Groß ist der Herr" op.90, nach einem Text von
Alfons Krämer, den Max Welcker 1932 vertont hatte.

## Der Rose Pilgerfahrt und Abschied

Am 9. Mai 1954 schließlich fand das Frühjahrskonzert im Stadtsaal statt. Rund
150 Mitwirkende einschließlich Kinderchor und Orchester unter der Gesamtlei-
tung von Chormeister Max Welcker standen auf der Bühne und interpretierten
Robert Schumanns romantisches Oratorium „Der Rose Pilgerfahrt" op.112, das
Schumann 1851 für Soli, Chor und Orchester komponierte. Die Aufführung mar-
kierte den Höhepunkt und setzte gleichzeitig den Schlusspunkt unter seine Dirigententätigkeit beim Liederkranz Krumbach 1862 e. V.

Dieses Werk, das heutzutage nahezu vollständig verschwunden ist, war lange
Zeit sehr populär und gehörte bis zum ersten Drittel des 20.Jahrhundert als fester Bestandteil zum Repertoire vieler Chorvereinigungen. Die Gattungsbezeich-
nung Oratorium ist etwas irreführend, da es sich eher um ein zweiteiliges, in 24
Musiknummern erzähltes Märchen handelt. In dem sentimentalen, ganz dem romantischen Zeitgeist verbundenen Libretto von Heinrich Moritz Horn (1814-1874)
werden typische Inhalte der Romantik verarbeitet. Es geht um das Erlösungsge-
schehen, um den Einbruch des Phantastischen in die reale Welt und Wirklichkeit:

*Die Tochter der Elfenkönigin, die den Namen Rose trägt, möchte einmal das Ge-
heimnis der menschlichen Liebe erfahren. Zuerst begegnet ihr aber Misstrauen,
Ablehnung und Hartherzigkeit. Dann begegnet sie einem Totengräber, lernt sei-
ne Herzensgüte kennen und wird gleichzeitig bei ihm mit dem Tod der jungen
Müllerstochter konfrontiert, die aus Liebeskummer starb. Sie entwickelt großes
Mitgefühl mit dem verstorbenen Mädchen und wird am nächsten Morgen zu den
Müllersleuten gebracht, die sie anstelle ihrer verstorbenen Tochter freudig auf-
nehmen. Rose wird schnell zum Liebling des ganzen Dorfes, verliebt sich in den
Jägerssohn und schon bald wird eine ausgelassene fröhliche Hochzeit gefeiert.
Sie bekommt ein Kind und gibt ihm die heilbringende, schützende Rose, die sie
als Schutz vor ihrer Reise von ihrer Mutter bekam, weiter und stirbt. Sie kehrt
aber nicht ins Reich der Elfen zurück, sondern darf, weil sie ganz Liebe geworden*

*und als menschliche Seele erlöst ist, sich zu höherem Licht bis zu den Engeln emporschwingen. Dieses Ende macht dieses Feenmärchen, bei allem romantischen und biedermeierlichen Kitsch, zu etwas ganz Besonderem, weil der Fee die Höherentwicklung nicht verwehrt wird.*

Mit der Aufführung dieses Werkes am 9. Mai 1954, das er selbst vor 29 Jahren, am 26. Mai 1925 als 2. Tenor bei der Liedertafel Augsburg mitgesungen hatte, nahm Max Welcker nach neun Jahren seinen Abschied vom Dirigentenpult des Liederkranzes. Nachdem die Ovationen verhallt waren, überreichte Vorstand Karl Kling dem scheidenden Dirigenten eine Urkunde. In Anerkennung für seine außerordentlichen Verdienste um die Entwicklung des Vereins, der ihm viel verdankt, ernannten ihn die Mitglieder zu ihrem Ehrenchormeister. Eine Ära war zu Ende!

Abb.202: Die Ernennungsurkunde zum Ehrenchormeister des Liederkranz Krumbach für Max Welcker, vom 9. Mai 1954.

Bereits am 18. Mai übernahm der junge Musiklehrer und hervorragende Pianist Willi Wilikovsky, der in den vergangenen Jahren beim Liederkranz immer wieder in den Konzerten als Klavierbegleiter des Chores mitgewirkt und sich als exzellenter Könner seines Fachs erwiesen hatte, die Leitung als neuer Dirigent. Mit ihm begann eine andere, neue Zeit und er dirigierte den Liederkranz bis zum Jahr 2001.

Wenige Tage nach dem selbstgewählten Ende seiner musikalischen Laufbahn erkrankte Welcker und wurde ins Augsburger Westkrankenhaus eingeliefert. Er erholte sich nicht mehr und verstarb im Alter von 75 Jahren nach 40tägiger Krankheit am Mittwoch, dem 30. Juni 1954 um 5.10 Uhr im Krankenhaus in Augsburg. Ein durch die musikalischen Eltern, die Familienverbundenheit, zwei liebende Ehefrauen, das Wandern in der Natur, das Reisen, menschliche Schicksalsschläge, zwei Weltkriege und die Arbeit als erfolgreicher Volksschullehrer, Organist, Chorleiter und produktiver Komponist geprägtes und reich erfülltes Musikerleben war zu Ende gegangen.

Sein Tod erfolgte zu der Zeit, als der Liederkranz gerade mit mehreren Omnibussen eine dreitägige Sängerfahrt an den Rhein nach Edenkoben, Forst, Ingelheim und Würzburg unternahm. Es war wohl einer der Ausflüge, die zu den schönsten in der Vereinsgeschichte gehörten.

Zeitungsartikel mit der Nachricht von seinem Tod und der Würdigung seines Lebens und Wirkens erschienen in der Augsburger Rundschau am 1.Juli 1954 und in den Amtsblättern der Stadt Augsburg vom 2.7.1954 und 11.7.1954.

Unter zahlreicher Anteilnahme der Augsburger Bevölkerung fand die Beerdigung am 2. Juli 1954 um 11.30 Uhr auf dem Augsburger Westfriedhof statt. Nach der Traueransprache, gehalten von Pfarrer Bumiller von der Gemeinde St. Max wurde Max Welcker zu den Klängen des Bardenchors, den die Liedertafel Augsburg, gemeinsam mit dem Liederkranz Krumbach gesungen hatte, zur ewigen Ruhe gebettet.

Zu seinem Tod erreichten seine Frau Anna zahlreiche Kondolenzschreiben und Trauerkarten von Verwandten, Freunden und Berufskollegen. Arthur Piechler und seine Frau Rosl schrieben in ihrer herzlichen Anteilnahme am 3.7.1954:

*Von einer Konzertreise von Passau zurückkehrend fand ich die Todesanzeige Ihres Herrn Gemahls vor. Gestatten Sie, daß wir Ihnen und Ihren Angehörigen unser herzliches Beileid aussprechen. Ich habe den Verstorbenen hoch geschätzt.*

*Abb.203 und 204 Das Grab Max Welckers und seiner beiden Ehefrauen Leopoldine und Anna auf dem Westfriedhof von Augsburg, Grabfeld 29.*

Otto Jochum teilte auf einer Trauerkarte, in Weißbach am 2.7.1954 geschrieben mit: *Soeben erreichte mich hier, in meinem stillen Asyl, die Hiobsbotschaft von dem Ableben Ihres lieben Mannes. Lassen Sie mich Ihnen mein aufrichtiges, tiefempfundenes Mitfühlen in Ihrem so großen Leid sagen und seien Sie versichert, daß ich dem teueren Verstorbenen allezeit ein ehrendes Gedenken bewahren werde.*

Und Joseph Haas schrieb am 7. Juli 1954 an die Witwe Anna Welcker:

*Die Nachricht von dem Hinscheiden Ihres lieben Mannes hat mich tief bewegt. Ich nehme innigen Anteil an Ihrem Schmerz. Möge der Herrgott Ihnen die Kraft geben, den schweren Schicksalsschlag zu ertragen!*

*Auf dem Gebiete der Musica Sacra hat der liebe Heimgegangene Außerordentliches geleistet. Er wird in seinen begehrten Werken weiterleben. Der Himmel wird ihm das entgelten, was in der Musik aus seiner Feder weiterklingt: Es war viel Schönes, Edles und Ehrliches.*

# NACHKLANG UND REZEPTION

Nach Max Welckers Tod verwaltete zunächst seine Frau Anna seinen Nachlass und sein musikalisches Erbe so gut sie dies vermochte. In späteren Jahren übernahm Max Welckers Tochter Maria Kolland diese Aufgabe.

Beide ergänzten das von ihm verfasste handschriftliche Verzeichnis seiner Werke und vermerkten auch Werke anderer Komponisten. Darunter befinden sich Kompositionen von Ludwig van Beethoven (Klaviersonaten), Robert Schumann (Klavierkompositionen, Duette) und Felix Mendelssohn-Bartholdy ( Sämtliche Lieder, Klavierkonzert G-Moll op.25) u.a., aber auch Kompositionen von seinen Berufskollegen Otto Jochum („Guckuck", 10 kleine Lieder op.45) und Joseph Haas („Deutsche Reigen und Romanzen für Klavier" op.51 und „Sechs Krippenlieder" op.49 für Singstimme oder Kinderchor mit Klavier) oder von seinem ehemaligen Lehrer Fritz J. Spindler („Vier kleine Vortragsstücke für Klavier" op.2).

Posthum erschienen beim Musikverlag Anton Böhm & Sohn Augsburg noch einige Kompositionen ( „Maria, Friedenskönigin" op.206.3, „Immaculata" op.226 und „Zwei Lieder zur Wallfahrt") und zum zweiten Mal kam Max Welcker zu „Lexikon-Ehren". In seinem Todesjahr erschien die Zweite Ausgabe von Kürschners Deutschem Musikerkalender in Berlin. In einem achtspaltigen Artikel wurden neben den wichtigsten Lebensdaten insgesamt 244 Kompositionen erfasst.[145]

In den 1950er Jahren blieb Max Welckers kompositorisches Werk präsent. So führte beispielsweise der Männerchor Sängerkranz Augsburg bei seinen Bunten Abenden 1955 in Kirchheim, 1956 in Augsburg und 1958 in Oberndorf einige seiner Humoristika auf ( „Die Schuastabuam", „D' Bäu' rin hat d' Katz verlor' n", „ D' Rauferei", „Die verliabt' n Radi", „Die Patienten", „Die Feinschmecker" und „Gestörtes Ständchen").

---

[145] Kürschners Deutscher Musikerkalender, Zweite Ausgabe, herausgegeben von Hedwig und E. H. Mueller von Asow, Verlag Walter de Gruyter und Co, Berlin 1954, Seite 1449-1457.

Ab den 1960er Jahren ließ das Interesse an Max Welckers Musik nach und seine Werke wurden nur noch selten aufgeführt.

Musik und Zeitgeschmack hatten sich verändert. Die in den 1950er Jahren noch vorherrschende Sehnsucht nach Tradition wurde zunehmend abgelöst durch Rock' n Roll, Rockmusik, Popkultur und Internationalität. Die Streichung des Schulfaches Musik im Rahmen der Lehrerausbildung, das nachlassende Interesse am Singen traditioneller Chormusik und der bundesweite Mitgliederrückgang aufgrund von Überalterung in den Chören führten zur Entwicklung von neuen Konzepten, um Kinder und Jugendliche wieder zum Singen zu bewegen. Eine der Folgen dieser Entwicklung war, dass die Pflege von traditioneller kirchlicher und volkstümlicher deutscher Musik – so wie sie Max Welcker komponiert hatte - zunehmend aus dem Fokus der Aufführungspraxis bei den Chören geriet.

Am 1. Dezember 1962 feierte der Liederkranz Krumbach sein 100jähriges Bestehen. Beim Festabend erklangen Werke von Ludwig van Beethoven und Max Welcker wurde sowohl in der zu diesem Anlass herausgegebenen Chronik des Gesangsvereins als auch in einem Zeitungsartikel namentlich erwähnt. Der Liederkranz Krumbach stand zu dieser Zeit unter der Leitung des Musiklehrers und Pianisten Willi Wilikovsky der den Chor 1954 als Nachfolger von Max Welcker übernommen hatte. Er dirigierte den Liederkranz Krumbach bis 2001 steigerte nochmals das musikalische Niveau durch kluge, abgewogene, aber auch anspruchsvolle Programmauswahl. Obwohl er unter Max Welcker in zahlreichen Konzerten mitgewirkt hatte und seine Werke kannte pflegte er das musikalische Erbe seines Vorgängers nicht und führte seine Werke nicht auf.

Durch die gesellschaftlichen, politischen und wirtschaftlichen Veränderungen der Nachkriegszeit verschwanden bis Mitte der 1960er Jahre viele Musikverlage vom Markt (siehe Max-Welcker-Werkverzeichnis MWWV 2020) oder legten Welckers Werke nicht mehr neu auf. Nur beim Musikverlag Anton Böhm & Sohn Augsburg und bei der Ruh AG Adliswil/Schweiz sind Welckers Werke bis heute erhältlich.

Nach 1954 wurde Max Welcker und sein kompositorisches Erbe seitens der musikalischen Fachwelt oder der Heimatforschung in Augsburg und Schwaben nicht gewürdigt. Die musikwissenschaftliche Besprechung und Analyse seiner Werke blieb aus und er erfuhr auch keine Dokumentation wie beispielsweise Joseph Haas in einer Monographie, herausgegeben durch den bayerischen Tonkünstlerverband 1994. Weitere biographische Einträge in den bedeutenden Musiklexika erfolgten nicht und auch seinen Nachkommen geriet die Erinnerung an sein Leben und Werk aus dem Blickfeld (siehe Grußwort Hubert Kolland 2018, Seite 14). Max Welckers Nachlass (rund 600 Einzeldokumente) und musikalisches Erbe wurden zwar bewahrt aber nicht ausgewertet und 2001 dem Mittelschwäbischen Heimatmuseum in Krumbach übergeben.

Darüber hinaus gab es keine Tonaufnahmen seiner Werke. Die Rundfunkaufnahmen des Welcker-Quartetts, die vom Sender Schwaben des Bayerischen Rundfunks noch in den 50er Jahren verbreitet wurden haben sich in den Archiven leider nicht erhalten. Eine erste Tonaufnahme von W.A. Mozarts „Ave verum", bearbeitet von Max Welcker, erschien 1969 auf der LP (Polydor) „Weihnachtslieder und Chöre für festliche Stunden" gesungen von den St. Florianer Sängerknaben unter dem Dirigenten Hans Bachl.[146]

1972 wurde Max Welcker durch die Stadt Krumbach geehrt. Durch Stadtratsbeschluss wurde der Verbindungsweg von der Robert-Steiger zur Burgauer Straße im damaligen nordöstlichen Neubaugebiet Krumbachs in Max-Welcker-Weg umbenannt um damit dessen *„unvergessliche Leistungen [...] als Komponist. Lehrer und Chorleiter [...] in gebührender Weise zu würdigen."*[147] Der Max-Welcker-Weg liegt rund 200 Meter nördlich des Mittelschwäbischen Heimatmuseums.

*Abb.205 1999 besuchte die Welcker-Enkel Familie Hubert und Dorothea Kolland den Max-Welcker-Weg zusammen mit Sohn Daniel Kolland.*

Sechs Jahre später wurde in Krumbach an Max Welcker zu seinem 100. Geburtstag erinnert. Die Mittelschwäbischen Nachrichten würdigte den „erfolgreichen Heimatkomponisten und anerkannten Förderer des kulturellen Lebens" am 1.12.1978 in einem Artikel und der Gesangverein „Liederkranz" gestaltete zusammen mit dem Kirchenchor am 3.12.1978 eine Messe mit Werken des Komponisten in der Pfarrkirche St. Michael.

Aus gleichem Anlass ehrten Chor und Orchester des Gymnasiums St. Stephan unter der Leitung von Pater Anselm Mayer ihren ehemaligen Schüler Max Welcker und spielten mehrere Werke des Komponisten ein. Sie wurden am 17.12.1978 und 25.1.1979 im „Schwabenspiegel" des Bayerischen Rundfunks zusammen mit einem Portrait zum 100. Geburtstag von Max Welcker von Franz R. Miller gesendet (Die Aufnahmen sind nicht erhalten).

---

[146] Discogs.de: „Weihnachtslieder und Chöre für festliche Stunden", St. Florianer Sängerknaben, Dirigent Hans Bachl, LP Polydor Nr. 236315 von 1969.

[147] Brief des 1. Bürgermeister Winkler vom 24. März 1972 an Maria Kolland.

In einem Artikel der Augsburger Allgemeinen vom 14.12.1978 war zu lesen:

*Aus der Praxis entstanden auch die meisten seiner kirchlichen und weltlichen Kompositionen, die dank ihrer vielseitigen Verwendungsmöglichkeit und ihrer bewußt volkstümlichen Haltung schnell beliebt wurden und im katholischen Raum Deutschlands, Österreichs und der Schweiz weiteste Verbreitung fanden. Welcker-Messen gehörten zum festen Repertoire unzähliger Kirchenchöre und Klöster, und kaum ein Gesangverein oder ein Liederhort in der ersten Hälfte unseres Jahrhunderts verzichtete darauf, sich mit dem gemütlichen Humor vieler Chorlieder von Max Welcker Lorbeeren und Beifall zu holen. Der „Zwetschgendatschi" und „Die drei von der letzten Bank" wurden gar zu unverwelklichen Bestsellern. Weit gefehlt wäre allerdings, Welcker nur als einen liebenswürdigen Gelegenheitskomponisten zu sehen. Die Fachwelt schätzte seinen gediegenen, klangvollen und makellosen Stil sowie innerhalb der musica sacra sein genaues Eingehen auf die liturgischen Bedürfnisse hoch ein [...] Im Zeichen der Rückbesinnung auf nachromantische Kirchenmusik scheinen auch Welckers Meßkompositionen wieder neue Freunde zu finden. Pater Anselm Mayer jedenfalls war baß erstaunt, wie begeistert die jungen Sänger und Instrumentalisten des hochmusischen Gymnasiums St. Stephan die Kompositionen des Altstephaners Max Welcker bei der jüngsten Rundfunkaufnahme sangen. Dr.T.L.*[148]

Aus den 1980er und 1990er Jahren (laut Trendforschung das Sinn – und das Spaßjahrzehnt) sind keine Aufführungen von Max Welckers Werken dokumentierbar. Kurz vor der Jahrtausendwende nahm das Interesse an den kirchlichen und weltlichen Werken von Max Welcker zu und seitdem gab es vermehrt Aufführungen und auch Einspielungen seiner Kompositionen.

1998 wurde vom Männerchor Pollenfeld bei einem Faschingsabend „D'Feuerwehrübung" op.115.6 von Max Welcker aufgeführt.

Im Jahr 2000 erschien zum Fest der Bayern eine CD des Spatzenquartett Regensburg. Von den 16 aufgenommenen Kompositionen stammen 10 aus der Feder von Max Welcker. Dazu gehören: „Schuastabuam Marsch" op.93.6, „Das Lied vom Zwetschg'n Datschi" op.93.7, „Knödel Lied" op.93.9, „Ein Lob der Weisswurst" op.112.5 „Beim Engelwirt ist Kirchweihtanz" op.112.12, „Der Masskrug" op.114.4, „Das Lied vom Schnupftabak" op.114.7, „Herr und Frau Schwammerling" op.120.2, „Die vier Patienten" op. 130.10 und „Der Leberkas" op.130.12.2001 führte der Bel canto Kammerchor in seinem Programm „Alte Weisen?- Zauberschimmer" „Ein Lob der Weißwurst" op.112.5 von Max Welcker in Augsburg, Landshut und München auf.

Zwei Jahre später würdigte der Musikverlag Anton Böhm & Sohn Augsburg Max Welcker in seiner Festschrift zum 200. Firmenjubiläum (siehe Grußwort Hubert Kolland, Seite 11).

[148] „St. Stephan ehrt Max Welcker", Augsburger Allgemeine vom 14.12.78.

2003 und 2008 wurde die „Deutsche Passion der Leidensgeschichte nach dem Evangelisten Johannes" op.139 von Max Welcker in Obergriesbach-Zahling durch den Zahlinger Männerchor aufgeführt. 2007 gab es eine weitere Aufführung durch den Chor der Kirche St. Johann Baptist in Neu-Ulm. Im Artikel „Welckers Passion wirkt wie die großen" der Schwäbischen Zeitung vom 10. April 2007 war zu lesen: *„Im Vergleich zu den Passionen, etwa von Johann Sebastian Bach, nimmt sich die von Max Welcker geschaffene Johannes-Passion im Hinblick auf die Besetzung zwar bescheiden aus, nicht aber, [...] was seine Wirkung betrifft."*

Im gleichen Jahr wurde Max Welckers „Missa: Gloria tibi domine" op.183 vom Nassauer Chor „tonart" in der St. Castor Kirche, Dausen aufgeführt.

Ebenfalls 2007 erschien die Deutsche biographische Enzyklopädie (DBE) herausgegeben von Rudolf Vierhaus.[149] In einem Artikel über den Schweizer Musikpädagogen Willy Rehberg der die Musikhochschule Mannheim ab 1917 leitete ist Max Welcker genannt. Hier liegt jedoch ein Schreibfehler bzw. Irrtum vor, denn Max Welcker war niemals Direktor der Mannheimer Musikhochschule. Vielmehr handelt es sich um Musikdirektor Max Welker (1882 Minfeld) der nachweislich 1936 in Heidelberg lebte.[150]

2009 werden erstmalig seine „Zweite deutsche Singmesse zu Ehren des heiligsten Herzens Jesu" op.85, „Missa Gloria tibi Domine" op.183 und „Kurze leichte Messe" op.193 in der Dissertation „Die Orgelmesse" verfasst von Maria Helfgott, Wien besprochen.[151]

Im gleichen Jahr erklang das Lied „Der Leberkas"op.130.12 in Hansham und weihnachtliche Werke von Max Welcker wurden in der Biberacher Wallfahrtskirche gesungen.

2010 wurden die „Deutschen Messgesänge" von Michael Haydn (Bearbeitung Max Welcker) beim Dekanatssingen in Donauwörth und am 24.12.2011 „Weihnacht" in Bad Aibling aufgeführt.

Weitere Aufführungen der Werke von Max Welcker gab es 2012 in Albstadt-Sigmaringen („Ave verum" von W.A.Mozart, Bearb. Max Welcker)und Deiningen

---

[149] Artikel Willy Rehberg in Deutsche biographische Enzyklopädie (DBE), 2. überarbeitete und erweiterte Ausgabe, Band 8, herausgegeben von Rudolf Vierhaus, K.G. Saur München 2007, Seite 247.

[150] Landesarchiv Baden-Württemberg, Generallandesarchiv Karlsruhe 507 Nr. 5962 a Sondergericht Mannheim / 1933-1945 (-1981): Ermittlungsakte Max Welker von 1936 wegen Entfernens einer Hakenkreuzfahne und Stadtarchiv Mannheim (Marchivum): Hochschule für Musik in Mannheim: Dokumente aus dem Besitz von Musiklehrer Otto Hartmann 1913-1926, Signatur KE00663 darin: Beurteilung für Otto Hartmann, Schüler der Hochschule für Musik von 1917-1921, ausgestellt von Direktor Max Welker am 3.11.1926.

[151] Maria Helfgott: „Die Orgelmesse". Eine Untersuchung der orgelbegleiteten Messen vom ausgehenden 18. bis zum beginnenden 20. Jahrhundert, Dissertation Universität Wien 2009, Seite 358,359,466,467,510.

(„Lied vom Zwetschg'n Datschi" op.93.7). 2016 in Straßburg/Österreich („Weihnacht" op.113), 2017 in Valley („Ja der Frühling kommt wieder" op.44.3), Posseck („Johannespassion"op.139), Zollernalb („Ave verum" von W.A.Mozart, Bearb. Max Welcker) und Durlangen („Weihnacht" op.113.3). 2018 Holzkirchen-Warngau („Johannes-Passion" op. 139), 2018 und 2019 in Hüttlingen („Kreuzlied"), im Kreis Aschaffenburg („O du fröhliche", Satz: Max Welcker und 2020 Holzkirchen („Missa: Gloria tibi domine" op.183).

Darüber hinaus erfuhren im Jahr 2018 Max Welckers Weihnachtslieder, darunter mehrere „Stille-Nacht"-Verarbeitungen auf der Doppel-CD „Lichterglanz vom Himmelszelt" ihre Erstaufnahme durch das Dresdner Gesangsensemble „dimuthea" und die RSD Musikproduktion Dresden. In diesem Zusammenhang erschienen bundesweit zahlreiche Pressenotizen und Artikel bei über 25 regionalen und überregionalen Zeitungen und Radiostationen in Bayern, Baden-Württemberg und Sachsen. Am 8.12.2019 gaben die beiden Chöre Liederkranz Krumbach und dimuthea Dresden in der St. Michaelskirche in Krumbach ein gemeinsames Konzert, bei dem die Weihnachtslieder Max Welckers im Mittelpunkt standen.

Max Welckers Werke sind in zahlreichen Bibliotheken Europas gelistet, befinden sich in Chorarchiven in Deutschland, Österreich und der Schweiz und durch gesteigertes Interesse stieg die Anzahl der Neuauflagen durch die Verlage zwischen 1998 und 2018 laut Statistik auf 90 Veröffentlichungen.

Nach der Statistik der OCLC World Cat Identities (seit 1967 weltweit größtes Bibliotheksportal) sind die am weitesten verbreiteten Werke von Max Welcker:

- Die „Missa celensis", Mariazeller Messe (J.Haydn). Zwischen 1900 und 2002 wurden 16 Editionen in 3 Sprachen aufgelegt die weltweit in 67 Bibliotheken vorhanden sind.

- „Das Lied vom Zwetschgendatschi" op.93.7. Zwischen 1930 und 1950 wurden 8 Editionen aufgelegt die weltweit in 8 Bibliotheken vorhanden sind.

- Die Franziskus-Hymne: „Auf Christen preist den Gottesmann" op.108.2. Zwischen 1920-1923 wurden 4 Editionen aufgelegt die weltweit in 7 Bibliotheken vorhanden sind.

- Die „Deutsche Weihnachtsmesse". Zwischen 1950-2009 wurden 5 Editionen aufgelegt die weltweit in 6 Bibliotheken vorhanden sind.

Weitere Werke sind:

- „Ave verum corpus" (W.A.Mozart), 2 Editionen, 2006-2016; „Die drei von der letzten Bank" op.93.4, 3 Editionen, 1930-1949; „Der Leberkas" op.130.12, 4 Editionen 1925-1950; „Deutsche Messe" (F. Schubert), 3 Editionen 2011; „Du bist die Ruh", 3 Editionen 1912-2012 u.a.

Im Sommer 2020 fand meine Recherchearbeit zu Leben und Werk von Max Welcker mit Stadtrundgängen in Augsburg und Krumbach/Schwaben ihren Abschluss. Ich besuchte die wesentlichen Orte und Wirkungsstätten seines Lebens in den beiden Städten und genoss dieses für mich „besondere Sightseeing". Seit Beginn meiner Forschung sind fast drei Jahre vergangen und die zusammengetragenen Fakten und Unterlagen machten es möglich diese Biographie und das Werkverzeichnis MWWV zu schreiben. Ich bin mir bewusst, dass manche Frage offen geblieben ist und eine Reihe von Themen weiter vertieft werden müssten. Ich hoffe jedoch, dass ich mit meinen beiden Büchern die weitere geschichtliche und musikwissenschaftliche Forschung zum Leben und Werk des Volksschullehrers, Organisten, Chorleiter und Komponisten Max Welcker anregen kann.

Meine Auseinandersetzung mit Leben und Werk des Komponisten begann in der Weihnachtszeit und sie endet nun kurz vor dem Weihnachtsfest. Ich freue mich erneut auf Max Welckers wunderschöne Musik, seine romantischen Weihnachtslieder und den für mich besonderen „Lichterglanz vom Himmelszelt."

Dresden, den 31.Oktober 2020

Rolf Schinzel

# ZEITTAFEL

1698    Christoph Welcker wird geboren

1743    Gründung des ersten Gewandhausorchesters durch 16 Leipziger Kauf-
        leute .

1776    Das Schauspielhaus am Lauterlech „Komödienstadl" wird erbaut.

1802    Geburt von Johann Friedrich Welcker.

1810    Geburt von Karoline Winkler.

1815    Der Vulkan Tambora bricht in Indonesien aus.

1816    In Europa kommt es zum „Jahr ohne Sonne" mit Missernten und
        Hungersnöten.

        Der Pfarrer Joseph Mohr schreibt den Text von „Stille Nacht" in
        Mariapfarr.

1818    „Stille Nacht" erklingt erstmals in der Schifferkirche St. Nikola in
        Oberndorf.

1824    Geburt von Joseph Mayer.

1826    Geburt von Anna Stadler.

1827    Karl Heinrich Welcker wird in Meuselwitz (Sachsen-Altenburg) geboren.

1832    15. Dezember: Die Geschwister Strasser führen „Stille Nacht" bei ei-
        nem Konzert in Leipzig auf.

        Erstdruck von „Stille Nacht" durch den Dresdner Verleger
        August Robert Friese in Dresden.

1834    Die Augsburger Liedertafel wird von Johannes Rösle gegründet.

| | |
|---|---|
| 1837 | Karl (Carl) Heinrich Welcker in Meuselwitz (Sachsen-Anhalt) geboren. |
| 1839 | 7.Juni: Der Komponist Karl Deigendesch wird geboren. |
| 1843 | 22. November: Gründung der Augsburger Liedertafel durch Johannes Rösle. |
| 1846 | 18. März: Aufführung der „Antigone" von Felix Mendelssohn-Bartholdy durch die Liedertafel Augsburg. |
| 1847 | Karl (Carl) Heinrich Welcker wird als Geiger im Chemnitzer Orchester engagiert. |
| 1848 | Geburt von Leopold Straßer. |
| 1849 | bis 1863 Karl (Carl) Heinrich Welcker ist 1. Geiger im Gewandhaus-orchester Leipzig.<br><br>Karl (Carl) Heinrich Welcker wird Konzertmeister für den Leipziger Musikverein „Euterpe". |
| 1850 | 22. Februar: Robert Welcker, Vater von Max Welcker wird in Meuselwitz (Sachsen-Altenburg) geboren. |
| 1854 | Premiere von Wagners Tannhäuser und Verdis Ernani am Theater Augsburg.<br><br>Franz Xaver Gruber verfasst die „Authentische Veranlassung" zur Urheberschaft des Liedes „Stille Nacht". |
| 1856 | 4. August: Amalie Welcker, geb. Mayer wird in Thannhausen bei Augsburg geboren. |
| 1858 | Großcousin Karl Hermann Felix Welcker wird in Leipzig geboren. |
| 1859 | Geburt von Maria Herzog. |
| 1861 | Tod von Anna Mayer, geb. Stadler. Der Witwer Joseph Mayer zieht mit seinen 3 Kindern nach Augsburg um. |
| 1862 | Gründung des Liederkranz Krumbach. |
| 1864 | 1. Januar: Karl (Carl) Heinrich Welcker wird Stadtmusikdirektor in der mittelalterlichen Residenzstadt Altenburg.<br><br>Robert Welcker beginnt seine musikalische Ausbildung in Altenburg (Thüringen) bei seinem Onkel Musikdirektor Karl (Carl) Heinrich Welcker. |
| 1865 | 9. September: Gründung des Städtischen Orchesters Augsburg. |

1866    Bürgermeister Ludwig von Fischers Amtszeit in Augsburg beginnt.

        21.Mai: Der Liedertafelpoet Adam Rauh wird geboren.

        Gründung des Oratorienverein in Augsburg  durch Dr. Hans Michael Schletterer.

1867    Gründung der Präparandenschule Mindelheim.

1868    Luis Ubrich wird Direktor des Schauspielhaus am Lauterlech.

1869    Berthold Friedrich Brecht wird in Achern (Baden) geboren

1869/70 Robert Welcker wird 1. Geiger im Augsburger Theater.

1870    bis 1875 Joseph Mayer wird Mitglied im Chor des Augsburger Theaters als Bass.

1870    Amalie Mayer erhält erstes Engagement am Augsburger Theater zunächst für Kinterrollen, später als Chor-Sopran.

1872    „Die drei Haulemännerchen" werden am Theater aufgeführt, in einer der Rollen Amalie Mayer.

1873    Gründung der Augsburger Musikschule durch Dr. Hans Michael Schletterer.

1876    Beschluss für den Neubau des Theaters in Augsburg.

        1. Orthografische Konferenz in Berlin zur Vereinheitlichung der Rechtschreibung im gesamten deutschsprachigem Raum.

        22.November: Das Café Kernstock wird zum Vereinslokal der Liedertafel Augsburg.

1877    26. November: Eröffnung des neuen Stadttheaters in Augsburg.

1878    4. Dezember: Max Welcker wird in Augsburg geboren.

1880    Leitung der Liederafel durch Karl Kammerlander.

1881    1. Mai: Leopoldine Straßer geboren.

1882    Karl Eggert wird Chormeister der Liedertafel.

        21. September: Hochzeit von Robert Welcker und Amalie Mayer.

1882/83 Familie Welcker zieht in die Untere Stadt, Lange Gasse 24 (Litera F.246) in Augsburg.

1883    Der Humorist Weiß Ferdl (Ferdinand Weisheitinger) wird in Altötting geboren.

| | |
|---|---|
| 1884 | Max Welcker besucht die katholische Schule von St. Georg. |
| 1886 | Robert Welcker beginnt Max das Violine spielen zu vermitteln. |
| | Karl Hermann Felix Welcker wird Dirigent des Deutschen Männergesangvereins Brüssel. |
| | 20. November: Karl Hermann Felix Welcker heiratet Marie Münzel in Brüssel. |
| 1887 | „Mei Büaberl" von Robert Welcker wird gedruckt. |
| | Alfred Welcker wird in Altenburg geboren. |
| 1888 | Max wechselt auf die Domschule. Er beginnt mit dem Klavier spielen. |
| | Erste große Reise von Max mit seiner Mutter im Sommer in die Schweiz nach Ragaz. Hier erlernt er das Schwimmen und wäre fast ertrunken. |
| 1889 | Adam Rauh wird Mitglied der Liedertafel. |
| | Anna Breunig wird geboren. |
| 1891/92 | Max Welcker beginnt seine Lehrerausbildung an der Königlichen Präparandenschule Mindelheim. |
| 1892 | 1. Mai: Tod der Großmutter von Max Welcker, Karoline Welcker. |
| | 14.Juli: Max Welcker erhält sein erstes Jahreszeugnis an der Königlichen Präparandenschule Mindelheim. |
| | Leitung der Liedertafel durch Karl Eggert. |
| | Prof. Wilhelm Weber leitet den Oratorienverein. |
| | Guido Angerer leitet die Präparandenschule Mindelheim. |
| 1893 | Tod von Hans Michael Schletterer. |
| | Max Welcker reist mit den Elterm in die süddeutschen Gebirge, an den Bodensee, nach Salzburg, ins Salzkammergut und nachTirol. |
| | Die Augsburger Musikschule wird von Prof. Wilhelm Weber geleitet. |
| | Rudolf Diesel entwickelt den Dieselmotor. |
| 1894 | Tod des Großvaters von Max Welcker, Joseph Mayer. |
| | 18. September: Beginn der Ausbildung Max Welcker im Königlichen Schullehrerseminar in Lauingen. |

| 1895 | Berthold Friedrich Brecht wird Mitglied der Liedertafel. |
|------|------|
|      | der „Hessingmarsch" von Robert Welcker wird gedruckt. |
|      | 13. Juli: erhält Max Welcker sein 1. Zeugnis in Lauingen. |
| 1896 | 7. Juli: Max Welcker erhält sein Abschlusszeugniss als Volksschullehrer und verlässt das Lehrerseminar. |
|      | Ab September Max Welcker tritt in den Vorbereitungsdienst ein und unterrichtet für ein Jahr als Volksschullehrer in Augsburg. |
|      | Robert Welcker spielt für den Domchor. |
|      | Ende der Amtszeit von Theaterleiter Louis Ubricht. |
|      | Der Komponist Arthur Piechler wird in Magdeburg geboren. |
| 1896/97 | Max Welcker nimmt Klavierunterricht in der Musikschule Augsburg. |
| 1897 | Im September wird Max Welcker Lehrer in Oberreute. |
|      | 1. November: Max Welcker  wird Schulverweser in Hainhofen. |
|      | 1. Dezember: Max Welcker wird zum Hilfslehrerr in Hergensweiler ernannt. |
| 1898 | Der Komponist Otto Jochum wird in Babenhausen geboren. |
|      | Die Elektrische Straßenbahn in Augsburg geht in Betrieb. |
|      | Berthold Brecht wird in Augsburg geboren |
| 1899 | 1. September: Max Welcker wird Verweser in Haunstetten. |
|      | Im Herbst erneute Anmeldung an der Augsburger Musikschule. Max Welcker nimmt Klavierunterricht bei Fritz Spindler. |
|      | Max Welcker übernimmt die Leitung des Gesangsvereins „Einigkeit" (bis 1901). |
|      | Leopoldine Straßer beendet das Lehrerinnenseminar Wettenhausen. |
|      | Therese Riederle, Autorin des Krumbacher Heimatliedes wird geboren. |
| 1900 | Amalie Welcker beendet nach 30 Jahren ihre Dienstzeit am Augsburger Theater. |
|      | Im Oktober besteht Max Welcker seine Anstellungsprüfung in Augsburg. |

| | |
|---|---|
| 1901 | Max Welcker wohnt wieder bei seinen Eltern: Mittlere Stadt, Theaterstraße. |

15. September beginnt Max Welcker die Tätigkeit als Schullehrer (Schulverweser) in der Pestalozzischule.

Max Welcker nimmt Unterricht an der Musikschule bei Prof. Spindler und Prof. Weber.

Max Welcker wird Dirigent des Männergesangvereins „Sängerkränzchen" des Vereins „Katholisches Kasino".

Max Welcker tritt in die Liedertafel Augsburg ein.

2. Orthografische Konferenz in Berlin zur Vereinheitlichung der Rechtschreibung im gesamten deutschsprachigem Raum.

**1902** Max Welcker zieht mit seinen Eltern in die Wallstraße um.

Der Dirigent Eugen Jochum wird in Babenhausen geboren.

Im Mai Aufführung erster eigener Kompositionen mit dem „Sängerkränzchen" des Vereins „Katholisches Kasino".

Erste Kompositionen im Musikverlag Anton Böhm & Sohn unter der Editionsnummer 5109 und später 5152 „Sonnaschein" und 5153 „Gretele" veröffentlicht.

**1903** 6. Januar: Max Welcker beginnt in der Pfarrei St. Max zu arbeiten. Er wird Tenorist im Kirchenchor, später Organist und gehörte der Kirchenverwaltung an.

10. Februar: Karl (Carl) Heinrich Welcker stirbt in Altenburg/Sachsen.

Leopoldine Straßer besteht ihre Anstellungsprüfung als Lehrerin.

Max Welcker zieht mit seinen Eltern an den Kameliterplatz E 173/I um.

**1904** Ostern erste Italienreise nach Venedig und an den Gardasee mit Freunden und Kollegen.

15. September: Max Weker wird zum Lehrer ernannt und ist damit Beamter auf Lebenszeit.

**1905** Max Welcker reist nach Venedig, Mailand und die oberitalienischen Seen.

Eine 2. Reise führt nach Hamburg, Helgoland und Kiel.

Der Musikpädagoge Prof. Wilhelm Gößler leitet die Liedertafel.

Der Berufsschullehrer Max Vogt wird 2. Chormeister der Liedertafel.

Gründung der Augsburger Singschule durch Albert Greiner.

1906    Max Welcker reist nach Genua, die Riviera, Nizza, Salzburg und Tirol.

1907    Max Welcker unternimmt Reisen nach Rom, Neapel und durch die gesamte Schweiz.

1. Oktober: Leopoldine Welcker wird Schulverweserin in Augsburg.

Weihnachten feiern Max und Leopoldine ihre Verlobung in Krumbach.

1908    Hans Nagel wird 1. Vorsitzender der Liedertafel Augsburg.

Max Welcker bereist Linz, Wien, Semmering, Graz, den Brenner, den Arlberg und Lindau.

Leopoldine Straßer beendet ihren Schuldienst als Lehrerin.

Umzug der Familie Welcker in die Straße Vogelmauer 25 (LIt. G 142/1/2) in Augsburg.

Mutter Amalie Welcker beendet ihr Engagement beim Domchor.

Beginn vieler Reisen in den folgenden Jahren von Max Welckers durch Deutschland, die Schweiz und Österreich auch beruflich zur Verbreitung seiner Kompositionen.

Im September beginnt Max Welcker mit der Lehrtätigkeit an der Schule von St. Ulrich.

12. Oktober: Hochzeit von Max Welcker und Leopoldine Straßer in der Kath. Stadtpfarrkirche St. Michael in Krumbach.

1909    Ostern Hochzeitsreise von Max und Leopoldine nach Oberitalien und Bozen, Verona, Venedig und an den Gardasee.

Sommer: Die Welckers verreisen nach Würzburg, Heidelberg, Mannheim, Speyer, Karlsruhe, Freiburg, Straßburg, den Schwarzwald und nach Rettenberg.

23. Oktober: Tod der Schwiegermutter Maria Straßer, geb. Herzog.

1910    Umzug in die Herwartstr. (Litera E 123c, heute Herwartstr. 5).

Max Welckers Werk op.21 wird veröffentlicht.

23. April bis 1. November: die Weltausstellung Brüssel International findet statt.

Der Sommer-Urlaub wird in der Schweiz am Wallensee, Bad Ragaz und Rettenberg verbracht.

Der Deutsche Gesangverein Brüssel feiert sein 25jähriges Bestehen.

2. Sommer-Reise mit Rheinfahrt nach Antwerpen und Ostende. Besuch beim Großcousin Musikdirektor Karl Herrmann Felix Welcker in Brüssel.

1911      Max Welcker beendet seine Leitung bei der Sängergesellschaft „Einigkeit" und dem „Sängerkränzchen".

Ostern: Max Welcker bereist die Oberitalienische Seen und Mailand.

14. April: Tod von Komponist Karl Deigendesch.

21. Mai: Siegfried Wagner dirigiert „Manfred" von R. Schumann.

Im Sommer reist Max Welcker nach Lindau, den Lunersee, Dalaas und Rettenberg, sowie nach Württemberg.

1912      Max Welcker übernimmt die Leitung der zu St. Max gehörende Sängergesellschaft „Lyra" nach Abgabe seiner 2 bisherigen Gesangsvereine.

Max Welckers Werk op.28 wird veröffentlicht.

Ostern reist Max Welcker über die Oberitalienischen Seen, Mailand und Genua nach Nizza.

Im Sommer führt die Reise nach Hamburg, Helgoland und Kiel.

1913      25. Februar: Tochter Maria Welcker wird geboren.

Robert Welcker beendet seinen Orchesterdienst als Geiger.

Im Sommer unternimmt Max Welcker zwei Reisen in die Alpen, nach Reutte und Farchand. Die 2. Reise führt ihn in die Sächs. Schweiz, nach Dresden und Leipzig.

Juli: 50. Jubiläum des Schwäbisch-Bayerischen Sängerbundes in Augsburg.

12. bis 14. Juli: X. Sängerbundfest in Augsburg, gefeiert wird der 50. Geburtstag des Schwäbisch-Bayerischen Sängerbundes.

1914      Max Welcker reist nach Berlin, die Insel Rügen, Kopenhagen, Malmö und Leipzig.

Weiß Ferdl wird Direktor des Münchner Platzl.

28.Juli: Beginn des Ersten Weltkriegs.

| 1915 | Im Sommer reist die Familie Welcker an den Schliersee, Tegernsee, nach Farchand und Krumbach. |
|------|--------------------------------------------------------------|
| 1916 | Umzug der Familie Welcker in die Müllerstr. 18. |
|      | Den Sommer verbringt die Familie Welcker in Farchand. |
|      | 19. August: Einberufung von Max Welcker nach Mainz als Fußartellerist in den 1. Weltkrieg. |
| 1917 | 31. März: Entlassung aus dem Militärdienst in den Schuldienst nach Augsburg. |
|      | Max Welcker verbringt den Sommer in Kochel, am Walchensee und in Krumbach. |
|      | Im Herbst beginnt das neue Schuljahr für Lehrer Max Welcker an der 1904 erweiterten Schule von St. Max in der Jakobervorstadt. |
| 1918 | Familie Welcker reist im Sommer nach Füßen und Krumbach. |
|      | 11. November: Ende des Ersten Weltkrieges. |
|      | „Stille Nacht" feiert seinen 100. Geburtstag. |
| 1919 | Einschulung der sechsjährigen Tochter zu Beginn des Schuljahres 1919/1920. |
|      | Joseph Bach wird 1. Chormeister der Liedertafel und übernimmt die Leitung des Städtischen Orchesters. |
|      | Der Frauenchor der Liedertafel wird gegründet. |
|      | 28. Juni: Der Friedensvertrag von Versailles wird unterzeichnet. |
|      | Die Sommer-Reise von Max Welcker führt nach Rettenberg, Hergensweiler, Dornbirn und Krumbach. |
| 1920 | 10. Januar: Der Friedensvertrag von Versailles tritt in Kraft. |
|      | 1. April: Max Welcker wird zum Hauptlehrer ernannt. |
|      | In den folgenden Jahren entstehen viele Bearbeitungen (Werke von Händel, Haydn, Mozart, Schubert, Rheinberger, Ett, Kempter u.a.) und weit mehr als 150 Kompositionen. |
|      | Die Zusammenarbeit von Weiß Ferdl und Max Welcker beginnt und erstreckte sich über die nächsten 20 Jahre. |
|      | Den Sommer vebringt Max Welcker in Oberreitnau und Krumbach. |

1921      bis 1936 entstehen 119 Humoristika.

Max Welcker feiert sein 25. Dienstjubiläum als Lehrer.

Max Welcker reist im Sommer nach Lindau.

Der Komponist Otto Jochum wird Organist an der Kirche von St.Georg in Augsburg.

1922      27. Januar: Weiß Ferdl gründet den Verlag Münchner Humor.

Im Sommer reist Max Welcker ins Allgäu, nach Oberammergau und nach Krumbach.

Otto Jochum wird Dirigent vom Chor der Mechanischen Baumwollspinnerei.

Die Stadt Augsburg übernimmt die Musikschule.

1. August: Das neue Schulaufsichtsgesetz wird erlassen.

1923      Max Welckers Tochter Maria beginnt mit dem Klavierunterricht.

Max Welcker reist im Sommer nach St. Gallen/CH.

Max Welcker übernimmt die Kirchenchorleitung bei St. Max.

Krisenjahr Weimarer Republik.

8./9. November:  NSDAP Marsch auf die Feldherrnhalle München.

1924      Am 13. und 14. Juli  singt Max Welcker beim 11. Liederfest des Schwäbisch-bayerischen Sängerbundes in Lindau mit.

Prof. Heinrich Kaspar Schmid übernimmt die Leitung der Städt. Musikschule in Augsburg.

22. November: Hans Nagel, der langjährige 1. Vereinsvorsitzende der Liedertafel stirbt.

1925      Prof. Heinrich Kaspar Schmid übernimmt die Leitung des Oratorienvereins.

Aufführung von „Der Rose Pilgerfahrt" von Robert Schumann durch die Liedertafel Augsburg.

Sommerurlaub der Familie Welcker in Baden, Schwarzwald, Schaffhausen, Hergiswil und Einsiedeln/Schweiz.

| 1926 | Den Sommer verbringt die Familie im Schwarzwald, zusätzlich werden der Rheinpfalz und der Stadt Mainz Besuche abgestattet. |
|---|---|
| | Max Welcker wird das silberne Ehrenzeichen der Liedertafel für 25jährige Mitgliedschaft verliehen. |
| 1927 | 27. März: Augsburg feiert 50 Jahre Städtisches Theater. |
| | Ostern reist Max Welcker nach Schaffhausen, Aarau, Luzern, Hergiswil, Kirchberg, Friedrichshafen und Ulm. |
| | Die Sängergesellschaft „Lyra" feiert 60jähriges Bestehen. Max Welcker widmet dem Chor sein op.119.1. |
| | Im Sommer führt Max Welckers Reise nach Chur, Glarus, Einsiedeln, Arlberg, Amras und Innsbruck, Schloss Linderhof und Farchand. |
| 1928 | Am 5. Januar, 2 Uhr verstirbt unerwartet rasch Max Welckers Vater Robert Welcker an einem Lungenödem. |
| | Max Welcker wird das silberne Johannes Rösle Abzeichen für besonderes Engagement verliehen. |
| 1929 | 14. Mai: Der Liedertafelpoet Adam Rauh verstirbt. |
| | Den Sommer verbringt Max Welcker im Salzkammergut und in Graz. |
| | 1. August: Max Welcker wird zum Oberlehrer an der Schule von St. Max ernannt. |
| | Erstmalig „Lexikon-Ehren" durch einen Welcker-Eintrag im Deutschen Musikerlexikon, herausgegeben von Erich H. Müller in Dresden. |
| | Weihnachten verbringt Max Welcker die Feiertage in Rosenheim, Innsbruck und Feldkirch. |
| 1930 | Ostern führten zwei Reisen in die Schweiz, nach Deggendorf und Altötting. |
| | Max Welcker beendet die Leitung der Sängergesellschaft „Lyra". |
| | Der Sommer wurde in der Schweiz und in Liechtenstein verbracht. |
| | Zu Weihnachten weilte die Familie in Passau. |
| 1931 | Ostern verbringt die Familie Welcker in der Musikmetropole Wien. Danach ging es in die Alpen und über Zell am See ins Zillertal. |
| | Zu Pfingsten erkrankt Max Welcker an einer Blinddarmentzündung mit Lungenentzündung. |

Arthur Piechler übernimmt die Leitung des Oratorienvereins in Augsburg.

1932    Maria Welcker beginnt ihr Musikstudium in Karlsruhe.

Zu Ostern reist die Familie Welcker nach Karlsruhe und in die Pfalz.

Im Sommer reist die Familie Welcker nach Baden-Baden, Freiburg, Telfs.

Der Staatspreis für Komposition wird Eugen Jochum verliehen.

Wahrscheinlich im Herbst/Winter Erstaufführung der Motette 'Alma redemptoris mater' op.167 aus den 'vier Marianischen Antiphonen zur Vesper'" für vierstimmigen Chor von Max Welcker in der Kirche von St. Sylvester in München.

1933    27. Januar: Leopold Straßer der Schwiegervaters von Max Welcker, stirbt.

30. Januar Machtergreifung Hitlers.

Prof. Eugen Jochum übernimmt die Leitung der Augsburger Singschule.

Nachdem schon früher Kompositionen von Max Welcker im Bayerischen Rundfunk aufgeführt worden waren, ging nun erstmals das „Welcker-Quartett" auf Sendung.

Eintritt Max Welckers in den Nationalsozialistischer Lehrerbund.

12. Oktober: Max und Leopoldine Welcker feiern ihre Silberhochzeit.

22. Oktober: Max Welcker dirigiert die Uraufführung seiner Dreifaltigkeitsmesse op.170 für vierstimmigen, gemischten Chor und Orgel, in der Pfarrkirche „Heiligste Dreifaltigkeit" in Augsburg-Kriegshaber.

7. November: Max Welckers Mutter Amalie verstirb an einem Unglücksfall.

Beim Musikverlag Anton Böhm & Sohn erscheint erstmals ein 12 seitiges Verzeichnis sämtlicher Kompositionen von Max Welcker.

1934    Ostern reist Max Welcker nach Verona, Rom, Florenz, Padua und Venedig.

Den Sommer verbringt Max Welcker im Kanton Aarau, Kanton Solothurn und in Hergiswil.

Max Welcker dirigiert seine Dreifaltigkeitsmesse op. 170 in St. Anton, Augsburg.

Max Welcker tritt in den Nationalsozialistischen Wohlfahrtsverband (NSV) ein.

1935    18. März: Der Komponist Joseph Haas schreibt eine persönliche Widmung für Max Welcker.

Zu Ostern führt die Reise der Welckers nach Würzburg, Mainz, Koblenz und Frankfurt.

Den Sommer verbringt die Familie Welcker in Farchant.

Der Komponist Richard Strauß wird Präsident der Reichsmusikkammer.

Das erste Kompositionsverzeichnis der Werke Welckers erscheint beim Verlag Anton Böhm.

1936    Ostern reist die Familie Welckers nach Bonn, Köln und Karlsruhe.

8. November: UA der „Missa glora tibi domine" op.183 in St. Georg.

Das Weihnachtsfest verbringen die Welckers in Ulm und Stuttgart.

1937    Kirchenmusikdirektor Karl Wünsch wird Nachfolger von Joseph Bach als 1. Chormeister der Liedertafel.

Ostern reist die Familie Welcker nach Salzburg, Graz und Wien.

22. Mai: Maria Welcker und Ludwig Kolland feiern ihren Polterabend am im Kreise beider Familien in Augsburg.

24. Mai: An einem regnerischen Tag, findet die standesamtliche Hochzeit in Augsburg statt.

Die Sommerreise führt nach Karlsruhe, Pforzheim und Lenggries.

1938    Eugen Jochum wird Direktor des Augsburger Musikkonservatorium.

Im Februar tritt Max Welcker mit ablehnender Haltung in die NSDAP ein.

Zu Ostern reisen die Welckers nach Karlsruhe.

Der Sommer wird in Lenggries verbracht.

8. September Max Welckers Frau Leopoldine wird operiert.

3. Dezember: Eine Würdigung von Max Welckers Schaffen erfolgt durch die Presse.

4. Dezember: Würdigung Max Welckers zu seinem 60. Geburtstag vom Musikverlag Anton Böhm & Sohn in Augsburg.

1939    6. März: Leopoldine Welcker, geb. Straßer verstirbt nach monatelanger Krankheit.

Die Sommerreise führt zum Großglockner, nach Karlsruhe; eine Rheinfahrt geht bis nach Rotterdam.

Eintritt Max Welckers in den Reichsmusikkammer als obligatorischer Berufskammer aller Kulturschaffenden.

1. September: Beginn des Zweiten Weltkriegs.

1940    Die Sommerreise führt nach Tumpen im Ötztal und nach Hergensweiler.

Max Welcker lernt Anna Breunig, verw. Kaiser kennen.

Erste Luftangriffe auf Augsburg.

1941    1. April: Max Welcker wird zum Konrektor ernannt.

28. Mai: Hochzeit von Max Welcker und Anna Kaiser.

1. Juni: Beförderung von Max Welcker zum Konrektor an der Schule von St. Max.

Die Sommerreise führt nach Tumpen im Ötztal und nach Hergensweiler.

Max Welcker tritt dem Reichsluftschutzbund bei.

1942    Die RAF fliegt einen Bombenangriff auf MAN in Augsburg.

Die Welckers reisen Im Sommer nach Inzell, Mannheim.

1943    Am 9. Januar erhält Welckers Schwiegersohn Ludwig Kolland den Stellungsbefehl und musste am 13. Januar einrücken.

Februar: Joseph Goebbels erklärt den totalen Krieg.

Im April wird Maria Kolland (geb. Welcker) Klavierlehrerin am Konservatorium Augsburg.

6.Juni: Festakt „Hundert Jahre Augsburger Liedertafel 1843-1943" im Goldenen Saal des Augsburger Rathauses.

Die Familie Welcker reist im Sommer noch einmal nach Inzell, Mannheim.

Max Welcker beendet sein Organistenamt bei St. Max und die Mitarbeit in der Kirchenverwaltung.

Max Welcker beendet Sängerleben bei der Liedertafel.

Max Welcker beendet Sängergesellschaft „Lyra".

Karl Hermann Felix Welcker stirbt in Frankfurt am Main.

1944  25. Februar: Maria Welcker feiert ihren 31. Geburtstag bei ihren Eltern in der Müllerstraße 18, Augsburg.

25. Februar, 22.36 Uhr Luftangriff auf Augsburg.

Die Mädchenschule von St. Max und das Gebäude des Musikverlages Anton Böhm & Sohn in der Ludwigstraße 5 - 7 werden zerstört. Wichtige Papiere und allen bis zu diesem Zeitpunkt herausgegebenen Kompositionen von Max Welcker werden vernichtet.

26. Februar: Flucht der Familie Welcker nach Wertheim (bei Würzburg, 260 km nordwestlich von Augsburg) zu Verwandten.

6. März: Max Welcker erkrankt an Nervenschwäche.

11. März: Das Ehepaar Welcker findet Unterkunft bei Franz Straßer und seiner Familie in Krumbach.

19. April: Max Welcker tritt seinen Dienst als Aushilfslehrer an der Volkschule Krumbach an.

1945  16. April: Die SS versucht in Krumbach die Brücke über die Kammel zu sprengen.

27. April: Übergabe der Stadt Krumbach an die Amerikaner.

30. April: Adolf Hittler beginnt Selbstmord in Berlin.

8. Mai: Ende des Zweiten Weltkriegs in Europa.

Die Entnazifizierungsmaßnahmen der amerikanischen Militärregierung beginnen. Max Welcker wird in der ersten und zweiten Phase des Entnazifizierungsprozesses als Mitläufer eingestuft.

16. Mai: Hubert Kolland (Enkel von Max Welcker) wird geboren.

2. September: Ende des Zweiten Weltkriegs im Pazifik.

3. September: Wiedereröffnung der Volksschule in Krumbach.

24. September: Max Welcker übernimmt 2 Schulklassen und die Schulleitung.

Arthur Piechler übernimmt das Städtische Konservatorium für Musik in Augsburg.

7. Oktober: Kultureller Neubeginn nach Kriegsende mit der Aufführung von G.F. Händels Oratorium „Judas Maccabäus" in der Basilika St. Ulrich und Afra unter Arthur Piechler.

Der Liederkranz nimmt die Proben wieder auf.

Max Welcker übernimmt die Leitung des Liederkranz Krumbach.

15. November: Max Welcker wird durch die Schulbehörde in Augsburg aus dem Schuldienst entfernt, arbeitet in Krumbach mit Duldung der amerikanischen Verwaltung weiter.

25. November: Wohltätigkitskonzert unter der Leitung von Max Welcker.

**1946** 8. Dezember: Die neue republikanische Verfassung des Freistaates Bayern tritt in Kraft.

Weihnachten: Max Welcker schreibt seine Lebenserinnerungen für seinen Enkel Hubert auf.

**1947** 7. März: Welcker legt den Amtseid auf die Verfassung des Freistaates Bayern ab.

21. März: Das Urteil im Entnazifizierungsprozess fällt: Max Welcker wird im Sühnebescheid als Mitläufer zu einer Strafe von 1.350,- RM verurteilt.

26. Dezember: Weihnachtskonzert Liederkranz Krumbach, Aufführung von „Heilige Nacht" op.82.2.

**1948** 21. Juni: Die Deutsche Mark wird als neues Zahlungsmittel eingeführt.

1. Juli: Max Welcker wird als Lehrer in den Ruhestand versetzt.

Aus der Städt. Musikschule wird das Leopold-Mozart-Konservatorium Augsburg.

14. November: Wohltätigkeitskonzert zu Gunsten des Hilfswerkes der Stadt Krumbach.

4. Dezember: 70. Geburtstag Max Welckers.

| | |
|---|---|
| 1949 | Fasching: Die Gilde der „Krumbacher Schlorper" erwacht aus mehrjährigem Schlaf. |
| | Der Humorist Weiß Ferdl stirbt in München. |
| | 30. März: Max Welckers zweiter Enkel: Hermann Kolland wird in Karlsruhe geboren. |
| | 2. Mai: Umzug in die Poststraße 9 (heute Franz-Aletsee-Straße 9). |
| | 3. September: Uraufführung des Krumbacher Heimatliedes. |
| | 20. Dezember: Enkel Hubert Kolland hielt sich bis 13. Februar 1951 bei seinem Opa Max Welcker auf, da sein Bruder Hermann an Keuchhusten erkrankt war. |
| 1950 | 3. September: Wiedereröffnung des Krumbacher Heimatmuseums im Rahmen des Schwäbischen Heimattages. Erste Aufführung des Krumbacher Heimatliedes. |
| | 20. Dezember: Enkel Hubert Kolland hält sich bis 13. Februar 1951 bei seinem Opa Max Welcker in Krumbach auf. Sein Bruder Hermann war an Keuchhusten erkrankt. |
| 1951 | 12. April: Gründung des Frauenchors beim Liederkranz Krumbach. |
| | 17. Juni: Erster offizieller Auftritt des Frauenchores des Liederkranzes Krumbach. |
| | 7. Oktober: Max Welcker trifft sich mit seinen ehemaligen Schülern des Jahrgangs 1891 in Augsburg-Haunstetten, die er 1901 unterrichtet hatte. |
| 1952 | 6. Januar: Einweihung der neuen Volkschule, Max Welckers Festchor op.213 erlebt seine Uraufführung. |
| | 20. Februar: Welcker erhält einen Verdienstorden für überdurchschnittlich lange Lehrtätigkeit. |
| | 17. Mai: 90 Jahre Liederkranz Krumbach, Festkonzert mit Uraufführung von Max Welckers op.210. |
| 1953 | 30. Mai: Frühjahrskonzert des Liederkranz Krumbach mit ca. 150 Mitwirkenden. |
| | 29. November: Ehrung Max Welckers anlässlich des Familienabends des Liederkranzes zu seinem 75. Geburtstag. |

1. Dezember: Beim Musikverlag Anton Böhm & Sohn Augsburg erscheint ein neues Verzeichnis aller lieferbaren Werke von Max Welcker. Es umfasst 222 Werke.

1954    9. Mai: Mit der Aufführung von Robert Schumanns romantischen Oratorium „Der Rose Pilgerfahrt" beim Frühjahrskonzert nimmt Max Welcker Abschied als Dirigent des Liederkranz Krumbach. Nach seinem letzten Konzert wird er von den Sängern zum Ehrenchormeister ernannt.

9. Mai: Überreichung der Ernennungsurkunde zum Ehrenchormeister des Liederkranz Krumbach für Max Welcker.

18. Mai: Willi Wilikovsky übernimmt als Nachfolger Max Welckers die Leitung des Liederkranz Krumbach.

20. Mai: Max Welcker erkrankt und wird ins Augsburger Westkrankenhaus eingeliefert.

30. Juni: Max Welcker verstirbt im Augsburger Krankenhaus.

2. Juli: Beerdigung von Max Welcker auf dem Augsburger Westfriedhof.

Lexikoneintrag von Max Welcker in Kürschners „Deutscher Musikerkalender".

1962    1. Dezember: Liederkranz Krumbach feiert 100jähriges Bestehen.

1972    März: Krumbach ehrt Max Welcker mit der Bennenung einer Straße nach seinem Namen (Max-Welcker-Weg).

1974    Arthur Piechler stirbt in Landau an der Isar.

1975    29. November: Tod von Anna Welcker, geb. Breunig.

1978    Anläßlich Max Welckers 100. Geburtstag entsteht ein Portrait und mehrere Aufnahmen vom Kompositionen Max Welckers, die in der Sendung „Schwabenspiegel" des Bayrischen Rundfunks ausgestrahlt werden.

1999    18. Juni: Tod von Maria Kolland, geb. Welcker.

2000    Das „Spatzenquartett" Regensburg singt 10 Kompositionen von Max Welcker auf CD ein, die zum Fest der Bayern erscheinen.

2018    Dezember: In Dresden erscheint die Weihnachts-Doppel-CD „Lichterglanz vom Himmelszelt" mit 22 erstmals aufgenommenen Weihnachtsliedern von Max Welcker.

# Abbildungs-
# Verzecihnisverzeichnis

Hubert Kolland Berlin

8, 11, 13, 22, 23, 32, 36, 37, 44, 48, 49, 50, 51, 52, 55, 56, 70, 82, 83, 86, 87, 88, 95, 96, 98, 105, 106, 107, 108, 111, 119, 120, 121, 124, 131, 132, 135, 136, 137, 139, 144, 145, 147, 148, 149, 150, 151, 152, 153, 154, 155, 156, 157, 158, 159, 160, 161, 162, 163, 164, 165, 171, 172, 175, 183, 184, 185, 186, 188, 196, 200, 203

Hubert Kolland, Berlin. Original im Mittelschwäbischen Heimatmuseum Krumbach mit Übertragung in lateinischer Schrift als PDF-Datei.

173, 174

Mittelschwäbisches Heimatmuseum Krumbach

6, 9, 16, 21, 89, 109, 110, 127, 128, 129, 194, 195, 198, 199, 201, 202

Musikverlag Anton Böhm & Sohn, Augsburg

1, 33, 34, 35, 38, 39, 74, 75, 76, 77, 97, 115, 116, 125, 130, 168, 187

Protokollbuch Liederkranz Krumbach 1937 bis 78

177

Rolf Schinzel, Dresden

12, 46, 47, 61, 62, 63, 84, 85, 90, 91, 133, 134, 178, 179, 180, 181, 182, 192, 192, 204

Sammlung Häußler Augsburg:

2, 3, 4, 5, 7, 14, 15, 19, 20, 40, 41, 42, 43, 71, 72, 73, 78, 79, 80, 92, 93, 94, 95, 100, 101, 102, 117, 118, 122, 123, 142, 143, 166, 167, 169

Sängergesellschaft Lyra Augsburg

103, 104

SKM 36820081117150, St Josephskongregation Ursberg

193

Staats-und Stadtbibliothek Augsburg

17

Stadtarchiv Meuselwitz

24, 25, 45

Wikipedia

27, 28, 29, 30, 31, 64, 66, 112, 113, 114, 140, 141

www.badragaz.ch

10

# PERSONENREGISTER

# LITERATURVERZEICHNIS

**Literatur**

- Adressbuch der Königlichen Kreishauptstadt Augsburg (1866) - [online] https://opacplus.bsb-muenchen.de/Vta2/bsb10369999/bsb:3206421?page=18 [abgerufen 29.10.2020]

- Adressbuch der Königlichen Kreishauptstadt Augsburg (1872) - [online] https://opacplus.bsb-muenchen.de/Vta2/bsb11038232/bsb:3206422?page=9 [abgerufen 29.10.2020]

- Adressbuch der Stadt Augsburg 1896

- Amtliches Verzeichnis der Volksschulen und städtischen Schulen der Kreishauptstadt Augsburgs von 1913/14-1917/18 und 1925/26-1939/40

- Amtliches Verzeichnis der Volksschulen und städtischen Schulen, Augsburg 1914-1961

- Ausschuss des Bayerischen Schulwesens: Verzeichnis der Schulbehörden für die Volksschulen des aktiven und pensionierten Lehrpersonals des Kreises Schwaben und Neuburg: Augsburg, 19.Jahrgang, 02.12.1912

- Beschreibung der Residenzstadt Altenburg und ihrer Umgebung: mit durchgängiger Berücksichtigung der Vergangenheit, für Freunde und Einheimische, mit einem Grundriss von Altenburg und dem Laufe der Eisenbahn von Leipzig über Altenburg, Plauen nach Hof, S.71-72: Verlag Schnuphase, Altenburg, 1841

- Buchinger, Hubert: Die bayerische Volksschule im Wandel der Zeit - Ein Beitrag zur Schulgeschichte Bayerns von 1800 bis zur Gegenwart, S.114: [online] https://www.heimatforschung-regensburg.de/212/1/RL_1_2008_Buchinger.pdf [abgerufen 27.10.2020], 2008

- Deutscher Bühnenverein/ Genossenschaft Deutscher Bühnen-Angenhöriger/ Fachschaft Bühne (Reichstheaterkammer): Deutsches Bühnen Jahrbuch: Theatergeschichtliches Jahr-und Adressenbuch 1895, Band 6, S. 262, Präsident der Reichstheaterkammer, 1895, Original von University of Michigan, digitalisiert 12.06.2007

- Deutscher Bühnenverein/ Genossenschaft Deutscher Bühnen-Angenhöriger/ Fachschaft Bühne (Reichstheaterkammer): Deutsches Bühnen Jahrbuch: Theatergeschichtliches Jahr-und Adressenbuch 1899, Band 10, S. 235, Präsident der Reichstheaterkammer, 1899, Original von University of Virginia, digitalisiert 18.02.2009

- Deutscher Bühnenverein/ Genossenschaft Deutscher Bühnen-Angenhöriger/ Fachschaft Bühne (Reichstheaterkammer): Deutsches Bühnen Jahrbuch: Theatergeschichtliches Jahr-und Adressenbuch 1900, Band 11, S. 237, Präsident der Reichstheaterkammer, 1900, Original von University of Michigan, digitalisiert 17.06.2007

- Deutscher Bühnenverein/ Genossenschaft Deutscher Bühnen-Angenhöriger/ Fachschaft Bühne (Reichstheaterkammer): Deutsches Bühnen Jahrbuch: Theatergeschichtliches Jahr-und Adressenbuch 1906, Band 17, S. 250, Präsident der Reichstheaterkammer, 1906, Original von die University of Virginia, digitalisiert 20.02.2009

- Die Musik: „Das Lied von der Glocke", 4. Quartalsband, 1903, [online] https://archive.org/details/diemusik06gergoog/page/n99/mode/2up? q=welcker [abgerufen 29.10.2020]

- Erich, P.: Sanct Fidelis, Stimmen aus der Schweizer Kapuziner Provinz, 35. Band, 1948, darin: II Stimmen aus der Provinz: R. P. Rupertus Noser OFMCap. S.94-97

- Ferdl, Weiß: Weiß Ferdl erzählt sein Leben. Selbstbiographie: S. 8, 9, 22, 28, 41,55: München, Richard Pflaume Verlag, 1950

- Franke, Christiane: Schwaben singt - 150 Jahre Chorverband Bayerisch-Schwaben, [online] https://www.chorverband-cbs.de/cbs/verband/saengerkreise %20logo/chronik150.pdf [abgerufen 29.10.2020]

- Gehlauf, Karl Heinz: Kulturhistorisches Portrait Altenburgs: S. 78 und S. 247: Heimat Verlag, Sell, 2006

- Gier, Helmut / Janota, Johannes: Augsburger Buchdruck und Verlagswesen, von den Anfängen bis zur Gegenwart, Harrassowitz, Wiesbaden 1997- Gleich, Walter: Krumbach (Schwaben) in Stichworten, S.98-123, 2014

- Groll, Thomas: Verein für Augsburger Bistumsgeschichte, Jahrbuch 48. Jahrgang 2014, darin: Zur Geschichte der Stadtpfarrei St. Maximilian in Augsburg, Seite 251

- Gurtner, Josef: Die katholische Kirchenmusik Österreichs im Lichte der Zahlen, Leo Gesellschaft, Baden / Österreich 1936

- Haunstetten, Geschichte - Episoden - Bilder, S.15, Brigitte Settele Verlag, Augsburg 1983

- Häussler, Franz: Augsburg war einst Bankenplatz Nummer 1: Augsburger- Allgemeine, [online] https://www.augsburger-allgemeine.de/special/augsburger-geschichte [abgerufen 29.10.2020]

- Helfgott, Mag. Art. Mag. Phil. Maria: Dissertation: Die Orgelmesse, eine Untersuchung der orgelbegleiteten Messen vom ausgehenden 18. bis zum beginnenden 20. Jahrhundert: Universität Wien, 2009, Seite 358,359,466,467,510. [online] https://core.ac.uk/download/pdf/11586733.pdf [abgerufen 29.10.2020]

- Herbst, Wolfgang: Stille Nacht, heilige Nacht. Die Erfolgsgeschichte eines Weihnachtsliedes.: Atlantis Musikbuch Verlag Zürich und Mainz, 2002

- Hochradner, Thomas / Michael Neureiter: Stille Nacht: Das Buch zum Lied, S. 137, Anton Pustet, Salzburg 2018.

- Hofmeister,Friedrich: Musikalisch-literarische Monatsberichte über neue musikalische Schriften und Abbildungen,  Leipzig, darin: Publikation neuer Werke von Karl Friedrich und Robert Welcker, Einträge vom: September 1888, S. 360; November 1892, S. 443 und S. 457; Mai 1897, S. 221; August 1897, S. 327; März 1898, S. 102; Januar 1899, S. 19; Januar 1900, S. 12 und S. 48; Nr. 5 Mai 1855; Nr. 7, Juli 1859; September und Dezember 1862; April und August 1864; Nr. 12, Dezember 1865; November 1867; 12. November und Dezember 1872

- Hornischer, Christine: Haunstetter Geschichten, Band 1, August 2010: darin: „Sängergesellschaft „Einigkeit" in Haunstetten „Singen ist eine große Freude"

- Internet Archive: Die Musik 02Jg, 1Q, Bd.05, 1902-1903 Herausgegeben von Kapellmeister Bernhard Schuster, Verlegt bei Schuster & Loeffler, Berlin Leipzig, [online] https://archive.org/details/DieMusik02jg1qBd.051902-1903/page/n251/mode/2up?q=welcker [abgerufen 29.10.2020]

- Internet Archive: Die Musik 08Jg, 2Q, Bd.30, 1908-1909 Herausgegeben von Kapellmeister Bernhard Schuster, Verlegt bei Schuster & Loeffler, Berlin Leipzig,[online] https://archive.org/details/DieMusik08jg2qBd.301908- 1909/mode/2up?q=welcker [abgerufen 29.10.2020]

- Internet Archive: Die Musik IX. 11, 10. Jahrgang, 2.Quartalsband, Band 34, herausgegeben von Kapellmeister Bernhard Schuster, Verlegt bei Schuster & Loeffler, Berlin Leipzig 1909-1910, [online] https://archive.org/stream/DieMusik09jg2qBd.341909-1910/DieMusik09jg2qBd.341909-1910_djvu.txt [abgerufen 29.10.2020]

- Internet Archive: Die Musik IX. 8, 10.Jahrgang ,3.Quartal, Band 39, 1910-1911, [online] https://archive.org/details/DieMusik10jg3qBd.391910-1911?q=Die+musik+1909%2F1910 [abgerufen 29.10.2020]

- Internet Archive: Die Musik 13Jg, 3Q, Bd.51, 1913-1914 Herausgegeben von Kapellmeister Bernhard Schuster, Verlegt bei Schuster & Loeffler, Berlin Leipzig, [online] https://archive.org/details/DieMusik13jg3qBd.511913-1914/page/n24/ mode/2up?q=welcker [abgerufen 29.10.2020]

- Jacobi, Thorsten: Im Zeichen Europas und der Ökumene: Evangelische Kirche deutscher Sprache in der Provinz Antwerpen, Pro Business Berlin 2017.

- Jung, Hans Rainer/ Böhm, Claudius: Das Gewandhaus-Orchester, seine Mitglieder und seine Geschichte seit 1743: Verlag Faber+Faber GmbH, 2006

- Kessler, Eugen (1. Vorsitzender Augsburg): 110 Jahre Augsburger Liedertafel 1843-1953, E. Kieser KG Druckerei, November 1953

- Kriss-Rettenbeck, Lenz / Liedtke, Max: Schriftenreihe zum Bayrischen Schulmuseum Ichenhausen, Band 2, Hrsg.: Bayrisches Nationalmuseum: „Regionale Schulentwicklung im 19. und 20. Jahrhundert": darin: Werner Sacher: „Die schulpraktische Ausbildung an den bayrischen Lehrerseminaren von 1809-1934", S.162-167: Verlag Julius Klinkhardt, Bad Heilbrunn/ OBB, 1984

- Kulturreferat der Stadt Augsburg: 100 Jahre Städtisches Orchester Augsburg: Festschrift zum 100 jährigen Bestehen des Städtischen Orchesters Augsburg, 1965

- Lütgendorff, Willibald Leo Freiherr Von: Die Geigen und Lautenmacher vom Mittelalter bis zur Gegenwart, S. 11: Verlag Heinrich Keller, Frankfurt am Main, 1904

- Nießeler, Martin: Augsburger Schulen im Wandel der Zeit, darin: III Geschichtliche Entwicklung der einzelnen Augsburger Schulen: Die Haunstetter Volksschulen, S. 79, Verlag Hieronymus Mühlberger, Augsburg, 1984

- Pazdìrek, Franz: Universal-Handbuch der Musikliteratur aller Völker; Vol. 11, Friedrich Hofmeister, 1900

- Pazdírek , Franz: Universal-Handbuch der Musikliteratur aller Zeiten und Völker. Als Nachschlagewerk und Studienquelle der Welt-Musikliteratur 1.Teil, S.278: Verlag des „Universal-Handbuch der Musikliteratur", Pazdírek & Co Kommanditgesellschaft Wien, 1910

- Sallinger, Barbara im Auftrag der Stadt Krumbach: Krumbach - Vorderösterreichischer Markt, Bayerisch-Schwäbische Stadt; Band II: Verlag Karl Ziegler GmbH Krumbach

- Schinzel, Rolf: MWWV Max Welcker Werk Verzeichnis, Hrsg: RSD Musikproduktion Dresden GbR, Verlag Tradition Hamburg, 2020

- Schülke, Rudolf: Adressbuch der Stadt Augsburg 1971, darin: "Vom Komödienstadel am Lauterlech zum wieder aufgebauten Stadttheater", Augsburger Adressbuchverlag Konrad Arnold

- Spies, Hermann: Über Joseph Mohr, den Dichter von „Stille Nacht, heilige Nacht" (Salzburg 1792–1848), Mitteilungen der Gesellschaft für Salzburger Landeskunde Nr. 84/85, Seite 122, [online] https://www.zobodat.at/pdf/ MGSL_84_85_0122-0141.pdf [abgerufen 29.10.2020]

- Steichele, Anton von (Erzbischof von München und Freising): Das Bistum Augsburg, historisch und statistisch beschrieben, Bd.: 5, Die Landkapitel: Ichenhausen und Jettingen, von Antonius von Steichele. Fortges. von Alfred Schröder, Augsburg, 1895, [online] https://daten.digitale- sammlungen.de/~db/0001/ bsb00010468/images/index.html? seite=00001&l=de [abgerufen 29.10.2020]

- Steiner-Span, Silvia / Holzner, Anna: Stille Nacht! Heilige Nacht!: Ein Lied verbindet die Welt, S. 100, Kevelaer, Butzon & Bercker GmbH 2018

- Sünwoldt, Sabine: Weiß Ferdl, eine weiss-blaue Karriere, S. 35, 109, 113: Stadtarchiv München, Hugendubel Verlag, 1983

- Thuswaldner, Werner: Stille Nacht! Heilige Nacht!: Die Geschichte eines Liedes: Residenz Verlag, 2018

- Verzeichnis der städtischen Schulen in Augsburg im Schuljahre 1907-1913

- Verzeichnis der Volksschulen der Kreishauptstadt Augsburg

- Verzeichnis der Schulbehörden und Lehrkräfte des Regierungsbezirkes Schwaben und Neuburg: Bayerisches Schulmuseum Augsburg, 1925

- Verzeichnis der Schulbehörden für die Volksschulen, des aktiven und pensionierten Lehrerpersonals des Kreises Schwaben und Neuburg Hrsg: Ausschuß des Bayerischen Schulmuseums Augsburg, 19. Jahrg. vom 02.12.1912

- Verzeichnis der Volksschulen der Kreishauptstadt Augsburg 1896-1926, herausgegeben von der Stadtverwaltung

- Whistling , Carl Wilhelm: Der Musikverein Euterpe zu Leipzig 1824-1874, S. 13, 38, 46, Kahnt, Leipzig ,1874

- Wißner, Bernd: 175 Jahre Philharmonischer Chor Augsburg und seine Vorgänger, Wissner-Verlag, Augsburg, 2018

- Witz, Friedrich A.: Versuch einer Geschichte der theatralischen Vorstellungen in Augsburg von den frühen Zeiten bis 1876, Seiten: 37, 38, 125-133, 138, 179-183, 217, 254-257, 282: Internet Archive Augsburg, 2018

- Wolf, Gustav: Geschichte der Altenburger Buchhändler, S.56: Altenburg, 2000

## Lexika

- Dotterweich, Volker: Augsburg im 19.Jahrhundert 1818-1918, in: Stadtlexikon Augsburg, Wißner Verlag Augsburg

- Foetisch, Charles Théodore Louis in: MGG, [online] https://www.mgg-online.com/articleid=mgg04694&v=1.1&rs=mgg04694 [abgerufen 26.04.2020]

- Foetisch, Charles in: historisches Lexikon der Schweiz, [online] https://hls-dhs- dss.ch/de/articles/026947/2005-02-02/ [abgerufen 26.04.2020]

- Gier, Dr. Helmut: Brecht; Stadtlexikon Augsburg, Wißner Verlag,[online] https://www.wissner.com/stadtlexikon-augsburg/artikel/stadtlexikon/brecht/3401 [abgerufen 29.10.2020]

- Grünsteudel, Günther/ Zorn, Prof. Dr. Wolfgang: Riedinger; Stadtlexikon, 21.8.2009, [online] https://www.wissner.com/stadtlexikon-augsburg/artikel/stadtlexikon/ riedinger/5175 [abgerufen 29.10.2020]

- Harenberg Opernführer, 4.Auflage, Verlags-und Medienanstalt Dortmund

- Hetzer, Gerhard: Weimarer Republik und Drittes Reich: Wißner Verlag, [online] https://www.wissner.com/stadtlexikon-augsburg/aufsaetze-zur- stadtgeschich-te/weimarer-republik-und-drittes-reich [abgerufen 23.10.2020]

- Kempter, Friedrich:[online] www.deutsche-biographie.de [abgerufen 26.04.2020]

- Kloiber, Rudolf: Handbuch der Oper, 2 Bände, dtv/Bärenreiter, München/Kassel, 1973/1985

- P. Josef Cal (Martin) Rief (F. Nothegger / J. Nössing) in: Österreichisches Biographisches Lexikon 1815-1950, S. 146f, Bd. 9, Lfg 42, 1985

- Radig, Paul: Bayrisches Musikerlexikon [online] http://www.bmlo.lmu.de [abgerufen 27.10.2020]

- Rehberg, Willy in: Deutsche biographischen Enzyklopädie (DBE), 2. überarbeitete und erweiterte Ausgabe, Band 8, Seite 247, herausgegeben von Rudolf Vierhaus, K.G. Saur München 2007

- Reusch, Heinrich: „Werner, Franz", in Allgemeine Deutsche Biographie, 1897, [online] https://www.deutsche-biographie.de/pnd119440393.html#adbcontent [abgerufen 27.10.2020]

- Rief , Pater Josef OFM: [online] https://www.biographien.ac.at/oebl/oebl_R/Rief_Josef- Cal_1861_1915.xml;internal&action=hilite.action&Parameter=rief [abgerufen 29.10.2020]

- Schindler, Moser, Franz Josef (Otto G. Schindler) in: österreichisches Musiklexikon, [online] https://www.musiklexikon.ac.at/ml/musik_M/Moser_Franz.xml [abgerufen 27.10.2020]

- Schikaneder, Johann (Baptist) Joseph Emanuel, in: Neue deutsche Biographie, Band 22, S. 753f, Duncker & Humblot, Berlin 2005

- Schmid, Cordula (Kordula), geb. Wöhler, Ps. Cordula Peregrina in: Österreichisches Biographisches Lexikon [online] https://www.biographien.ac.at/oebl/oebl_S/Schmid_Cordula_1845_1916.xml;internal&action=hilite.action&Parameter=peregrina* [abgerufen 29.10.2020]

- Senger, Hugo de (Jacques Tchamkerten) in: Hugo de Senger, in: Kotte, Andreas (Ed.): Dictionnaire du théâtre en Suisse, Chronos Verlag, Zürich 2005, Vol. 3, p. 1677

- Senger, Hugo von in: Theaterlexikon der Schweiz [online] http://tls.theaterwissenschaft.ch/wiki/Hugo_de_Senger [abgerufen 29.10.2020]

- Welcker, Max in: Deutsches Musikerlexikon, herausgegeben von Erich. H. Müller; Wilhelm Limpert Verlag Dresden 1929

- Welcker, Max in: Kürschners Deutscher Musikerkalender, Zweite Ausgabe, S. 1449-1457 herausgegeben von Hedwig und E. H. Mueller von Asow, Verlag Walter de Gruyter und Co, Berlin 1954.

## Artikel, Broschüren

- Albertus-Gymnasium Lauingen (Donau): Festschrift zur Erinnerung an die 1841 erfolgte Verlegung des Lehrerseminars von Dillingen a. d. Do. nach Lauingen (Donau) und die spätere Begründung der Lehrerbildundsanstalt,1990/91, darin: G. Ludwig: Von der fürstlichen Schule zum Albertus-Gymnasium Lauingen, S. 25-30; H. Oblinger: Lehrer-und Lehrerinnenbildung in Bayrisch-Schwaben von der Normalschule bis zur Universität, S.56-58; Max Springer: Karl Deigendesch und Otto Hofmiller, zwei Weggefährten von Hyazinth Wäckerle, S.95-97; Georg Albrecht: Die Seminarübungsschule-selten gewürdigt und doch wesentlicher Bestandteil der Lehrerbildungsanstalt, S.110-112; Dr. Gernot Ludwig: Absolventen der Kgl. Lehrerbildungsanstalt und des späteren Albertus-Gymnasiums Lauingen (Donau), S.150-151

- Das letzte Vierteljahrhundert der Schulgeschichte Augsburgs 1901-1926 von Stadtschulrat Hösle, Festgabe des Bayrischen Schulmuseums Augsburg, anläßlich der 5jährigen Amtstätigkeit seines hochverdienten Ehrenmitgliedes Herrn Oberstadtschulrats Dr. Max Löweneck in Augsburg

- Greppmeier, B. (Redaktion und Konzeption): Festschrift zum125-jährigen Bestehen der Sängergesellschaft Lyra e. V. 1867-1992, Festprogramm 17./18.10.1992

- Häussler, Franz: Chronik Augsburg; in Augsburger Allgemeine: Geschichte erleben

- Häussler, Franz: Friedrich Lists Augsburger Jahre

- Häussler, Franz:1508-2008 500 Jahre Geschichte: Das Dom Hotel; Dom Hotel Familie Illig

- Jennen, Paul (Redaktion): Festschrift 150 Jahre Sängergesellschaft LYRA e. V. Augsburg 1867-2017 Hrsg.: Sängergesellschaft LYRA e. V

- Kulturreferat der Stadt Augsburg: 1865-1965 100 Jahre Städtisches Orchester Augsburg, Festschrift zum 100jährigen Bestehen des Städtischen Orchesters Augsburg

- Leopold Mozart Konservatorium Augsburg: Infobroschüre 1992, Stadt Augsburg; Direktor Klaus Volk

- Pfarrverband Holzkirchen-Warngau, St.Josef; Kath. Kirchenchor Holzkirchen „Johannes Passion" von Max Welcker, 30.3.2018

- Philharmonischer Chor Augsburg: Festschrift 150 Jahre Augsburger Liedertafel 1993, darin: II Chorgeschichte: Walter Weidmann: Der Philharmonische Chor Augsburg, Wunsch und Werden in 150 Jahren

- Platzl Liederbuch: „Wir singen mit", undatiert, darin: s`Platzl Lied, Text: Ludwig Schmidt-Wildy, Musik: Erwin A. Ludwig

- Rauschmayr, J. St.: Festschrift -100 Jahre Schwäbische Lehrerbildungsanstalt Lauingen, 1925

- Schmid Michael A.: Barfuß vor St. Max; Katalog zur Sonderausstellung im Diözesanmuseum St. Afra 18.10.2013-12.1.2014, S.30ff, S. 108, S.234/35, S.287, Hrsg.: Melanie Thierbach: Wißner Verlag, Augsburg, 2013

- Stille-Nacht-Gesellschaft Oberndorf/Austria: „Stille Nacht! Heilige Nacht!" Entstehungs- und Verbreitungsgeschichte, [online] http://www.stillenacht.at [abgerufen 29.10.2020]

- Verzeichnis sämtlicher Kompositionen von Max Welcker: Verlag Anton Böhm, Druck: Literarisches Institut von Haas und Grabherr in Augsburg

- Vogt, Martin: Gesang in der Lehrerbildung im Bayern des 19. Jahrhunderts; Dissertation zur Erlangung des Doktorgrades an der Philosophisch-Sozial- Wissenschaftlichen Fakultät der Universität Augsburg, S. 57, 527 und 575, 2009

- 150 Jahre Sängergesellschaft Einigkeit Haunstetten e. V. 1858-2008, Festschrift

**Zeitschriften**

- Augsburger Allgemeine vom 18.3.2008: Obergriesbach-Zahling, Pfarrkirche St. Gregor (wak), Zahlinger Männerchor singt „Die Deutsche Passion" von Max Welcker,

- Augsburger Allgemeine vom 31.12.2009: Biberach, Wallfahrtskirche „Weihnachtsweisen aus ganz Europa".

- Augsburger Allgemeine vom 3.8.2010: Münster zu Unserer Lieben Frau, Donauwörth, Dekanatssingen Donauwörth „Deutsche Messgesänge" von Michael Haydn (Chorsätze Max Welcker)

- Augsburger Allgemeine vom 10.12.2012 Dorfverein Deiningen, Konzert Gänsbachkosaken „Zwetschg'n Datschi" von Max Welcker

- Augsburger Allgemeine vom 5.9.2018 „Zwei Hymnen auf Haunstetten", Richard Mayr und Michael Schreiner

- Belgischer Kurier: belgische Ausgabe des Deutschen Kurier, 1917-18

- Der Daniel: Nordschwaben, Zeitschrift für Landschaft, Geschichte, Kultur und Zeitgeschehen, Heft 1/1979; Hrsg: Fränkisch-schwäbischer Heimatverlag Konrad Theiss Verlag, Stuttgart und Aalen, darin: Joseph Haas und seine schwäbische Heimat; Dr. Adolf Layer

- Flyer: Mindelheim, Stadt der Kultur und Lebensfreude; Hrsg.: Stadt Mindelheim, Januar 2020, Autor: Jürgen Gerner; Verlag Hans Högel KG, Jürgen Gerner

- Augsburger Allgemeine vom 06.03.2019: Häussler, Franz „Kaiser Maximilians erstes Quartier" [online] https://www.augsburger-allgemeine.de/augsburg/ Kaiser-Maximilians- erstes-Quartier-id53712826.html [abgerufen 29.10.2020]

- Hofmeister, Adolph: Musikalischen Monatsberichten über neue Musikalien, musikalische Schriften und Abbildungen: Leipzig, Januar/Mai 1855, Januar/Juli 1859, September/Dezember 1862, April/August 1864, November/Dezember1865, November 1867, September 1869 und November/Dezember 1872

- Hofmeister, Friedrich: Musikalisch-literarische Monatsberichte über neue musikalische Schriften und Abbildungen: Leipzig, August 1898 und September 1903

- la fèdèration artistique: organe hebdomadaire des interets artistiques, 21.6.1914

- Layer, Dr. Adolf: Der Heimatfreund, Beilage der „Donauzeitung", 11.Jahrgang, Nr. 2, 1960 darin: Professor Haas und Lauingen

- Leipzig: Kahnt (1931); Acta Musicologica Bd. 1-3

- L′etoile belge, Rezension, 27.4.1914

- Mainecho vom 29.12.2019: Weihnachtsmusik im Kreis Aschaffenburg „O du fröhliche", Satz Max Welcker, www.mainecho.de

- Meinbezirk vom 7.12.2016: Stadtpfarrkirche St. Nikolaus zu Straßburg am 25.12.2017 Aufführung von Max Welckers „Weihnacht" op.113, meinbezirk.at

- Merkur: Musikverein Hansham „Leberkas-Lied" von Max Welcker am 30.3.2009 www.merkur.de

- Musikalisches Wochenblatt vom 24.5.1878, Leipzig, darin: Leipzig öffentliche Prüfung des Königl. Conservatoriums der Musik, E.W. Fritzsch

- Musikalisches Wochenblatt, Leipzig, 14. November 1873

- Neue Musikzeitung Band 31, Heft 8, S.177: Stuttgart-Leipzig, Verlag Carl Grüninger, 1910

- Neue Signale für die Musikalische Welt, Leipzig, Nr.33, Mai 1877, darin: Hauptprüfungen am Königl. Conservatorium der Musik zu Leipzig.(G. Bernsdorf)

- Neue Zeitschrift für Musik, Leipzig: (Carl Welcker), 4 Ausgaben: vom 19.2.1858, vom 15.4.1864, vom 31.7.1868, vom 11.9.1868

- Neue Zeitschrift für Musik, Schumann, R.: Bd. 48, S. 85, Verlag Schott, Mainz, Januar-Juni 1858

- Pröbstl, Balthasar: Hauschronik; Hrsg: Alfred Reichling, Merseburger 1998, S.110

- Rhein-Lahn-Zeitung 2007: Aufführung Messe op.183 Dausen, www.tonartisten.de [abgerufen 23.10.2020]

- Schumann, Robert: Neue Zeitschrift für Musik, S. 135: Schott-Verlag, Mainz, 1864, [online] https://reader.digitale-sammlungen.de/de/fs1/object/display/bsb10527917_00151.html?contextSort=score %2Cdescending&contextType=scan&contextRows=10&context=welcker&zoom=0.6500000000000001[abgerufen 29.10.2020]

- Schwäbische Post vom 22.12.2017: St. Antonius Kirche Durlangen, Gesang und Musikverein Concordia Durlangen „Weihnacht" (Lichterglanz vom Himmelszelt) von Max Welcker mit virtouser Querflötenbegleitung

- Schwäbische Post vom 28.3. 2018: Pfarrei Heilig Kreuz, Hüttlingen „Kreuzlied" von Max Welcker

- Schwäbische Zeitung vom 10. April 2007: „Welckers Passion wirkt wie die großen"

- Signale für die musikalische Welt: Leipzig, Redakteur Bartholf Senff: Nr.37, S.292 (Carl Welcker), September 1847

- Signale für die musikalische Welt, Leipzig, Januar 1859

- Signale für die musikalische Welt Nr. 46, 04.11.1865

- Signale für die musikalische Welt, 09.03.1866

- Signale für die musikalische Welt Nr. 48, 21.09.1869

- Signale für die musikalische Welt Nr.3, 11.1.1870

- Signale für die Musikalische Welt, Leipzig Nr. 39, Juni 1878

- Signale für die Musikalische Welt, Nr. 13, S.198, Leipzig, Februar 1887

- Signale für die Musikalische Welt, Leipzig Nr. 49 vom Oktober 1895

- Signale für die Musikalische Welt, Leipzig Nr.3, 10.01.1896

- Signale für die Musikalische Welt, Nr. 5, Leipzig, 15.01.1897

- Signale für die musikalische Welt Nr. 3, 11.01.1898

- Signale für die musikalische Welt Nr. 4, 09.01.1899

- Signale für die musikalische Welt Nr. 34, 27.4.1900

- Signale für die musikalische Welt Nr. 38, 22.5.1900

- Signale für die musikalische Welt Nr. 40, 1900

- Traunsteiner Tagblatt: Kirchenchor Mitraching (Bad Aibling) singt Max Welckers „Weihnacht" Traunsteiner Tagblatt, www.ovb-online/rosenheim, bad aibling [abgerufen 23.10.2020]

- undatierter Zeitungsartikel „Auf daß im deutschen Volk das deutsche Herz erhalten bleibe"

- Unterallgäuer Naturforschung und -forscher im 18. und 19.Jh, Verfasser: Hansjörg Hackel; Hrsg.: Naturwiss. Arbeitskr. Kempten, Jahrgang 27- Folge 2, S.51, Dezember 1986

- Zeitschrift der internationalen Musikgesellschaft 1908, S.55, Breitkopf und Härtel

- Zollernalbkurier vom 9.7.2012: Regionalchor Albstadt-Sigmaringen singt „Ave verum" W.A.Mozart für FrCh arrangiert von Max Welcker, Schwarzwälder Bote. www.zak.de [abgerufen 23.10.2020]

- Zollernalbkurier vom 14.10. 2017: Frauernchor Zollernalb „Ave verum corpus" W.A.Mozart, arrangiert von Max Welcker, www.swp.de [abgerufen 23.10.2020]

**Archivalien**

Dokumente Hubert Kolland Berlin

- Adressbuch Baden-Baden, 1935

- Dr. Schmidt, Senior Pfarrer - Hl. Kreuz: Traueransprache am Grabe des Herrn Robert Welcker

- Welcker, Max: Aus meinem Leben aufgeschrieben für seinen Enkel Hubert Kolland Weihnachten 1946

- Schwäbische Landeszeitung, Zeitungsartikel vom 26.11.1948

- Hamburger Passagierlisten; Band: 373-7 I, VIII A 1 Band 342; S. 2724; Mikrofilmnummer: K_1869, der Felix Welckers Abreise von Hamburg nach Buenos Aires am 1. Dezember 1926 anzeigt.

- Kolland, Hubert: Memories an meinen Opa Max Welcker, 2020

- Kolland , Maria: Tagebücher der Jahre 1943/44

- Kolland , Maria: Tagebücher der Jahre 1950/51

- Kolland , Maria: Brief des 1. Bürgermeister Winkler vom 24. März 1972 an Maria Kolland zum Max-Welcker-Weg

- Königliche Präparandenschule Mindelheim: Jahreszeugnis Max Welcker 1892

- Königliche Präparandenschule Mindelheim: Jahreszeugnis Max Welcker 1894

- Königliches Schullehrerseminar Lauingen: Schluss-Zeugnis Max Welcker 1896

- Welcker, Max: Auch eine schwäbische Kunde, Gedicht vom 5.1./6.1.1908

- Welcker, Maria: Geburtsurkunde vom 30.03.1938

- Welcker, Felix: Brief aus Berlin an Max Welcker vom 12.9.1936

- Welcker, Felix: Brief aus Tehuelches/Argentinien vom 17.2.1928

- Welcker, Felix: Brief aus Berlin an Maria Welcker vom 12.9.1936

- Welcker, Felix : Brief aus München an Maria Welcker vom 20.5.1937

- Welcker, Max: Zum Gruß, Gedicht zur Rückkehr von Wörishofen vom 8.6.1918

- Winkler, 1. Bürgermeister: Brief vom 24. März 1972 an Maria Kolland

Hergensweiler

- Schäffler, August (Oberlehrer a. D. und Ehrenbürger der Gemeinde Hergens- weiler): Geschichte der Gemeinde Hergensweiler, S.18ff, 1.11.1938

- Thalhofer, Norbert, Gemeindepfarrer: Sterbebildchen

- Thalhofer, Norbert, Gemeindepfarrer: Gedenktafel an der Kirche St. Ambrosius Hergensweiler

Kulturkreis Haunstetten

- das Schulhaus in Haunstetten von 1888; Kulturverein Haunstetten

Liederkranz Krumbach

- 1862-1962 „100 Jahre Liederkranz Krumbach", Programm für die Jubiläums- veranstaltung am 1. und 2. Dezember 1962

- Broschüre 150 Jahre Chorgemeinschaft Liederkranz Krumbach 1862 e. V., 1862-2012

- Festschrift 125 Jahre Gesangverein Liederkranz Krumbach, 13.-22. November 1987

- Jubiläumsschrift: 1862-2012 „150 Jahre Chorgemeinschaft Liederkranz Krum- bach 1862 e.V." Hrsg.:Chorgemeinschaft Liederkranz Krumbach 1862 e.V., Weissdruck Krumbach Juni 2012

- Liederkranz hat ihm viel zu danken", Mittelschwäbische Nachrichten vom 1.12.1978

- Protokollbuch des Liederkranz Krumbach 1862 e. V., 1937-1978

Mittelschwäbisches Heimatmuseum Krumbach

- Augsburger Datschi, eine Sage; Faltblatt Hrsg. Konditorei Eickmann, Augsburg, undatiert

- Abschrift Ordensverleihung Schulamt Augsburg 20.2.1952

- Amtsgericht Augsburg Todesanzeige 1.7.1954

- Augsburger Amtsblatt, vom 2.7.1954

- Augsburger Amtsblatt, vom 11.7.1954

- Augsburger Katholische Kirchenzeitung

- Augsburger Rundschau, vom 1.7.1954

- Beilage „Schwäbische Profile", Mittelschwäbische Nachrichten vom 26.11.1948

- Ferdl, Weiß: 1. Postkarte an Max Welcker, undatiert

- Ferdl, Weiß: 2. Postkarte an Max Welcker, undatiert

- Ferdl, Weiß: Aschauer Lied, Verlag Münchner Humor

- Ferdl, Weiß: Telegramm zum 60. Geburtstag

- Jochum, Otto: Trauerkarte vom 2.7.1954

- Krumbacher Heimatpost vom 19.5.1952

- Krumbacher Heimatpost vom 30.11./1.12.1953

- Krumbacher Heimatpost 2002, Seite 20/21

- Krumbacher Heimatpost 2012, Seite 44/45

- Krumbacher Tagespost vom 14.11.1948

- Krumbacher Tagespost vom 27.11.1948

- Krumbacher Tagespost vom 17.5.1949

- Leichenrede Beerdigung Max Welcker, vom 2.7.1954

- Leichenrede Leopoldine Welcker, Autor: Geistl. Rat Reiner, 9.3.1939

- „Max Welcker 60 Jahre alt!", Werkverzeichnis 12 Seiten: Anton Böhm & Sohn, Augsburg, undatiert

- „Max Welcker 60 Jahre alt!", Würdigung des Musikverlages Anton Böhm & Sohn, 2 Seiten, Augsburg, undatiert

- Max Welcker, zum 75. Geburtstag am 4. Dezember 1953, Verzeichnis seiner lieferbaren Werke nach dem Stand vom 1.12.1953, Hrsg.: Musikverlag Anton Böhm & Sohn Augsburg

- mehrere undatierte Zeitungskritiken: Kriegshaber, Karlsruhe-Rüppur, St.Georg, St. Anton, St. Sylvester, München MHK

- Mürl, Eugen: Artikel in der Katholischen Kirchenzeitung Augsburg

- Musikverlag Anton Böhm & Sohn: Handschriftliches Verzeichnis der Kompositionen nur von Max Welcker

- Neue Augsburger Zeitung, Kritik vom 25.10.1933

- Niederschrift der Nachlasssache Welcker, Amtsgericht Krumbach vom 4.8.1954

- Piechler , Arthur: Trauerkarte vom 3.7.1954

- „St.Stephan ehrt Max Welcker", Augsburger Allgemeine vom 14.12.78

- Testament Max und Anna Welcker vom 7.3.1949

- Traueranzeige Augsburger Rundschau, vom 30.6.1954

- Traueransprache am Grabe des Herrn Welcker

- Trostworte am Grabe der Frau Amalie Welcker, 9.11.1933

- undatierter Zeitungsartikel Karlsruhe- Rüppur

- undatierter Zeitungsartikel zu St. Sylvester

- Welcker, Familie: Danksagung vom 6.7.1954

- Welcker, Maria Amalie Leopoldine: Geburtsurkunde Nr. 167 vom 30.3.1938

- Welcker, Max: 60 Jahre, undatierter Zeitungsartikel

- Welcker, Max: Aus meinem Leben für „Hubert zur steten Erinnerung an seinen Großpapa Weihnachten 1946"

- Welcker, Max: Ernennungsurkunde zum Ehrenchormeister des Liederkranz Krumbach, 09.05.1954

- Welcker, Robert: Mei Büaberl, (Ed.Nr. 4795) Anton Böhm & Sohn Augsburg

- Welcker, Robert: Traueransprache, Autor Pfarrer Dr. Schmidt - Hl. Kreuz, 05.01.1938


Ordensgemeinschaften

- Gessel, M. Xaveria: Personalakte AJA/210-X

- Kirmaier Benigna: selbstverfasster Nekrolog, Institut Marienhöhe, Simbach am Inn und Personalakte, aus „Im Dienst der Liebe", Mitschwestern des Mutterhauses Burghausen, Bd 2 (1886-1922), zusammengestellt von M. Aloisia Danner, II, 146.-Signatur HA BUHA-2-060

- Nekrolog M. Bernardine Preis vom 13.10.1937, M. Josefa Freudenstein, Oberin, aus „Im Dienst der Liebe", Mitschwestern des Mutterhauses Burghausen, Bd 1 (1683-1886), zusammengestellt von M. Aloisia Danner, I, 77.-Signatur HA BUHA-2-057

- Nekrolog M. Bernardine Preis vom 13.10.1937, M. Josefa Freudenstein, Oberin, aus „Im Dienst der Liebe", Mitschwestern des Mutterhauses Burghausen, Bd 4 (Schluss; Nachträge), zusammengestellt von M. Aloisia Danner, N31-Signatur HA BUHA-2-060

- Nekrolog Schwester M. Celine CSJ, Archiv St. Josephs Kongregation Ursberg

- Texte über Seraphine Eglinger und Xaveria Geßl: Autorin: M.Clementine Nagel CJ Augsburg

Universitätsarchiv Augsburg

- Abschrift Spruchkammer Augsburg 21.3.47/1.4.47

- Berufung wegen Amtsenthebung und Spuchkkammerentscheid, Max Welcker vom 2.12.1945

- Bezirksschulamt Krumbach 28.11.47

- Bezirksschulamt Krumbach 16.2.48

- Bezirksschulamt Krumbach 11.7.48

- Landrat Krumbach 30.9.46

- Landrat Krumbach 6.5.46

- Landratsamt Krumbach 7.3.47

- Lehrerakte; Abschließende Beurteilung Max Welcker, Juli 1896

- Lehrerakte; Ergebnis der an dem Kgl. Schullehrerseminar zu Lauingen vom 17.-22.Juni und 30.Juni-6.Juli 1896 abgehaltenen Prüfungen der Zöglinge des 2.Kurses für das Jahr 1895/1896; Zeugnis Max Welcker

- Lehrerpersonalakte Max Welcker: Regierung von Schwaben (1935-1972) 9129 (vorläufige Bleistift-Nummer 14532), darin Schriftstücke/Briefe: Max Welcker 2.12.45, Max Welcker 24.4.44, Max Welcker 30.8.44, Max Welcker 5.9.45, Max Welcker 8.5.46

- Nachlassakte Max Welcker Amtsgericht Krumbach Na VI 182/1954

- Office of Military Government, Landkreis Krumbach 12.4.46

- Regierung von Schwaben 11.2.47

- Regierung von Schwaben 22.4.48

- Regierung von Schwaben 2.6.48

- Regierungspräsident 21.8.44

- Regierungspräsident 28.3.44

- Regierungspräsident 19.2.45

- Regierungspräsident 4.10.46

- Stadtschulamt Augsburg 10.3.44

- Stadtschulamt Augsburg 24.3.44

- Stadtschulamt Augsburg 28.4.44

- Vorprüfungsausschuß 2.8.46

- Zeugnis Max Welcker; Jahresergebnis der Seminaristen des 1. Kurses 1894/95

- Zeugnisbogen Max Welcker von 1895 und 1896

Staats- und Stadtbibliothek Augsburg

- Programmzettel der Augsburger Musikschule von 1901,1902,1904 und 1905

- Stadtplan Augsburg von 1881

- Stadtplan Augsburg von 1890

- Stadtplan Augsburg 1901


Stadtarchiv Altenburg:

- Adreßbuch der herzogl. Haupt und Residenzstadt Altenburg, 7.Auflage, Verlag Pierer`sche Hofdruckerei 1904, Stadtarchiv Altenburg, Juni 1904

- Altenburger Heimatblätter, 7. Fahrgang Nr.9, Donnerstag 15. September 1838, darin: C.G.Müller, der erste Altenburger Stadtmusikdirektor, S.72-74

- Altenburger Zeitung für Stadt und Land Nr.140, Freitag 27.November 1863 darin: Konzertkritik 24.November 1863, Autor: Schoff

- Altenburger Zeitung für Stadt und Land Nr.143, Sonnabend 5. Dezember 1863, darin: Zur Stadtmusikfrage; Autoren: mehrere Musikfreunde

- Herzogl. Sachsen Altenburgisches Amts-und Nachrichtenblatt Nr.143, Samstag 21.November 1836

- Herzogl. Sachsen Altenburgisches Amts-und Nachrichtenblatt, 11.November 1863

- Bürgerschaftsprotokolle der Stadt Altenburg;Mitteilungen aus den Protokollen des Bürgervorstandes der Haupt-und Residenzstadt Altenburg; Jahrgang 1863-1869,Altenburg, Hofdruckerei, darin: XIII. Sitzung, 6.Oktober 1863, S.126-130; XVI. Sitzung, 30. Dezember 1863, S.166-168

- Bürgerschaftsprotokolle der Stadt Altenburg;Mitteilungen aus den Protokollen des Bürgervorstandes der Haupt-und Residenzstadt Altenburg; Jahrgang 1892-1894, Pierer`sche Hofbuchdruckerei, Altenburg, darin: XIII. Sitzung, 24. November 1892, S.201/202; XIV. Sitzung, 8.Dezember 1892, S.212 Autor: Karl Gäbler

- Sterbeurkunde Altenburg 106/1903 Carl Heinrich Welcker vom 11.2.1903

- Sterbeurkunde Meuselwitz 48/1878 Johann Friedrich Welcker

- Sterbeurkunde Meuselwitz 63/1895 Friedrich Wilhelm Welcker

- Sterbeurkunde Nr. 2706/IV, Musikdirektor i.R. Karl Hermann, Felix Welcker; Frankfurt/Main vom 10.11.1943

Stadtarchiv Augsburg

- Augsburger Liedertafel, Jahresbericht 88. Vereinsjahr, Mitgliederliste 1. September 1931, gefertigt im Auftrage des Vorstandes von Paul Moser, 1. Schriftführer

- Augsburger Liedertafel, Vereinsgeschichte 1843-1928, Jahresbericht 86.Vereinsjahr, Mitgliederliste 1. Juni 1929 gefertigt im Auftrage des Vorstandes von Paul Moser, 1. Schriftführer

- Augsburger Liedertafel 1843-1933, Festschrift gefertigt zur 90 Jahrfeier im Auftrage des Vorstandes von Paul Moser, 1. Schriftführer

- Gedenkbuch der Liedertafel Augsburg

- Jahresbericht (85. Vereinsjahr) und Mitgliederliste (1.Juni 1928) erstattet und zusammengestellt von Paul Moser, 1. Schriftführer

- Philharmonischer Chor Augsburg, Festschrift 150 Jahre Augsburger Liedertafel 1993;Darin:II Walter Weidmann: Der Philharmonische Chor Augsburg, Wunsch und Werden in 150 Jahren

- Vereinsgeschichte 1843-1925 und Mitgliederliste 1925 zusammengestellt von Paul Moser 1. Schriftführer

- Vereinsgeschichte 1843-1929 Jahresbericht 87.Vereinsjahr, Mitgliederliste 1.Juli 1930 im Auftrage des Vorstandes von Paul Moser, 1. Schriftführer

- 110 Jahre Augsburger Liedertafel 1843-1953

- Urkunde anläßlich des Abschieds Carl Welckers von Leipzig vom Bruderbund der Picknicker; ObjektNr. Z0021865


Stadtarchiv Meuselwitz:

- Ratsarchiv Meuselwitz XVII ßc4: Gerichtsakte: Strafverfahren 28. 30.8.1844 Gerichtsakte: Zulassungsverfahren 20.6.- 9.8.1844

- Ratsarchiv Meuselwitz XVII ßl22: Handwerkersachen und Zeugmacher Nr.2 des herzogl. Gerichtsamts-Actuariats zu Meuselwitz. Die Abnahme der hiesigen Zeugmacherinnung 1855-1861


Stadtarchiv München

- Ferdl, Weiß: Zahlungsbeleg Tantiemen; Az. 2H9

- Welcker, Max: Abtretung der Urheberrechte, 13.3.1926; Az. 5D11

- Welcker, Max: Brief an Weiß Ferdl, 5.8.1938; Az. 1N10

- Welcker, Max: Brief an Weiß Ferdl, 15.1.1939; Az. 1N11

Stadtarchiv Stadt Mindelheim

„Acten des Stadt-Magistrates Mindelheim betreff: Die Errichtung einer katholischen Präparandenschule zu Mindelheim 1866 bis 1924", STAMind., Inv.-Nr.:Fach 265,Faszikel 2 (Inv.-Nr.alt:Fach 216,Faszikel 4) darin:

- Familienstandsbogen des Heimatberechtigten Duerr Christoph Joh. ´sche Relikten,Präparandenlehrer in Mindelheim; [digital] GERM8771D_Genealogische-S-Familienstandbogen-Bs-Bz;C;D- 1890- 1910_01058.tif

- Königlich Bayerisches Kreis-Amtsblatt von Schwaben und Neuburg für das Jahr 1869,Sp.1864 (Sign.654 der Stadtbücherei Mindelheim, Altbestand)

- Königlich Bayerisches Kreis-Amtsblatt von Schwaben und Neuburg für das Jahr 1872,Sp.1729 (Sign.654 der Stadtbücherei Mindelheim, Altbestand)

- Mieth-Vertrag zwischen der Stadtgemeinde Mindelheim und der königkichen Inspektion der Präparandenschule Mindelheim vom 9.Dezember 1889


Stadtgeschichtliches Museum Leipzig:

- Festprogramm zur Feier des Schillerjubiläums in Leipzig am 9.,10. und 11. November 1859, Heft 16 Seiten Breitkopf & Härtel Leipzig; Objekt Z0063123, InventarNr. A/228/2007

- Programmzettel für ein Konzert von Carl Welcker 1861, Druck Oskar Leiner Leipzig, ObjektNr. Z0059209, InventarNr. MT/843/2007


Stadtverwaltung Krumbach

- Meldekarte Max Welcker, Einwohnermeldeamt Krumbach/Schwaben

- Meldekarte Anna Welcker, Einwohnermeldeamt Krumbach/Schwaben


Landesarchiv Baden-Württemberg, darin:

- Generallandesarchiv Karlsruhe 507 Nr. 5962 a, Sondergericht Mannheim / 1933-1945 (-1981) Ermittlungs- und Verfahrensakten Welker, Max / 1936 https://www2.landesarchiv-bw.de/ofs21/home.php


Stadtarchiv Mannheim (Marchivum), darin:

- KE00663 Hochschule für Musik in Mannheim: Dokumente aus dem Besitz von Musiklehrer Otto Hartmann 1913 - 1926 , Beurteilung für Otto Hartmann, Schüler der Hochschule für Musik von 1917-1921, ausgestellt von Direktor Max Welker am 3.11.1926; https://scope.mannheim.de/detail.aspx?ID=697080

- PKO2858 Städtisch subventionierte Hochschule für Musik; Wiederbeginn des Unterrichts, 1921 (Plakat), Herausgeber: Willy Rehberg, Max Welker, Direktion https://scope.mannheim.de/detail.aspx?ID=640857

Sängergesellschaft Lyra

- Programmzettel Männerchor Sängerkranz Augsburg vom 23.10.1955, vom 27.10.1956, vom 27.4.1958.

Noten

Musikverlag Anton Böhm & Sohn Augsburg

- Welcker, Robert: „Hessingmarsch", Ed.Nr. 4431

- Welcker, Max:

- „Es will das Licht des Tages scheiden", Mairosen Heft 22 Nr.17, Ed.Nr. 7229

- „Gretele", Ed.Nr. 5153

- „Marienlied", Ed.Nr. 5109

- „Sonnaschei", Ed.Nr. 5152

- „Stille Nacht", Ed.Nr. 6464

- „Stilleben", Ed.Nr. 6196

- op.18, „Christnacht", Ed.Nr. 5428

- op.19, Weihnachtslied „Es klingt ein festlich Läuten", Ed.Nr. 5441

- op.20.2., „Blaue Äugla, blonde Haar", Ed.Nr. 5430

- op.23, „Erhebe dich, mein deutsches Lied", Ed.Nr.5474

- op.27, „O Welt, wie bist du schön",Text Ed.Nr. 5506

- op.28, „Am Rhein nur!", Ed.Nr. 5507

- op.38, „Der Weihnachtsengel", Ed.Nr. 5636

- op.39.1., „Zwei Verträgliche", Ed.Nr. 5659

- op.40, „Weihnacht", Ed.Nr. 5657

- op.58, „Was Knecht der Weihnachtsmann viel Schönes und Gutes erzählen kann", Ed.Nr. 5771

- op.59b, „Weihnachtslegende", Ed.Nr. 5774

- op.72, „Missa pro defunctis mit Libera", Ed.Nr. 5945

- op.81.1, „Letzte Christnacht", Ed.Nr. 6037

- op.81.2, „Heilige Nacht", Ed.Nr. 6098

- op.81.3, „Der Weihnacht Lied", Ed.Nr. 6139

- op.88.2, „Christkindleins Erdenfahrt", Ed.Nr. 6204

- op.88.5, „Drei Klavierstücke für die Jugend", Ed.Nr. 7003

- op.93.7, „Das Lied vom Zwetschgendatschi", Ed.Nr. 6682

- op.96, „Deutsche Adventsmesse", Ed.Nr. 6302

- op.98, „Das Lied vom Bodensee", Ed.Nr. 6356

- op.113.3, „Weihnacht" (Lichterglanz vom Himmelszelt), Ed.Nr. 6774

- op.119, „Töne laut, du goldne Leyer", Ed.Nr. 6636

- op.119.1, „Töne laut, du goldne Leyer", Ed.Nr. 6636

- op.159.1, „Weihnachtsevangelium nach dem Evangelisten Lukas", Ed.Nr. 7723

- op.169, „Vesper zum hochheiligen Weihnachtsfest", Ed.Nr. 7949

- op.213, Festchor „Dir sei geweiht ein Jubellied", Ed.Nr. 9612


andere Musikverlage

- Ernte Verlag Coburg: op.34 „Drei Lieder im Volkston" für Männerchor

- Musikverlag Ernst Scholing, Stuttgart: „O schönstes aller Lieder"

- Musikverlag Karl Hochstein Heidelberg: op.44 „Drei Männerchöre"

- Musikverlag Karl Hochstein Heidelberg: „Im Wald frug ich das Vögelein"


Internetquellen

- A. Böhm & Sohn GmbH & Co. KG: in: Wißner-Verlag, [online] https://www.
  wissner.com/stadtlexikon-augsburg/artikel/stadtlexikon/a-boehm-sohn-gmbh-
  co-kg/3372 [abgerufen 29.10.2020]

- Adam Rauh: in: Literaturportal Bayern, [online] https://www.literaturportal-
  bayern.de/component/lpbauthors/?view=lpbauthor&pnd=107040379&highl-
  ight=WyJhZGFtIiwicmF1aCIsImFkYW0gcmF1aCJd [abgerufen 23.10.2020]

- Albert Höfer (Pfarrer): in Wikipedia, 14.03.2014, [online] https://de.wikipedia.
  org/wiki/Albert_H%C3%B6fer_(Pfarrer) [abgerufen 23.10.2020]

- Alberto Selva: in Wikipedia, 20.02.2019, [online] https://de.wikipedia.org/
  wiki/Alberto_Selva [abgerufen 23.10.2020]

- Altenburg: in Wikipedia, 22.01.2003, [online] https://de.wikipedia.org/wiki/ Altenburg [abgerufen 23.10.2020]

- Altenburg: in: Stadt Altenburg, [online] https://www.altenburg.eu//sixcms/detail.php?_nav_id1=2509&id=11685&_lang=de [abgerufen 23.10.2020]

- Altes Rathaus Haunstetten: in Wikipedia, 24.04.2013, [online] https://de.wikipedia.org/wiki/Altes_Rathaus_Haunstetten [abgerufen 23.10.2020]

- Anton Böhm & Sohn: in Wikipedia, 03.12.2005, [online] https://de.wikipedia.org/wiki/Anton_B%C3%B6hm_%26_Sohn [abgerufen 23.10.2020]

- Anton Bömly: in Wikipedia, 04.10.2011, [online] https://de.wikipedia.org/wiki/ Anton_B%C3%B6mly [abgerufen 23.10.2020]

- Arthur Piechler: in Augsburg-Wiki: [online] https://www.augsburgwiki.de/index.php/AugsburgWiki/PiechlerArthur [abgerufen 23.10.2020]

- Arthur Piechler: in Wikipedia, 13.09.2006, [online] https://de.wikipedia.org/ wiki/Arthur_Piechler [abgerufen 23.10.2020]

- Arthur von Lukowitz :: pavitro.net: in: pavitro.net, [online] https://www.pavitro.net/persoenliches/roots/genealogie/familiengeschichten/arthur-von-lukowitz.html [abgerufen 23.10.2020]

- Augsburg-Haunstetten-Siebenbrunn: in Wikipedia, 03.03.2006, [online] https://de.wikipedia.org/wiki/Augsburg-Haunstetten-Siebenbrunn [abgerufen 23.10.2020]

- Augsburg-Lechviertel: in Wikipedia, 22.11.2006, [online] https://de.wikipedia.org/wiki/Augsburg-Lechviertel [abgerufen 23.10.2020]

- Augsburg: in Wikipedia, 11.09.2002, [online]https://de.wikipedia.org/wiki/ Augsburg [abgerufen 23.10.2020]

- Augsburg/Hausliste 1875: in: GenWiki, [online] http://www.genwiki.de/Augsburg/Hausliste_1875 [abgerufen 23.10.2020]

- Augsburg/Literabezeichnung Augsburg: in: GenWiki, [online] http://wiki-de.genealogy.net/Augsburg/Literabezeichnung_Augsburg [abgerufen 23.10.2020]

- Augsburger Bombennacht - Special Augsburger Allgemeine: in: Augsburger Allgemeine, [online] https://www.augsburger-bombennacht.de/ [abgerufen 29.10.2020]

- August Grosse: in Wikipedia, 13.03.2015, [online] https://de.wikipedia.org/ wiki/August_Grosse [abgerufen 23.10.2020]

- Ausführliche Beschreibung Des Zeugmacher-Handwercks, Und der, aus wohl sortirter Wolle verfertigten vierlerhand Zeuge: in: Digitale Bibliothek - Mecklenburg Vorpommern, [online] https://digitale-bibliothek-mv.de/viewer/resolver?urn=urn:nbn:de:gbv:9-g-4886838 [abgerufen 23.10.2020]

- Bayerische Landeskoordinierungsstelle Musik: in: Bayerische Landeskoordinie-rungsstelle Musik, [online] https://www.blkm.de [abgerufen 23.10.2020]

- Blut-Ostern: in Augsburg-Wiki: [online] https://www.augsburgwiki.de/index. php/AugsburgWiki/Blut-Ostern [abgerufen 23.10.2020]

- Buchhändlerbörse: in Wikipedia, 15.02.2013, [online] https://de.wikipedia.org/ wiki/Buchh%C3%A4ndlerb%C3%B6rse [abgerufen 23.10.2020]

- Cordula Wöhler: in Wikipedia, 12.03.2010, [online] https://de.wikipedia.org/ wiki/Cordula_W%C3%B6hler [abgerufen 23.10.2020]

- Das Krumbacher Heimatlied, in: Heimatverein Krumbach e.V, [online] https:// www.heimatverein-krumbach.de/aktivitaeten/Krumbacher-Heimatlied.html [abgerufen 23.10.2020]

- Der Rose Pilgerfahrt – ein romantisches Kunstmärchen: in: Märchenquelle, [online] http://maerchenquelle.ch/927/zzz_ablage/maerchentexte/2010/der-rose-pilgerfahrt [abgerufen 23.10.2020]

- Der Rose Pilgerfahrt im Kaisersaal (31.07.06): in: Schumann-Portal, [online] https://www.schumann-portal.de/der-rose-pilgerfahrt-im-kaisersaal-310706. html [abgerufen 23.10.2020]

- Deutsche Mark: in Wikipedia, 28.05.2002, [online] https://de.wikipedia.org/ wiki/Deutsche_Mark [abgerufen 23.10.2020]

- Die drei Männlein im Walde: in Wikipedia, 16.04.2006, [online] https://de.wiki-pedia.org/wiki/Die_drei_M%C3%A4nnlein_im_Walde [abgerufen 23.10.2020]

- Die künstlerische Entwicklung der Altenburger Hofkapelle : [dargestellt an Hand der Konzerte] / von Fritz Merseberg - JPortal: in: Thüringer Universitäts- und Landesbibliothek Jena (ThULB), [online] https://zs.thulb.uni-jena.de/re-ceive/jportal_jparticle_00208921 [abgerufen 23.10.2020]

- Die Wollkämmer: in: Berufe und Tätigkeiten dieser Welt, 30.03.2020, [online] https://berufe-dieser-welt.de/der-wollkaemmer/ [abgerufen 23.10.2020]

- Eleonore Schikaneder: in Wikipedia, 17.11.2016, [online] https://de.wikipedia. org/wiki/Eleonore_Schikaneder [abgerufen 23.10.2020]

- Emanuel Schikaneder: in Wikipedia, 11.08.2003, [online] https://de.wikipedia. org/wiki/Emanuel_Schikaneder [abgerufen 23.10.2020]

- Erich Langer (Heimatdichter): in Wikipedia, 15.06.2017, [online] https://de.wi-kipedia.org/wiki/Erich_Langer_(Heimatdichter) [abgerufen 23.10.2020]

- Euterpe (Musikgesellschaft): in Wikipedia, 28.04.2012, [online] https://de.wi-kipedia.org/wiki/Euterpe_(Musikgesellschaft) [abgerufen 23.10.2020]

- Falkenhain: in Wikipedia, 08.08.2008, [online] https://de.wikipedia.org/wiki/ Falkenhain [abgerufen 23.10.2020]

- Farchant - Urlaubsort und Ausflugsziel am Fuße der Zugspitze: in: Farchant, [online] https://www.farchant.de/ [abgerufen 23.10.2020]

- Farchant: in Wikipedia, 03.01.2005, [online] https://de.wikipedia.org/wiki/Far-chant [abgerufen 23.10.2020]

- Fliegende Blätter: in: Wikisource, 01.07.2020, [online] https://de.wikisource.org/wiki/Fliegende_Bl%C3%A4tter [abgerufen 23.10.2020]

- Franz Deutschinger: in Wikipedia, 26.08.2014, [online] https://de.wikipedia.org/wiki/Franz_Deutschinger [abgerufen 23.10.2020]

- Friedrich Hessing: in Wikipedia, 17.07.2005, [online] https://de.wikipedia.org/wiki/Friedrich_Hessing [abgerufen 23.10.2020]

- Friedrich List: in Wikipedia, 08.03.2004, [online] https://de.wikipedia.org/wiki/Friedrich_List [abgerufen 23.10.2020]

- Gebrüder Hindelang: in Wikipedia, 06.11.2007, [online] https://de.wikipedia.org/wiki/Gebr%C3%BCder_Hindelang [abgerufen 23.10.2020]

- Gehaltsrechner Beamte Reich 1941: in: Öffentlicher Dienst Info, [online] https://oeffentlicher-dienst.info/c/t/rechner/beamte/bund/a/1941?id=beamte-reich-1941 [abgerufen 23.10.2020]

- Gemeinde Hegensweiler: in: Gemeinde Hegensweiler, [online] https://www.hergensweiler.de/Startseite-Hergensweiler [abgerufen 23.10.2020]

- Georg Käß: in Wikipedia, 03.05.2009, [online] https://de.wikipedia.org/wiki/Georg_K%C3%A4%C3%9F [abgerufen 23.10.2020]

- Gerhard Hetzer: Weimarer Republik und drittes Reich, in: Wißner-Verlag, [online] https://www.wissner.com/stadtlexikon-augsburg/aufsaetze-zur- stadtge-schichte/weimarer-republik-und-drittes-reich [abgerufen 23.10.2020]

- Geschichte bekannter Bürger: in: Markt Mehring, [online] https://www.mering.de/markt-mering/bekannte-b%C3%BCrger.html#dischl-rupert [abgerufen 29.10.2020]

- Geschichte von Kriegshaber, in: ArGe Kriegshaber e.V., [online] https://arge-kriegshaber.de/geschichte.html [abgerufen 23.10.2020]

- Gewandhausorchester: in Wikipedia, 21.06.2004, [online] https://de.wikipedia.org/wiki/Gewandhausorchester [abgerufen 23.10.2020]

- Gewandhausorchester: in: Stadt Leipzig, [online] https://www.leipzig.de/frei-zeit-kultur-und-tourismus/kunst-und-kultur/musik/orchester/gewandhausor-chester/ [abgerufen 23.10.2020]

- Großes Haus (Augsburg): in Wikipedia, 07.05.2006, [online] https://de.wikipe-dia.org/wiki/Gro%C3%9Fes_Haus_(Augsburg) [abgerufen 23.10.2020]

- Hanns Rupp: in Wikipedia, 07.06.2012, [online] https://de.wikipedia.org/wiki/Hanns_Rupp [abgerufen 23.10.2020]

- Heiligste Dreifaltigkeit (Augsburg): in Wikipedia, 16.01.2018, [online] https://de.wikipedia.org/wiki/Heiligste_Dreifaltigkeit_(Augsburg) [abgerufen 23.10.2020]

- Herbartianismus: in Wikipedia, 27.12.2003, [online] https://de.wikipedia.org/wiki/Herbartianismus [abgerufen 23.10.2020]

- Hergensweiler: in Wikipedia, 23.01.2005, [online] https://de.wikipedia.org/wiki/Hergensweiler [abgerufen 23.10.2020]

- Hergensweiler: in: Hergensweiler, [online] https://www.hergensweiler.info [abgerufen 23.10.2020]

- Herzogtum Sachsen-Altenburg: in Wikipedia, 12.08.2004, [online] https://de.wikipedia.org/wiki/Herzogtum_Sachsen-Altenburg [abgerufen 23.10.2020]

- Hofmeister XIX: März 1898: in: Hofmeister XIX, [online] https://hofmeister.rhul.ac.uk/2008/content/monatshefte/1898_03/102.html [abgerufen 23.10.2020]

- Hugo de Senger: in Wikipedia, 08.12.2014, [online] https://de.wikipedia.org/wiki/Hugo_de_Senger [abgerufen 23.10.2020]

- Jakobervorstadt: in Wikipedia, 09.05.2009, [online] https://de.wikipedia.org/wiki/Jakobervorstadt [abgerufen 23.10.2020]

- Johann Heinrich Pestalozzi: in Wikipedia, 09.12.2003, [online] https://de.wikipedia.org/wiki/Johann_Heinrich_Pestalozzi [abgerufen 23.10.2020]

- Joseph Haas: in Wikipedia, 13.08.2004, [online] https://de.wikipedia.org/wiki/Joseph_Haas [abgerufen 23.10.2020]

- Joseph-Haas Gesellschaft: in: Joseph-Haas Gesellschaft, [online] http://www.joseph-haas.de/ [abgerufen 23.10.2020]

- Julius Blüthner: in Wikipedia, 31.08.2005, [online] https://de.wikipedia.org/wiki/Julius_Bl%C3%BCthner [abgerufen 23.10.2020]

- Karl May: in Wikipedia, 22.05.2002, [online] https://de.wikipedia.org/wiki/Karl_May [abgerufen 23.10.2020]

- Karl-May-Museum: in Wikipedia, 28.06.2008, [online] https://de.wikipedia.org/wiki/Karl-May-Museum [abgerufen 23.10.2020]

- Kindheit Bertolt Brechts in Augsburg: in Augsburg-Wiki: [online] https://www.augsburgwiki.de/index.php/AugsburgWiki/BertoltBrechtsKindheitInAugsburg [abgerufen 23.10.2020]

- Kloster Ursberg: in Wikipedia, 23.01.2005, [online] https://de.wikipedia.org/wiki/Kloster_Ursberg [abgerufen 23.10.2020]

- Kloster Wettenhausen: in: Kloster Wettenhausen, [online] https://www.kloster-wettenhausen.de/informationen/geschichte/ [abgerufen 23.10.2020]

- Kloster Wettenhausen: in: Orden Online, [online] http://www.orden-online.de/wissen/w/wettenhausen/ [abgerufen 23.10.2020]

- Krumbach (Schwaben): in Wikipedia, 04.10.2004, [online] https://de.wikipedia.org/wiki/Krumbach_(Schwaben) [abgerufen 23.10.2020]

- Krumbad: in Wikipedia, 09.08.2008, [online] https://de.wikipedia.org/wiki/ Krumbad [abgerufen 23.10.2020]

- Kunstmaler Meinrad Heim kehrt heim nach Hergensweiler: in: Schwäbische, 11.05.2005, [online] https://www.schwaebische.de/home_artikel,- kunstma- ler-meinrad-heim-kehrt-heim-nach-hergensweiler- _arid,1403469.html [abge- rufen 29.10.2020]

- Lange Gasse in Augsburg: in Augsburg-Wiki:[online] https://www.augsburgwi- ki.de/index.php/AugsburgWiki/LangeGasse [abgerufen 23.10.2020]

- Liste der Baudenkmäler in Augsburg: in Wikipedia, 14.02.2012, [online] https://de.wikipedia.org/wiki/Liste_der_Baudenkm%C3%A4ler_in_Augsburg [abgerufen 23.10.2020]

- Liste der Ordenskürzel (römisch-katholisch): in Wikipedia, 24.10.2005, [online] https://de.wikipedia.org/wiki/Liste_der_Ordensk%C3%BCrzel_ (r%C3%B6misch-katholisch)#C [abgerufen 23.10.2020]

- Litera: in Augsburg-Wiki: [online] https://www.augsburgwiki.de/index.php/ AugsburgWiki/Litera [abgerufen 23.10.2020]

- Louis Ucko: in Wikipedia, 05.07.2014, [online] https://de.wikipedia.org/wiki/ Louis_Ucko [abgerufen 23.10.2020]

- Luftangriffe auf Augsburg: in Wikipedia, 28.02.2008, [online] https://de.wiki- pedia.org/wiki/Luftangriffe_auf_Augsburg [abgerufen 23.10.2020]

- Männergesangverein Valley, Frühjahrskonzert 26.3.2017, Zollingerhalle beim Alten Schloß,Valley „Ja der Frühling kommt wieder" op.44.3 von Max Welcker, www.lampi-orgelzentrum.com

- Maria-Ward-Schwestern in Augsburg: in Augsburg-Wiki:, [online] https://www. augsburgwiki.de/index.php/AugsburgWiki/Maria-Ward-Schwestern [abgerufen 23.10.2020]

- Marienlieder einst und jetzt: in: Bote fon Fatima, [online] http://www.bote- von-fatima.de/marienlieder-einst-und-jetzt/ [abgerufen 23.10.2020]

- Max Welcker auf world cat identities, [online] http://worldcat.org/identities/ lccn-no2006037797/ [abgerufen 23.10.2020]

- Meuselwitz: in Wikipedia, 26.02.2004, [online] https://de.wikipedia.org/wiki/ Meuselwitz [abgerufen 23.10.2020]

- Mindelheim: in: Stadt Mindelheim, [online] https://www.mindelheim.de [abge- rufen 23.10.2020]

- Mittlerer Lech in Augsburg: in Augsburg-Wiki: [online] https://www.augsburg- wiki.de/index.php/AugsburgWiki/MittlererLech [abgerufen 23.10.2020]

- Musiktradition der Landeskapelle Altenburg: in: geo.viaregia.org, [online] https://geo.viaregia.org/pub/Material.Datenbank/Altenburg.09/Musiktradition. html [abgerufen 23.10.2020]

- Pfarrei Sankt Sylvester: in: Pfarrverband Altschwabing, [online] https://www. altschwabing-katholisch.de/sankt-sylvester [abgerufen 23.10.2020]

- Philharmonisches Orchester der Stadt Heidelberg: in Wikipedia, 30.07.2009, [online] https://de.wikipedia.org/wiki/Philharmonisches_Orchester_der_Stadt_ Heidelberg [abgerufen 23.10.2020]

- Philipp Wolfrum: in Wikipedia, 04.06.2005, [online] https://de.wikipedia.org/ wiki/Philipp_Wolfrum [abgerufen 23.10.2020]

- Posseck, Pfarrkirche St. Johannes Evangelista, Aufführung „Johannespassion" von Welcker 18.4.2017, www.regionalmanagement-landkreiskronach.de [abgerufen 23.10.2020]

- Rettenberg: in Wikipedia, 30.01.2005, [online] https://de.wikipedia.org/wiki/ Rettenberg [abgerufen 23.10.2020]

- Rettenberg: in: Allgäu, 16.07.2020, [online] https://www.allgaeu.de/a-rettenberg [abgerufen 23.10.2020]

- Robert Schumann: Der Rose Pilgerfahrt Compact Disc: in: Carus-Verlag, [online] https://www.carus-verlag.com/einspielungen/alle-einspielungen/nach-art/ cds-stereo-und-super-audio/schumann-der-rose-pilgerfahrt.html [abgerufen 29.10.2020]

- Schnauderhainichen: in Wikipedia, 28.05.2012, [online] https://de.wikipedia. org/wiki/Schnauderhainichen [abgerufen 23.10.2020]

- St. Ambrosius (Hergensweiler): in Wikipedia, 31.10.2017, [online] https:// de.wikipedia.org/wiki/St._Ambrosius_(Hergensweiler) [abgerufen 23.10.2020]

- St. Anton (Augsburg): in Wikipedia, [online] https://de.wikipedia.org/wiki/ St._Anton_(Augsburg) [abgerufen 23.10.2020]

- St. Georg (Augsburg): in Wikipedia, 05.01.2005, [online] https://de.wikipedia. org/wiki/St._Georg_(Augsburg) [abgerufen 23.10.2020]

- St. Maximilian (Augsburg): in Wikipedia, 17.08.2018, [online] https://de.wikipedia.org/wiki/St._Maximilian_(Augsburg) [abgerufen 23.10.2020]

- St. Sylvester (München): in Wikipedia, 23.08.2010, [online] https://de.wikipedia.org/wiki/St._Sylvester_(M%C3%BCnchen [abgerufen 23.10.2020]

- Staatstheater Augsburg: in Wikipedia, 08.05.2006, [online] https://de.wikipedia.org/wiki/Staatstheater_Augsburg [abgerufen 23.10.2020]

- Thannhausen (Schwaben): in Wikipedia, 10.09.2004, [online] https://de.wikipedia.org/wiki/Thannhausen_(Schwaben) [abgerufen 23.10.2020]

- Verfassung des Freistaates Bayern: in Wikipedia, 11.03.2004, [online] https://de.wikipedia.org/wiki/Verfassung_des_Freistaates_Bayern [abgerufen 23.10.2020]

- Vogeltor: in Wikipedia, 01.06.2007, [online] https://de.wikipedia.org/wiki/Vogeltor [abgerufen 23.10.2020]

- Vorderer Lech in Augsburg: in Augsburg-Wiki:[online] https://www.augsburg-wiki.de/index.php/AugsburgWiki/VordererLech [abgerufen 23.10.2020]

- Weiß Ferdl: in Wikipedia, 06.11.2004, [online] https://de.wikipedia.org/wiki/Wei%C3%9F_Ferdl [abgerufen 23.10.2020]

- Welden: in Wikipedia, 22.04.2005, [online] https://de.wikipedia.org/wiki/Welden [abgerufen 23.10.2020]

- Willi, Musikverlag: in: Chamapedia, [online] https://www.chamapedia.ch/wiki/Willi,_Musikverlag [abgerufen 23.10.2020]

- Zeugmacher: in Wikipedia, 23.02.2008, [online] https://de.wikipedia.org/wiki/Zeugmacher [abgerufen 23.10.2020]

- Zweiter Weltkrieg: in: Wißner-Verlag, [online] https://www.wissner.com/stadtlexikon-augsburg/artikel/stadtlexikon/zweiter-weltkrieg/5988 [abgerufen 29.10.2020]

- Zwetschgendatschi anno 1830: in: Stadt Augsburg, [online] https://www.augsburg.de/kultur/stadtarchiv-augsburg/das-historische-dokument/zwetschgendatschi-anno-1830 [abgerufen 23.10.2020]

- „Weihnachtslieder und Chöre für festliche Stunden", St. Florianer Sängerknaben, Dirigent Hans Bachl, LP Polydor Nr. 236315 von 1969., [online] https://www.discogs.com/de/artist/6439205-Max-Welcker [abgerufen 23.10.2020]

# DANKSAGUNG

Vielen ist zu danken, dass dieses Buch zustande kommen konnte. Mein Dank gilt allen die mich in den letzten drei Jahren intensiver Recherche unterstützt, gefordert und begleitet haben. Dies gilt insbesondere  für:

Den Musikwissenschaftler **Dr. Hubert Kolland**, Berlin, Enkel von Max Welcker, für sein Vertrauen, seine wertvollen inhaltlichen Textbeiträge, persönlichen Informationen zur Familiengeschichte, unzählige zur Verfügung gestellte Dokumente und Fotos aus dem Privatarchiv, seine fachliche Expertise, Recherche und Lektorat des biographischen Textes.

Seine Frau **Dr. Dorothea Kolland,** die ihn mit ihrem Fachwissen dabei unterstützte, Texte überarbeitete und gleichfalls lektorierte.

**Anita Roth**, Museumsleiterin Mittelschwäbisches Heimatmuseum, die mir den gesamten Nachlass Max Welckers zur Verfügung stellte und zahlreiche Dokumente und Fotos digitalisierte.

**Thomas Ballinger-Amtmann**, Geschäftsführer Musikverlag Anton Böhm & Sohn Augsburger der mir gestattete das Verlagsverzeichnis einzusehen und zu fotografieren, historische Bilder der Verlagsgebäude zur Verfügung stellte und sein Einverständnis zum auszugsweisen Abdruck von Notenausgaben gab.

**Franz Häußler,** Augsburg der mir viele historische Fotos von Augsburg zur Verfügung stellte.

**Georg Hofmeister**, Krumbach, der den Lehrer Max Welcker als Zeitzeuge in der Volksschule Krumbach erlebte.

**Christa Hartmann**, Dresden die alle Sütterlinhandschriften las und in modernes lateinisches  Schriftbild übertrug.

**Dr. Stephan Reher** und seine formale Hinweise, inhaltlichen Rückfragen und Anmerkungen, sprachlich versierten Formulierungen und Lektorat.

**Antle Wayandt**, Dresden, die mich bei allen technischen und fachlichen Fragen unterstützte.

**Uwe Hanicke**, Dresden, der meine Ideen für Titelbild und Karten akribisch umsetzte, den Text lektorierte und das gesamte Layout gestaltete.


Für Recherchen, Information, Unterlagen und Gespräch:

**Ursula Korber**, Staats-und Stadtbibliothek Augsburg

**Eva Spengler**, Archiv des Bistums Augsburg

**Monika Bader**, Stadtverwaltung Krumbach

**Jutta Goßner**, Vorsitzende des Kulturverein Haunstetten e. V.

**Stefanie Weiß**, Gemeindeverwaltung Hergensweiler

**Max Gruber**, Museumswart Heimatmuseum Hergensweiler

**Arthur Wetzel**, Hergensweiler

**Susan Pleintinger**, Stadtarchiv Altenburg

**Frau Müller**, Stadtarchiv Meuselwitz


Für die Ausleihe von Dokumenten, Fotos, Büchern, Noten und Literatur:

**Dr. Werner Lengger**, Universitätsarchiv Augsburg

**Herr Steiner**, Staatsarchiv Augsburg:

**Andreas Steigerwald**, Stadtarchiv Mindelheim

**Andrea Walser**, Stadtarchiv Augsburg

**Mario Felkl**, Stadtarchiv Augsburg

**Paul Jennen**, 2. Vorstand, Sängergesellschaft Lyra e.V. Augsburg

**Dietmar Hierdeis**, ehemaliger Dirigent Sängergesellschaft Lyra e.V. Augsburg

**Wilhelm Ulrich Fischer**, Vorstand Heimatverein Krumbach e.V

**Siegfried Müller**, Vorsitzender Chorgemeinschaft Liederkranz Krumbach 1862 e.V.

**Christian Müller**, Teilbereichsleiter Kultur, Stadtverwaltung Lauingen

**Bernhard Ehrhart**, Lauingen

Stadtarchiv München

Bayerische Staatsbibliothek München

Für die Recherche, Nekrologe und Fotos zu Mitgliedern von Ordensgemeinschaften:

**Sr. M. Clementine Nagel CJ**, Archivbetreuerin, Congregatio Jesu Augsburg

**Ilona Mages**, München, Congregatio Jesu

**Dr. Phil. Christian Schweizer**, Provinzarchivar, Provinzarchiv Schweizer Kapuziner, Luzern/CH

**Sr. M. Canisia Maurer CSJ**, St. Josefskongregation Franziskanerinnen Kloster Ursberg

Für die Erlaubnis bisher unveröffentlichte Texte und Fotographien abzudrucken danke ich allen Einzelpersonen und Institutionen. Bei einigen Texten und Bildern waren die gegenwärtigen Verfügungsberechtigten nicht zu ermitteln. Ihre Rechte bleiben gewahrt.

# ROLF SCHINZEL

## WERKVERZEICHNIS

# MAX WELCKER

## 1878 - 1954

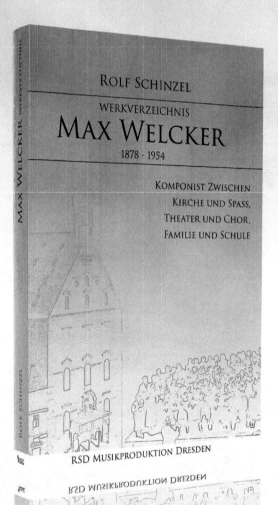

Der aus Augsburg stammende Komponist Max Welcker schrieb volkstümlich-spätromantische Musik für unterschiedlich grosse Chorbesetzungen. Neben dem breiten Spektrum kirchlicher Kompositionen verfasste er weltliche Kompositionen zu verschiedenen Anlässen und zahlreiche Humoristika in deutscher Sprache sowie bayerischem und schwäbischem Dialekt. Im erstmalig vorliegenden Max-Welcker-Werkverzeichnis (MWWV) sind insgesamt 610 Werke des schwäbischen Komponisten Max Welcker detailliert verzeichnet. Sie verteilen sich auf insgesamt 21 Musikverlage. Die meisten Verlage sind erloschen. Bei der Musikverlagen Anton Böhm & Sohn Augsburg und bei der Ruh Musik AG in Adliswil/Schweiz sind Max Welckers Werke weiterhin erhältlich. Die tabellarischen Übersichten enthalten Verlagsangaben, Opuszahlen, Werk- und Besetzungsangaben, Publikationszeitpunkt und Daten zur Auffindbarkeit der Werke. Dabei steht die praktikable Benutzbarkeit für Chorleiter, Sänger, Musikwissensschaftler und musikbegeisterte Laien im Focus.

Paperback 978-3-347-17596-9
Hardcover 978-3-347-17597-6
e-Book 978-3-347-17598-3

## RSD MUSIKPRODUKTION DRESDEN

# WIRKUNGSSTÄTTEN VON MAX WELCKER IN KRUMBACH

(14)
(13)

① 1. Wohnung Fam. Welcker, Marktplatz 7 (heute Michaelsapotheke)
② 2. Wohnung Fam. Welcker, Poststr. 9 (heute Franz Aletsee Str. 9)
③ Gasthof zur Post (heute Franz Aletseestr. 10)
④ Gasthof zur Traube (Traubenbräu), Marktplatz 14
⑤ Gasthaus Weißes Ross, (heute Marktplatz 18)
⑥ Historisches Rathaus, Marktplatz 1
⑦ Pfarrkirche St. Michael, Burgberg 1 - 2,
⑧ Altes Schulhaus (neben Pfarrkirche St. Michael)
⑨ Krumbacher Schloss, Burgberg 1 (heute Fachakademie Sozialpädagogik)
⑩ Alte Volksschule, Bahnhofstr. 2, (heute Berufl. Oberschule)
⑪ Militärregierung, Bahnhofstr. 4 (heute Überlandwerk Krumbach)
⑫ Bahnhofstr. 10 (heute Neues Volksschulgebäude)
⑬ Bahnhof Krumbach, Bahnhofstr. 55
⑭ Firma Dr. Knoll (Holzbaracken), Bahnhofstr. 92
⑮ Brücke über die Kammel, Karl Mantelstr.
⑯ Hürbener Wasserschlössle, Karl Mantelstr. 51
⑰ Altes Heimatmuseum, Heinrich Sinz Str. 5 (heute Mittelschwäbisches Heimatmuseum)
⑱ Cafe-Hotel-Restaurant Postkeller, Nattenhauserstr. 101
⑲ Englisches Institut, Mindelheimerstr. 47 (heute Berufsfachschule für Musik)
⑯ Altes Volksschulgebäude, Am Stadtgarten 2, (heute Grundschule)
㉑ Stadtsaal, Dr. Schlöglstr. 15
㉒ Reservelazarett, Bischof Sprollstr. 1 (heute Heilbad Krumbad)
㉓ Max-Welcker-Weg, nordöstliches Neubaugebiet Krumbach

(18) ㉑

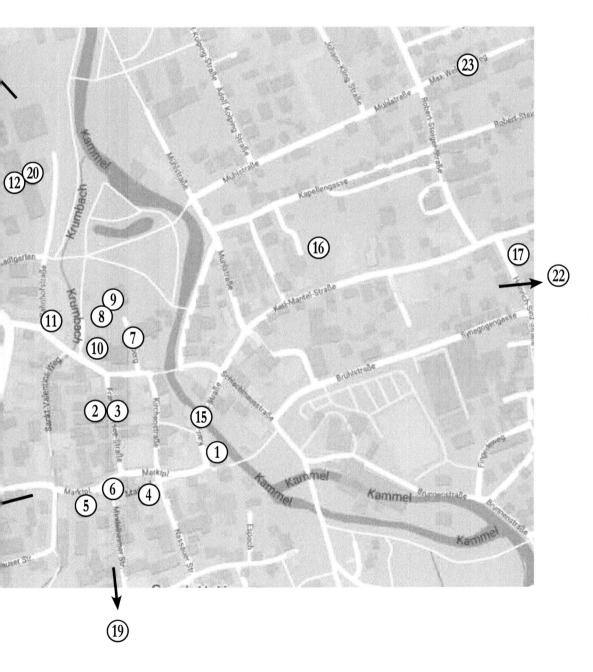